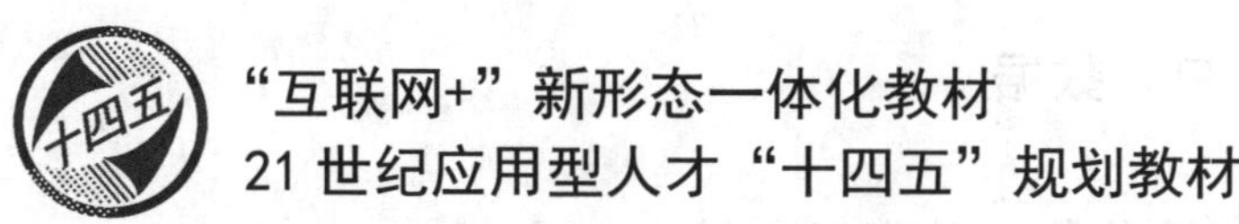

品牌管理

主　编　朱烜伯　钟蕾蕾　孙赛云

副主编　田　华　贾红国　方雪梅
梁世珠　王道彩　陈　恳
纪　花　何　颖

中国商业出版社

图书在版编目（CIP）数据

品牌管理 / 朱烜伯，钟蕾蕾，孙赛云主编. -- 北京：中国商业出版社，2023.5
ISBN 978-7-5208-2485-9

Ⅰ. ①品… Ⅱ. ①朱… ②钟… ③孙… Ⅲ. ①品牌-企业管理-教材 Ⅳ. ①F273.2

中国版本图书馆 CIP 数据核字（2023）第 086952 号

责任编辑：黄世嘉

中国商业出版社出版发行
（www.zgsycb.com　100053　北京广安门内报国寺 1 号）
总编室：010-63180647　编辑室：010-63033100
发行部：010-83120835/8286
新华书店经销
北京宝莲鸿图科技有限公司印刷
*
787 毫米×1092 毫米 16 开 17.25 印张 410 千字
2023 年 5 月第 1 版　2023 年 5 月第 1 次印刷
定价:49.80 元
* * * *
（如有印装质量问题可更换）

前　　言

党的二十大报告明确提出“加快构建新发展格局，着力推动高质量发展”为我国未来发展指明了前进的方向，也对品牌建设提出了更高的要求。基于此，编者着眼于品牌运营规律和自主品牌影响力，紧扣品牌的定位、个性、延伸、社群、品牌资产、社会责任、虚拟社群、国际化等主题，对品牌内涵及外延做了全面而深入的讲解。这些将对建设品牌强国，培养品牌管理人才，起到有力的推动作用。

品牌管理作为市场营销专业教材，着重阐述了品牌管理中的相关理论，并佐以丰富的案例。本教材共分十三章分别是：品牌概述、品牌定位、品牌设计、品牌个性、品牌形象、品牌资产、品牌传播、品牌维护和危机管理、品牌延伸、品牌组合、品牌社群、品牌国际化、虚拟品牌。

本教材注重对学生能力的培养，使学生能够学以致用。在内容介绍上，将理论知识与实践特点相结合，使学生能够边学习，边运用。在结构安排上，本教材特意设置了“学习目标”“素质目标”“开篇实例”“阅读材料”“本章小结”“课程案例”“本章测试”和“案例分析”等板块，以方便学生自主学习。

本教材由朱烜伯、钟蕾蕾、孙赛云担任主编；田华、贾红国、方雪梅、梁世珠、王道彩、陈恳、纪花、何颖担任副主编；具体编写分工如下：朱烜伯负责编写第五章、第六章；钟蕾蕾负责编写第三章、第四章；孙赛云负责编写第一章、第二章；第七章、第八章、第九章由田华、贾红国共同编写；第十章、第十一章由方雪梅、梁世珠、王道彩共同编写；第十二章、第十三章由陈恳、纪花、何颖共同编写。全书由朱烜伯总纂并统稿。

在本教材的编写过程中参考和引用了大量专家、学者的论著、图书和网络资料，编者已尽其所能在参考文献中列出，在此对他们表示崇高的敬意和衷心的感谢！为方便教学，本书还配有教学资料包，可联系 bhhwbook@163.com。

由于编者水平有限，书中难免存在不足之处，敬请读者批评指正！

编　者

2022 年 10 月

目录

第一章 品牌概述

【学习目标】

1. 了解品牌的由来，掌握品牌的定义和内涵，对品牌有更深入的理解。
2. 熟悉品牌的特征及作用，了解名牌所产生的效应。
3. 掌握品牌与产品、品牌与商标间的区别和联系。
4. 清楚不同视角下品牌的分类，并理解不同分类品牌的定义。

【素质目标】

了解我国优秀品牌，激发爱国情怀、建立文化自信。

掌握品牌价值和利益的关系，正确看待品牌名利观，树立健康消费观。

【开篇实例】

中国品牌该如何走向世界

一份针对企业生存年限的统计显示，寿命超过 200 年的企业，德国有 837 家，荷兰 222 家，法国有 196 家；日本有 3146 家，为全球最多，更有 7 家日本企业的历史超过了 1000 年。而我国现存的超过 150 年历史的“老店”仅 5 家，而且中小企业的平均寿命仅 2.5 年，集团企业的平均寿命仅 7～8 年，与欧美企业的 40 年相距甚远。据了解，我国现存最早的企业是成立于 1530 年的六必居，之后是 1663 年的剪刀老字号张小泉，还有陈李济、同仁堂以及王老吉。

2021 年《财富》“世界 500 强”排行榜显示：中国上榜企业数量达 143 家，较上年增加 10 家，上榜企业数量再次超过美国 122 家，蝉联榜首。从 1995 年《财富》“世界 500 强”排行榜同时涵盖了工业企业和服务性企业以来，还没有任何一个其他国家的企业数量如此迅速地增长。在美国《福布斯》杂志每年发布的“全球企业 500 强”当中，中国连续多年都有几十家企业位居其中。2021 年榜单前 500 家上榜企业有 122 家来自美国，中国有 143 家企业上榜，多为能源、基建、金融、科技等企业。中国科技公司中，华为、京东、阿里巴巴、腾讯、小米上榜，排名分别为 44、59、132、63 和 338 位。

英图博略（Interbrand）是全球最大的综合性品牌咨询公司，据 Interbrand 2021 年全球最佳品牌报告显示：苹果居首，亚马逊、微软分列第二名和第三名。其中，苹果公司的品牌价值增长了约 26%，连续第九年荣登 Interbrand 年度排名榜首。对中国品牌而言，华为 2014 年首次上榜，2015 年品牌价值为 49.52 亿美元，排名跃升至 88 位。截至 2021 年，已连续 7 年上榜，2021 年华为成为唯一上榜的中国科技企业。

中国品牌该如何走向世界呢？为了让市场竞争中胜出的“中国品牌走向世界”，尤其是针对那些高品质、增产业、创品牌的企业，在新时代经济发展中占领优胜地位，而无品质、无服务、无品牌的企业将面临被市场淘汰的情况下，更要向世界传播中国品牌的文化内涵和民族素养，全面开启中国自主品牌新时代；树立民族品牌形象，发挥品牌影响力，全面提升中国品牌的知名度，把中国品牌推向世界；引领国际市场的同时，也使中国品牌走进千家万户，使全球消费者共享中国品牌带来的巨大精神享受和物质福利。

2017 年 5 月 2 日，国务院批复国家发展改革委《关于设立“中国品牌日”的请示》，同意自 2017 年起将每年 5 月 10 日设立为“中国品牌日”。它标志着中国品牌建设从产品和企业层面，跨越行业层面，直接升级到国家层面，也使得“发挥品牌引领作用，推动供需结构升级”成为当前推动品牌建设的主导思想。在中国经济从要素规模驱动向创新引领驱动转型的关键时期，品牌战略的地位和作用正在从辅助、支持向支撑、引领、主导升级，品牌正在与社会经济的各个维度产生激烈的碰撞和交互，在推动供需结构升级的整体战略中，品牌正在成为发展的新动能、驱动的新模式、增长的新力量。2017 年是中国品牌战略发展历史上具有里程碑意义的一年。

（资料来源：作者根据网络相关资料汇编而成）

第一节　品牌的定义与内涵

一、品牌的由来

英文单词“Brand”有很多来源，大家比较认同的有两种：一种是说来源于古代斯堪的纳维亚语中的“Brandr”，另一种是说来源于古法语中的“Brandon”。尽管来源不同，但它们均有“烙印”的含义，意思是用烧红的烙铁给牲畜打上记号。这个记号是烙给买者（他人）看的，用以区分不同部落之间的财产，上面写着：“不许动，它是我的。”由此我们可以推断最初品牌的含义，首先是区分产品，其次是通过特定的标识在他人心中留下烙印。

当时，品牌是主人用来标记与识别牲畜的方式。农场主人通过对牲畜肉品的烙印，表示对其所售出的产品负责，让质量更有保障。这个烙印就存在着能够满足消费者对安全、保险等情感需求的可能，当消费者认同某一农场的肉品（对某个烙印的肉品有深刻印象），这样的肉品在消费市场上就会变得比较好卖，自然也就可能卖到较高的价格。可见，“Brand”的诞生就是为了在消费者（受众）心目中建立独特的印象，满足消费者的某种情感需求。

中世纪的欧洲，手工艺匠人用这种打烙印的方法在自己的手工艺品上烙下标记，以便顾客识别产品的产地和生产者。这就产生了最初的商标并以此为消费者提供担保，同时向生产者提供法律保护。16 世纪早期，蒸馏威士忌酒的生产商将威士忌装入烙有生产者名字的木桶中，以防不法商人偷梁换柱。1835 年，苏格兰的酿酒者使用了“OldSmuggler”这一品牌，以维护采用特殊蒸馏程序酿制的酒的质量声誉。在《牛津大词典》当中，品牌被解释为“用来证明所有权，作为质量的标志或其他用途”，即用以区别和证明品质。

现代意义的品牌，已经演变成消费者对产品的全部体验。它不仅包括物质的体验，更包括精神的体验。它向消费者传递一种生活方式，一种价值取向。人们在消费产品时，被赋予一种象征性的意义，最终改变人们的生活态度以及审美情趣。人们更换品牌，越来越多的是在追求一种精神感受，而非产品的物理属性。产品是冰冷的，而品牌是有血有肉，有灵魂、有情感的；产品有生命周期，会过时、落伍，被竞争者模仿，而品牌则是独一无二的。

在西方，品牌被人们称为经济的“原子弹”，被认为是最有价值的投资。一些国际品牌的资产高达数千亿美元，如 Interbrand 2018 年全球最佳品牌报告认定：毫无疑问，已经突破万亿市值的苹果公司排在第一位，品牌价值为 2145 亿美元，增长了约 16%，并且这是苹果公司第六年登上 Interbrand 年度排名榜首；谷歌排名第二，品牌价值为 1555 亿美元，增长了 10%；亚马逊排名第三，品牌价值为 1007 亿美元。Interbrand 称，亚马逊“几乎每年都会进行革新”，其时装业务已是美国第二大时装品牌。国际市场的普遍规律是，20%的强势品牌占据着 80%的市场。这一规律同样适用于中国，未来的市场趋势将是弱者更弱，强者更强。

二、品牌的定义

品牌到底是什么？这个命题吸引着无数人去思考和求索。对于品牌的定义不胜枚举，可谓仁者见仁，智者见智。比较分析各种品牌的定义会发现，实际上很多所谓权威人士的看法，也只是从某一个角度谈谈而已，并没有全面理解到品牌的本源。

奥美的创始人大卫·奥格威在 1955 年这样阐述品牌的定义：品牌是一种错综复杂的象征，它是品牌属性、名称、包装、价格、历史、声誉、广告等方式的无形总和。

沃尔特·兰道，广告史上的伟大人物之一曾经这样说：简单来说，一个品牌就是一个承诺。通过识别和鉴定一个产品或服务，它表达一种对品质和满意度的保证。

戴维·阿克，品牌研究领域最权威的专家之一，在《建立强势品牌》一书中，提议说品牌是一个“精神的盒子”，而且从资产方面给出了品牌的定义：与品牌名称和标识联系在一起的一套资产或负债，它们可以提高也可能降低产品或服务的价值。

美国市场营销协会（AMA）对品牌的定义如下：品牌是一种名称、术语、标记、符号或设计，或是它们的组合应用，其目的是借以辨认某个销售者或某群销售者的产品或服务，并使之同竞争对手的产品或服务区别开来。由于美国市场营销协会的权威性，采用这个定义的人也就最多，连营销学术界的大师菲利普·科特勒也在其著作中采用。其实它只是从品牌的“体貌特征”作出的定义，实质就是商标的定义。

随着品牌营销实践的不断发展，品牌的内涵和外延也在不断扩大。凯文·凯勒（1998）认为，品牌是扎根于顾客脑海中对某些东西的感知实体，根源于现实，却反映某种感知，甚至反映顾客的独特性。该定义则从消费者视角来诠释品牌，明确地告诉我们，品牌是消费者的，借助品牌可将消费者区分开来。消费者视角的品牌内涵认知，深入剖析了品牌内在的机制，即说明真正的品牌一定是人性化的。

三、品牌的内涵

品牌名称、标识等外在元素只是用来识别不同品牌来自不同的生产者，真正让消费者动心的是品牌内在与众不同的气质、个性和形象，它们能够与消费者产生高度的共鸣。如苹果品牌不只是手机上它的名称和标记，更是苹果的名称及标识能在消费者心中唤起的对该品牌手机的一切美好印象之和。这些印象既包含有形的，也包含无形的，包括社会的或心理的效应。

（一）品牌内涵要素

品牌内涵在于，除了向消费者传递品牌的属性和利益外，更重要的是它向消费者传递的品牌价值、品牌个性及在此基础上所形成的品牌文化。品牌属性、品牌利益、品牌价值、品牌使用者、品牌个性及品牌文化这六种要素共同构成了品牌的内涵。美国著名营销学家科特勒以德国名牌 Mercedes 轿车为例，说明这六者是紧密联系的统一体，具体关系见图 1-1。

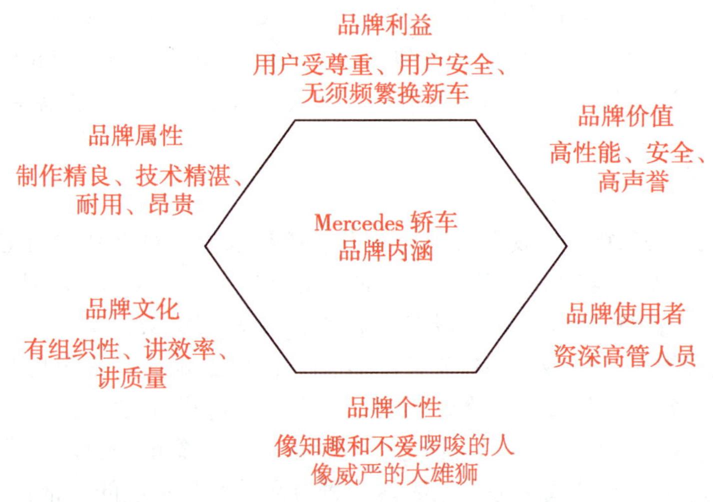

图 1-1 品牌内涵六要素

品牌属性是指品牌产品在性能、质量、技术、定价等方面的独特之处，如德国 Mercedes 轿车的特色是高性能（耐用）、高质量（制作精良）、高技术（技术精湛）和高定价（昂贵）。品牌利益是指品牌产品给用户带来的好处和用户在使用过程中所获得的满足，例如，Mercedes 轿车的用户从车价的昂贵上获得尊重需要的满足，从车的制作精良上获得安全需要的满足，而从车的耐用上节约换新车的成本。品牌价值是指品牌生产者所追求和评估的产品品质，例如，Mercedes 轿车的价值评估是高性能、安全和高声誉。品牌文化是指品牌背景中的精神层面，常常体现品牌所属的国家文化或民族文化，例如，Mercedes 轿车体现德国人讲求严密组织性、效率和质量的精神。品牌个性是指品牌形象人格化后所具有的个性，例如，Mercedes 轿车的形象个性是知趣、不啰唆的人或威严的雄狮。品牌使用者是指品牌所指向的用户种类或目标市场细分，如 Mercedes 轿车的一个主要目标市场细分是年龄偏大的资深高管人员。

（二）品牌心理暗示

在产品日益同质化的时代，产品的物理属性已经相差无几，唯有品牌给人的心理暗示不同，它可以满足消费者不同的情感和精神寄托。

1. 品牌是一种保证

对于陌生的事物，消费者不会轻易去冒险。对于品牌和非品牌的产品，消费者更愿意选

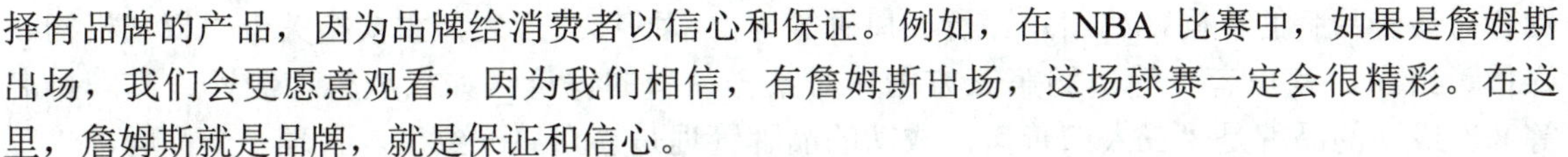

择有品牌的产品，因为品牌给消费者以信心和保证。例如，在 NBA 比赛中，如果是詹姆斯出场，我们会更愿意观看，因为我们相信，有詹姆斯出场，这场球赛一定会很精彩。在这里，詹姆斯就是品牌，就是保证和信心。

2. 品牌是一种象征

它是个性的展现和身份的象征，使用什么样的品牌，基本上可以表明你是个怎样的消费者。同样是牛仔服饰，穿万宝路牌，表示你很有男子汉气概；而穿李维斯牌，则表示你是个自由、有个性的人。

3. 品牌是一种制约

在某些领域，市场局势已经尘埃落定，强势品牌已经形成，这时留给后来者的市场空间将是非常小的。而在没有形成强势品牌的领域，竞争者将面临大好的市场机会，受到的制约相对较小，有时不需高难动作便可坐拥天下。

4. 品牌是一种契约

不过这种契约不是写在纸上的，而是存在于人们的心中。品牌向天下人承诺：我是优秀的，我是值得信赖的，选择我就选择了放心。而一旦它违背了自己的承诺，那么，它在人们的心中等于已经毁约，人们将感到受了欺骗而从此不再相信它。

5. 品牌是一种经验

在物质生活日益丰富的今天，同类产品多达成百上千种，消费者根本不可能逐一去了解，只有凭借过去的经验或别人的经验。因为消费者相信，如果在一棵果树上摘下一颗果子是甜的，那么这棵树上的另一颗果子也是甜的。这就是品牌的“果子效应”。

四、品牌的解读

品牌究竟是什么？从词的构成来看，中文的“品牌”一词由“品”和“牌”构成。牌代表了知名度，它涉及我们经常谈到的品牌识别、品牌形象、品牌影响力等，是一个容易理解的话题。但一个品牌仅仅有了知名度还远远不够，知名度的极致最多意味着可以是“名牌”，但并不完全等同于“品牌”。品代表了美誉度，有了品才形成忠诚度。所以说品牌重要的不是谈牌，而是谈品，无品无以成品牌。

甲骨文中的品字由三“口”组成，“口”代表器物之形，以三“口”表示器物众多。《说文》中记载：“品，众庶也，从三口。”“品”意为众多，后由众多引申为品种、等级，进而再由等级引申为品评、品质、品德等。品由三“口”组成，蕴含了朴素的哲学观。三是复杂事物最简单的代表，三可以集点成面，是最稳固的支撑，小到几何图形，大到宇宙万物，古人更有“道生一，一生二，二生三，三生万物”的哲学观。因此，谈论一个品牌成功与否，是否有“品”，不能看一人之口，而要看众人之口。

这里所说的“三人之口”分别是企业自身之口、用户体验之口、市场第三方之口。企业自身之口就是关于“产品、市场宣传、公关活动”等由品牌自身向市场传递的声音（如产品、活动、企业新闻、市场广告等）；用户体验之口是指“用户体验、消费评价”等来自消费者对某一品牌的认同（如用户评价、口碑等）；市场第三方之口主要指关于“权威机构、媒体、组织、竞争者”等市场第三方主体对某一品牌的评价（如权威机构测评、品牌排名等）。成功的品牌是“三人曰善”，成功的品牌管理是“众口一致”。管理一个品牌，“三人曰善”是目的，“众口一致”是过程、手段。也就是说，当三人之口对某个品牌的知名度、美誉度、品牌联想、品牌内涵等内容，达成了一致的声音、实现“众口一致”的时候，我们将其称为成功的品牌管理。

第二节　品牌的特征及作用

各类元素如商标、符号、包装、价格等综合联系在一起，构成完整的概念而成为品牌。基于此，品牌以其内在的丰厚性和元素的多样性向受众传达多种信息。企业把品牌作为区别于其他企业产品的标识，以吸引消费者对本品牌的兴趣和记忆。从消费者的角度来看，品牌作为综合元素与信息的载体，一同存储于大脑中，成为他们记忆的对象和搜寻的线索。

一、品牌的特征

（一）表象性

品牌最原始的目的就是通过一个比较容易记忆的形式，让人们记住某一产品或企业。因此，品牌必须要有一系列的物质载体来表现自己，使品牌形式化。没有物质载体，品牌就无法表现出来，更不可能达到品牌的整体传播效果。优秀的品牌在载体方面表现较为突出。例如，麦当劳以金拱门作为其标志，颜色采用金黄色，像两扇打开的黄金双拱门，象征着欢乐与美味。

（二）无形性

品牌拥有者可以凭借品牌的优势不断获取利益，可以利用品牌的市场开拓力、形象扩张力和资本内蓄力进行不断发展，这是品牌的价值。但品牌的价值并不能像物质资产那样用实物的形式来表述，它能使企业的无形资产迅速增大，并且可以作为商品在市场上进行交易。例如，根据知名品牌评估机构 Interbrand 发布的全球最佳品牌排行榜（2021）：美国电商巨头亚马逊技术稳居第二，品牌价值同比大涨 24%，至 2492.49 亿美元，依旧保持较高的增长率。

（三）排他性

品牌拥有者经过法律程序的认定，享有品牌的专有权，有权要求其他企业或个人不能仿冒、伪造，即品牌的排他性。然而我国很多企业在国际竞争中由于没有很好地利用法律武器，没有发挥品牌的专有权，被抢注了部分品牌。例如，“龙井茶”“碧螺春”“信阳毛尖”在韩国被一茶商注册；上海冠生园食品总厂的“大白兔”在日本、菲律宾、美国和英国都曾被抢注；海信商标“HiSen”曾在欧洲被西门子合资公司抢注；等等。中国企业应该及时反省，充分利用品牌的专有权。

（四）扩张性

品牌具有识别功能，代表一种产品、一个企业，企业可以利用这一优点展示品牌对市场的开拓能力，还可以帮助企业利用品牌资本进行扩张。例如，飞利浦最初是荷兰一家以生产碳丝灯泡为主的电子公司，后来进入音响、电视、灯壶、手机等领域，这就是品牌扩张成功的典型例子。同样，作为全球第四大智能手机制造商的小米科技有限公司，在智能手机行业崭露头角后，不失时机地推出了小米笔记本、小米电视机、小米空调，后又延伸到小米摄像机和小米剃须刀等产品。

（五）风险性

品牌创立后，在其成长的过程中，由于市场的不断变化，需求的不断提高，企业的品牌资本可能壮大，也可能缩小，甚至某一品牌在竞争中退出市场。品牌的成长由此存在一定风险，对其评估也存在难度。对于品牌的风险，有时由于企业的产品质量出现意外，有时由于服务不过关，有时由于品牌资本盲目扩张而运作不佳，这些都给企业品牌的维护带来难度，也给企业品牌效益的评估带来不确定性。

二、品牌的作用

在了解了品牌的由来、定义、内涵以及品牌的特征以后，我们可能都会有个疑问，就是为什么要做品牌？企业不都是在做销售吗，难道就一定要做品牌？回答是，我们要看到品牌的力量以及品牌对市场和销售的作用。

（一）对企业的作用

首先，品牌知名度形成后，企业可利用品牌优势扩大市场，促成消费者对于品牌的忠诚。其次，品牌有助于稳定产品的价格，降低价格弹性，增强对动态市场的适应性，降低未来的经营风险。再次，企业还可借助成功或成名的品牌，扩大企业的产品组合或延伸产品线，采用现有的知名品牌，利用其一定知名度或美誉度推出新品；并有利于新产品的开发，同时降低新产品进入市场的门槛，节约费用。最后，品牌有利于把本公司产品与其他同类品牌区分开来，抵御竞争，保持市场优势，帮助企业培养目标消费者的忠诚度。

（二）对消费者的作用

首先，品牌作为一种信号，有助于消费者识别产品的来源或产品的制造厂家，更有效地选择或购买商品。其次，品牌作为一种承诺和保证，有利于消费者权益的保护，例如，选购时避免上当受骗，出现问题时便于索赔和更换等。品牌实质上代表着卖方交付给买方的产品特征、利益和服务的一贯性的承诺。在这种情况下，品牌有助于消费者避免购买风险，降低购买成本，从而更有利于消费者选购商品。最后，品牌作为消费者的自我延伸，有助于对消费者形成较强的吸引力，进一步形成品牌偏好，最终满足消费者的精神需求。

（三）对竞争者的作用

首先，从竞争的角度来看，企业可采用“品牌不缺”战略占领一部分市场，从而获取利润。因为无论竞争对手的品牌系统或产品组合多深多广，都很难满足所有消费者的所有需求。所以说没有饱和的市场，只有未被发现的市场。其次，在竞争日益激烈的市场上，企业可以不间断地推出相对应的产品品牌进行反击。最后，品牌也许不是万能的，有些企业可不做品牌而做销售。因为开发市场需要多种因素的组合，例如，消费者对某些产品购买介入程度不深，对产品品牌抱着一种无所谓的态度，也就是说消费者对某类产品的品牌不敏感，但他们可能是价格敏感者或从众者，或质量和功能敏感者。因此，企业只要抓住一点或几点，就可以吸引一部分消费者。

三、名牌效应

名牌是指知名品牌或强势品牌，我们研究品牌，正是为了帮助企业创立名牌，利用名牌，希望通过对名牌的研究，让人们充分意识到名牌的作用，形成名牌意识。名牌的巨大作用是它的名牌效应（见图 1-2），名牌以此为基点，带领着产品、企业甚至社会的进步和发展。名牌作为企业资产在市场开拓、资本扩张、人员内聚等方面都会给企业带来影响，使企业拥有成功的法宝。

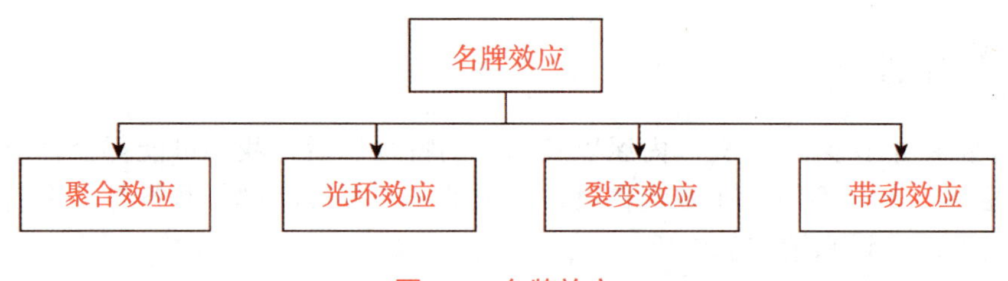

图 1-2　名牌效应

（一）聚合效应

企业及其产品成了名牌，不仅可获得较高的社会效益，较好的经济效益，而且可以利用品牌资本使企业不断发展壮大。名牌企业或产品在资源方面会获得社会的认可，由此社会的资本、人才、管理经验甚至政策都会倾向于名牌企业或产品。名牌企业会稳固自己的实力，并通过加强与供应商、后续企业的关系，通过资本运营聚合社会资源，使企业更进一步扩大，产生规模效益。这样的企业聚合了人、财、物等资源，形成并很好地发挥了名牌的聚合效应。

（二）光环效应

名牌企业或产品作为同行业中的佼佼者，会自带一道美丽的光环，在这美丽光环的照耀下，企业或产品会得到正面的经济效应。这种名牌的名气和声誉会对消费者、政府、合作者及其他社会公众产生一种亲和力、吸引力及认同感。消费者会慕名而来，购买使用名牌产品，也会由此及彼，爱屋及乌，选购企业的其他产品，享受企业的其他服务；政府会因名牌企业或产品而给予支持、爱护，促使名牌的实力得到加强；合作者看到名牌的效应，也会与企业加强合作，建立起良好的关系；而对于社会其他公众，也会较关心名牌、谈论名牌、推荐名牌，给名牌创造更佳的成长环境。

（三）裂变效应

当品牌发展到一定阶段后，它积累、聚合的各类社会资源及营销力量、管理经验就会产生裂变，不断衍生出新的产品、新的服务。裂变效应在名牌的聚合效应下使企业积蓄力量，成长壮大，在名牌的光环效应下使企业有效地发展，有利于开拓市场，占有市场，形成新的名牌。例如，海尔集团首先是在冰箱领域创出佳绩，成为知名企业、知名品牌后，才逐步将其聚合的资本、技术、管理经验等延伸到空调、洗衣机、彩电等业务领域，并在新领域取得了令人满意的成果。接着，海尔又乘着网络、信息业发展的东风，把业务拓展到了计算机、手机等信息产品上，并致力于使家电信息化、智能化。名牌的裂变效应在企业顺利聚集了各种力量，达到裂变效果时就能产生裂变功能；否则，就不会产生积极良好的效果，有时反而会使企业陷入困境，不能自拔。因此，对于名牌裂变效应要把握裂变的方式、时机等。

（四）带动效应

名牌的带动效应是指名牌产品对企业发展的拉动，名牌企业对城市经济、地区经济甚至国家经济的带动作用。名牌的带动效应也可称作“龙头效应”，名牌产品或企业像龙头一样带动着企业的发展和地区经济的增长。一个企业有了名牌产品，就可能优化企业内部资源，使资源充分利用，发挥最大的效用，同时积蓄力量、积累经验，从而在时机成熟时衍生、创造出更多的名牌来，由此使企业不断成长壮大。

企业之间有两种关系：一种是竞争，另一种是合作。名牌企业与同行业企业进行竞争，兼并收购了一些竞争对手，使自己壮大；同时也促使一些对手在相互竞争中为了不被吃掉，反而生存下来、发展起来。名牌企业与竞争对手在一定条件下也会相互合作，共同促进企业发展。名牌企业的拉动作用除了上述表现，最重要的是对它相关企业、行业的带动，一个名牌企业很容易成为支柱企业、带动相关企业、相关行业的飞速发展，从而对城市经济、地区经济、国家经济产生拉动作用。

第三节　品牌与产品

提及品牌，最为相关的名词是产品。品牌与产品有诸多联系，但两者毕竟不同。产品是具体的，消费者可以触摸、感觉或看见（有形产品可视，无形的服务可感觉或感受）；而品牌是抽象的，是消费者对产品的感受总和。没有好产品，品牌一定不会在市场上持久不衰；但是有了好产品，却不一定有好品牌。

一、品牌与产品的区别

“产品是工厂所生产的东西，品牌是消费者所购买的东西。产品可以被竞争者模仿，品牌却是独一无二的。产品极易过时落伍，但成功的品牌却能持久不衰。”现代品牌策略大师史蒂芬·金的一段话，明确地定义了产品与品牌的本质区别。

（一）抽象和具体

进一步来说，产品是具体的，消费者可以触摸、感觉、耳闻、目睹、鼻嗅。产品是物理属性的组合，具有某种特定的功能以满足消费者的使用需求。例如，车可以代步，食物可以果腹，衣服可以御寒保暖，音乐能够愉悦性情，等等。而品牌是抽象的，是消费者对产品一切感受的总和，它注入了消费者的情绪、认知、态度及行为。例如，产品是否有个性，是否足以信赖，是否产生满意度与价值感，是否代表某种特殊意义或情感寄托，是否在生活中不可或缺。

（二）无生命周期和有生命周期

产品的市场生命周期不是指产品的使用寿命，而是指产品从进入市场到退出市场为止所经历的全部时间，即这种产品在市场上进入、退出的循环过程。产品进入（退出）市场是市场生命周期的开始（结束）。产品有市场生命周期是科技进步、新产品迭出的必然结果；而由于决定品牌在市场存活或退出的主要因素（产品及品牌形象等）能够通过企业科学而合理的努力得到激活，从而使品牌持久不衰，或者也可以说，品牌生存与消亡的周期现象不具有客观必然性。因此，产品有市场生命周期，品牌并非必须有市场生命周期，或者说品牌没有市场生命周期。事实上，正是因为产品有市场生命周期，才使得品牌没有市场生命周期。只要品牌经营得当，及时对消费者需求的变化作出快速的反应，品牌便能持久不衰、永葆青春。

（三）象征价值和功能价值

同样的产品，贴不贴品牌标签对消费者而言意义完全不同。一件西服或 T 恤，如果不附加任何产品之外的信息，消费者穿着时的感觉也许就是颜色、款式、质地而已。若西服或 T 恤上印有“Armani”“Gucci”的标识，穿上就会给人一种端庄、大气、有个性的感觉。而当 T 恤上印的是“耐克”的品牌标识时，浮上消费者心头的或许又变成了一位执着追求胜利、实现自我超越的运动明星形象。

（四）传递价值和创造价值

产品是在原材料的基础上，通过生产部门的加工创造出来的，因此，产品侧重于价值的创造。而品牌形成于整个营销组合环节，需要营销组合当中的每一个环节传达品牌的相同信息，这样才能使消费者形成对品牌的认同。换句话说，品牌主要是用来传播的，侧重于和消费者沟通与互动，因此，品牌侧重于价值的传递。

二、品牌与产品的联系

实践得知，产品不一定必须有品牌，但是在每一个品牌下均有产品。产品是品牌的基础，没有好的产品，用于识别商品来源的品牌就无从谈起。一种产品只有得到消费者的信任、认可与接受，并能与消费者建立起密切的关系，才能使标定在该产品上的品牌得以存活。品牌以产品为载体，是产品与消费者之间的关系纽带。

（一）品牌以产品为载体

品牌不仅代表着一系列产品属性，而且体现着某种特定的利益，如功能性或情感性利益

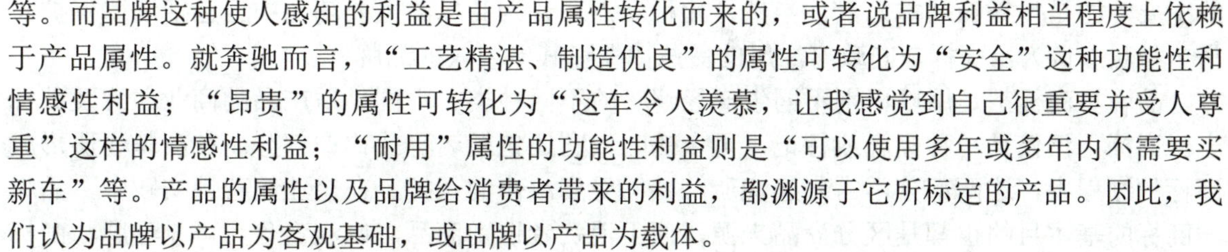

等。而品牌这种使人感知的利益是由产品属性转化而来的，或者说品牌利益相当程度上依赖于产品属性。就奔驰而言，“工艺精湛、制造优良”的属性可转化为“安全”这种功能性和情感性利益；“昂贵”的属性可转化为“这车令人羡慕，让我感觉到自己很重要并受人尊重”这样的情感性利益；“耐用”属性的功能性利益则是“可以使用多年或多年内不需要买新车”等。产品的属性以及品牌给消费者带来的利益，都渊源于它所标定的产品。因此，我们认为品牌以产品为客观基础，或品牌以产品为载体。

（二）品牌借产品来兑现承诺

品牌对消费者的承诺通过消费产品来兑现。企业以各种传播手段和方式向广大消费者传播品牌信息、品牌承诺，消费者接受品牌信息，并通过购买、消费该品牌的产品来感受这种承诺的存在与否。消费者感知、接受、信任品牌承诺的根本在于，消费者在使用该品牌产品后的实际感受与品牌承诺的一致性。许多品牌正是因为不能实现品牌承诺而失信于消费者，消费者的反馈则是放弃对该品牌的购买。

（三）品牌竞争力的基础是产品质量

消费者对品牌的信任首先是基于对该品牌产品质量的信任。产品质量的好坏直接关系到消费者在消费产品中获得的功能性利益，如果功能性利益不能得到满足，就会产生负面情感性效用。设想一位购买了某知名品牌运动鞋的年轻人，只穿了两天，鞋就坏了，他今后恐怕再也不会购买该品牌的产品了，还会不厌其烦地向其他人讲述他的遭遇，则该品牌的市场命运也就可想而知了。纵观世界品牌发展史，强势品牌无一例外皆是产品品质优良的楷模；相反，许多品牌的衰落也是败在产品质量的不稳定上。

由此可见，从产品到品牌并不是个简单的、必然的过程。或者说每个品牌之下都有一个产品，却不是每个产品都能架构一个品牌。它需要企业的经营者、品牌管理人员、品牌营销人员、消费者以及时间等多方面的锤炼与检验。企业主要保证产品的品质与功能，提供消费者所使用产品的价值与满意度；营销人员和广告企划人员则负责赋予产品某种人格化的个性、情感、形象、生活方式、身份、荣誉、价值、地位或意义等附加信息，并将此附加信息通过整合的传播方式，有效地传递给目标消费群体；消费者经过一定时间的认知、感觉、使用体验后，形成对产品的感受与印象，对围绕产品的附加信息产生认同、信赖、荣辱与共等正面的认知、态度与行动，产品才真正成为一个品牌。

三、品牌与商标

品牌与商标是极易混淆的一对概念，一部分企业错误地认为把产品进行商标注册后就成了品牌。事实上，两者既有联系，又有区别。有时两个概念可等同替代，有时却不能相互混淆。

（一）商标是品牌的一部分

商标是品牌的一部分，这已基本上达成了共识，但商标是品牌的哪一部分却有不同的观点。一种观点认为，商标不是品牌的全部，仅是品牌的一种标识或记号。依此看来，商标仅是品牌中的标识部分，或者说商标就是指品牌标识，是便于消费者识别的部分。因此，商标的主要功能是传播的基本元素。当然，此种观点还认为商标的主要功能中应包括法律保护。另一种观点认为，商标是向政府注册的受法律保障其专用权的品牌。

品牌与商标都是用以识别不同生产经营者的不同种类、不同品质产品的商业名称及其标志。商标不仅仅是一种标志或标记，更多的时候它还包括名称或称谓部分。在品牌注册形成商标的过程中，这两部分常常一起注册，共同受到法律的保护。在企业的营销实践中，品牌与商标的基本目的也都是区分商品来源，便于消费者识别商品，以利竞争，可见品牌与商标都是传播的基本元素。品牌与商标的不同之处，主要是商标能够得到法律保护，而未经过注册获得商标权的品牌不受法律保护。因此，商标是经过注册获得商标专用权从而受到法律保护的品牌。

（二）商标属于法律范畴，品牌是市场概念

商标是法律概念，它强调对生产经营者合法权益的保护；品牌是市场概念，它强调企业（生产经营者）与消费者之间关系的建立、维系与发展。商标的法律作用主要表现在通过商标专用权的确立、续展、转让、争议仲裁等法律程序，保护商标权所有者的合法权益；同时促使生产经营者保证商品质量，维护商标信誉。在与商标有关的利益受到或可能受到侵犯的时候，商标显现出法律的庄严与不可侵犯。品牌的市场作用表现在：品牌有益于促进销售，增加品牌效益；有利于强化消费者品牌认知，引导消费者选购商品，并建立消费者品牌忠诚。

品牌与商标的关系，在中国基本是混用的，或者说，“商标”与“品牌”这两个术语几乎是通用的，没有什么区别，因为中国的商标有“注册商标”与“未注册商标”之分。另外，品牌与商标是可以转化的。如品牌经注册获得专用权就转化成商标，也就具有了法律意义。正是借助商标的法律作用，才使得品牌所产生的超过产品本身价值以外的利益受到保护。

第四节　品牌的分类

品牌起源于对有形产品品牌的研究，但是随着社会经济的发展，品牌的外延也在不断扩大，其概念早已突破了有形产品品牌的范围。具体来讲，品牌可以依据不同的标准划分为不同的种类。

一、根据来源地划分

品牌来源地指拥有该品牌名称、负责产品设计的公司所在地或隐含在知名品牌中的原产地。例如，法国的爱马仕、意大利的阿玛尼、英国的博柏利，这些都是根据品牌的原产地来界定的。品牌原产地是最初培养和生产品牌的那个地区，我们可以把它理解为“品牌的国籍”。因此，根据品牌的国籍可划分为美国品牌、日本品牌、德国品牌等。品牌来源国家的声誉、经济发展水平也会对消费者产生影响，比如，虽然“本田”和“别克”都在中国生产，但人们通常将前者视为日本品牌，后者视为美国品牌。

最初，品牌来源地研究集中于某国或某地的生产与制造引起产品质量的差异，进而影响购买的倾向。因此，最初将“原产地”概念等同于“制造地”。后来，跨国公司“组装”盛行，生产制造全球化导致代加工产品出现，即产品可能在其母国设计，但不在母国制造，产品配件来自世界多个国家。代加工产品使“原产地”概念复杂化，有研究把“原产地”进一步分为“制造地”“设计地”“组装地”。由于品牌在全球的影响力不断增强，品牌的来源地对消费者的品质评价和购买选择的影响力远大于产品制造地或设计地。

二、根据生产经营的环节划分

根据产品生产经营所属的环节可以将品牌分为制造商品牌和经销商（自有）品牌。制造商品牌由制造商推出，并且用自己的品牌标定产品，进行销售。制造商是该品牌的所有者，像我们平常非常熟悉的一些品牌，如索尼、格力、长虹等都是制造商品牌。经销商（自有）品牌是经销商自己创立并拥有的品牌，可以是自己商店的名字，也可以是自己独立拥有的品牌名。它包括批发商品牌和零售商品牌，但常见的是零售商品牌。目前比较著名的经销商品牌有美国的沃尔玛、瑞典的宜家、日本的7-11便利店等，我国有屈臣氏和王府井等。

随着产业链上竞争的不断升级，传统的制造商品牌正在受到来自经销商（自有）品牌的威胁和挑战。近年来国际大型企业普遍采用经销商（自有）品牌的经营战略，通过自有品牌建设，提升企业的信誉，最终提高了企业的效益，使企业得到更好的发展。如美国最大的零售集团沃尔玛公司拥有2万个供货商，较大的制造商有500个，它们必须按照沃尔玛公司的设计造型、包装、质量要求进行生产，并印上沃尔玛的自有品牌，是经销商品牌的成功案例。

三、根据辐射区域划分

根据品牌的知名度和辐射区域划分，可以将品牌分为地区品牌、国内品牌、国际品牌。地区品牌指来自同一区域内的某类产品在市场上具有较高的知名度和美誉度，为顾客所信任，给顾客形成品质纯正、质量上乘的印象，则该区域的企业在市场开拓中可以凭借区位品牌效应，节约营销费用，迅速打开市场。如，洛阳与菏泽的牡丹、漳州的水仙、杭州的龙井茶等，都是知名的地区品牌。国内品牌是指国内知名度较高，产品在全国范围销售的品牌，例如，香烟品牌中华、白酒品牌茅台等。国际品牌是指在国际市场上知名度、美誉度较高，产品辐射全球的品牌。例如，可口可乐、麦当劳、万宝路、奔驰、爱立信、微软、皮尔·卡丹等。

随着品牌辐射区域的不断扩大，品牌的管理难度也逐渐增大，最大的困难和障碍也许是区域市场间的文化差异——它是影响品牌扩张成败非常重要的因素。在有关品牌扩张的文献中都非常强调文化的重要性。无论是区域、国内还是国际文化，在品牌未进行运作扩张前是很难感受到的。大多数人认为理所当然的事情，在扩张的过程中却行不通。在品牌扩张的过程中，我们发现一些品牌早已成为当地消费者生活中的一部分，一个外来品牌要想突破很难。品牌的区域扩张就是要改变消费者对新品牌的认知、了解，放弃原来品牌、接纳新品牌的过程，是培养消费者和忠诚顾客的过程。

四、根据品牌主体划分

根据品牌的主体可分为个人品牌、产品品牌、企业品牌、城市品牌、国家品牌等。个人品牌是指个人拥有的外在形象或内在修养所传递的，独特的、鲜明的、确定的、易被感知的，足以引起群体消费认知及消费模式形成重大改变的整体性、长期性、基本性（已经被显明或者即将被显明）的影响力集合体。例如，乔布斯、刘强东、董明珠等都属于个人品牌。

产品品牌对产品而言包含两个层次的含义：一是指产品的名称、术语、标记、符号、设计等方面的组合体；二是代表有关产品的一系列附加值，包含功能和心理两方面的利益点，主要指产品所能代表的效用、功能、品位、形式、价格、便利、服务等。例如，潘婷、海飞丝等属于产品品牌。

企业品牌传达的是企业的经营理念、企业文化、企业价值观念及对消费者的态度等，能有效突破地域之间的壁垒，进行跨地区的经营活动，并且为各个差异性很大的产品提供了统一的形象、统一的承诺，使不同的产品之间形成关联，整合了产品品牌的资源。例如，美国苹果、韩国三星、中国华为等属于企业品牌。

城市品牌就是一个城市在推广自身形象的过程中，根据城市的发展战略定位所传递给社会大众的核心概念，并得到社会的认可。例如，哈尔滨的冰雪节、宁波的国际服装节、青岛的啤酒节等属于城市品牌。

国家品牌指的是一定时期内一个国家在外国公民心目中的总体形象。国家品牌不仅包括实物形态的“硬产品”，还包括非实物形态的服务、旅游、投资环境、文化传统、政府管理、居民等“软产品”。例如，埃及的金字塔、中国的万里长城、法国的埃菲尔铁塔、美国的自由女神像等属于国家品牌。

五、企业品牌和产品品牌

企业品牌与产品品牌根本上的价值差异在于两者在企业运营中的战略位置、战略功能的不同。企业品牌战略决定和指导企业业务的经营战略，为经营战略的执行与落地构建内外部平台，强大的企业品牌将为企业产业的发展与选择、人才聚集、投融资活动的执行等创造良好的内外部环境，进而支撑企业战略目标的实现。

企业品牌需承载实现“母合”优势的战略功能。企业品牌是“母”，产品品牌是“子”，以企业品牌统领、助力产品品牌的发展与建设，将企业资源、企业品牌资产传递到每一个产品品牌，为其发展提供保障。而产品品牌在企业经营战略之下，是企业经营战略实现的重要载体，同时也是实现消费者与企业联结的载体。当然，产品品牌也承载着向企业品牌输送品牌资产的责任，反哺“母”品牌，形成“母”“子”品牌之间的良性互动，最终实现企业无形资产的积累，推动企业的持续、快速发展。

企业品牌与产品品牌的差异具体体现在品牌塑造目的不同、涵盖范围不同、目标对象不同、出发导向不同等。企业品牌塑造的目的是将企业价值观和个性传递给利益相关者，而产品品牌的塑造是通过建立一个有吸引力的品牌形象或诉求来推动具体产品的销售。企业品牌涵盖的范围必须有足够的前瞻性和包容性，而产品品牌是以个别产品为核心，只需考虑该产品本身的发展及产品所在行业的发展趋势。

企业品牌的受众更为广泛，包括政府及政府官员、媒体、投资者、商业伙伴、意见领袖、下属子品牌消费者、用户、内部员工及社会团体等，而产品品牌的核心受众聚焦在消费者及渠道成员的沟通，是产品走向消费者的桥梁。企业品牌的发展与塑造以企业自身信念及经营理念、业务发展方向与竞争优势为导向，而产品品牌以消费者为导向，满足消费者需求是产品品牌建设的根本。

【本章小结】

美国市场营销协会对品牌的定义为：品牌是一种名称、术语、标记、符号或设计，或是它们的组合应用，其目的是借以辨认某个销售者或某群销售者的产品或服务，并使之同竞争对手的产品或服务区别开来。

品牌属性、品牌利益、品牌价值、品牌使用者、品牌个性及品牌文化这六种要素共同构成品牌的内涵。品牌的心理暗示为：对于消费者而言，品牌是一种经验，也是一种保证，更是个性的展现和身份的象征；对竞争者而言，品牌是一种制约；对于品牌自身而言，品牌是一种契约。

品牌是一项重要的无形资产，具有专有性和排他性，具有一定的表象性、风险性及扩张性。它对企业有助于稳定产品的价格，有利于新产品的开发等。对消费者来说，品牌是一种信号，也是一种承诺和保证，有助于消费者避免购买风险，降低购买成本，从而更有利于消费者选购商品。

名牌效应包括聚合效应、光环效应、裂变效应和带动效应。产品是具体的，品牌是抽象的；产品有市场生命周期，品牌则没有市场生命周期；产品侧重于功能价值，品牌侧重于象征价值；产品侧重于价值的创造，品牌侧重于价值的传递。商标是品牌的一部分，商标属于法律范畴，品牌是市场概念。

根据品牌的来源地可划分出不同国别的品牌；根据生产经营的环节可以将品牌分为制造商品牌和经销商（自有）品牌；根据品牌的辐射区域划分，可以将品牌分为地区品牌、国内品牌、国际品牌；根据品牌主体划分，又可将品牌划分为个人品牌、产品品牌、企业品牌、城市品牌、国家品牌等。

【课程案例】

但行好事莫问前程——鸿星尔克爆火背后的爱国情怀

2021 年，国产运动服装品牌鸿星尔克爆火网络，原因是面对河南水灾，鸿星尔克捐款 5000 万元。在这次河南特大自然灾害面前，捐款的企业有很多，鸿星尔克甚至不是捐款最多的，但鸿星尔克就是爆火了，这背后就是四个字：爱国情怀。

鸿星尔克作为国产运动服装企业，灾难面前，主动承担社会责任，而且对于捐款没有做任何宣传，不是出于营销目的，捐款的事情还是网友发现的。而豪捐 5000 万元的鸿星尔克，这些年经营处境并不是很乐观，甚至处境很艰难，近些年，国产运动服装品牌在国际大牌的围追堵截下，销售情况堪忧，即便物美价廉，但认可的消费者还是寥寥无几。可是就是这样在人民群众眼中几乎都濒临破产的鸿星尔克却能不声不响地捐了5000万元，点燃了人们支持民族品牌的热情。

尽管鸿星尔克总裁和带货主播不断强调大家要理性消费，但是野性消费的人们几天之内就把鸿星尔克的销售额刷爆，官方旗舰店几乎断货。网友笑称："让鸿星尔克的缝纫机都踩冒烟。""绝不退货，不合适我修脚。""断货了把吊牌卖给我，我自己做鞋。"如此的野性消费是人们失去理智了吗？当然不是！而恰恰是人们对爱国企业的理性支持。大家相信，在大灾大难面前主动承担社会责任的企业是良心企业，品牌质量可以保障。这样的爱国企业，大家一定要支持，要让它活下去，有更长久的寿命。我们都爱中国。

但行好事，莫问前程。鸿星尔克的一波捐款，救助河南的同时，也收获了全国人民满满的爱，更带动了更多的自主品牌被人们看到，如蜜雪冰城、白象方便面，等等。鸿星尔克借这波东风扶摇直上，但自主品牌真正要崛起，还有很长的路要走。拥有自己的核心竞争力，至关重要，要赢得消费者长久的支持还是要靠质量和服务。而我们要做的就是对自主品牌多些包容，给它成长的空间。

爱是相互的，爱是能传递的，爱是能传染的，最真挚的爱给祖国，爱国才是企业最好的宣传单，希望我们的民族品牌做好自己，争取将来能够屹立世界之林。

（资料来源：百家号，https://baijiahao.baidu.com/s?id＝1706222081744456099．作者整理有关资料编写．）

【本章测试】

一、单选题

1．（　　）是指品牌产品在性能、质量、技术、定价等方面的独特之处。

A．品牌文化　　B．品牌利益　　C．品牌价值　　D．品牌属性

2．（　　）被人们称为经济的"原子弹"，被认为是最有价值甚至是暴利的投资。

A．产品　　B．品牌　　C．顾客　　D．市场

3．品牌产品给用户带来的好处和用户在使用过程中所获得的满足体现的是（　　）。

A．品牌个性　　B．品牌价值　　C．品牌利益　　D．品牌文化

4．（　　）反映出品牌具有识别功能，代表一种产品、一个企业，企业可以利用这一优点展示品牌对市场的开拓能力。

A．风险性　　B．扩张性　　C．排他性　　D．无形性

5．（　　）传达的是企业的经营理念、企业文化、企业价值观念及对消费者的态度等。

A．企业品牌　　B．产品品牌　　C．城市品牌　　D．国家品牌

二、多选题

1．以下属于品牌内涵六要素的是（　　）。

A．品牌属性　　B．品牌利益　　C．品牌价值　　D．品牌方向

2．品牌的特征包括（　　）。

A．表象性　　B．无形性　　C．排他性　　D．风险性

3．名牌效应主要体现在（　　）几个方面。

A．聚合效应　　B．光环效应　　C．裂变效应　　D．带动效应

三、简答题

1．美国市场营销协会对品牌的定义是什么？
2．你对品牌内涵的解读是什么？
3．对于企业、消费者和竞争对手来说，品牌分别起到什么样的作用？
4．品牌与产品、商标间的区别和联系是什么？

【案例分析】

品牌建设：路在何方

自古以来，“功名”和“利禄”就是人们所追求的，企业当然也不例外。品牌建设不仅重利，而且重名，正如司马光所说：“彼汲汲于名者，犹汲汲于利也。”大多数品牌在创业初期，既没有较高的知名度，也没有不菲的身价。品牌对名利的追求是伴随着自身成长和发展的，为了达到最终目标——名利双收，不同的品牌所选择的路径也有所不同，归纳起来有两类：通过名来赢得更多的利，通过利来换取更多的名。内在动机是需要付诸实践才能够实现的，良好的名声需要社会公众的评价和认可，更多地体现在做人方面；而财富的积累需要经营管理方面的努力，更多地体现在做事方面。先做人，后做事，偶尔“做做秀”，已成为一种“口号思维”，被奉为品牌处世的哲学。名利名利，名在利前，利在名后，做人是为了留名，做事是为了获利，做人（留名）和做事（获利）相辅相成，不可分割。

仔细观察品牌的行为，大致可分为两类：市场行为（做事）和非市场行为（做人）。非市场行为主要指品牌构建、维护与利益相关者（例如政府、社会公众、媒体等）关系的行为，如支持体育赛事、文化艺术事业、慈善捐助，参加政府、媒体等组织的活动等；市场行为主要指品牌经营管理方面的战略和战术决策行为，如制定战略规划、结成战略联盟、新产品推广、市场调研等。非市场行为更多体现的是做人，侧重于相关利益者关系的构建与维护，可提高品牌的知名度和美誉度。当品牌拥有良好的声誉时，自然会赢得外部利益相关者的尊重和认可，提高品牌的经济绩效，增加品牌的财富积累，最终达到名利双收。而市场行为更多的是做事，侧重于经营管理和绩效方面的提高，利于企业财富的积累。当企业拥有足够多的财富时，便开始重视对名的追求，希望通过社会责任或慈善捐助得到社会的尊重和认可，以提高品牌的良好声誉，最终达到名利双收。

“名”既可为当下的，亦可为身后的；而“利”则多为当下的，因为每个人都是赤裸裸地来到这个世界，又赤裸裸地离开。当品牌离开这个世界时，名利是无法带走的，只会将宝贵的精神财富和巨额的物质财富留给社会。由此可以看出，企业的名利是从社会中获取的，最终要回馈于社会。不论是在获取还是回馈的过程中，企业都需要有正确的名利观和行为；否则，将不能名利双收全身而退。因为企业并非生存于真空，其观念和行为需要利益相关者的认可，亦会影响到相关者的利益。那什么样的名利观和行为才算是正确的呢？从字面上看很简单，符合“道”的名利观就是正确的，但真正理解和做起来就难了。

追名逐利是通过做人（非市场行为）和做事（市场行为）来实现的，而做人和做事是要讲“道德”的。将“道德”拆开来讲，可以看出做人和做事首先要符合“道”；因为“道”存在于万物之中，是规律、规则，在图 1-3 中指整个圆（包括边线）。“道”之后是“德”为先，“德”指人的良心，也是“道”的起点。

企业在追求名利之时，不论选择哪种路径，起点均在品牌的良心（德），凭良心做人，凭良心做事，最终才能名利双收。在追求名利的过程中，有利己也有互利的行为，但从企业对名利的渴求来看，实质上更多的是侧重于“利己”。在功成名就之后，“利”最终将成为物质财富的积累，“名”最终将成为精神财富的积累。不论是物质财富还是精神财富，最终都是要回馈于社会的，回馈社会的过程实质上是“利他”的过程，也是“个己”道德向上发展的过程。事实上，在这个过程中，品牌的境界已由功利上升至道德境界，这样的品牌才会名垂青史，成为后来者学习的榜样，品牌精神才会流芳后世。

（资料来源：王新刚．品牌建设五大要素（品牌建设的名利路径和名利观）．秒懂生活，2022 年 10 月 31 日．http://www.studyofnet.com/989304623.html）

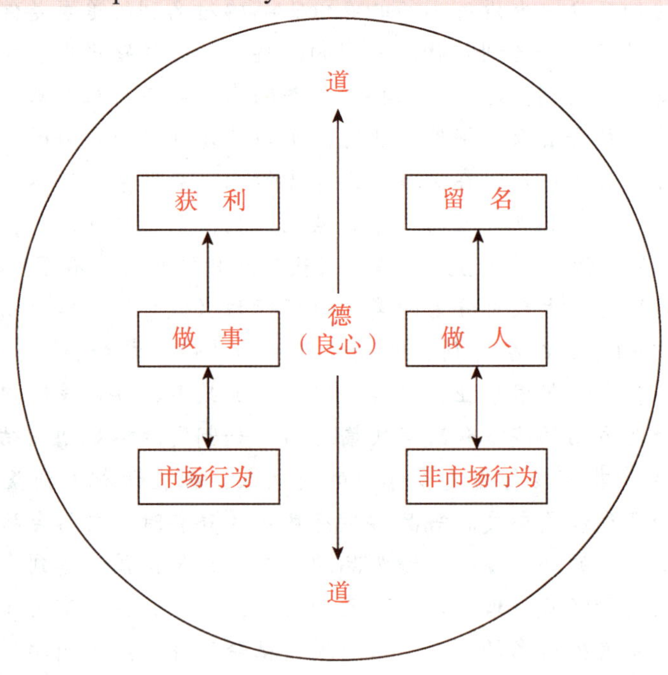

图 1-3　正确的品牌名利观

思考题：

1. 品牌建设之道有哪些？
2. 如何才能拥有品牌建设过程中正确的品牌名利观？

第二章　品牌定位

【学习目标】

1. 了解品牌定位的产生和意义，掌握品牌定位的定义。
2. 掌握品牌定位的建立步骤和实施步骤。
3. 熟悉品牌定位的原则，掌握品牌定位的策略。

【素质目标】

树立正确的品牌定位，理解企业的社会责任：企业应回归本源，立足消费者的需求，关注产品研发创新，致力于提升核心竞争力。

理解质量是品牌的基础，企业对消费者讲诚信，才能在市场上拥有立足之地。

【开篇实例】

我是江小白，生活很简单

江小白是重庆江记酒庄酿造生产的一种自然发酵并蒸馏的高粱酒品牌，致力于传统重庆高粱酒的老味新生，以“我是江小白，生活很简单”为品牌理念，坚守“简单包装、精制佳酿”的反奢侈主义产品理念，坚持“简单纯粹，特立独行”的品牌精神，以持续打造“我是江小白”品牌 IP 与用户进行互动沟通，持续推动中国传统美酒佳酿品牌的时尚化和国际化，2019 年营收接近 30 亿元，近几年来销售额保持了 100%左右的快速增长，其中的逆袭秘诀就在于它的定位之道。

传统白酒通常价格不菲，在包装和定位上也都走“高大上”的商务路线。江小白另辟蹊径，主动避开竞争白热化的“红海”品类，针对“80 后”消费者这一细分市场开创了一个青春白酒、时尚白酒的“蓝海”品类，并利用拟人化形象和个性化标语包装突出定位。这一差异化定位精准而独特，使产品本身就具有话题性，而这正是品牌能够得到快速传播的基础。江小白将自己定位为面向“80 后”“90 后”消费群体的“青春型白酒”，并通过包装和宣传强化这一差异化定位。单看江小白的包装就让人眼前一亮：磨砂的小玻璃瓶，上面印有年轻小伙子的卡通形象。这个戴着眼镜、围着围巾的小伙儿长着一张大众脸，让人看了都能联想到自己，这也是江小白有意为之，将品牌形象拟人化，更能亲近年轻人。

除了卡通形象，江小白的包装上还有独树一帜的“江小白语录”，比如，“关于明天的事，我们后天就知道了”“生，简单；活，简单；怎么生活就这么不简单”等。这些语录都揭示了“江小白”青春简单的个性，以及略带自嘲的文化情结和文艺青年情结。这些语录并非江小白官方原创，而大部分来源于微博网友的用户创造内容（UGC）。江小白的“粉丝”将自己所要表达的话@我是江小白，精辟的语录就可能被采纳并印到包装瓶子上。

江小白自诞生之日起，便将自己的品牌特色延伸到了营销层面。为了达到了解和沟通消费者的目的，其官方微博除了发布产品和品牌信息外，把更多的精力放在了与用户的互动交流上，展开各种各样的微博互动活动。比如，江小白选择在都市白领聚集的地方刊登地铁广告，这些带有江小白特色的语录式广告别具一格，在得到目标消费者的熟悉并认同后，江小白便在线上展开了话题为#遇见江小白简单 Style#的 O2O 营销活动。只要网友拍下江小白的产品或海报，分享到微博并且@我是江小白的官方微博，并再@一位好友，便有机会赢取包括 iPad mini、江小白礼盒套装等在内的各种奖品。活动一开始，便有 4000 多人转发活动微博，而简单有趣的线上线下互动也吸引了不少人参与，最终，江小白收到了近千条“邂逅”博文，并抽出了 800 位获奖者。由此可见，江小白出手颇为大方，而为了更好地给粉丝派送各种各样的福利和关爱，江小白更是使出浑身解数，力求将产品和营销活动结合起来。

江小白选择将品牌传播的主阵地放在社区论坛、微博等社会化营销平台上，通过低成本的互动与沟通提升用户忠诚度。它深谙网络营销和话题营销之道，才得以凭借较低的成本，在短短一年时间引起消费者的广泛关注和认同。当然，“从消费者中来，到消费者中去”的互动式营销虽然不一定适合所有品牌，但“与消费者互动提高用户忠诚”仍然是非常值得借鉴的经验。独特的定位给江小白的品牌力带来了几何级裂变，在小众人群形成了强大的品牌张力，并在各地都沉淀了一批批忠诚粉丝。这样的品牌定位造就了江小白今天的市场地位。

（资料来源：江小白走进年轻人的心，还要让中国高粱酒国际化．国际在线，https://cq.cri.cn/20170812/9ff45c9e-4612-a8d2-ac85-2da947936732.html．作者整理修改．）

第一节　品牌定位概述

所谓品牌定位，就是让品牌个性在消费者心中占据一个有利的位置，目的在于塑造良好的品牌形象。它是品牌建设的基础，是品牌经营的前提，关系到品牌在市场竞争中的成败，因而越来越受到企业的高度重视。可以说，品牌经营的首要任务就是品牌定位。

一、品牌定位的产生

在定位概念被提出来之前，市场营销经历了产品时代和品牌形象时代两个阶段。在产品时代，市场上产品品种较少，商品差异化程度较大，因此，市场竞争主要通过产品本身的属性特点和功能利益的差异来实现。在这一时期，瑞夫斯的“独特的销售主张”（Unique Selling Proposition，USP）理论成了营销理论的主流，它所诉求的是竞争对手做不到或是无法提供的独特功能和利益。这一时期企业的注意力集中在产品的特色和消费者的利益上。

可是在 20 世纪 50 年代后期，随着技术革命的兴起，产品之间以功能的差异来吸引消费者越来越难了，因为独特的卖点越来越少了。到了 60 年代，成功的企业发现，在产品的销售中声誉或者形象比任何一个具体的产品特色都更加重要。于是，大卫・奥格威提出了品牌形象论，认为“每一次广告都是对品牌形象的长期投资”，然而当每家公司都想建立自己的声誉时，市场上有太多的产品和太多的营销噪声，因此仅有少数公司取得成功。

人们逐渐认识到，产品重要，公司形象也重要，但比这些更重要的是，你必须在潜在顾客大脑里建立一个“定位”。1970 年，杰克·特劳特和艾·里斯在《广告时代》杂志上发表文章，提出了营销史上具有划时代意义的崭新观念——定位，提出诸如“心理占位”“第一说法”“区隔化”等极其重要的营销传播理论，指出任何一个品牌都必须在目标受众的心智中占据一个特定的位置，并维持好自己的经营焦点，定位理论宣告了一个营销新时代的到来。1995 年，杰克·特劳特又与里夫金合作，出版了定位理论的刷新之作《新定位》，借鉴心理学及生命科学的最新成果，提出营销定位的诸种心理原则及其误区，从而使定位理论发展更为成熟，成为完整的思想体系，使其在全世界各个领域得到了广泛的应用。

由于杰克·特劳特提出了“有史以来对美国营销影响最大的观念”，因而他被誉为“有史以来对美国营销影响最大”和“发现市场营销永恒法则”的人。正如美国西南航空公司副总裁唐·瓦伦丁所说，“营销心法的第一条，就是通读《定位》这类书。它的核心看似简单，实则充满了力量，并且已经在各个领域得到广泛运用”。不只是在美国，定位理论对全球营销界的影响也是巨大而深远的。

二、品牌定位的概念

杰克·特劳特和艾·里斯认为，消费者的大脑中储存着各种各样的产品信息，就像一块吸满水的海绵，只有挤掉原有的产品信息，才有可能吸纳新的产品信息。据此，他们给定位这样一个定义：“定位并不是要对你的产品做什么事……是对你未来的潜在顾客心智所下的功夫……也就是把产品定位在你未来潜在顾客的心中。”他们认为，定位改变的是名称、价格及包装，实际上对产品完全没有改变，所有的改变，基本上只是在做着修饰而已，其目的是在潜在顾客心中得到有利的地位。他们把定位当作一种纯粹的传播策略，让产品信息占领消费者心智中的空隙。由此可以看出，定位是对现有产品进行的一次创造性试验。

所谓品牌定位，就是对品牌进行设计，从而使其能在目标消费者心目中占有一个独特的、有价值的位置的行动，或者说是建立一个与目标市场有关的品牌形象的过程与结果。品牌定位是市场营销发展的必然产物与客观要求，是品牌建设的基础，是品牌成功的前提，是品牌运作的目标导向，是品牌全程管理的首要任务，在品牌经营中有着不可估量的价值。因此，品牌定位理论自诞生之日起，就发挥着越来越重要的作用，甚至被提升到品牌经营战略的高度。每个品牌都必须有一个清晰准确的定位，以便在宣传推广时能向消费者传达有效的信息。可以说，品牌经营的首要任务就是品牌定位。

实际上，也有人认为品牌定位就是对顾客情感的一种管理。情感是人类生命中最生动的有机组成部分。最好的品牌定位能强烈地吸引顾客，最好的品牌是情感品牌。例如，耐克熟练地开发与运动健身有独特关系的情感产品，轻而易举地成了运动健身世界中情感与物质回报的主角，其品牌价值已达几十亿美元。迪士尼是家庭奇妙生活中受人尊敬的主角，它十分明快地与每一个人内心的童趣联系在了一起。它们一直围绕这样的情感，建立起了成功的品牌。手表、钢笔及奢侈用品公司万宝龙的首席执行官诺伯特·普拉特在谈到其品牌与顾客间的情感共鸣时说：“万宝龙代表了激情与灵魂当世界不停地上紧发条时，

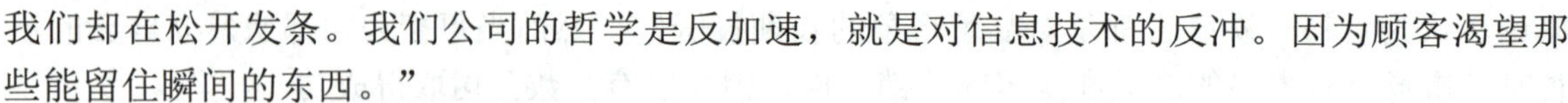

我们却在松开发条。我们公司的哲学是反加速，就是对信息技术的反冲。因为顾客渴望那些能留住瞬间的东西。”

三、品牌定位的作用

品牌的定位始于产品，但品牌定位并非对产品采取行动，而是要对顾客的心智采取行动。品牌定位就是企业将品牌在市场上树立一个明确的，既区隔于其他品牌又符合消费者需要的，并能占据消费者心智模式的形象。先知战略定位认为，品牌的定位对企业来说是至关重要的。品牌定位的作用有以下几个方面。

（一）品牌定位是形成市场区隔的根本

准确的品牌定位能使你的品牌与其他品牌区别开来，从众多同类或同行业的品牌中脱颖而出，从而在消费者心目中形成一定的地位。例如，汤达人方便面把自己定位为“好面汤决定”的方便面，与传统强调面饼好吃的方便面区隔开，迅速占据消费者的心智模式，从而很快成为汤特色类方便面的第一品牌。

品牌成功的定位，对企业的占领市场、拓展市场具有很大的引导作用。品牌定位已远远超出了产品的本身，产品只是承载品牌定位的物质载体，人们使用某种产品在很大程度上是体验品牌定位所表达的情感诉求。由于品牌诉求发生变化就带来截然相反的市场反应，因此，品牌定位准确与否将直接影响市场开拓。

（二）品牌定位有利于树立品牌的形象

品牌定位是针对目标市场及目标消费者确定和建立起来的独特品牌形象的结果。它是人们在看到或听到某一品牌后所产生的印象，是消费者通过对品牌的感觉、认知和理解，在脑海中储存的品牌信息。而品牌定位是对企业的品牌形象进行整体设计，从而在目标消费者的心中占据一个独特的有价值的地位。例如，百事可乐定位于“新生代的可乐”，给消费者留下“年轻、活泼、时代”的形象。品牌和人一样都是有个性的，品牌个性的形成与定位密切相关，品牌定位是品牌个性的前提和条件。品牌定位的不同，体现的个性也不相同。例如，男性香烟万宝路，所体现出的是“男子气概的、粗野的、强壮豪放的个性”，这种西部牛仔自由的个性深入人心。

（三）品牌定位有利于品牌的整合传播

品牌传播就是通过广告、公关等手段将品牌形象传递给消费者，以获得消费者的认知和认同，并在消费者心智中占据一个明确的位置。品牌定位必须通过品牌的传播才能实现定位的目的，传播要依赖于品牌的定位，也是为定位服务的。没有品牌定位，品牌传播就缺少针对性，更难以获得系统性和一致性，从而会导致难以在消费者心目中留下清晰可识的品牌形象。因此，品牌定位是品牌整合传播的基础。

品牌的定位说清楚了“我是谁、有何不同、何以见得”的过程。要想与消费者沟通，取得消费者的认可，就需要系统解决以上几个问题，给消费者充分的选择理由。例如，佳洁士传递给消费者“防蛀牙专家”的定位，通过大量实验性的广告把这个定位深深地植入消费者的心智中。

第二节　品牌定位的步骤

定位就是使品牌实现区隔。今天的消费者面临太多选择，经营者要么想办法做到差异化定位，要么就要定一个很低的价钱，才能生存下去。其中关键之处，在于能否使品牌形成自己的区隔，在某一方面占据主导地位。为此，根据杰克·特劳特的观点，企业应该按照以下五个步骤来建立品牌定位。

一、品牌定位五步骤

（一）分析行业环境

企业不能在真空中建立区隔，周围的竞争者都有着各自的概念，因此，企业的品牌定位需要切合行业环境才行。首先，企业需要从市场上竞争者发出的声音开始，弄清它们可能存在于消费者心智中的大概位置，以及它们的优势和弱点。通常的调查模式是就某个品类的基本属性，让消费者从 1 到 10 给竞争品牌打分，这样可以弄清不同品牌在人们心目中的位置，也就是建立区隔的行业环境。其次，要考虑市场上正在发生的情况，以判断推出区隔概念的时机是否合适。例如，旅游行业有历史、山水、现代等分类，提及历史会想起长城、故宫等，提及山水会想起桂林、九寨沟等，提及现代会想起鸟巢、水立方等。而在餐饮行业，可以分为做快餐的、做火锅的、做西餐的，也有做鱼的、做牛肉的、做鸡肉的和做鸭肉的等，提及快餐会想起肯德基、麦当劳、真功夫等，提及火锅会想起海底捞等。

（二）寻找区隔概念

分析行业环境之后，企业需要寻找一个概念，使自己与竞争者区别开来。想想一匹马，它可能有很多种类，所以很快就可以得到区隔：赛马、跳马、牧马、野马等。而赛马当中，又可以从品种、表现、马厩、驯马员等方面去区分。再来看看一座大学如何得到区隔的概念。美国有 3600 所大学，比世界其他国家都要多，但它们在很多方面都很相似，尤其是愿意接受政府援助作为奖学金和助学金。位于底特律西约 145 公里的希尔斯代尔学院，就此向保守的支持者们提出了一个区隔概念：拒绝政府资金，甚至包括联邦背景的贷款——几乎没有竞争者敢这样做。希尔斯代尔的口号是“我们脱离政府的影响”，将学校定位为“保守思想的乐园”，使自己的区隔概念深入人心。正如一位集资者所说：“我们把这个产品（学校）卖了出去。”还有水行业中，娃哈哈是纯净水，农夫山泉是天然水，康师傅是矿物质水等。

（三）找到支撑要点

有了区隔概念，企业还要找到支撑点，让它真实可信。当 IBM 提出“集成电脑”区隔概念的时候，一切似乎显得过于简单，那是因为 IBM 的规模和多领域技术优势，是它天然的支持点。任何一个区隔概念，都必须有据可依。比如，一辆“宽轮距”的庞蒂克，轮距就应该比其他汽车更宽；可口可乐敢自称“正宗的可乐”，是因为它就是可乐的发明者；当你声称“赫兹非寻常”时，你就得提供一些别人所没有的服务。区隔不是空中楼阁，消费者需要企业证明给他们看，企业必须能支撑起自己的概念。例如，娃哈哈说自己是纯净水，因为它的水处理是27层过滤；农夫山泉说自己是天然水，因为它的水源地是千岛湖和长白山等；康师傅说自己是矿物质水，因为它的水里含有矿物质。

（四）持续不断传播

并不是说有了区隔概念，就可以等着顾客上门。最终，企业要靠传播才能将概念植入消费者心中，并在应用中建立起自己的定位。一方面，企业要在每一方面的传播活动——广告、手册、网站、销售演示中，都尽力体现出区隔的概念。例如，有一位快餐业的 CEO 甚至亲自过问圣诞节寄给特许经营商的贺卡，一定要在节日的问候里捎带上自己的“区隔”。另一方面，一个真正的区隔概念，也应该是真正的行动指南。几年前，联合泽西银行把自己定位为“快速行动银行”，它们很快就参透了这种精神，争着比来自“大城市”的对手（戏称“昏睡国家银行”）做得更快，大大地提高了贷款审批和投诉解决的速度，业务同步增长。一些企业到处充斥着“激励员工”的废话，但实际上，下属并不需要你告诉他“怎样发挥潜能”，他们只想知道一个问题的答案——什么使我们的公司与众不同。如果他对答案产生认同，就会和公司一起奋力前进。当企业的区隔概念被别人接受，而且在企业的销售、产品开发、设备工程，以及任何大家可以着力的地方都得到贯彻时，你才可以说你为品牌建立了定位。

（五）别不舍得投钱

值得强调的一点是，在建立品牌定位的过程中，仅有一个好的区隔概念远远不够，企业必须要有足够的财力把概念植入消费者心中。今天的营销是一场在心智上展开的比赛，进入心智需要真金白银，保住江山需要的还是真金白银。当年，史蒂夫·乔布斯和史蒂夫·沃兹尼克拥有了一个伟大的概念——个人电脑，但令苹果电脑成功的，却是麦克·马库拉的 9.1 万美元。马库拉因此掌握了苹果 1/3 的股份，而本来他应拥有超过一半。为了保住品牌地位，宝洁公司和菲利普·莫里斯烟草公司每年要花掉20多亿美元的广告费，通用汽车也高达 15 亿美元。没有钱支撑的概念一文不值。如果企业碰巧穷得只有概念，做好准备吧，为集资做出最大的让步。不少企业家不敢或者说舍不得把钱花在无形事物如广告或品牌上，觉得这是个没谱的事，因为打广告和做品牌不好衡量绩效结果；他们喜欢把钱花在有形事物上，比如建楼或建广场、买设备等，来得直接明了。

【阅读材料】

“松鼠帝国”的成功之道

“三只松鼠”是在 2012 年推出的第一个互联网森林食品品牌，产品很小清新，代表着天然、新鲜以及非过度加工。上线仅仅 65 天，三只松鼠的销售就跃居淘宝天猫坚果行业的第一名。

截至 2020 年，三只松鼠累计卖出超 450 亿元的零食，服务超 1.64 亿消费者。三只松鼠天猫旗舰店日访客累计数达 6.4 亿人次，居行业第一，淘系店铺粉丝数达 4 426 万，京东系店铺粉丝数达 5 345 万，粉丝数位列零食类目第一，领跑休闲食品行业粉丝榜。连续八年位列国内主流电商渠道坚果零食类目销量第一，双十一销售额多年保持零食类目第一，创造了中国互联网食品的一个奇迹，成为农产品行业中的翘楚。是什么促成了三只松鼠今日的成就？与传统农产品的营销相比，三只松鼠有哪些特别之处？

三只松鼠品牌的打造，是三只松鼠实现强化消费者认知和抓住其心智的过程，也是将其品牌和特定产品在消费者心中画等号的过程。精准的品牌定位是其营销的起点和核心。

（1）市场定位：主打高端电商坚果市场。针对当时电商坚果商集体品牌意识差，产品质量无法统一，没有形成品牌化和垄断等情况，杀进处于空白地带的电商坚果品牌市场。

（2）客群定位：细分高端坚果消费客群。针对具有深度网购习惯、巨大购买力和高频购买需求的消费主力人群，主要集中于“85 后”“90 后”的年轻消费群体，三只松鼠积累的 7000 多万用户，其中绝大部分是 30 岁左右的年轻用户群体。

（3）产品定位：高端品牌电商坚果。产品在保证质量的情况下，坚持走高端电商坚果品牌化路线。

（4）企业定位：三只松鼠把自己定位一家真实、有温度的企业，以宠物松鼠的口吻来与顾客交流，为“主人”提供零食，这种别具一格和顾客互动的方式和定位，迅速打开市场局面，在零食特产类脱颖而出，成为品类中的第一。

（5）形象定位：三只松鼠把产品塑造成三只可爱的小松鼠，让人一眼就记住，一眼就识得，节约传播成本。

（6）文案定位：娱乐化，惊喜温馨化，总能让人看了会心一笑，原本郁闷的心情瞬间全无，再加上每次赠送的赠品总能给人惊喜和意外，用户自然会主动分享，主动发朋友圈，为产品做宣传。

（资料来源：线上行业第一，线下门店超千家，三只松鼠全渠道销售近百亿. 金融界，2021 年 3 月 29 日. https://baijiahao.baidu.com/s?id=1695547918284168001&wfr=spider&for=pc）

二、品牌定位实施步骤

由于杰克·特劳特的品牌定位建立步骤倾向于停留在宏观抽象层面，为了能将其观点落到营销实践操作层面，品牌定位需要对消费者、竞争对手以及企业自身进行科学系统的分析。为了获得清晰准确的定位，必须遵循一定的操作程序。

（一）深入分析消费者需求

品牌必须将自己定位于满足消费者需求的立场上，最终借助传播让品牌在消费者心中获得一个有利的位置，因此，消费者的需求分析是进行品牌定位的首要步骤。要达到这一目的，可以借助于消费者行为调查，通过客观的数据来了解目标市场顾客的生活形态或心理层面的情况。为了找到切中消费者需要的品牌利益点，思考的焦点需要从产品属性转向消费者利益。消费者利益的定位是站在消费者的立场上来看的，它是消费者期望从品牌中得到什么样的价值满足。所以用于定位的利益点选择除了产品利益外，还有心理象征意义方面的利益，这使得产品转化为品牌。因此可以说，定位与品牌化其实是一体两面，如果说品牌化是消费者认知的过程，那么定位就是公司将品牌提供给消费者的过程。

（二）明确竞争对手及其定位

品牌定位实质上就是与竞争品牌相区别，以给消费者留下独特的印象，因此，一个企业在进行品牌定位时应该首先分析品牌的竞争者。确认品牌竞争者是一个需要全面分析的过程，因为品牌竞争者不仅包括同类产品竞争的品牌，还包括其他种类产品的品牌（直接的或间接的替代产品品牌）。比如，可口可乐不仅在和百事可乐竞争，还要考虑绿茶、果汁等其他非碳酸饮料的竞争。这将作为一个行业分析的基础。在确认之后企业必须明确每个竞争者品牌是如何在其属性上定位的。一般而言，探求竞争性品牌的定位可以采用竞争性框架的方法：就是根据产品的某些属性来作一幅树形图，并分别细分这样一些属性，最后把所有的竞争性品牌按这些属性在这个树形图上“对号入座”，以明确竞争品牌的差异性定位。

（三）归纳提炼品牌核心价值

有价值的、值得开发的品牌竞争优势一般并不能直接用于品牌定位，它是原始的、粗糙的和宽泛的，要经过高度概括和提炼，得到其核心竞争价值。而这种品牌核心价值是品牌创建的重要战略目标，只有它们才真正地把品牌与其竞争对手区别开来。迪士尼的核心价值是“快乐的家庭娱乐”，其首席执行官迈克尔·艾斯纳在回忆录中写道：“迪士尼的天才们将它变成了最好的家庭娱乐的代名词。无论是主题公园还是电视节目，无论是卡通电影还是迪士尼的一块手表……迪士尼为人们许诺了一种体验：适合任何年龄孩子的全家娱乐，产品与服务高度可靠安全，提供了一套可预见的价值。”因此，这种核心价值是品牌的精髓，是品牌向消费者承诺的最根本利益，也是消费者认同、忠诚于品牌乃至愿意为之付出高价的原动力，是可以建立品牌定位的本质性的东西。

（四）清晰确定品牌差异化定位

在前面步骤的基础上，通过竞争环境分析、差异研究、消费者需求的探索、品牌和新价值的提炼等，就可以获得一些品牌的定位点。然而品牌定位还要在这一系列的定位点上进行优化组合，舍弃不合理的方案，保留可行方案，再对这些方案进行严格筛选，以在相互竞争的参考体系中找到品牌的理想位置，最终形成品牌定位。这种定位应该能够用文字简洁而准确地表述出来。比如，美国的米勒淡啤酒是这样陈述的：地道的美国标准强度的啤酒，好喝而且相当爽口，目标对象是 18～24 岁的男性，标准啤酒的饮用者特别针对那些关心个人外在表现的人。

（五）持续传播监控不断调整

品牌定位是开始而不是结束。当品牌定位确定之后，还必须有效而一致地传播这一定位。品牌传播要采取有效的手段来表达这一定位，让目标消费者认识、理解、接受这一定位，产生心灵的共鸣。这种认同感才是最终在消费者脑中对品牌形成特殊印象的基础。因此，定位是否成功，只有消费者才最有发言权。品牌传播有公关、广告、包装、价格、营销渠道等多种途径，其中最重要的是广告。因为广告可以通过图文结合、多媒体的表现方式，立体地展现品牌的定位。而一旦品牌定位已经在消费者脑中形成了，企业还要注意监控它在市场上能否有效地维持。一方面，企业可以通过记录不同时期研究出来的品牌形象，来了解品牌定位状况；另一方面，也可以确定竞争者品牌的状况。

第三节　品牌定位的原则与策略

品牌定位需要经常向消费者宣传品牌识别，目的是有效地建立品牌与竞争者的差异性，

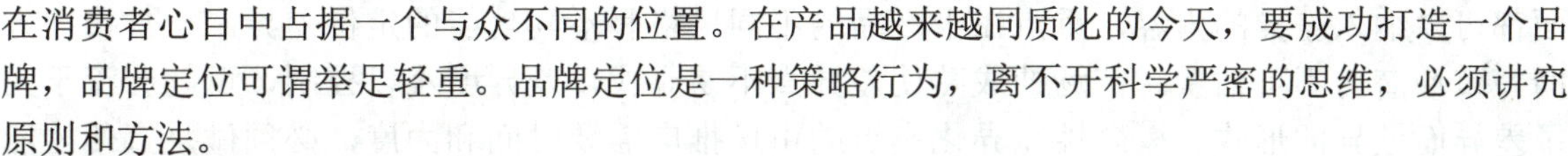
在消费者心目中占据一个与众不同的位置。在产品越来越同质化的今天，要成功打造一个品牌，品牌定位可谓举足轻重。品牌定位是一种策略行为，离不开科学严密的思维，必须讲究原则和方法。

一、品牌定位的原则

为了使一个新品牌能够在激烈的商战中找到立足之地，应该根据企业的资金、人才和技术等综合情况进行定位，遵循某一个品牌定位的原则。品牌定位原则是一个定位的总体战略取向，可以有所侧重，分清主次，根据企业的具体情况，强调或削弱某些方面，精练本品牌特有的定位原则。

（一）顺应原则

顺应原则是指跟随市场主导流向，寻找目标品牌。在市场潮流中发现流行的主题，紧随市场畅销品牌的产品特点，作出自己的选择。在此，顺应有模仿的意味，是带有一定主见的模仿。由于业内已经有可以借鉴的成功品牌作例子，采用这一原则比较保险，可以规避市场风险，比较适合缺乏品牌运作经验的新生品牌借鉴和参照。但是产品风格很容易与其他品牌雷同而没有特色，缺少个性，一旦被指与某个更著名的品牌相似，则会影响品牌的感召力。此原则比较适合中低档品牌的定位。

（二）对立原则

对立原则是指与市场上出现的主要流行风格相反，走个性化、另类化品牌路线。强调个性的定位原则可以凸显品牌的主张，吸引年轻消费群体，增添创造性成分，符合市场多元化发展的趋势。依靠设计的力量突出品牌风格，产品形象比较抢眼且富有个性，能形成比较明显的品牌风格，以产品的设计价值体现产品的附加值。但由于目标消费群较小而使得产品的社会需求总量不多，过于个性化的产品将失去市场。此原则更适合走中高档路线、以质取胜的品牌定位。

（三）空位原则

空位原则是指寻找当前市场在风格和品种上的空当，创造业内空缺或罕见的风格。通过避开与主流风格的正面交锋，迂回侧击，来保存实力，在夹缝中求生存。采取空位原则的企业由于开创前所未有的风格而独树一帜，少有竞争对手，具有潜在消费市场，其原创意识更多地体现在新的产品类别开发上，只要掌握得当，容易一炮打响。但从推出到接受，消费者对其有一个认识过程，有一定的市场风险，因为缺少参照物，产品开发的难度较大。此原则适合各种档次品牌的定位。

（四）差异原则

差异原则是指在现有品牌中，通过比较与研究，寻找产品之间可能存在的根本上的不同点，利用设计方法中的结合法，树立差异化理念，开发差异化产品及服务，体现出差异化竞争的特点。因为有比较成熟的参照对象，可以适度规避产品开发的市场风险。任何方面都可以纳入差异的内容，重点在于产品的不同风格和不同功能的定位差异。一旦找准方向，市场潜力不可估量。市场的成熟使差异点不易寻找，差异度难以控制，可能会流于为了差异而差异的形式。概念性差异化卖点的市场推广需要时间和力度，必须做足宣传才能吸引人。

二、品牌定位的策略

（一）以产品特点为导向的定位

1. 类别定位

该定位就是与某些知名而又司空见惯的产品做出明显的区别，或给自己的产品定义为与众不同的“另类”，这种定位也可称为与竞争者划定界限的定位。例如，美国的七喜汽水，之所以能成为美国第三大软饮料，就是由于采用了这种策略，宣称自己是“非可乐”型饮料，是代替可口可乐和百事可乐的清凉解渴饮料，突出其与“两乐”的区别，因而吸引了相当部分的“两乐”转移者。又如，娃哈哈出品的“有机绿茶”，与一般的绿茶构成显著差异；舒肤佳推出的免洗洗手液，提出“随时随地，清洁双手”的理念，与普通洗手液形成区别。这些都是类别定位策略的运用。

2. 概念定位

概念定位就是使产品、品牌在消费者心目中占据一个新的位置，形成一个新的概念，甚至造成一种思维定式，以获得消费者的认同，使其产生购买欲望。该类产品可以是以前存在的，也可以是新产品类。例如，2003 年海尔空调销量不俗，最主要的因素来自产品概念的独特分类——氧吧空调，这就是概念定位的成功，是对消费者生活密切关注和满足需求方式的结果。红牛定位在“能量与活力”，打出功能概念，不断传播着“有能量，无限量”“困了，累了，喝红牛”“我的能量，我的梦想”的诉求，是全球较早的功能饮料品牌之一。另一个概念定位成功的案例是“脑白金”，其品牌本身就创下了一个概念，容易让消费者形成诱导式购买，人们“身不由己”地把脑白金和送礼佳品、年轻态健康品等同起来了。

3. 功效定位

消费者购买产品主要是为了获得产品的使用价值，希望产品具有所期望的功能、效果和效益，因此。以强调产品的功效为诉求是品牌定位的常见形式。很多产品具有多重功效，定位时向顾客传达单一的功效还是多重功效并没有绝对的定论，但由于消费者能记住的信息是有限的，往往只对某一强烈诉求产生较深的印象。因此，向消费者承诺一个功效点的单一诉求更能突出品牌的个性，获得成功的定位。例如，洗发水中飘柔的定位是“柔顺”，海飞丝的定位是“去头屑”，潘婷的定位是“健康亮泽”。

4. 档次定位

档次定位主要是将质量和价格结合起来构筑品牌识别。质量和价格通常是消费者最关注的要素，大家都希望买到质量好、价格相对便宜的物品。在实际中，这种定位往往表现为宣传产品的价廉物美和物有所值。但不同档次的品牌带给消费者不同的心理感受和体验。现实

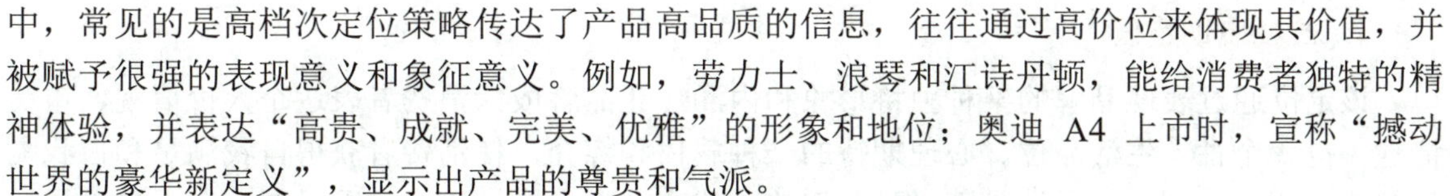

中，常见的是高档次定位策略传达了产品高品质的信息，往往通过高价位来体现其价值，并被赋予很强的表现意义和象征意义。例如，劳力士、浪琴和江诗丹顿，能给消费者独特的精神体验，并表达“高贵、成就、完美、优雅”的形象和地位；奥迪 A4 上市时，宣称“撼动世界的豪华新定义”，显示出产品的尊贵和气派。

5. 历史定位

以产品悠久的历史建立品牌识别。消费者都有这样一种惯性思维，对于历史悠久的产品容易产生信任感，一个做产品做了这么多年的企业，其产品品质、服务质量应该是可靠的，而且给人神秘感，让人向往，因而历史定位具有“无言的说服力”。云南香格里拉酒业公司推出的香格里拉·藏秘青稞干红传说根据当年法国传教士的秘方酿制，近年在干酒行业异军突起，与其历史定位是分不开的，“来自天籁，始于 1848 年，跨越三个世纪，傲然独立”的品牌渲染给人以凝重、悠远的历史品位，令人神往。泸州老窖公司拥有始建于明代万历年间（1573—1620）的老窖池群，所以总是用“您品味的历史、国窖 1573”的历史定位来突出品牌传承的历史与文明。

（二）以心理需求为导向的定位

1. 文化彰显定位

将文化内涵融入品牌，形成文化上的品牌识别。文化定位能大大提高品牌的品位，使品牌形象更具特色。中国文化源远流长，国内企业要予以更多的关注和运用，目前已有不少成功的案例。例如，珠江云峰酒业推出的“小糊涂仙”酒，就成功地实现了文化定位，它们借“聪明”与“糊涂”反衬，将郑板桥“难得糊涂”的名言融入酒中，把握了消费者的心理，将一个没什么历史渊源的品牌运作得风生水起；金六福酒实现了“酒品牌”与“酒文化”的信息对称，把在中国具有亲和力与广泛群众基础的“福”文化作为品牌内涵，与老百姓的“福文化”心理恰巧平衡与对称，使金六福品牌迅速崛起。

2. 生活情调定位

生活情调定位就是使消费者在产品的使用过程中，能体会到一种良好的，令人惬意的生活气氛、生活情调、生活滋味和生活感受，而获得一种精神满足，该定位使产品融入消费者的生活中，成为消费者的生活内容，使品牌更加生活化。例如，青岛纯生啤酒的“鲜活滋味，激活人生”给人以奔放、舒畅和激扬的心情体验；美的空调的“原来生活可以更美的”给人以舒适、惬意的生活感受；云南印象酒业公司推出印象干红的广告语为“有效沟通，印象干红”，赋予品牌在人际交往中获得轻松、惬意的交流氛围。

3. 群体归属定位

该定位直接以产品的消费群体为诉求对象，突出产品专为该类消费群体服务，以此获得目标消费群的认同。把品牌与消费者结合起来，有利于增进消费者的归属感，使其产生“我自己的品牌”的感觉。例如，金利来定位为“男人的世界”；百事可乐定位为“青年一代的可乐”；北京统一石油化工公司的“统一经典”润滑油定位为“高级轿车专用润滑油”。

4. 自我表现定位

该定位通过表现品牌的某种独特形象和内涵，让品牌成为消费者表达个人价值观、审美情趣、自我个性、生活品位、心理期待的一种载体和媒介，使消费者获得自我满足和自我陶醉的快乐感觉。例如，果汁品牌“酷儿”的“代言人”大头娃娃，右手叉腰，左手拿着果汁饮料，陶醉地说着“Qoo……”这个有点儿笨手笨脚，却又不易气馁的蓝色酷儿形象正好符合儿童“快乐、喜好助人但又爱模仿大人”的形象，小朋友看到酷儿就像看到了自己，因而博得了小朋友的喜爱；浪莎袜业锲而不舍地宣扬“动人、高雅、时尚”的品牌内涵，给消费者一种表现靓丽、妩媚、前卫的心理满足；夏蒙西服定位于“007 的选择”，对渴望勇敢、智慧、酷美和英雄主义的消费者极具吸引力。

5. 情感表达定位

该定位是将人类情感中的关怀、牵挂、思念、温暖、怀旧、爱等情感内涵融入品牌，使消费者在购买、使用产品的过程中获得这些情感体验，从而唤起消费者内心深处的认同和共鸣，最终获得对品牌的喜爱和忠诚。例如，浙江纳爱斯的雕牌洗衣粉，借用社会关注资源，在品牌塑造上大打情感牌，其创造的“下岗片”广告，就是较成功的情感定位策略，“……妈妈，我能帮您干活啦”的真情流露引起了消费者内心深处的震颤以及强烈的情感共鸣，自此，纳爱斯雕牌更加深入人心；丽珠得乐的“其实男人更需要关怀”也是情感定位策略的绝妙运用；哈尔滨啤酒“岁月流转，情怀依旧”的品牌内涵勾起人无限的岁月怀念。

（三）以行业竞争为导向的定位

1. 首席定位

主要是指追求品牌成为本行业中领导者的市场定位。如广告宣传中使用“正宗的”“第一家”“市场占有率第一”等口号，就是首席定位策略的运用。首席定位的依据是人们对“第一”印象最深刻的心理规律。例如，第一个登上月球的人，第一位恋人的名字，第一次的成功或失败等。尤其是在现今信息爆炸的社会里，各种广告、品牌多如过江之鲫，消费者会对大多数信息毫无记忆。据专业机构调查，一般消费者只能回想起同类产品中的七个品牌，且名列第二的品牌的销量往往只是第一品牌的一半。因此，首席定位能使消费者在短时间内记住该品牌，并为以后的销售打开方便之门。

在每个行业，每一产品类别里，“第一”只有一个，而厂商、品牌众多，并不是所有的企业都有实力运用首席定位策略，只有那些规模巨大、实力雄厚的企业才有能力做到。对大多数厂商而言，重要的是发现本企业产品在某些有价值的属性方面的竞争优势，并取得第一的定位，而不必非在规模上最大。波导手机宣称“连续三年全国销量第一”，高露洁是防蛀牙膏的第一，麦当劳是快餐行业的第一。采用这种定位策略，能使品牌深深印在消费者的脑海中。

2. 加强定位

主要是指在消费者心目中加强现有形象的定位。品牌是被设计出来的，当企业在竞争中处于劣势且对手实力强大不易打破时，品牌经营者可以另辟蹊径，避免正面冲突，以期获得竞争的胜利。例如，美国阿维斯公司强调“我们是老二，我们要进一步努力”；七喜汽水的广告语是“七喜非可乐”；河北中旺集团推出“五谷道场”方便面时，强调“非油炸”获得了很好的效果；统一鲜橙多告诉消费者“满足每天所需的维生素 C，多喝多漂亮”。

3．空当定位

寻找为许多消费者所重视但尚未被开发的市场空间。任何企业的产品都不可能占领同类产品的全部市场，也不可能拥有同类产品的所有竞争优势。市场中机会无限，只看企业是否善于发掘。谁寻找和发现市场空当的能力强，谁就可能成为后起之秀。例如，美国 M&M 公司生产的巧克力豆，其广告语“只溶在口，不溶在手”给消费者留下了深刻的印象；露露集团开发的杏仁味“露露”饮料由于具有降血压、降血脂、补充蛋白质等多种功能，因而定位为“露露一到，众口不再难调”，同样是成功的空当定位。

4．攀附定位

就是攀附或借助名牌之光而使自己的品牌生辉，主要有两种形式：一是甘居第二，即明确承认同类中最负盛名的品牌，自己只不过是第二而已。这种策略会使人们对公司产生一种谦虚诚恳的印象，相信公司所说是真实可靠的。例如，蒙牛乳业启动市场时，宣称“做内蒙古第二品牌”“千里草原腾起伊利集团、蒙牛乳业……我们为内蒙古喝彩”。二是攀龙附凤，其切入点亦如上述，承认同类中某一领导品牌，本品牌虽自愧不如，但在某地区或在某一方面还可与它并驾齐驱，平分秋色，并和该品牌一起宣传。例如，内蒙古的宁城老窖，宣称是“宁城老窖——塞外茅台”。

【本章小结】

所谓品牌定位，就是对品牌进行设计，从而使其能在目标消费者心目中占有一个独特的、有价值的位置的行动，或者说是建立一个与目标市场有关的品牌形象的过程与结果。品牌定位是形成市场区隔的根本，有利于树立品牌的形象和品牌的整合传播。

品牌定位的五步骤是：分析行业环境，寻找区隔概念，找到支撑要点，持续不断传播，别不舍得投钱。品牌定位的实施步骤是：深入分析消费者需求，明确竞争对手及其定位，归纳提炼品牌核心价值，清晰确定品牌差异化定位，持续传播监控不断调整。

品牌定位的原则有顺应原则、对立原则、空位原则、差异原则。品牌定位的策略包括：以产品特点为导向的定位如类别定位、概念定位、功效定位、档次定位、历史定位；以心理需求为导向的定位如文化彰显定位、生活情调定位、群体归属定位、自我表现定位、情感表达定位；以行业竞争为导向的定位如首席定位、加强定位、空当定位、对比定位、攀附定位。

【本章测试】

一、单选题

1．（　　）是品牌建设的基础，是品牌经营的前提和首要任务。

A．品牌定位　　B．品牌形象　　C．品牌概念　　D．品牌设计

2．以产品特点为导向的定位不包括（　　）。

A．类别定位　　B．概念定位　　C．价值定位　　D．功效定位

3．以心理需求为导向的定位不包括（　　）。

A．文化彰显定位　B．心理诉求定位　C．生活情调定位　D．群体归属定位

4．以行业竞争为导向的定位不包括（　　）。

A．首席定位　B．加强定位　C．空当定位　D．时间定位

5．（　　）是消费者表达个人价值观、审美情趣、自我个性、生活品位、心理期待的一种载体和媒介。

A．旅游　B．购物　C．品牌　D．娱乐

二、多选题

1．以下属于品牌定位的原则是（　　）。

A．顺应原则　B．对立原则　C．空位原则　D．优先原则

2．品牌定位的策略包括以（　　）为导向的定位。

A．产品特点　B．产品款式　C．心理需求　D．品牌质量

3．品牌定位的步骤包括（　　）。

A．分析行业环境　B．寻找区隔概念　C．找到支撑要点　D．持续不断传播

三、简答题

1．杰克·特劳特和艾·里斯对品牌定位的理解是什么？

2．品牌定位的五步骤和实施步骤分别是什么？

3．品牌定位的作用和原则是什么？

4．品牌定位的具体策略包括哪些？

【案例分析】

品牌摆架子：高不可攀还是平易近人

在人际中，“摆架子”是位于里子和脸面之间的一个环节，要以好的、扎实的里子为基础，以建立和维持好的脸面为支撑的人格形象，围绕自我认知的较高心理定位，作出一系列行为架构的适当选择。其中，里子是内在的、实的，体现为能力或权力，必须要好，因为它是摆架子的基础和资本；而脸面是外在的、虚的，体现为道德和成就指向，它们是摆架子支撑的人格形象。

在品牌领域，产品质量代表的是里子，是内在的、有形的、实的，不仅要优而且要异，它是品牌摆架子行为的基础和资本。而上面的品牌定位和品牌形象是脸面，是外在的、无形的、虚的，它们是摆架子行为架构支撑和外化的对象，强调象征意义的程度，程度越强，品牌的架子摆得就越足；程度越弱以至于没有象征意义，则品牌无须摆架子。

那么，品牌能不能摆架子跟什么相关呢？按照人际的逻辑，我们认为跟品牌的价值定位密切相关。于是，根据品牌象征意义程度的高低，将其划分为象征价值品牌、形象价值品牌和功能价值品牌。由于摆架子行为不仅是品牌对自身认知的心理定位，而且反映了消费者对品牌本身及其使用者群体的心理认知定位，与品牌使用者的社会地位和拥有财富密切相关。因此，根据品牌使用者社会地位的高低和拥有财富的多少，我们将其划分为四类人群：①既

富且贵的人；②贵而不富的人；③富而不贵的人；④低收入的人（如图 2-1 所示）。

对象征价值品牌来说，在“实”的方面，性价比相对很低，但在“虚”的方面，其象征意义的程度相对最高且没有上限，传递的价值体现了真正的富贵，如百达翡丽、江诗丹顿等手表，目标顾客为第①类既富且贵的人。这类消费群体在购买品牌时，与社会表达相比，较侧重品牌的自我表达，他们深度了解品牌的来源和内涵、产品的设计风格等方方面面，他们能看“懂”品牌或产品等“物”背后的“人”的意识和意念，看重的是生产者所赋予品牌或产品的“神”，即风格、思想和精神，是否与自己契合。举例来说，这部分消费者买产品的时候，基本都会去弄清楚这个产品或品牌背后设计的想法是什么，他们一定会想办法搞清楚产品是怎么来的，为什么这样设计。

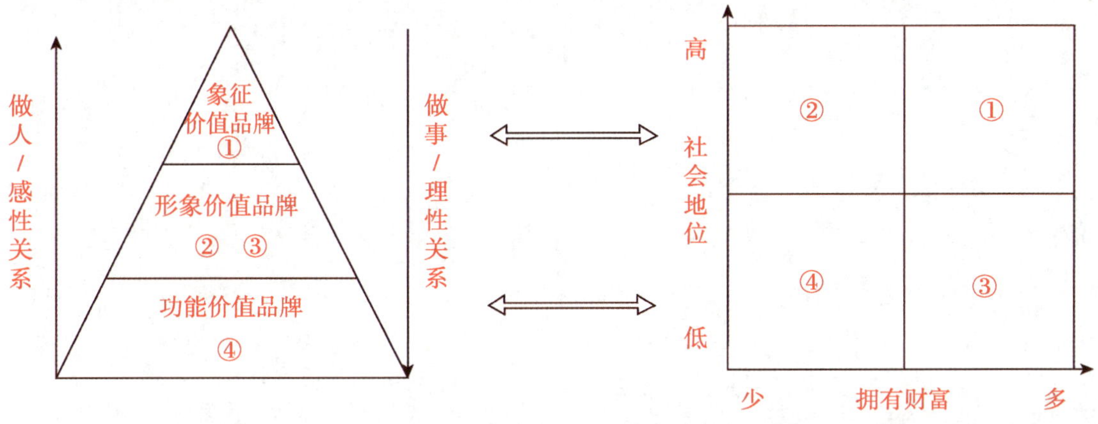

图 2-1 品牌价值定位分类和消费者群体细分

对形象价值品牌来说，在“实”和“虚”两个方面，形象价值品牌均相对适中。象征意义虽有，但仅仅是体现了“形”，而未抓住“神”，传递的价值体现了贵而不够富或富而不够贵，如浪琴、名士等手表，目标顾客为第②类和第③类的人。与象征价值品牌相比，这类品牌对目标顾客的心理需求把握相对简单，而且不够深入。此类消费群体在购买品牌时，与自我表达相比，较侧重品牌的社会表达，看重的是“外”在的“形”能够给自己带来多大的社交价值，并不像第①类既富且贵的人那样，深度了解品牌“内”在的“神”是否与自己契合。举例来说，就像有的人买个 LV 的包包，并不知道这个包包的设计理念以及它的来龙去脉是什么。

对功能价值品牌来说，在“实”的方面，性价比相对很高，但在“虚”的方面，象征意义接近于零，无法体现富和贵，传递的仅仅是产品的功能价值，例如，海飞丝、格力空调、红牛饮料等，目标顾客为第④类的人。此类品牌基本不做“虚”的，聚焦于“实”即功能价值，较侧重解决目标顾客群体的外在需求，也就是与产品消费相关的现实问题。此类消费群体在购买品牌时，更看重性价比、产品的质量和功能等方面。

在营销实践中，品牌摆架子该如何操作呢？第一，对产品销量进行限制，这符合经济学所讲物以稀为贵的逻辑；第二，定价极高，而且从不降价打折，甚至还会不断地提价；第三，销售的渠道网点非常稀少，难以见到；第四，广告代言人常表现一副高冷的姿态；第五，终端销售店面气势逼人，让人看了没有底气进去消费；第六，终端门店销售服务人员对进店购物的普通消费者态度冷漠傲慢。

（资料来源：王新刚，张琴．品牌摆架子对消费者购买意愿的影响［J］．经济管理，2018（6）．）

思考题：

1．品牌摆架子与顾客让渡价值之间的冲突是什么？

2．品牌摆架子与行业是否相关，在不同行业该如何运用摆架子？

第三章　品牌设计

【学习目标】

1. 了解品牌命名的作用，熟悉品牌命名的原则。
2. 掌握品牌命名的程序和品牌命名的方法。
3. 了解品牌标识的作用，熟悉品牌标识设计的原则。
4. 掌握品牌标识设计的要素，了解品牌标识设计的风格。

【素质目标】

1. 欣赏我国优秀品牌形象中的传统文化，提升美商，培养文化认同、文化自信。
2. 认识和学习品牌设计背后的企业文化、先进的经营理念以及民族品牌的家国情怀。

【开篇实例】

蒙牛：新 Logo 讲述新故事

2021 年 12 月 18 日，在成立 22 年后，乳业巨头蒙牛乳业首次宣布换新 Logo。此次 Logo 换新，也是蒙牛尝试通过视觉形式与消费者建立的一场新形式的对话——这家位列全球十强的乳业巨头，正计划从品牌角度将自身的战略目标更加清晰简洁地传递给全球消费者。而蒙牛换新 Logo 的动作也释放出在其成立 22 年以来，在 CEO 卢敏放提出的“再创一个新蒙牛”的大背景下，它要讲述一个关于“蒙牛速度”全新故事的雄心。

2020 年 12 月，在疫情影响下，蒙牛提出了“再创一个新蒙牛”战略，并用“FIRST”五个字母描绘了其未来发展的五个维度：First-Choice，成为消费者挚爱的蒙牛；Technology，成为数智化的蒙牛；International，成为国际化的蒙牛；Spirit，成为拥有强大文化基因的蒙牛；Responsibility，成为更具责任感的蒙牛。

蒙牛的新 Logo 着力突出了“以中国文字为骨，以内蒙古大草原为魂”的特色——该 Logo 以绿色为底，由牛角、河流形状以及“蒙牛”文字构成，延续了原有的图文结构和基本色调，也保留了消费者一直以来对蒙牛的印象，延续了消费者的情感回忆。

和此前的 Logo 一样，蒙牛新 Logo 的基本色为绿色，象征着内蒙古大草原这一抚育蒙牛的摇篮的颜色，代表着天然、健康和品质，也表示着蒙牛不忘初心，从内蒙古大草原出发，强壮国人，走向世界的决心。

右上角的“牛角”是蒙牛的精神符号，显示出蒙牛“天生要强，与自己较劲”的企业精神，同时也象征着一个旋转的地球、一片充满无限可能的天空，体现出蒙牛“脚踏草原、放眼全球、仰望星空”的博大胸怀。

下方的“河流”则象征滋养了土地和民族的母亲河——黄河。依靠着黄河几字弯的沃土，蒙牛在黄河沿岸的黄金奶源带上进行各项产业布局，在为消费者不断提供优质牛奶的同时，也为“守护人类和地球共同健康”贡献着自己的力量。

总体来看，蒙牛新 Logo 保留了中文毛笔字的风格，延续了消费者情感要素，通过图形、色号、边框等调整，并以黄金分割比例和谐呈现，凸显“牛角”“母亲河”“绿色大草原”这三个具有中国特色和蒙牛特色的元素。

全新的 Logo 也显示出蒙牛打破桎梏、超越自我、追求卓越的勇气和决心，更蕴含着乘风破浪、走向世界，也暗示着蒙牛“草原牛，世界牛，全球至爱，营养二十亿消费者”的宏大愿景。

（资料来源：https://baijiahao.baidu.com/s?id=1719742884337794182&wfr=spider&for=pc）

第一节　品牌命名

一个企业的诞生是从它的名字开始的，人们认识一个企业也是从它的名字开始的，可以说，起一个好名字是企业迈向成功的第一步，企业也都对此十分重视。好的名字是起名者智慧的结晶，是一种思想文化的体现；好的名字能联结消费者的心，唤起人们对精神生活和物质生活的追求。美国营销大师艾·里斯认为：“从长远观点来看，对于一个品牌来说，最重要的就是它的名字。”而孔子也曾说：“名不正则言不顺，言不顺则事不成。”因此，品牌命名成了品牌建立之始的重头戏。

一、品牌命名的作用

品牌成功的第一步，就是要取个好名称。日本索尼公司称：“我们最大的资产是四个字母‘SONY’，它不是我们的建筑物、工程师或工厂，而是我们的名称。”艾·里斯和劳拉·里斯在《品牌 22 律》中也指出：“从长远的观点看，对于一个品牌来说，最重要的是名字。”一位企业家甚至说企业能否发达，关键在于品牌名称起得好不好。名称对于品牌的作用可见一斑。具体而言，品牌名称的作用，可以分为以下几点。

（一）激发消费者联想

从企业的视角来看，在市场信息不对称的条件下，企业希望通过品牌名称发出信号来表明自己的定位，以及与竞争对手之间在竞争优势方面的差异。而从消费者的视角来看，当他们面对不确定性的产品时，品牌名称是一个重要的信号，它能够帮助消费者降低搜索成本和认知强化。

品牌名称是品牌中能够读出声音的部分，是品牌的核心要素，是品牌显著特征的浓缩，是形成品牌文化概念的基础。一个好的品牌名称本身就是一句最简短、最直接的广告语，能够迅速而有效地表达品牌的中心内涵和关键联想。中国自古就有“正名”之说，名称的好坏，关系到品牌的成败。例如，Coca-Cola 最初译作“蝌蚪啃蜡”，不仅音译生硬令人难以理解，还会在中文语境中引发不好的联想，对品牌的发展有害而无益；而将其改译作“可口可乐”，音节顺畅响亮，而且暗喻饮料口感良好，使人快乐舒心，可谓天衣无缝，获得了极好的效果。

（二）体现核心价值

品牌名称是品牌最重要的组成要素之一，它表明了品牌最核心的要素和价值。品牌名称会带给消费者这个品牌的整体印象和基本评价。一提到某一品牌名称，人们便很快对该品牌所代表的产品质量、技术、服务等有一个总的概念和印象。好的品牌名称是一笔巨大的无形资产，它能给企业带来丰厚的回报。例如，劳斯莱斯、奔驰代表了性能卓越的轿车，海尔、IBM 代表了优质的售后服务，苹果、华为代表了先进的移动通信技术，谷歌、百度代表了优质的搜索体验，等等。每一种品牌名称都给我们带来了有关的信息，而且长期影响人们的消费行为。因此，不能仅仅把品牌名称当作无关紧要的代号、符号，而应进一步挖掘品牌名称这一重要信息所代表和象征的核心价值，著名的品牌更是如此。

（三）体现品牌文化

名称是一种符号，它反映了取名者的道德修养、文化水准和对品牌寄托的希望，是一笔宝贵的文化财富；同时，它也反映了品牌的文化品位。好的名称充满生机、活力与诱惑力，它能深深地根植在消费者心中，以至于消费者有相关需求时，会直奔相关品牌而去，事情简单得就像我们感到口渴时直接去买一瓶可口可乐或雪碧一样。业界有人对品牌名称有一个恰当的比喻：“一个好的产品是一条龙，而为它取一个好的品牌名字，就犹如画龙点睛，成为神来之笔，为产品品牌增添光彩，对提高产品品牌的知名度，扩大产品品牌的市场份额，起着很重要的作用。”

（四）体现民族文化

作为语言文字的一种独特表现形式，品牌名称具有鲜明的文化性和民族性。它扎根于民族文化的土壤，从中汲取养分，同时也能够反映一个民族的政治制度、历史传统、风俗习惯、宗教信仰。中华民族有五千多年的文明史，形成了独具特色的方块文字。因此我国的品牌大都以汉字来命名，体现了汉民族的文化特色，也展现出品牌命名者的美好愿景。作为经济发展的一种自然现象，品牌名称能折射出特定时代的经济文化和民族心态。例如，“全聚德”“亨得利”体现了早期工商业者励精图治、以期发财致富的心态；“老凤祥”“梦祥银”体现了人们追求吉祥、好运的心态；“华为”“中兴”等则体现了在祖国日益发展的当代，企业家们希望国家和企业能对世界产生重大影响的美好愿景。

品牌名称对公司的绩效有着重要的影响作用。研究表明，好的品牌名称不仅能够提高品牌的知名度和忠诚度，进而占领较高的市场份额，而且能提高消费者支付溢价的可能性，同时降低消费者对价格提升的敏感性。除此之外，好的品牌名称还可增加品牌延伸的机会并降低消费者品牌转换的可能性。由此可见，品牌名称是品牌资产当中一项重要的价值，而品牌命名则是提升品牌资产的重要手段之一。因此，企业在进行自主品牌创建的过程中，品牌命名的作用不容忽视。

二、品牌命名的原则

鉴于品牌名称的作用，企业如何才能给品牌取个好的、有影响力的名称呢？关于这个问题，已有很多学者做了大量的研究工作。遗憾的是这些标准和指导原则至今未能达成统一。汇总起来大致有13条标准：能够体现产品的利益，容易记住，与公司和产品形象一致，法律的有效性，利于说服，独特而有竞争力，长度，易于阅读，对于潜在用户有正面的暗示，适合包装，现代且时尚，易于理解，便于促销和广告。本书从中挑选几个重要的、贴近实践的原则进行梳理。

（一）易读易记

品牌名称的首要功能是识别和传播，要让消费者轻而易举地通过名称来识别产品，并且能够通过各种途径使名称在市场上广为流传。德国著名的品牌专家海因里赫·赖夫认为，评价品牌名称好坏的第一项标准就是简明性。所谓简明，就是指语言形式的简单，便于消费者识别和记忆。好的品牌名称要做到简洁明快、个性独特、新颖别致、高雅出众，要有强烈的冲击力和浓厚的感情色彩。因此，品牌名称要尽可能地易于消费者识记，尽量减少生僻字的使用以及可能存在的多音字情况，避免带来记忆和传播上的困难，影响品牌传播。

（二）简单响亮

Google的中文名“谷歌”就不够响亮，而竞争对手“百度”就响亮许多。一般而言，声母为k、b，韵母为ang、ong等音节的词往往发音较为响亮。倘若声调能够搭配好，有起伏，就可以达到抑扬顿挫的效果。

【阅读材料】

娃哈哈的品牌命名

娃哈哈是一个口碑不错的品牌。娃哈哈公司为自己生产的营养口服液取名时，颇费了一番功夫。他们通过新闻媒介向社会广泛征集产品名称，然后组织专家对数百个应征名称进行了市场学、心理学、传播学、社会学、语言学等多学科的研究论证，最终选定了“娃哈哈”这三个字。

理由有三：其一，娃哈哈三字中的元音a是孩子最早发出的音，极易模仿，且发音响亮，音韵和谐，容易记忆，因而容易被他们接受；其二，从字面上看，“哈哈”被各种肤色的人用于表达欢笑喜悦之情；其三，同名儿歌以其特有的欢乐明快的音调和浓烈的民族色彩，唱遍了长城内外、大江南北，把这样一首广为流传的民族歌曲与品牌联系起来，可以很好地提高它的知名度。

作为一个经典案例，娃哈哈命名的成功，除了它通俗、准确地反映了一个产品的消费对象外，最关键的一点是其将一种祝愿、希望，与一种消费的情感效应结合，以儿童的天性作为品牌命名的核心，而娃哈哈这一名称又天衣无缝地传达了上述形象及价值。这种对儿童天

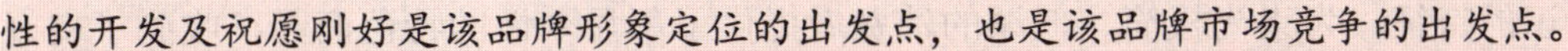

性的开发及祝愿刚好是该品牌形象定位的出发点，也是该品牌市场竞争的出发点。

（资料来源：乔春洋．http://brand.icxo.com/htmlnews/2009/05/08/1379879_0.htm）

（三）意义丰富

品牌名称本身要具有一定的意义，这种意义可以直接或间接地传递产品的某些信息，让消费者从中得到愉快的联想。一般来说，品牌名称可以巧妙、含蓄地蕴含以下功能和意义。

1．宣传产品

如果品牌名称能够反映产品的某些性能和特点，向消费者透露产品的有关信息，就能够引导消费购买。例如，“桑塔纳”原是美国加利福尼亚州一座山谷的名称，该地因盛产名贵的葡萄酒而闻名于世，山谷中经常刮起强劲的旋风，当地人称这种旋风为“桑塔纳”。德国大众公司以桑塔纳来命名自己的轿车，会使人联想到轿车像旋风一样迅捷，以及轿车像旋风一样风靡全球。

2．表明具体服务对象

任何品牌都有具体的服务对象，有自己的目标消费者。如果品牌名称能同目标消费者有适当的关联，让人们通过品牌名称知道品牌的消费主体，就可以大大提升品牌的信息传递效果，并引导消费。例如，以儿童作为服务对象的产品，可以起一个容易发音、活泼、有灵气的名字，像娃哈哈、小白兔、好孩子等都是儿童市场上出类拔萃的品牌；以女性作为服务对象的产品，可以起一个娇柔、富有情调、包含着美丽字眼的名字，如玫而美、舒朗、红袖坊都是一些出色的女性服装品牌。

3．阐释品牌经营理念

如果通过简单的品牌名称能够传达品牌的经营理念，公众就更容易形成对品牌的认同和信赖，从而提升品牌形象。例如，大众汽车就突出了其注重亲民的理念，而雀巢的品牌名称则反映出“哺育、关爱”的价值观念。

4．宣传优秀传统文化

我国是历史悠久的文明古国，优秀的传统文化源远流长。如果能够把这些优秀的传统文化融于品牌之中，必将大大提升品牌的亲和力和消费者的认同感。现实生活中就有不少这样的品牌，如好乡亲服务平台等。

（四）彰显特性

目前我国主要商品已进入生产相对过剩的新时代。企业大规模生产的结果是产品单一，差异不明显。随着全球经济一体化的加速，商品生产正经历全面的“同质化”。随着生活质量的提高和人本意识的强化，消费者不仅仅关注产品本身的质量，更要求产品具有特色，能体现自我个性。因此，品牌名称贵在个性，就是风格独特，与众不同。只有这样，才能在众多品牌中脱颖而出，形成魅力，给消费者以鲜明的印象和深刻的感受，这样才能满足消费者厌倦重复、追求新奇的心理。例如，无印良品就反品牌标识日益明显的潮流而行，突出自身

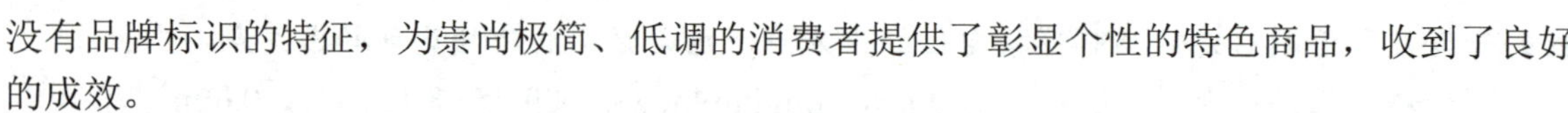

没有品牌标识的特征，为崇尚极简、低调的消费者提供了彰显个性的特色商品，收到了良好的成效。

（五）适应时空

品牌名称的适应性有两方面的含义。从时间方面来看，品牌名称应该考虑品牌未来的发展，适应社会经济的发展潮流；从空间方面来看，品牌名称应考虑适合不同地域、不同国度和不同民族的需求。由于文化传统、宗教信仰、风俗习惯、语言文字等差异，使得不同时间、地域、文化的消费者对同一品牌名称的认知和联想是不完全相同的。因此，品牌名称要适应目标市场的文化价值观念，适应品牌全球化的趋势。例如，滴滴出行最早叫“滴滴打车”，仅仅体现了打车的业务。但随着定制公交、代驾等功能的上线，滴滴打车的品牌名称已经不足以涵盖其业务，需要耗费大量人力、物力、财力进行改名和重新宣传，给企业造成了一定的损失。而若在一开始就能够远见卓识地命名，就能为企业的发展起到重要的推动作用。

（六）合法合规

品牌名称受到法律保护是品牌被保护的根本，品牌名称要得到法律保护就必须申请注册。策划人员在命名时应遵循相关的法律条款。品牌名称的选定首先要考虑该品牌名称是否有侵权行为，策划人员要通过有关部门，查询是否已有相同或相近的品牌被注册，如果有，则必须重新命名。其次，要注意该品牌名称是否在允许注册的范围以内。有的品牌名称虽然不构成侵权行为，但仍无法注册，难以得到法律的有效保护。同时，也要注意品牌名称自身的保护，防止“山寨”“盗版”等情况的出现。例如，阿里巴巴集团担心阿里巴巴被“山寨”，无奈注册了阿里家族，包括十几个类似商标，如阿里妈妈、阿里爸爸、阿里姐姐、阿里奶奶等，基本上是把整个阿里家族给注册了下来。

三、品牌命名的程序

偶然的灵感迸发，甚至无意间的错误可能获得非同凡响的品牌名称。例如，Google 这一名称最初来源于创始人拉里·佩奇舍友的建议——googol，意为 10 的 100 次方，象征着巨大的数字，而在注册时，佩奇则将其错拼为“google”，却由此获得了一个今日看来无比响亮的名号。但是这样的好运并不会时时都有，像 Google 的中文名“谷歌”的推出便没能获得网民们的热烈欢迎，原因在于它只是内部人员尤其是高层的意见，而没有遵循科学的严谨程序，未通过受众测试就草率推出。因此，遵循严谨的科学命名程序有助于提高品牌命名的成功概率，从而促进品牌的快速成长。严谨而科学的品牌命名程序通常有以下六大步骤。

（一）确立目标

在品牌命名之前，应该先对目前的市场情况、未来国内市场及国际市场的发展趋势、品牌主体的战略思路、载体的构成成分与功效、人们使用后的感觉、竞争者的命名等情况进行摸底：明确需要什么类型的品牌名，要在多少个国家使用该品牌名，新品牌名与公司目前的命名文化是否相适配，或者它是否属于十足的创新，竞争对手将会作出什么反应等一系列的问题，以便确立品牌命名的目标，做到有的放矢。

（二）搜集方案

确立目标之后，企业就可以开始搜集备选方案，网罗各路精英，发动头脑风暴，让所有可以参与的人畅所欲言、集思广益，甚至采用计算机软件辅助取名，任何可能的名称都不要放过。在此过程中尽量减少即时的评价和筛选，以免打击参与者的积极性和创意，而是逐一记下，日后再做筛选。

（三）评价筛选

将所搜集的品牌名称，用品牌命名原则的标准进行评价和筛选，并列出相关结果。评价和筛选品牌名称的一个重要问题是由什么人来筛选。组织一个合理的评价小组十分重要，该评价小组的成员最好包括语言学、心理学、美学、社会学、市场营销学等方面的专家。可供评价筛选的原则除了前面我们已经阐述的品牌命名原则外，还应注意品牌未来的发展，尽量避免品牌名称含义过于狭窄，以便品牌能够有效延伸。

（四）受众测试

专家对品牌名称的评价和筛选的结果还需通过目标受众的测试。品牌是主体与受众心灵的烙印，思想共鸣的产物，因此，要充分考虑受众的感受。通常可采用问卷调查、电话访谈、网络聊天等形式了解受众对品牌名称的反应。如果测试的结果表明目标受众并不认同被测试的名称，那么不管专家还是老板多么偏爱这个名称，一般都不应该采用，而应考虑重新命名。

（五）法律审查

通过受众测试的名称，还要经过详细充分的法律审查。这个过程既费钱又费时，但至关重要，因为不能注册就得不到法律的有效保护。例如，有时注册一个名称可能会遭遇许多明显的异议，在这种情况下，就应当分析为何有这些异议，通常还要与异议者保持联系，有时还需签署必要的商业协定。另外，在某些特殊情况下，还有必要实施周密的调查，以查证某一商标是否被使用，如果是，那么用在哪种产品上，甚至有时还有必要通过诉诸法律以废止某个商标，以便自己可以注册。

（六）确定注册

通过法律审查的名称可由决策者们根据偏好作出选择并最终确定，尽快进入法律程序进行相关注册，在没有确保注册通过之前最好能够保密，不要事先发布，以免遭人暗算。例如，Google 的中文名谷歌就犯了这个错误，让另一家公司抢先注册，导致不必要的法律纠纷。

四、品牌命名的方法

一个好的品牌名称是品牌被消费者认知、接受、满意乃至忠诚的前提，品牌的名称在很大程度上对产品的销售产生直接影响，品牌名称作为品牌的核心要素甚至直接影响一个品牌的兴衰。因此，通过对市场众多品牌的研究，总结以下十种命名方法，供企业在进行品牌命名时借鉴。

（一）时间法

时间法就是将与产品/品牌相关的历史渊源作为命名的要素，使消费者对该产品/品牌产生来源于历史的认同感和信赖感。众所周知的“道光廿五”酒，就是在 1996 年 6 月，凌川酒厂的老厂搬迁时，偶然发掘出穴藏于地下 152 年的清道光乙巳年的四个木酒海（古时盛酒容器）。经国家文物局、锦州市人民政府组织考古及酿酒专家鉴定，这批雪藏了一个半世纪的贡酒实属“世界罕见，珍奇国宝”。于是，企业抓住历史赋予的文化财富，为用这种酒勾兑的新产品酒取名“道光廿五”。消费者只要看到“道光廿五”，就会产生喝到祖传佳酿的感觉。因此，运用时间法确定品牌名称，可以借助历史赋予品牌的深厚内涵，迅速获得消费者的青睐。

（二）地域法

地域法就是将企业或产品品牌与地名联系起来，将消费者对地域的信任和印象进一步延伸到对产品/品牌的信任。著名的青岛啤酒就是以地名命名的产品，人们看到青岛两字，就会联想起这座城市红瓦、黄墙、绿树、碧海、蓝天的美丽景色，使消费者在对青岛认同的基础上产生对青岛啤酒的认同。同样，蒙牛牌乳制品就是将内蒙古的简称“蒙”字，作为企业品牌的要素，消费者只要看到“蒙”字，就会联想起“风吹草低见牛羊”的壮观景象，进而对蒙牛产品产生信赖。由此可见，将具有特色的地域名称与企业产品联系起来以确定品牌的方法，有助于借助地域积淀，促进消费者对品牌的认同。

（三）目标客户法

目标客户法就是将品牌与目标客户联系起来，进而使目标客户产生认同感。“巴拉巴拉”“小猪班纳”“巴布豆”通过与卡通形象结合，很容易联想到儿童服装；“淑女屋”也很容易使人与年轻的女性服装品牌联系起来；“好孩子”“娃哈哈”也是孩子产品的绝佳品牌；“兼职猫”把目标客户定位为想做兼职的大学生们，使 App 得到了快速推广。运用目标客户法来命名品牌，对于获得消费者认同具有很大的作用。

（四）人名法

人名法就是将名人、明星或企业首创人的名字作为产品/品牌名称，充分利用人名含有的价值，促进消费者认同产品。例如，李宁牌，就是体操王子李宁利用自己的体育明星效应，创造的一个体育用品的名牌。世界著名的戴尔电脑，就是以创办人戴尔名字命名的品牌。还有王致和腐乳、张小泉剪刀、福特汽车、惠普电脑、松下电器等。用人名来命名品牌，可以发挥人名的联想作用，提高认知率，并在一定程度上吸引受众。

（五）中英文结合法

中英文结合法就是运用中文和英文字母或两者结合来为品牌命名，使产品增加“洋”的味道，进而促进产品销售。例如，Lenovo（联想）中的 Le 取自联想本义 Legend，novo 是拉丁语创新的意思，都代表着联想创新的核心精神。锐澳（RIO）鸡尾酒源于巴西“里约热内卢”（RIO DE JANEIRO）的简称，寓意充满活力、时尚、热情、阳光、快乐、自在的性

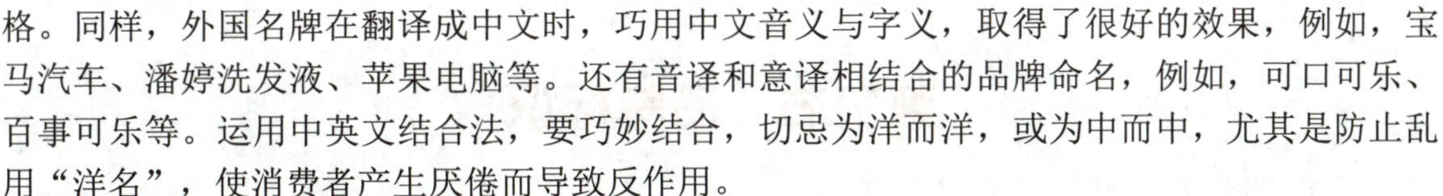

格。同样，外国名牌在翻译成中文时，巧用中文音义与字义，取得了很好的效果，例如，宝马汽车、潘婷洗发液、苹果电脑等。还有音译和意译相结合的品牌命名，例如，可口可乐、百事可乐等。运用中英文结合法，要巧妙结合，切忌为洋而洋，或为中而中，尤其是防止乱用“洋名”，使消费者产生厌倦而导致反作用。

（六）数字法

数字法就是用数字来为品牌命名，借用人们对数字的联想效应，促进品牌的特色。例如，三星电子（Samsung）中的 Sam 代表三，而 Sung 的意思是星星；韩语 Sam 有强大之意，Sung 有永恒的意思，因此，也寓意永恒的强大。7-11 是世界最大的零售商和便利店特许商，在北美和远东地区有 2.1 万家便利店，该公司用 7-11 为企业命名的意思则是用自己从 1946 年推出的，深受消费者欢迎的早 7 点到晚 11 点开店时间的服务特色命名的，目前已成为世界著名品牌。运用数字命名法，可以使消费者对品牌增强差异化识别效果，且便于记忆和传播。

（七）功效法

功效法就是用产品功效为品牌命名，使消费者能够通过品牌对产品功效产生认同。例如，“飘柔”洗发水就形象地描述了产品的功效：使头发飘逸柔顺，从而得名；“脑轻松”，就是一种“健脑益智”的营养口服液品牌，“美加净”“舒肤佳”香皂，用香皂的功效对品牌进行命名。

（八）价值法

价值法就是把企业追求用精练的语言来为品牌命名，使消费者看到产品品牌，就能感受到企业的价值观念。例如，上海盛大网络发展有限公司、湖南远大企业，突出了企业志存高远的价值追求；福建兴业银行，就体现了兴盛事业的价值追求；武汉健民品牌突出了为民众健康服务的企业追求；北京同仁堂、四川德仁堂品牌，突出了同修仁德、济世养生的药商追求。因此，运用价值法为品牌命名，对消费者迅速感受企业价值观具有重要的意义。

（九）形象法

形象法就是运用动物、植物和自然景观来为品牌命名。例如，七匹狼服装，给人以狂放、勇猛的感受，使人联想起《与狼共舞》的经典情节；圣象地板，给人产生大象都难以踏坏的坚固形象。运用形象法命名品牌，借助动植物的形象，可以使人产生联想及亲切的感受，加快认知速度。

（十）借用法

借用法就是企业选择历史或者日常生活中人们非常熟悉的人或事物，直接作为企业或产品的品牌。例如，小米科技的名称直接取自日常生活中的“小米”；曹操专车直接取自历史人物曹操；苹果手机直接取自水果中的苹果；锤子手机直接取自日常工具中的锤子。这样命名的方法有利于品牌更快更好地问世，因为这些人或事物都是消费者天天接触，非常熟悉和喜闻乐见的。如此命名，不仅可以降低因侵权而带来的风险，还能大大降低企业宣传的成本，迅速提高品牌知名度。

第二节 品牌标识

品牌标识是指品牌中可以被识别，但不能用语言表达的视觉识别系统，即运用特定的造型、图案、文字、色彩等视觉语言来表达或象征某一品牌的形象，并构成一整套品牌视觉规范。品牌标识包括标志物、标志色、标志字、标志性包装等，它们同品牌名称等都是构成完整品牌概念的基本要素。事实上，几乎所有关于品牌的运作都涉及品牌标识设计，从产品的包装系统到品牌延伸、新产品开发管理，从营销网络的拓展到零售空间的管理等。一个成功的品牌标识设计所构建的稳定的、具有差异化价值的、简明易记的品牌视觉识别系统将会为品牌带来潜在的传播价值。

一、品牌标识的作用

品牌标识对于强势品牌的传播具有重要作用。心理学家的研究结论表明：人们凭感觉接收到的外界信息中，83%来自视觉，剩下的 11%来自听觉，3.5%来自嗅觉，1.5%来自触觉，另有 1%来自口感或味觉。品牌标识正是品牌给消费者的视觉印象，其重要性可见一斑。与品牌名称相比，品牌标识更容易让消费者识别。品牌标识作为品牌形象的集中表现，充当着无声推销员的重要角色，其功能与作用体现在以下几个方面。

（一）识别性

识别性是企业标识的重要功能之一。市场经济体制下，竞争不断加剧，消费者面对的信息纷繁复杂，各种品牌标识更是数不胜数，只有特点鲜明、容易辨认和记忆、含义深刻、造型优美的标志，才能在同类中凸显出来。有鲜明特征的品牌标识，能够区别于其他企业、产品或服务，使受众对企业留下深刻印象，这就彰显了品牌标识设计的重要性。例如，不识字的幼童看到麦当劳金色的“M”，便想到要吃汉堡包；消费者看到四个相连的圆圈就知道是奥迪，看到三叉星环的标志会认出这是奔驰。这些形象简洁的品牌标识让消费者十分容易识别品牌，第一眼就能将之彻底与其他品牌的产品区分开来。

（二）领导性

品牌标识是最直接、最有效的广告工具和手段。品牌宣传可以丰富多彩，各种艺术化、拟人化、形象化的方式均可以采用，但核心内容应该是标识。品牌标识是企业视觉传达要素的核心，也是企业开展信息传播的主导力量。在视觉识别系统中，标识的造型、色彩、应用方式，直接决定了其他识别要素的形式——其他要素的建立，都是围绕着标识为中心而展开的。标识的领导地位是企业经营理念和活动的集中体现，贯穿于企业所有的经营活动中，具有权威的领导性作用。

（三）统一性

品牌标识代表着企业的经营理念、文化特色、价值取向，反映着企业的产业特点、经营

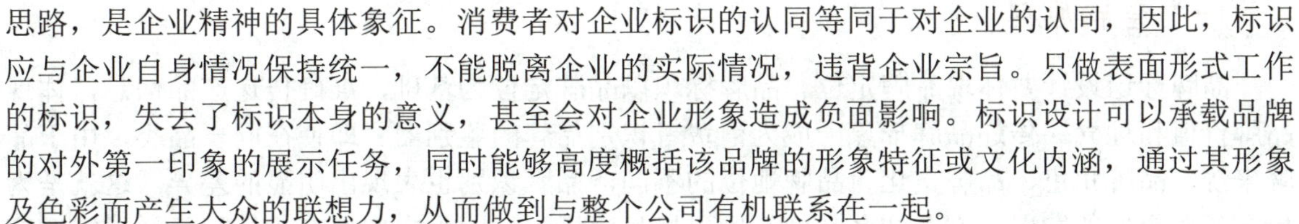

思路，是企业精神的具体象征。消费者对企业标识的认同等同于对企业的认同，因此，标识应与企业自身情况保持统一，不能脱离企业的实际情况，违背企业宗旨。只做表面形式工作的标识，失去了标识本身的意义，甚至会对企业形象造成负面影响。标识设计可以承载品牌的对外第一印象的展示任务，同时能够高度概括该品牌的形象特征或文化内涵，通过其形象及色彩而产生大众的联想力，从而做到与整个公司有机联系在一起。

（四）革新性

标识与广告或其他宣传品不同，一般都具有长期的使用价值，不轻易改动。但随着时代的变迁，历史潮流的演变，以及社会背景的变化，原先的标识可能已不适合现在的环境，这就需要对品牌标识进行更新设计。比如，联想、星巴克等标识的演变，都是生动的例子。企业经营方向的变化、接受群体的变化，也会使标识产生革新的必要。总之，标识总是适合企业并紧密结合企业经营活动的重要元素。它可能会随着时间和空间的变化而变化，只是要在比较长的时间维度上变化。

【阅读材料】

农夫山泉：相识12年为何要变脸

农夫山泉以前的标识是以浙江省千岛湖的实景为画面的，换标之后是写意，就是图案变得抽象了。现在这个水滴状的图案，已经不再特指千岛湖了，而是泛指所有的山水。水滴的上半部分，尖尖的像山，水滴的下半部分由虚的波浪线组成，像水。标识意味着农夫的核心业务是水，但又跟山分不开，这就是山水不分家，象征着农夫坚持水源地建厂。

此次换标写景的这个小水滴有三个层次的内涵。第一个就是上善若水，农夫山泉的生产制造，包括企业价值观念当中，就是承担社会责任，保护人类生活的家园。农夫选择大山里面建厂，从自然界中获取水源，有点类似古代的采集社会，就是从自然中获取食物，却尽可能地不伤害和改变自然界。第二个就是水滴石穿，这么多年，农夫一直坚持水源地建厂的理念，一直坚持天然水的理念，产品线并没有非常多，相对聚焦，我认为这是一种水滴石穿的精神所在。第三个就是小水滴，大世界，农夫越做越发现人类之渺小，企业之渺小，越来越意识到企业与社会和自然界之间的关系，这就是小水滴折射大世界。另外，从战略上来讲，与以前的标识相比，农夫现在的标识显得更加聚焦、专一和专注。其实换标并不容易，而且为此付出了巨大的成本。当然，从目前的市场来看，农夫的产品和换标都得到了消费者的普遍认可。

（资料来源：https://www.icoursel63.org/course/ZNUEDU-1003452001）

二、品牌标识设计原则

品牌标识要简单、便于记忆、易读易说，可运用于各种媒体形式，适合出口，细致微妙，没有不健康的含义，构图具有美感。因此，在品牌标识设计中，我们除了最基本的平面设计和创意要求外，还必须考虑营销因素和消费者的认知、情感心理。这些方面构成了品牌标识设计的四个原则：营销原则、创意原则、信息原则和设计原则。

（一）营销原则

品牌标识设计要体现品牌定位。品牌标识以品牌定位为基础，准确传递产品信息，体现品牌价值和理念，传递品牌形象，成为消费者识别品牌的鉴别器。即使在同一品类，由于品牌来源、品牌角色、品牌文化、品牌地位的不同，品牌识别也表现出明显的差异。这就是为什么随着企业的发展，许多知名品牌开始更换品牌标识，因为它们原有的标识已经不能适应新的营销需要。

（二）创意原则

从标识创意的视角，品牌标识设计须做到新颖独特、一目了然，给消费者以强烈的视觉冲击。在信息爆炸的时代，消费者对复杂、大众化的信息过目即忘，因此标新立异、匠心独运的品牌标识易于让消费者识别出其独特的品质、风格和经营理念。1976 年，乔布斯指定 Regis McKenna 公关公司的艺术总监 Rob Janov，重新设计一个更好的商标来配合 Apple II 的发行使用。Janov 开始制作了一个苹果的黑白剪影，但是总感觉缺了些什么，最后便简化苹果的形状，并且在一侧“咬”了一口。

（三）信息原则

消费者对信息的处理加工可分为两条线：认知和情感。从消费者对品牌标识的识别和认知视角来看，品牌标识在图形及色彩的运用上要做到简洁明了、通俗易懂、鲜明醒目、容易记忆，并符合消费者的风俗习惯、审美和价值观。但要注意，在品牌标识设计中往往存在这样的误区，即过分追求图形的艺术性，高度抽象，而忽略大多数消费者的可识别性。另外，企业也可以通过设计内涵丰富、情义浓重的标识，唤起消费者和社会公众美好的联想，从而使其备受青睐。因此，企业更应该重视情感品牌的建设，具体可以通过情感包装、情感名字、情感品位、情感香味和情感故事等要素来实现。这样可以让品牌标识音、形、色、香、味俱全，同时吸引更多的消费者达到情感的共鸣，形成品牌忠诚。

（四）设计原则

设计原则一般涉及平面工艺设计的美学原则，品牌标志的设计在线条及色彩搭配上应遵守对比鲜明、平衡对称的原则。对比是利用大小、形状、密度及颜色的对比，以增强可读性，更加吸引人们的注意力；平衡是指各要素的分布要令人赏心悦目，留下和谐的视觉印象。另外，品牌标识的设计还要清晰明确，隐喻象征恰当，采用象征寓意的手法，进行高度艺术化的概括提炼，形成具有象征性的形象。比如，百威啤酒标识采用斜体字和小皇冠装饰图设计，显得华美精致，突出了品牌的高贵气质。

三、品牌标识设计要素

品牌标识是由基本视觉识别系统和延伸视觉识别系统构成。其中，基本视觉识别系统的要素包括标志物、标志色、标志线条、标志字、标志性包装等；延伸视觉识别系统包括辅助图形、吉祥物等。这里主要介绍标志物、标志色、标志线条和标志字等基本要素的设计要点。

（一）标志物

标志物作为非语言性的符号，以其直观、精练的形象诠释品牌理念，传达品牌风格，能够有效克服语言和文字的障碍。图形和图案作为标识设计的元素，都是采用象征寓意的手法，进行高度艺术化的概括提炼，形成具有象征性的形象。图形象征寓意有具象和抽象两种：具象的标识设计是对自然形态进行概括、提炼、取舍、变化，最后构成所需的图案。人物、动植物、风景等自然元素皆是具象标识设计的原型，采用何种原型取决于产品的特征和品牌内涵。常用的图形有太阳、月亮、眼睛、手、王冠等。抽象的标志设计则是运用抽象的几何图形组合传达事物的本质和规律特征。几何图形构成抽象设计的基本元素，“形有限而意无穷”是抽象设计的主要特征。

标志物设计通常包括三个步骤。

1. 标识的标准制图

通过严谨的制图，对于标识内部的构成和各个部分的比例作出严格的界定，保障其在后续操作中能够正确使用。

2. 标识的解说

使用文字对标识的设计理念和具体含义作出详细的说明，以保证后续操作者和阅读者能够正确地理解标志物。

3. 标识变形规范

为了扩大标识延伸应用空间，在不损害标识整体形象特质的前提下，对于标识中的关键造型和主题象征进行造型变化。

（二）标志色

色彩在标识设计中起着强化传达感觉和寓意的作用。色彩通过刺激人的视觉而传递不同的寓意，例如，可口可乐标识的红底白字给人以喜庆、快乐的感觉；雪碧的绿色则带给人们清爽、清凉及回归自然的遐想。色彩运用于品牌标识的基础是它能给人带来丰富的联想。不同色彩带来不同的联想意义，常见的色彩与联想的意义如表 3-1 所示。

表 3-1　色彩与联想的意义

色彩	正面联想意义	负面联想意义
白色	纯真、清洁、明快、喜欢、洁白、贞洁	致哀、示弱、投降
黑色	静寂、权贵、高档、沉思、坚持、勇敢	恐怖、绝望、悲哀、沉默
灰色	中庸、平凡、温和、谦让、知识、成熟	廉价
红色	喜悦、活力、幸福、快乐、爱情、热烈	危险、不安、妒忌
橙色	积极、乐观、明亮、华丽、兴奋、欢乐	欺诈、妒忌
黄色	希望、快活、智慧、权威、爱慕、财富	卑鄙、色情、病态
蓝色	幸福、深邃、宁静、希望、力量、智慧	孤独、伤感、忧愁
绿色	自然、轻松、和平、成长、安静、安全	稚嫩、妒忌、内疚

续表

色彩	正面联想意义	负面联想意义
青色	诚实、沉着、海洋、广大、悠久、智慧	沉闷、消极
紫色	优雅、高贵、壮丽、神秘、永远、气魄	焦虑、忧愁、哀悼
金色	名誉、富贵、忠诚	浮华
银色	信仰、富有、纯洁	浮华

（三）标志性线条

人眼有建立完整图形和简化结构的本能要求。简约的形式能够更好地表现出画面美感，因此，品牌标识设计当中运用线条、形状的首要目的，就是将其作为画面的主导线和基本形，组织各形象元素，建立起画面的秩序。当造型元素较多时，如果没有统一的线形结构，画面会显得杂乱无章。有了一条主导线形，就可以把它们组织成一个整体，并由此表现出形式的美感，传达出特定的意义和情绪。线条的抽象能力是和联想能力相辅相成的。具备了线条的抽象能力，就能够透过表象看到本质，透过杂乱发现美，因而也就可以通过联想创造美。以抽象出来的美的线条去象征、比喻具有相似性质的事物，从而为品牌标识的创造开辟一个新途径（见表 3-2）。

表 3-2　线条与寓意

线 条	寓 意
直线	果断、坚定、刚毅、力量，有男性感
曲线或弧线	柔和、灵活、丰满、美好、优雅、优美、抒情、纤弱，有女性感
水平线	安定、寂静、宽阔、理智、大地、天空，有内在感
垂直线	崇高、肃穆、无限、宁静、激情、生命、尊严、永恒、权力、抗拒变化的能力
斜线	危险、崩溃、行动、冲动、无法控制的情感与运动
参差不齐的斜线	闪电、意外事故、毁灭
螺旋线	升腾、超然、脱俗
圆形	圆满、简单、兼具平衡感和控制力
圆球体	完满、持续的运动
椭圆形	妥协、不安定
等边三角形	稳定、牢固、永恒

（四）标志字

标志字设计的文字样式在品牌传播中出镜频率极高，它们不仅持续传递着品牌多方面的信息，更以鲜明的文字个性和美感传达着品牌风格。标志字可以根据品牌传播的实际需要，选择手写字体、广告字体、印刷字体或者通用字体等。例如，可口可乐的英文标识，采用了十分飘逸的手写字体，体现出流畅爽快的质感，十分契合可口可乐“爽”的特性。另外，要特别强调的是，中文作为一种象形文字，字间的呼应、笔触的交接无不渗透着极高的艺术

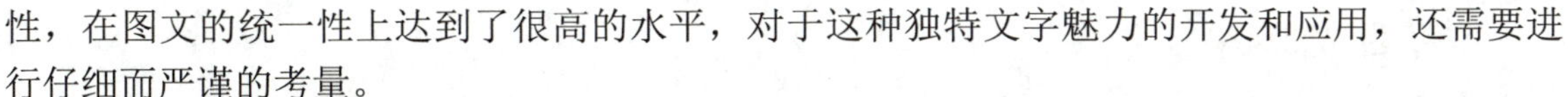

性，在图文的统一性上达到了很高的水平，对于这种独特文字魅力的开发和应用，还需要进行仔细而严谨的考量。

四、品牌标识设计风格

（一）现代主义和后现代主义风格

20 世纪以来，标识的设计风格经历了从现代主义风格到后现代主义风格的两个阶段。在商业传播中，现代主义文化强调对进步和未来的信仰，从工作中求得解放。后现代主义文化丢弃了等级，以个人的自我发展和自我统治为中心，强调个人的独立意志，这种文化为西方年青一代所崇尚。

1. 现代主义风格

现代主义艺术风格盛行于 20 世纪初的欧洲，代表性人物有毕加索、蒙德里安等。现代主义风格的基本理念是：强调和谐统一，“装饰即罪恶”“简单就是美”“美在比例”“少就是多”。表现在设计行为上便是将装饰部分减少到最基本的圆、方和水平或垂直线等几何图形，但这种过于方正或圆滑的风格在视觉上缺乏美感。

2. 后现代主义风格

20 世纪 50 年代产生了后现代主义的萌芽，到 60 年代逐步发展成熟。后现代主义风格的理念是：强调感官愉悦，随心所欲，漫不经心；注重的是暂时性、片刻性，不严肃，不经意，无关联性。80 年代初，后现代主义风格运用到标识设计中，它摒弃了现代主义和谐统一的原则，不求明朗、利落、清晰单纯，追求包容、繁杂、模糊、暧昧，二单元并存而又不统一。采用后现代主义风格设计的标识呈现出一种有趣且丰富的复杂性，造成视觉上的多样性和活力，与现代人的审美观相匹配。

（二）仿洋品牌和仿古品牌风格

品牌标识能引起联想，好的品牌标识能增强品牌知晓度，并赋予品牌与生俱来的直接优势。不少企业在品牌标识上可谓费尽心思。单从标识来看，有的很像是西方品牌，同时有中、英两种名称，而且中文是由英文音译的，大多没有具体含义，因而可能会被误认为是西方品牌。相反，还有一些品牌具有浓厚的传统中国文化特点，让消费者以为是有着几百年历史的中国老字号品牌，而实际上这些品牌不过是 20 世纪 90 年代才建立的。

1. 仿洋品牌风格

仿洋品牌标识传递了西方文化意义。已有的研究发现，西方品牌标识代表着更高的感知质量，更高的名望和地位，更现代、时髦，强烈的理想，以及代表成为国际消费文化的一员。品牌的象征价值比实用价值更重要，研究指出，即使购买私人使用物品时，消费者选择西方品牌的主要动机还是因为现代、名气和外国生活方式等象征价值。西方文化意义代表强大的理想，具有巨大的象征价值，因此可以用来满足中国消费者对成就的需要。

2. 仿古品牌风格

本土文化也是影响消费者心理偏好的一个普遍存在的变量。本土品牌可以利用本土文化提供具有正宗和威信等象征意义的标识。实际上，西方文化和中国传统文化对消费者是两个并行的吸引力，孝道、关爱家庭和尊敬长者等传统儒家文化价值受到了一致偏好，道家文化则包含了中国人对养生、人与自然和自我保护等价值观。儒家文化的责任和道家文化的养生等中国传统文化意义传递出与防范负面效果相关的含义，因此，可以用来满足中国消费者对责任、安全的需要。研究表明，中国消费者同时拥有渴望梦想和安全的两极心理需要，而品牌的西方文化意义和传统中国文化意义恰好满足了这两种需要。

【本章小结】

品牌成功的第一步，就是要取个好名称。品牌命名的作用包括激发消费者联想，体现核心价值，体现品牌文化，体现民族文化。品牌命名务必遵循以下六大原则：易读易记、简单响亮、意义丰富、彰显特征、适应时空、合法合规。

品牌严谨而科学的命名程序通常有以下六大步骤：确立目标，搜集方案，评价筛选，受众测试，法律审查，确定注册。品牌命名的方法有：时间法、地域法、目标客户法、人名法、中英文结合法、数字法、功效法、价值法、形象法、借用法。

品牌标识是指品牌中可以被识别，但不能用语言表达的视觉识别系统，即运用特定的造型、图案、文字、色彩等视觉语言来表达或象征某一品牌的形象，构成一整套品牌视觉规范。品牌标识分为标志物、标志色、标志字、标志性线条、标志性包装等，它们同品牌名称等都是构成完整品牌概念的基本要素。

品牌标识要简单、便于记忆、易读易说，可运用于各种媒体形式，适合出口，细致微妙，没有不健康的含义，构图具有美感。品牌标识设计的四个原则是：营销原则、创意原则、信息原则和设计原则。品牌标识的设计风格经历了从现代主义风格到后现代主义风格两个演变阶段。从品牌标识设计外观来看，还可分为仿洋品牌和仿古品牌风格。

【课程案例】

aigo 开启精彩未来

在 IT 界，华旗的发展堪称一个典范。经历了 10 年风雨洗礼的华旗，不仅年营业额达到了 10 亿，其辛苦创下的爱国者品牌也已深入人心，成为 IT 市场上的一面旗帜。如今，华旗新标识“aigo 爱国者”的正式启用标志着华旗的再次飞跃，而“aigo 爱国者”的内涵本身以及给华旗所带来的影响则将会更加深远……

aigo，是“爱国”的谐音，英文中“a”是顶尖的、卓越的；“i”是自我的、自由的；“go”是敏捷的、具行动力的。aigo 是华旗在国际市场劈波斩浪的航标，是华旗新的梦想腾飞的翅膀，它的诞生将促使华旗实现质的飞跃，帮助其实现国内品牌向国际品牌的转型，同时它也加快了华旗的国际化步伐，为将 aigo 建设成令国人骄傲的国际品牌奠定了良好基础。

华旗从最早从事的计算机基础外设产品的推广，到多种计算机相关产品的研发、改良和持续推广，进而涉足个人数码和互联网相关产品，到现在推出爱国者品牌数码化、国际化的全新标识“aigo”，可以说，华旗的每一步发展无不体现出 aigo“自主科技、自由生活”理念的精髓。

面对未来的发展，华旗人充满自信，他们将以“专家的眼，执着的心”为全球用户提供专业的资讯产品，让人们充分享受自主科技所带来的自由生活！“aigo 爱国者”，将承载华旗不断进取的事业，让自由放飞无限！

（资料来源：快科技，https://news.mydrivers.com/1/17/17073.htm）

【本章测试】

一、单选题

1．（　　）是品牌中可以被识别，但不能用语言表达的视觉识别系统。

A．品牌字体　　B．品牌标识　　C．品牌属性　　D．品牌内容

2．（　　）是品牌中能够读出声音的部分，是品牌的核心要素，是品牌显著特征的浓缩，是形成品牌文化概念的基础。

A．品牌元素　　B．品牌思想　　C．品牌内涵　　D．品牌名称

3．评价品牌名称好坏的第一项标准是（　　）。

A．唯一性　　B．同理性　　C．简明性　　D．大众性

4．（　　）是与产品/品牌相关的历史渊源作为命名的要素，使消费者对该产品/品牌产生来源于历史的认同感和信赖感。

A．时间法　　B．地域法　　C．目标客户法　　D．人名法

5．（　　）是把企业追求用精练的语言来为品牌命名，使消费者看到产品品牌，就能感受到企业的价值观念。

A．形象法　　B．功效法　　C．价值法　　D．数字法

二、多选题

1．以下属于品牌标识的作用是（　　）。

A．快速性　　B．识别性　　C．领导性　　D．统一性

2．品牌标识的设计原则包括（　　）。

A．营销原则　　B．创意原则　　C．信息原则　　D．设计原则

3．品牌标识的设计要素包括（　　）。

A．标志背景　　B．标志物　　C．标志纸张　　D．标志色

三、简答题

1．品牌命名的作用和原则是什么？

2．简述品牌命名的程序。

3．品牌命名的方法有哪些？

4．品牌标识包括哪些要素？

5．仿古品牌和仿洋品牌会让消费者产生怎样的联想？

【案例分析】

品牌Logo的凸显：究竟该大还是小？

以下内容主要参考了市场营销专业国际一流学术期刊*Journal of Marketing*上面的一篇文章，标题为：Signaling Status with Luxury Goods：The Role of Brand Prominence。说的是企业在设计品牌Logo时，有的Logo在产品上面看起来很大，有的Logo在产品上面看起来很小，有些品牌甚至没有Logo。这是为什么呢？当你面对一个品牌的产品，一个产品上面印着很大很大的Logo，而另外一个产品上印着很小很小的Logo，假设产品都是一样的，你会选择买哪一个呢？买大Logo是什么动机？买小Logo又是什么动机呢？比如说，有的奢侈品品牌就是这么做的，像奔驰、LV等，你有没有见过奔驰车和LV包包上面，印有自己品牌Logo，是大大的那种？有没有见过把自己品牌印得小小的那种呢？

首先来看品牌使用者的分类，根据消费者所拥有财富的多少和社会地位的高低，最终分为四类人群，第一类是没钱，没地位；第二类是没钱，有地位；第三类是有钱，没地位；第四类是有钱，有地位。对于奢侈品品牌，第一类人是买大Logo的还是小Logo的呢？好好想想。大家要问，买得起吗？这不是大小的问题，一般我们都是买不起的。那么，第二类人买大Logo还是小Logo的呢？也好好想想。这类人买不起真的，可以买仿的，或者是山寨的，所以这个也不存在买大的还是小的问题。第三类人呢？显然，他们是买大Logo的，因为他们是“土豪”嘛。第四类人呢？显然，他们是买小Logo的。

再看购买大Logo和小Logo的动机。一般同学的回答都是基于个体的思维。如果我们把品牌看作社交的载体和媒介，大家就会更容易理解另外一种动机了。请大家思考作为没钱和没地位的你，想不想跟有钱人在一起呢？想不想跟有地位的人在一起呢？想不想跟真正的贵族在一起呢？如果你说不想，可能是假话。其实从社会阶层上来讲，一般而言，次优的群体都希望接近更优群体的人，希望融入他们，并且有朝一日成为他们。显然，前面讲的第一类不如第二类和第三类人群，而第二类和第三类又不如第四类人群。因此，每一类次优群体的人都希望通过品牌的使用来释放一种信号，表达自己的身份和地位，除此之外，还希望能够融入更优的群体。

反过来，更优的群体希不希望跟次优的群体在一起或者说融合呢？显然，是不愿意的。因此，次优的愿意融入更优群体的，就买印有大Logo的产品；而更优的为了排斥次优群体的融入，就会买印有小Logo的产品。另外，品牌Logo凸显的大小与价格也有很大的关系，基于上面的分析，我问大家是Logo越大的产品价格越贵，还是Logo越小的产品价格越贵呢？显然，Logo越小价格越贵。因此，购买奢侈品品牌的时候，就要仔细了，是买大Logo的还是小Logo的呢？这个你懂的。

（资料来源：https://www.icoursel63.org/course/ZNUEDU-1003452001）

思考题：

1．从消费者的角度来看，品牌Logo凸显程度背后的消费心理有哪些？

2．从商家的角度来看，品牌定位高低选择的逻辑基础是什么？

第四章 品牌个性

【学习目标】

1. 掌握品牌个性的定义及内涵，了解品牌个性的分析。
2. 理解品牌个性与品牌定位以及品牌形象间的区别与联系。
3. 了解品牌个性的特征及品牌个性的价值。
4. 理解人格大五维度，掌握不同背景下品牌个性的维度。
5. 熟悉品牌个性塑造的法则及来源。

【素质目标】

1. 体会不同品牌的个性表达，培养敢于表达自我、自信、积极的个人品质。
2. 理解品牌个性和形象的辩证关系，培养发散思维，提高创新能力。

【开篇实例】

香奈儿：女人的哲学

香奈儿（CHANEL）创始人 Coco Chanel 于 1910 年在法国巴黎创立这一品牌。该品牌产品种类繁多，有服装、珠宝饰品及其配件、化妆品、护肤品、香水等，每一类产品都闻名遐迩，特别是香水与时装。香奈儿是一个有着整整百年历史的著名品牌，其时装设计永远保持着高雅、简洁、精美的风格。Coco Chanel 善于突破传统，早在 20 世纪 40 年代就成功地将“五花大绑”的女装推向简单、舒适的设计。

由于艰辛的童年经历和生活环境，香奈儿的创始人 Chanel 女士对流行时尚有一种独特的看法，她认为唯有建立与众不同的形象，才能使自己更具竞争力。基于这种时尚意识，她常以自制及膝的黑色套裙，线条简洁的钟形帽为美，与当时极具奢华的装饰形成鲜明对比。她的设计集简约于一体，张扬非凡个性，改女性的装束由繁复到简约，由束缚到自由。这一变革成为当时女性主义启蒙的重要起源。在香奈儿世界里，有回归宁静的自然主义，有享受生活的奢华主义，无论安静还是明丽，在时装界各式风格并驱的今天，都可以自成一格。

香奈儿品牌个性承袭缔造者的精髓，一个世纪以来始终是矗立时尚界风潮中的中流砥柱。潮流易逝，风格永存。正像她曾经说过的：“其他女装设计师追求某种新潮，而我在创造某种风格。”香奈儿品牌高雅简洁的格调堪称独树一帜，全然摆脱 19 世纪末的传统与保守作风，开创了一种极为年轻化、个人化的衣着形式，奠定了 20 世纪女性时尚穿着的基调。

香奈儿的创始人本身就是新时代自主女性的代表，她懂得感情乐趣，对生活充满热情。她将裤装带入了女性的世界，一改女性只能穿裙子的成见。香奈儿的品牌更多的是传递了创始人 Chanel 女士的独立女强人的精神。香奈儿公司在产品之外通过许多方式，试图向大众传递这种理念。例如，香奈儿的众多微电影，在向大众展示其产品的同时，也无时无刻不在传承着创始人 Chanel 女士的精神。Chanel 女士如此形容自己的设计：并不是思索接下来要做什么，而是自问接下来要以何种方式表现。热情自信的 Chanel 女士将这股精神融入了她的每一件设计，使 Chanel 成为相当具有个人风格的品牌。

高雅、简洁、精美：香奈儿时装所强调的廓线流畅、质料舒适、款式实用、优雅高贵，均被奉为时尚女子的基本穿衣哲学。在世界诸多品牌中，每个都有其独具的魅力，而香奈儿把简洁时尚的元素融入设计中，在极尽繁复华美的潮流中，注入了一股新的美学力量：简单，打进了名媛淑女们高雅的心房，她们终于不必溺于浮华的富贵中，而可以在简洁有力的设计中找到可贵的质感。

香奈儿的时装总是力求将外在美与内在美融为一体。在香奈儿的设计中，香奈儿首先想到的是女性穿着的舒适度，而非刻意体现女性的身体曲线去取悦男性的目光。从香奈儿的时装中，我们看到了属于女性的自由。“潮流易逝，而风格永存”，在香奈儿这句对风格诠释的话语中，我们理解了香奈儿的品牌个性。只有大胆创新，走出自己的新路，品牌和产品才能更好地得到发展。

（资料来源：https://www.sohu.eom/a/158271179_99926751）

第一节　品牌个性概述

20 世纪 50 年代是品牌个性理论大发展的时代。通过对品牌内涵的进一步挖掘，美国 Grey 广告公司提出了“品牌性格哲学”，日本小林太三郎教授提出了“企业性格论”，从而形成了品牌广告创意策略中一种后起的、充满生命力的新策略理论——品牌个性论。该策略理论认为，广告在进行宣传时，不能只是“说利益”“说形象”，更要“说个性”，通过广告呈现品牌个性，由品牌个性来促进品牌形象的塑造，通过品牌个性吸引特定人群。这一理论强调品牌个性在品牌宣传中的重要性，认为品牌应该人格化，给受众留下深刻的印象；同时，品牌应该寻找和选择能代表品牌个性的象征物，使用核心图案和特殊文字造型表现品牌的特殊个性。

一、品牌个性内涵

个性本是一个心理学名词，指的是人所具有的稳定而持久的特征，它包括能力、气质、性格和兴趣。将这一概念运用于品牌，就形成了品牌个性。品牌个性实质上是一种拟人化的说法，指的是将品牌人格化。早在广告大师大卫·奥格威的品牌形象论中，就曾提到过“个性”“性格”等字眼。他指出，最终决定品牌市场地位的是品牌的性格，而不是产品间微不足道的差异。曾任奥美集团总裁的肯·罗曼与杰出的撰稿人简·马斯对这一思想进行了精辟的总结：人们要为品牌建立个性，广告的语言必须能反映出品牌个性。

品牌个性是市场营销学学者及企业在万物有灵论（认为万物都是有生命的）的基础上，将品牌拟人化，把心理学的个性概念应用到品牌管理理论上，形成了具有人格的品牌，即品牌个性。根据印象形成理论，消费者会把接触到的形象与相关事物翻译成人类的语言，以便进行人格化的解读。基于这一理论，企业会利用人们将物体拟人化的倾向，引导消费者赋予无生命的品牌以人类的特性。因此，品牌就如人一样，既有外表的个体形象，也有属于自己的个性。品牌个性属于品牌的特征属性，可以用人格化的形容词来描述，如“优雅的”“迷人的”等。品牌个性正反映出经由品牌所引发的情感与情绪，有助于了解消费者选择产品的因素。

在竞争日益激烈的市场上，企业必须要让品牌有自己的个性。最终决定品牌市场地位的是品牌总体上的性格差别，而不是产品间微不足道的差异。早期学者们对品牌个性的内涵及定义鲜有深入讨论，一般都是在研究品牌形象时，将品牌个性并入其中，认为品牌形象包括产品特性与感受、产品知觉、信念与态度、品牌个性和产品特性与情绪感受间的联结。而经历了品牌理论的不断发展，品牌个性的重要性越来越凸显。因此，学界和实践界日渐将品牌个性作为一项重要的独立理论进行研究。

通俗一点来讲，企业在打造品牌时，从正确的定位出发，进行持续不断的有效沟通，使品牌产生了差异性，这种差异性就是品牌个性。一个洗发水品牌，可以为它创造“关爱”的品牌个性，把它看作一位善于持家的太太；可以为它创造“温馨”的品牌个性，把它看作一位充满柔情的情人；也可以为它创造“强硬”的品牌个性，把它看作勇敢坚强的硬汉。我们从“飘柔，就是这样自信”“海飞丝，头屑去无踪，秀发更出众”“好迪，大家好才是真的好”“拉芳，爱生活，爱拉芳”“蒂花之秀，青春好朋友”“丽彤，真的不同”等品牌主题中，可以感受到这些不同洗发水品牌的个性流露。

二、品牌个性分析

大部分心理学家认为，个性是由各种属性整合而成的，具有相对稳定和独特的心理模式。古语云：“蕴蓄于中，形之于外。”这句话很形象地概括出个性的内涵，即个性就是人的表里的统一体。品牌个性就像人的个性一样，它是通过品牌传播赋予品牌的一种

心理特征是品牌形象的内核，它是特定品牌使用者个性的类化，是其关系利益人心中的情感附加值和特定的生活价值观。品牌个性具有独特性和整体性，它创造了品牌的形象识别，使得我们可以把一种品牌当作人看待，使品牌人格化。

（一）品牌个性是特定的生活价值观的体现

价值观可以表现为对令人向往的幸福生活、对自尊的追求、对理智的需要、对自我表现的要求等。每个人将自身的价值观作为其生活的中心，而不同的人可能有着不同的价值观：一个人可能高度评价对娱乐和刺激的追求，另一个人也许更关心自我表现或安全。具有独特个性的品牌，可以与某一特定价值观建立强有力的联系，并强烈吸引那些认为该价值观很重要的消费者。例如，“金利来——男人的世界”，是成功男人的象征，就容易为成功或渴望成功的人所认同。“小米”手机追求极致性价比和高端科技，象征着“极客”们的生活方式，契合了年轻消费者的价值观，让人们联想起充满闯劲的年轻人形象。这些联想正好迎合了消费者渴望成功的心愿，足以引起购买动机。

（二）品牌个性是特定品牌使用者个性的类化

当我们想到一个人时，首先是用性别（男性或女性）、年龄（年轻或年老）、收入等特征来进行描述。同样，品牌通常也能被认为是男性化的或女性化的、时髦的或过时的，以及蓝领或白领。不论在哪种文化哪种语言中，人们都可以用成百上千个形容词来描述彼此的个性特征，如将某人描述为热情、愚蠢、心灵卑劣、有闯劲等。同样，一个品牌的特点可以是冒险的、顽固的或是易兴奋的且有些粗俗的。詹妮弗·艾柯通过研究，提出了品牌的五个个性因素：真诚、兴奋、能力、复杂性和单纯性。例如，海尔使消费者立即联想到活泼可爱的海尔兄弟，每时每刻令人体会到“真诚到永远”；麦当劳总令人联想到“麦当劳叔叔欢乐”的特色，以年轻人或小孩为主的顾客群，开心的感受、优质的服务、金黄色的拱门标识、快节奏的生活方式，以至炸马铃薯条的气味；万宝路香烟则体现出西部牛仔的豪放个性，让向往硬汉形象的吸烟者神魂颠倒。

（三）品牌个性可增加消费者心中对品牌关系的情感附加值

品牌个性具有强烈的情感感染力，能够抓住消费者及潜在消费者的兴趣，持续保持情感的统一，因此，品牌个性蕴含着消费者心中对品牌关系的情感附加值。一方面，正如我们可以认为某人（或某一品牌）具有冒险性并且容易兴奋一样，我们也会将这个人（或品牌）与激动、兴奋或开心的情感联系起来。另一方面，购买或消费某些品牌的行为就可能使消费者经历或表现出相同的感受和感情。例如，ONLY 在英语中表示唯一，因此，ONLY 的品牌给人一种与众不同、富有激情并充满生机的感受。

三、品牌个性与品牌定位

品牌定位是品牌塑造的起点，为品牌塑造提供了大致的框架；品牌个性依托于品牌定位，为品牌定位的成功进行提供了情感性、人性化的差异点，成为达到占据消费者心灵的有利途径。在时间上品牌定位在先，品牌个性在后，两者联系紧密，相互依存，都是品牌管理的一部分。在当今品牌竞争日益激烈的情况下，品牌必须找到一个吸引顾客的突破口，作为品牌情感化、人性化价值集中体现的品牌个性就理所当然地成了企业的选择。

（一）品牌个性以品牌定位为基础

品牌个性反映品牌定位，在很多情况下，它又体现着对品牌定位的深化。品牌定位是确立品牌个性的必要条件，品牌的准确定位对建立品牌个性有着强大的支撑作用。品牌定位不明，品牌个性则显得模糊不清，产品也就无法叩开消费者的心扉。随着科学技术和生产力的不断发展，产品同质化程度越来越高，在产品的性能、质量和服务上难以形成比较优势，只有其人性化的表现才能深深地感染消费者。可以想象，一个没有个性的品牌或产品，要想在消费者“心中的货架”上占据有利的位置谈何容易。

（二）品牌个性有利于品牌定位成功

品牌个性的塑造有利于品牌定位的成功，为品牌在顾客心中占据一个有利的位置提供了

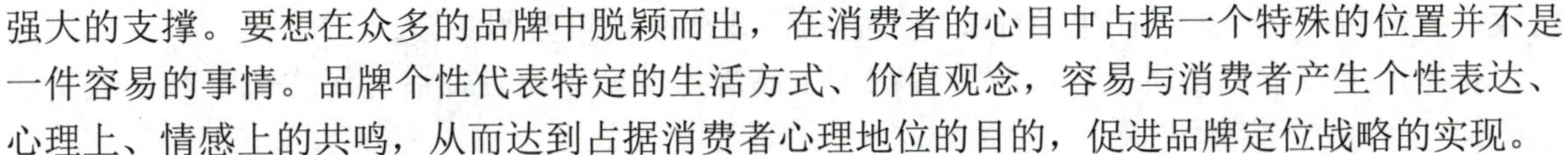

强大的支撑。要想在众多的品牌中脱颖而出，在消费者的心目中占据一个特殊的位置并不是一件容易的事情。品牌个性代表特定的生活方式、价值观念，容易与消费者产生个性表达、心理上、情感上的共鸣，从而达到占据消费者心理地位的目的，促进品牌定位战略的实现。

（三）两者的倾向和侧重不同

品牌定位是营销人员通过市场调查分析，向消费者宣传的品牌核心诉求，它是由内而外的；品牌个性是消费者对品牌人格化的评价，它是由外而内的。对品牌执行者而言，他希望消费者认知的品牌个性与其品牌定位是相辅相成的，品牌个性要反映品牌定位。例如，联合利华的力士香皂，长期以来的定位不是清洁、杀菌，而是美容。相对于清洁和杀菌来说，美容是更高层次的需求和心理满足，这一定位巧妙地抓住了人们的爱美之心。通过打影星牌，力士又很好地把品牌的独特优势传达给消费者，最终建立起美丽、华贵、滋润、成功的品牌个性。品牌个性和品牌定位两者各有侧重，又相辅相成，共同服务于品牌在市场中的宣传与推广。

四、品牌个性与品牌形象

目前，人们虽已发展出整合传播及品牌识别等新主张、新理论，但品牌形象和品牌个性并未过时，而是被糅入各大广告、营销公司对于品牌的培育、管理、运作的全过程中，成为指导和检测品牌成长的科学策略与参数。因此，准确把握二者的概念及精神实质是营销人必须具备的基本素质。

（一）品牌个性是延续品牌形象的生命基因

在内涵上，品牌形象对品牌个性具有包容性，而对品牌个性的进一步探究，可以让我们明确其在打造品牌形象中的作用与地位。

1. 持续性

在品牌形象的硬性属性中，无论是产品的外观还是其伴生的功能，都是可以被模仿的。随着知识和技术的进步，产品的物理差异越来越小。但对于体现了品牌独特内涵的软性属性，即品牌个性，却如同人的个性一样难以模仿。故而我们所看到的哈雷机车、联合航空、奔驰等品牌彰显出来的个性，在品牌等级里都是独一无二的。而这种独特性经过长期的打磨，与其他品牌的区隔将会越来越明显。

2. 揭示性

一方面，品牌个性不会脱离产品本身孤立存在，恰当的品牌个性是在经过准确有效的品牌定位后，对产品功能和属性的有效揭示及演绎；另一方面，正是品牌个性的隐喻揭示出了品牌与顾客之间的双边关系。

3. 保护性

在茫茫的产品世界中，有一些品牌由于被赋予了个性而脱颖而出。首先，它展示出品牌形象；其次，它使品牌由于其忠诚顾客分众的存在，在竞争面前不易受到新品牌或同类品牌的攻击；最后，它保护了在生存环境中品牌延伸或次品牌策略的实施。

正是由于以上三个属性，品牌个性赋予了品牌形象活力，使品牌有了生命，有了成长的基础。

（二）形象与个性的两个共同基础

1．品牌形象和品牌个性都是以“品牌”而不是以“产品”或“企业”作为概念的核心和出发点

一方面，如果一个品牌领先其对手的原因是产品的属性，那么这个品牌迟早会被别的品牌超越。事实上，正是由于产品物理属性功能上的差异容易被弥补或替代，故而不得不从超越产品层面去寻找、去创造不可替代的附加值，从而诞生品牌形象，形成品牌个性概念。

另一方面，如果说产品体现的是在物理功能上对于消费者的有用性，那么品牌则是体现出与消费者更广阔的沟通关系，前者来自生产过程、重质重量的客观存在，后者是形成于整个营销组合环节，通过传播植入消费者认知中的东西。也正是这样的基础导致了品牌个性与品牌形象在塑造中的共同指向。

2．品牌形象和品牌个性都以品牌定位作为塑造的基础及发展过程中的参照物

由于建立品牌的核心目的依然是销售产品、追求利润，故而产品生产出来后，其销售对象必须有一个基本明确的市场或者顾客区隔，并必须设法将焦点转移到潜在顾客身上去，而这正是品牌定位的基本工作。“品牌定位的关键目标，就是找出能和消费者产生共鸣的优越点”。在这个基础之上，赋予产品生命与个性，则是达到在千万个品牌中引起顾客注意、与顾客沟通的手段。

著名的Grey广告公司提出的品牌性格哲学，可以准确把握品牌定位与品牌个性的关系，并从中演绎出品牌定位、品牌个性、品牌形象三者的关系。产品（产品是什么，你是什么）＋定位（你的竞争对手，你的目标顾客，你为何更优越，销售方法）＋个性（你是谁）＝品牌性格。在这个公式中，假设品牌面对的是一个对其有高度认知（较为准确地接收、识别了传播者给予的信息）的消费者，那么，我们就可将通常所说的“品牌形象”取代“品牌性格”，并将此公式推而广之。

（三）两者概念上的区别

关于这两个概念，当代品牌策略大师戴维·阿克有极为精辟的表述：“如果说品牌形象是指消费者如何看待这个品牌，那么品牌个性便是你希望消费者如何看待这个品牌。”具体而言，品牌形象就是消费者对品牌具有的联想，即一提到品牌消费者便会想到的东西。这种联想可能是功能、物理实质等硬性属性，例如，价位、操作性、外观、材料、速度等，也可能是软性属性，例如，趣味、严肃、温柔、刺激之类的特征。这些属性要素在消费者心灵与记忆中不断积淀与扩散，形成了一张品牌构想的相关网络。品牌个性则只能是其中的软性属性，典型的品牌个性更是软性属性中最能体现出与其他品牌的差异，是最富有人性的部分。譬如，海尔的品牌形象包括中国制造、高质材料、高价位、耐用、新款、真诚、无微不至的服务精神等，但它的品牌个性是真诚、无微不至的服务精神。

第二节　品牌个性特征及价值

消费者的个性和价值观是多元化的，消费需求的取向也就不一样，这样品牌个性的存在就具有了客观基础。随着经济的不断发展，各个行业都超越了单纯的产品层面，而注重品牌这一更高层次的概念，导致大量的品牌涌现出来，人们选择品牌的行为由集中化变得分散化，各种品牌都能拥有一部分的消费者。由于购买力的增强，消费者选择品牌的经济因素弱化，而情感性因素、自我表达、寻求差异化的因素的影响力在上升，这些背景使企业对品牌个性越来越重视。要塑造一个独特的品牌，有必要先了解一下品牌个性的相关特征及价值所在。

一、品牌个性特征

品牌没有人格化，缺乏形象的人格，就很难从心理层面与消费者进行情感对接。品牌没有稳定的内在特性和行为特征，消费者无法认识和认定品牌的个性，两者自然也无法形成共鸣。消费者在进行消费时总是有意无意地按照自己的个性选择自己喜欢的产品，而没有品牌个性的商品是很难与消费者进行情感对接的，自然也就难以建立对品牌的忠诚。如果一个品牌没有人格化的含义与象征，那么这个品牌就会失去它的个性。品牌个性是品牌的人性化表现，它具有品牌人格化的特征和特点，那么作为一个成功的品牌，应具备以下四个方面的个性特征。

（一）内在稳定性

如果品牌的定位总是飘忽不定，品牌的个性也必然会随之飘忽不定，这既不利于品牌成长，也很难给消费者留下深刻的印象。品牌个性需要保持一定的稳定性，只有稳定的品牌个性才能创造品牌稳定的形象，这是品牌占据消费者心灵模式的关键，也是品牌与消费者体验的对接点。若品牌个性没有内在的稳定性，消费者就无法持续地辨别品牌的个性。就像一个人一样，如果他的个性经常变化，反差很大，就会给周围的人留下一个不好的印象。

品牌也是如此，如果品牌的个性不稳定，就很难与消费者进行个性对接，那消费者自然不会主动地选择这样的品牌，品牌最终将失去它的魅力。一些大品牌始终如一地塑造自己品牌个性的原因，就是为了更好地吸引和稳定自己的目标消费者。例如，沃尔沃汽车始终坚持“安全”的价值主张，从而在它的目标消费者心目中树立起一种安全可靠的个性，那么消费者在需要选择安全的汽车时自然而然地去选择沃尔沃。

（二）鲜明区隔性

从根本上来说，品牌个性的目的就是帮助消费者认识品牌、区隔品牌，最终让消费者接纳品牌，并与其他品牌区别开来。因为品牌个性是品牌核心价值的集中表现，最能代表一个品牌与其他品牌的差异，尤其在同类产品中，许多细分品牌定位差异性不大，只有通过品牌个性才会使之脱颖而出，表现出自己与众不同的感觉，从而实现有效的品牌区隔。这不仅表现在不同企业竞争之间，在同一企业下不同品牌间，也需要进行有效的区隔。宝洁公司仅仅在洗发水的细分品牌上，就有飘柔、海飞丝、潘婷等多个品牌，但它们各自都取得了成功，而并未产生窝里斗的现象。究其原因，它们在产品细分功能上，提炼出单一的独特卖点，针对不同消费者的利益需求，塑造出不同的品牌个性，具有明显的差异性，从而实现了细分品牌的区隔，最终达到了多品牌经营的目的。

（三）独占排他性

品牌个性具有一定的排他性和独占性，也就是说，品牌的个性一旦在消费者心目中树立，它就会表现出强烈的排他性，使竞争品牌无法模仿和跟进，有利于品牌持续地经营。例如，许多著名品牌都有自己鲜明的品牌个性，像耐克的运动、潮流，沃尔沃的安全、稳定，微软的积极、进取、自我等。这些品牌个性不但吻合了目标消费者群体的个性，征服了很多的潜在消费者，而且它们的品牌个性表现出强烈的排他性，使竞争对手无法模仿，难以抗衡。但如果品牌到了垄断市场地位的时候，那么品牌个性的表现就应该收敛一些，否则会引起很多麻烦。例如，微软公司开发的 Windows 操作系统和 Office 办公套件，已经占领了市场，但它那种张扬自我的个性，仍然表现得很强烈，引起了许多消费者的反感，从而引来了许多官司，得不偿失。

（四）简约易识别

品牌个性不但要具有内在的稳定性、外在的一致性、区隔性和排他性，而且品牌的个性不能太复杂，要简约易识别。很多品牌在实际的操作中，总是试图强加给品牌很多的个性，事实上这种做法往往适得其反。品牌的个性不是人为地强加于它，而是品牌内涵的一种外在表现，品牌的个性是消费者在体验品牌过程中的一种自我认同。因此，企业必须明白品牌的个性在于消费者的认同，企业可以去引导塑造品牌的个性，而不能强加于它更多的个性。

二、品牌个性价值

人们不会接受所有人，因为他的心理空间是有限的。因此，在人群中个性鲜明者容易脱颖而出，而如果此人具有多数人所欣赏的个性，如诚信，就会为多数人接受并喜欢。同样，因为心智有限，消费者也不会接受所有的品牌，他只接受具有他所认可个性的品牌。由此可见，品牌个性在品牌价值中有着非常重要的地位，提升品牌价值就必须塑造出鲜明的品牌个性。具体来说，品牌个性具有以下几个方面的价值。

（一）差异化价值

品牌个性最能代表一个品牌与其他品牌的差异性。差异性是现今品牌繁杂的市场上最重要的优势来源。没有差异性，一个品牌很难在市场上脱颖而出。国内许多厂商喜欢用产品属性来展示其差异性，但这种建立在产品上的差异性很难保持。因为产品的差异性是基于技术的，一般比较容易仿效。而由品牌个性建立起来的差异则深入消费者的意识里，它提供了最重要、最牢固的差异化优势。个性给品牌一个脱颖而出的机会，并在消费者认知里保留自己的位置。

塑造不同的品牌个性是七喜公司营销的诀窍。三十多年来，七喜建立了“非可乐”的品牌定位，并未与美国的国民饮料可乐进行正面对抗，而是强调一种独特、不随大流的个性。针对美国人逐渐不喜欢可乐的情况，七喜利用其突出的个性夺取了很大的市场份额。它宣传的主题是：“您想尝尝别的味道？只有一种！”七喜“爽点”的特征，强化了它的反偶像的品牌个性，同时也发出了颇有竞争性的品牌定位提示，加强了七喜的差异化价值。

（二）人性化价值

产品或服务是提供给人使用的，品牌个性使企业所提供的产品或服务人性化，从而使消费者消除戒备心理，较易接受企业的产品或服务。优良、鲜明的品牌个性能够吸引消费者，在消费者购买某个品牌的产品之前，这个品牌的个性已经把那些潜在的消费者征服了。

百事可乐品牌通过广告和活动所展示出来的个性——年轻有活力、特立独行和自我张扬迷倒了新新人类，新一代年轻人饮用百事可乐，不仅是喝饮料，而是认可、接受百事可乐的品牌个性，把百事可乐看作他们的朋友，并通过百事可乐来展示他们与上一辈（他们喝可口可乐）不一样的个性。

正因为百事可乐有意塑造出非凡的品牌个性，使百事可乐变得人性化，从而获得了青少年一代的高度认同，所以才能在激烈的饮料大战中与可口可乐相抗衡。可以说，百事可乐的品牌个性促发了青少年与百事可乐的情感联系，使百事可乐变得人性化，从而促使青少年喜爱百事可乐，强化了他们的购买决策，进而造就了百事可乐的品牌价值。

（三）情感化价值

品牌个性还具有强烈的情感感染力，它能够抓住潜在消费者的兴趣，持续保持情感的统一，在消费者心目中形成强烈的共鸣。例如，耐克粗犷的品牌个性深深感染户外运动爱好者，它激发了消费者内心最原始的冲动——一种作为运动员的自豪感，因而深受户外运动爱好者的推崇，以至于消费者用耐克作为展示其强壮体魄的重要媒介。正如具有沉稳、果断、自信个性的领导人具有超凡的个人魅力一样，出众、鲜明的品牌个性能够感染每一个消费者，而这种品牌的感染力随着时间的推移会形成强大的品牌动员力，进一步使消费者成为该品牌的忠实顾客，这是品牌个性的重要价值所在。

（四）购买动机价值

明晰的品牌个性可以解释人们购买这个品牌产品的原因，也可以解释人们不购买其他品牌产品的原因。品牌个性赋予消费者一些类人的元素，超越品牌本身的定位；品牌个性也使品牌在消费者眼里活起来，这些元素能够超越产品的物理性能。品牌个性传递出人性化的内容，使得消费者更容易接受一种品牌，下意识地把自己与一个品牌联系起来，不再选择其他品牌。真正的品牌有自己的生命，这个生命就在人们的生活中。

品牌个性定义了人们生活的大致要求。在众多可以选择的品牌中，消费者开始考虑某个品牌时，品牌的种子已经种下了。不过，此时在情感上，品牌并不一定就已经与潜在消费者联系上了。只有品牌个性，才能使品牌变成有生命的东西，才能赋予品牌人性化的特征，让人们想接近它，想得到它。品牌个性切合了消费者内心最深层次的感受，以人性化的表达触发了消费者的潜在动机，从而使他们选择那些独具个性的品牌。可以说，品牌个性是消费者购买的动机触发器。

第三节　品牌个性维度

品牌个性及其维度研究受到国内学术界和企业界的高度重视。欧美等发达国家通过运用品牌战略，塑造品牌鲜明的个性，成功进入中国市场并获得高占有率的事实，让国内企业认识到品牌建设的重要。珍妮弗·阿尔克于 1997 年首次系统地发展了基于美国的品牌个性维度及量表，在此基础上，基于其他国家和文化的品牌个性维度及量表也相继诞生。

一、人格大五维度

品牌个性维度的研究，主要结合心理学和文化学进行，人格个性理论为品牌个性理论的研究奠定了基础。以往学者对个性要素集合不断进行研究和完善，最终形成了人类个性的大五模型，并建立起一套完备的测量量表体系。大五模型通过测量，将人们的个性划分为五个维度：神经质、外向性、开放性、随和性和责任心。神经质包含焦虑、生气敌意、沮丧、自我意识、冲动性、脆弱性六个子维度；外向性包含热情、乐群性、独断性、忙碌、寻求刺激、积极情绪六个子维度；开放性包括想象力、审美、感受丰富、创新、思辨、价值观六个子维度；随和性包括信赖、直率、利他、顺从、谦逊、慈善六个子维度；责任心包括胜任力、条理性、尽责、追求成就、自律、深思熟虑六个子维度（见表 4-1）。

表 4-1　人格大五维度及其特征

组成特征	组成部分
神经质	焦虑、生气敌意、沮丧、自我意识、冲动性、脆弱性
外向性	热情、乐群性、独断性、忙碌、寻求刺激、积极情绪
开放性	想象力、审美、感受丰富、创新、思辨、价值观
随和性	信赖、直率、利他、顺从、谦逊、慈善
责任心	胜任力、条理性、尽责、追求成就、自律、深思熟虑

二、人格大七维度

有不少心理学家对大五模型的理论和方法，尤其是因素分析方法、因素的心理含义等提出了批评意见。大七模型的倡导者则在继承人格特质学派的基本思想的前提下，侧重指出了大五模型在选词方面的两个致命缺陷：第一，大五不能代表自然语言中的人格的所有方面。有学者对特质词的分类研究做过一个历史回顾，发现像独立的、特异的、保守的等重要人格术语无法归入大五结构的任一维度。也有学者指出，大五维度没有像它所声称的那样完全抓住自然语言的人格范围。这是因为大五研究在做因素分析前就删除了评价性术语，有的还删除了描述暂时状态的术语。第二，做因素分析前的选词标准主观随意性大。有学者指出，大五研究者在制定特质词分类标准，按此标准去掉多余词或选词构成测量词表时，可能出现一系列的决策误差，词表的内容失之偏颇，依此构造的人格维度显然也不全面。

对此，特勒根（Tellegen）和沃勒（Waller）1987 年率先在理论和方法上进行探索和改进，提出了人格大七因素模型。创新之处主要有两点：第一，它采取相对宽容的选词标准，减少了主观人为性；第二，明确提出并证实人格描述基本是一种评价过程。人格大七维度主要包括：正面情绪性（Positive Emotional），组成词汇有抑郁的、忧闷的、勇敢的、活泼的等；负面效价（Negative Valence），组成词汇有心胸狭窄的、自负的、凶暴的等；正面效价（Positive Valence），组成词汇有老练的、机智的、勤劳多产的等；负面情绪性（Negative Emotional），组成词汇有坏脾气的、狂怒的、冲动的等；可靠性（Dependability），组成词汇有灵巧的、审慎的、仔细的、拘谨的等；适意（Agreeableness），组成词汇有慈善的、宽宏大量的、平和的、谦卑的等；因袭性（Conventionality），组成词汇有不平常的、乖僻的等。

在大七维度中，正面效价和负面效价是两个新人格维度，其余五个维度——正面情绪性、负面情绪性、可靠性、适意和因袭性，分别与大五维度的外向性、神经质、责任心、随和性和开放性有大致的对应关系。两个模型之间有五个（至少四个）维度有对应关系，指的是它们相类似，但不完全相同，例如，大七维度和大五维度都有适意（性）这一因素，在大五维度中，该因素包括涉及脾气的一些特质词，如易怒的、暴躁的、野蛮任性的，而大七维度中同名因素却不包括这些词。这说明大五维度中该因素兼有情绪和行为两种倾向性，而大七维度中的同名因素去除了情绪性，基本指行为倾向。

三、品牌个性大五维度

根据西方人格理论的大五维度模型，以个性心理学维度的研究方法为基础，有学者发展了一个系统的品牌个性维度量表（见表 4-2）。

表 4-2　品牌个性的大五维度及其组成

维　度	指　标	描绘词语
纯真（如柯达）	纯朴	家庭为重的、小镇的、循规蹈矩的、蓝领的
	诚实	诚心的、真实的、道德的、有思想的、沉稳的
	有益	新颖的、诚恳的、永不衰老的、传统的
	愉悦	感情的、友善的、温暖的、快乐的
刺激（如保时捷）	大胆	极时髦的、刺激的、不规律的、华丽的、煽动性的
	有朝气	冷酷的、年轻的、精力充沛的、外向的、冒险的
	富于想象	独特的、风趣的、令人吃惊的、有鉴别力的、好玩的
	最新潮	独立的、现代的、创新的、积极的
称职（如 IBM）	可信赖	勤奋的、安全的、有效率的、可靠的、小心的
	聪明	技术的、团体的、严肃的
	成功	领导者、有信心的、有影响力的
教养（如奔驰、雷克萨斯）	上流阶层	有魅力的、好看的、自负的、世故的
	迷人	女性的、流畅的、性感的、高尚的
粗犷（如万宝路、耐克）	户外	男人气概的、西部的、活跃的、运动的
	强韧	粗野的、强壮的、不愚蠢的

该品牌个性测评量表是由一个 631 名被试者组成的样本对 40 个品牌的 114 个个性特征的评价得来的。这个量表基于个体的代表性样本、广泛的特性列表和在不同的产品类别中系统地选择系列品牌。它可以用来比较众多产品类别中品牌的个性，帮助研究者确定品牌个性的基准。这五大个性要素的可靠性通过“测试—再测试”相关性分析和可靠性分析得到证实。在这套量表中，品牌个性被分为五个维度：纯真、刺激、称职、教养和粗犷。这五个维度下又有 15 个指标，总共包括有 64 个品牌人格特性。该品牌个性维度量表在西方营销理论研究和实践中得到了广泛的运用。例如，柯达以“纯真”的个性，给人们以纯朴、诚实、有益、愉悦的感受；保时捷以“刺激”的个性，给人以大胆、有朝气、最新潮、富于想象的感受；IBM 以“称职”的个性，给人们以可信赖的、成功的、聪明的感受；奔驰和雷克萨斯以“教养”的个性给人以上流阶层的、迷人的感受；万宝路和耐克则以“粗犷”的个性给人以户外的、强韧的感受；等等。

后来，阿克为了探索品牌个性维度的文化差异性，对日本、西班牙这两个分别来自东方文化区以及拉丁文化区国家的品牌个性维度和结构进行了探索和检验，并结合美国品牌个性的研究结果，对三个国家的品牌个性维度变化以及原因进行了对比分析。结果发现：美国品牌个性维度的独特性维度是“强壮”，日本是“平和”，西班牙是“热情/激情”。

四、本土化品牌个性维度

由于品牌个性的感知以及心理形成要以特定的文化为背景，在不同的文化背景下，品牌个性的描述性词汇是不一样的。我国学者卢泰宏、黄胜兵（2003）采用了词汇法、因子分析和特质论等方法，以来自中文语言、中国的品牌为内容，经中国消费者的实证研究发展出中国的品牌个性维度及量表，并从中国传统文化的角度阐释了中国的品牌个性的五大维度：“仁、智、勇、乐、雅”。“仁”主要包括平和的、环保的、和谐的、仁慈的、家庭的、温馨的、经济的、正直的、有义气的、忠诚的、务实的、勤奋的等；“智”主要包括专业的、权威、可信赖、专家、领导、沉稳、成熟、负责任、严谨、创新、有文化等；“勇”主要包括勇敢、威严、果断、动感、奔放、强壮、新颖、粗犷等；“乐”主要包括欢乐、吉祥、乐观、自信、积极、酷、时尚等；“雅”主要包括高雅、浪漫、有品位、体面、气派、有魅力、美丽等（如图 4-1 所示）。（资料来源：品牌个性的测量模型及其适用性. 文秘帮. 2022 年 5 月 21 日. https://www.wenmi.com/article/pru8j0004wcq.html）

之后，卢泰宏和黄胜兵还将本土化品牌个性与美国、日本两个国家的品牌个性维度进行了跨文化的比较研究，结果表明：“仁”“智”“雅”这三个维度具有较强的跨文化一致性，这是共性。“仁”是中国品牌个性中最具有文化特色的一个维度，其次是“乐”。与美国相比，中国更加强调群体性利益，而美国更加重视个人利益，强调个性的表现，这是两种不同文化的差异在品牌个性中的体现。而中国与日本相比，中国品牌个性中存在着“勇”，日本则不存在这样一个单独的维度，而“勇”与美国的“Ruggedness”比较相关。这一维度在中国的出现，表明中国品牌的建立在一定程度上受到西方理论及文化的影响。

在营销实践中，如同人的个性复杂多变一样，品牌个性也并非单纯如一的。许多品牌是诸多个性要素的混合体，一项品牌多少掺杂了不同程度的五大个性要素，综合成复杂的个性。只是某个个性特征比例较大，则品牌在整体上显示出该项个性特征。例如，李维斯牛仔裤在纯真、刺激、称职和粗犷四个个性特征上都非常显著，其中粗犷（有男子气概的、运动的）是其主要的指标。另外，在品牌个性维度选择当中，产品类别也起到了一定作用。例如，在汽车业、运动器材业、化妆品业，甚至是咖啡业等产业环境中，最常运用的品牌个性特征是刺激维度（大胆的、有朝气的、敢于想象、最新潮的）；而作为银行单位或保险公司则会倾向于定位成典型的“银行家”个性（称职的、严肃的、有信心的、上流阶层的和成熟的）。

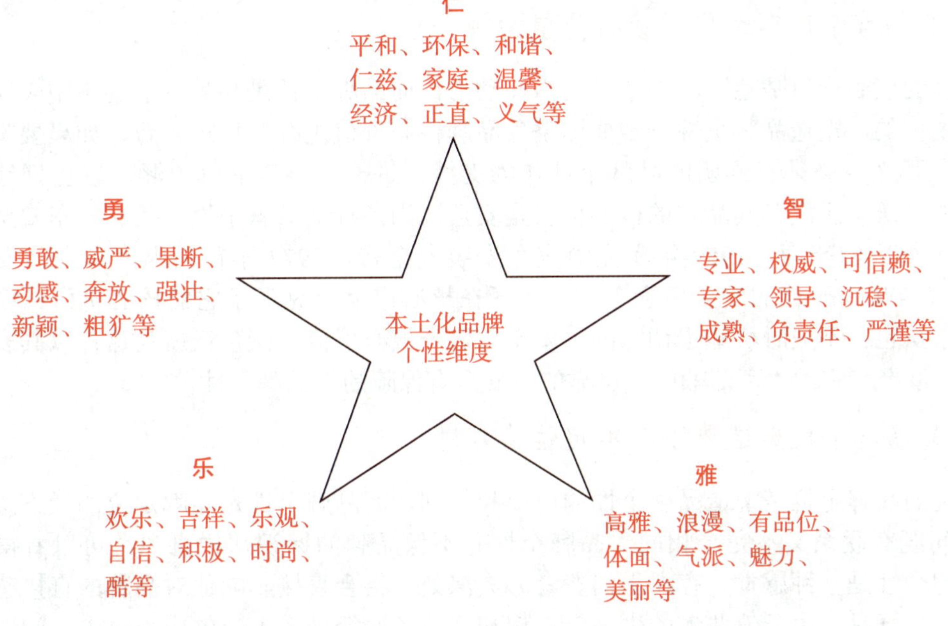

图 4-1　本土化品牌个性维度

上述品牌个性维度的研究将为品牌营销实践提供有益的指导。企业的营销人员可以从产品类别、目标消费者的心理特质以及主要竞争对手的品牌个性选择适合自己品牌的个性维度，以培育品牌鲜明的个性，以此与消费者产生共鸣。

第四节　品牌个性塑造法则及来源

在残酷的市场竞争中，具有品牌个性的产品，消费者往往乐意购买，这是为什么呢？因为品牌个性切合了消费者内心最深层次的感受，以人性化表达触发了消费者的潜在动机，使人们选择代表自己个性的品牌，从而凸显品牌价值。换句话说，品牌个性是品牌价值的核心表现，要想提升品牌价值，就必须塑造出鲜明的品牌个性，否则，品牌就会被淹没在市场的汪洋大海中。那么，企业该如何塑造品牌个性呢？

一、品牌个性塑造法则

品牌个性的塑造不能仅以企业和策划人员的喜好而定，也不能只关注品牌的定位，而要同时与产品的属性、服务特征、包装设计、广告风格、视觉符号、使用者、公共关系、品牌的历史、企业的领导者等诸多因素保持统一，它们对品牌个性树立都有着很重要的意义。因此，塑造品牌的个性，企业要系统化、规范化。具体而言，有以下五条法则可供参考。

（一）品牌个性塑造要以核心价值为轴心

品牌的核心价值是塑造品牌个性的内在动力，而品牌个性是品牌价值的集中表现，两者是相互统一的。塑造品牌个性一定要围绕着品牌核心价值进行，反过来看，如果要想提升品牌价值，那么也必须有鲜明的品牌个性作为支撑，进一步丰富品牌内涵，以更好地经营品牌。例如，沃尔沃汽车其品牌的核心价值是安全，为了打造品牌个性，其在汽车安全方面也的确做了很大的努力，1959 年率先给汽车安装安全带，1972 年首创为汽车安装安全囊，2001 年又推出新一代的安全概念车，沃尔沃在核心产品上兑现了它的核心价值；在传播方面，沃尔沃也在不失时机地强调它的“安全”这一核心价值。沃尔沃就是这样以其安全的核心价值，演绎着它的“可信赖的、可靠的、安全有保障的”品牌个性。

（二）品牌个性塑造要以精准定位为基础

准确的品牌定位是塑造品牌个性的前提和基础，而品牌个性是品牌定位的最直接体现，二者之间既有联系又不完全相同。品牌个性并不像品牌的标识那样直观，可以看得见摸得着。品牌个性是一种感觉，存在于消费者心灵深处，将会直接影响他对品牌的直接感官甚至购买决策。同时，由于消费者的生理、心理和经济条件等处于不断的成长之中，塑造品牌个性也要考虑目标消费者的未来期望，才能实现长时间与消费者的共鸣。

自然，品牌个性的塑造需要锁定沟通人群。其实品牌定位就是锁定目标消费者和沟通对象，只有确定好了目标消费者，品牌个性的确立才能有的放矢。品牌与消费者沟通的过程，也是让消费者了解和认知品牌个性、与消费者建立情感关系的过程。塑造品牌个性的前提条件，就是要锁定及满足目标消费者的需求，打动消费者的内心世界。洋河蓝色经典在近年深受消费者的喜爱，其重要原因之一是品牌个性给人一种伟大、宽广、大度的男人胸怀的感觉，它瞄准的目标消费者就是中高收入阶层，其品牌的个性正好迎合这一消费群体的需求，“比海更宽广的是男人的情怀”这句经典的广告诉求，深深地打动了消费者。

（三）品牌个性塑造要设计人格化形象

品牌个性是品牌的人性化表现，是品牌人格化后所显示出的独特性。一个品牌如果没有人性化的含义和象征，那么这个品牌就失去了它的个性。品牌是为满足消费者需求产生的，而消费者是有感情的。因此，要想使品牌占领目标消费者的心，就必须使冷冰冰的商品拥有人情味及生命力，这需要让品牌人格化。品牌人格化就容易接近消费者，与消费者进行情感沟通，使品牌产生更强魅力。品牌个性一旦塑造成功，就能给企业带来持久的发展和竞争力。

（四）建立和深化与消费者的情感关系

品牌个性是吸引消费意识的主要原因之一，人们也总是喜欢有人情味的东西。消费者总喜欢选择符合自己个性的品牌，因此，对于企业而言，创建与消费者具有相近个性的品牌是一种有效的营销策略。品牌的个性跟消费者的个性越接近，就越能与消费者建立情感；情感越深厚，消费者对品牌就越忠诚。如果能够为品牌创造一种个性，满足消费者的某种情感需求，就更容易打动消费者，品牌也更深得消费者的喜爱。品牌个性能提供人类情感的体验，满足情感的诉求，从而使品牌得到持久的发展。在消费者看来，奔驰就是身份的象征，其“尊贵、豪华而舒适”的品牌个性，深受商界成功人士的喜爱；而宝马的蓝白标志象征着“乐趣、自由、欢快”的个性，深得成功的年轻人青睐。

（五）加强品牌个性的投资及管理

品牌个性的塑造需要不断地进行投资，随着消费人群的更新及变化，品牌个性也要做出相应的变化，需要不断地进行维护和管理，使品牌个性深入消费者的内心，从情感上成为人们消费的理由。同时，加强品牌个性的投资，也是不断地为品牌做加法的过程，最终累积起丰厚的品牌资产，实现企业的持续性发展。例如，著名的箱包品牌路易威登，它的目标消费者是成功人士，在品牌的打造过程中，它花了很大的投资，不断对其“高贵、成功”的品牌个性进行维护和管理，甚至采用了限量生产和预约登记的方法，限定使用的人群，带给目标消费者独一无二的感受，彰显它“高贵”的个性，就像劳斯莱斯汽车一样，成为人们喜爱的精品。反过来，香港金利来原来是“男人的世界”，后来又推出金利来女士提包、金利来护肤品等，淡化了金利来在消费者心中的品牌个性；国酒茅台为开拓市场，推出啤酒、干红，结果销量大减。品牌个性十分突出，是成功人士的象征，后来它进入了大众市场，放弃了原有的品牌特质，使品牌价值遭受了重大损失。可见，加强品牌个性的投资及管理十分重要，它是长期的投资过程，应该引起企业家们的高度重视。

二、品牌个性塑造来源

人们会从一个人的言行举止来把握他的个性；他的名字、外貌，以及出生地和家庭背景，也会影响人们对他个性的判断。同样，影响人们对一个品牌个性认知的因素分为两大类：与产品有关的因素和与产品无关的因素。从这些影响因素中，我们可以发现品牌个性的来源，可对企业的品牌个性塑造提供有益的指导。

（一）企业家的特质

在企业的品牌个性塑造过程中，企业家起着举足轻重的作用。一方面是因为企业家代表着整个组织，是企业拟人化的象征之一；另一方面是因为消费者通过对企业家或品牌代言人的联想来认知和理解品牌的个性特征，而品牌个性正是基于消费者记忆中强有力的偏好和独特联想而产生的。具有独特个性的企业家常常会把自己的个性转移到品牌上，作为社会公众人物的企业家更是如此，这是形成品牌个性的一个重要来源。海尔集团的总裁张瑞敏诚恳、儒雅、睿智的形象无疑影响着人们对海尔品牌的看法；微软总裁比尔·盖茨、通用电气的总裁杰克·韦尔奇等都是这样。另外，迄今为止最具影响力和反叛精神的时装设计师香奈儿，她的言行举止、社会地位、时尚风格，吸引了法国乃至全世界最核心人群的注意，她的整个生命历程其实就是香奈儿品牌最直接、最持久、最有效的广告运动。香奈儿本人就是香奈儿品牌，香奈儿品牌也就是香奈儿本人，而香奈儿品牌和香奈儿本人都已融入香奈儿式的生活方式和风格中。

（二）象征符号

象征符号对品牌个性有很强的影响力和驱动力。苹果在希腊神话中是智慧的象征，现在则将苹果的寓意引申为科技的未知领域。苹果公司的标志是咬了一口的苹果，表明了他们勇于向科学进军，探索未知领域的理想。在对品牌形象的个性塑造中，选择能代表品牌个性的象征物往往很重要。象征物运用得当，可以赋予品牌以生命，让消费者与之对话，进行情感交流，进而成为忠实的朋友。象征物通常有四类：人物、动物、植物与卡通。当淘宝商城升级为天猫的时候，就让大眼睛的猫作为其品牌吉祥物一起推出，随着时间推移，猫的轮廓图案已经成为天猫的品牌标识；京东商城改名为京东的时候，随着新 Logo 的发布，一并推出了名为“JOY”的狗形象，后来进一步调整为金属狗形象；樱花厨卫以一只白色身体、黄色嘴巴和脚趾、黑色翅尖和尾巴、身穿樱花红色马甲、举起右翼向消费者敬礼的候鸟信天翁，象征品牌真诚、友善、信守承诺的个性。

（三）与产品有关的因素

首先，产品是品牌的物质载体，可以向消费者提供功能利益、情感利益和自我表现利益，是形成品牌个性的主导力量。芭比娃娃风行全球，原因在于其个性鲜明而且不断创新的产品。20 世纪 50 年代，芭比是个广交朋友、能说会道的女孩；60 年代，芭比细眉轻弯，突出平民化；70 年代，推出不同肤色的芭比；80 年代，黑色的芭比显得可爱，而且有不同的职业装；到了 90 年代，芭比飞指敲击键盘，灵性十足。每一代芭比娃娃都彰显出了不同的个性，满足了不同消费者的诉求。

其次，包装很容易直接凸显品牌个性，就像一个人的穿着打扮可以反映和强化其个性一样。今天，包装的意义已经远远超越了对商品的保护作用。包装可以提供便利，方便消费者携带、使用和保管；包装是无声的推销员，具有刺激消费者购买欲望的无形力量；包装是广告媒体，可以最直接地体现品牌个性和产品特色；包装是品牌的缩影，可以体现品牌个性，展示品牌形象。

最后，价格也可以反映品牌定位，暗示品牌个性。高价位的品牌可能会被认为是富有的、奢华的、上流社会的，例如奔驰、劳斯莱斯、路易十三极品葡萄酒；低价位的品牌会被认为是朴实的、节俭的、平民化的，例如二锅头、乡巴佬等。

（四）使用者的形象

品牌所定位的目标消费者不同，给人的感觉和印象就会不同。如果一群具有类似背景的消费者经常使用某一种品牌，久而久之，这群使用者的共有个性就被附着在该品牌上，从而形成该品牌稳定的个性。一般老百姓很少喝人头马，即使广告铺天盖地，对他们也无济于事，他们绝不会掏腰包；法国白兰地是“有钱人的酒”，有钱的人才会钟情于它。因此，人头马、白兰地品牌形象的重要特征之一就是身份和地位的标志。哈雷摩托对其拥有者有着十分严格的限制，不仅要加入哈雷摩托车会，更要在外观、生活方式上保持狂野、反叛的特点。正是由于形成了统一的使用者形象，哈雷摩托的品牌个性也就定型为狂野、反叛，通过不断强化与自身消费者的个性联结，获得了无数忠实的用户。

（五）广告传播

广告有助于塑造品牌形象，显示品牌个性，不同的广告主题、创新和风格会产生不同的广告效果。雀巢“奇巧”的广告创意始终带着幽默，传达给消费者一个休闲、轻松、幽默的个性。绝对牌伏特加（Absolut Vodka）的广告创意和风格同样独树一帜：多年来它坚持在平面广告中采用“标准格式”，以怪状瓶子的特写为中心，下方加一行两个词的英文，总是以“Absolut”为首词，并缀以一个表示品质的词，如完美或澄清；在表现题材上与产品、物品、城市、艺术、节目、口味、服装设计、主题艺术、欧洲城市、影片与文字、时事新闻等相结合，与视觉关联的标题措辞与引发的奇想赋予了广告无穷的魅力和奥妙；现在它的品牌个性已十分鲜明：时髦、独特、风趣、现代、年轻。

总括而言，大部分品牌个性来源的因素，都是企业可以直接利用市场营销策略操控的，如产品属性、产品类别、包装、价格、通路、广告、品牌名称、符号或商标、宣传策略、公关、广告风格、名人为品牌产品证言等，也有些因素是企业不能直接控制，但可以间接掌握的，如使用者形象、使用情境、企业形象、企业员工或总裁特质等，这些因素可以经由有效利用传播的平台，在消费者心目中形成鲜明的印象。

【本章小结】

品牌个性是一种拟人化的说法，实质上就是将品牌人格化。通俗一点来讲，企业在打造品牌时，从正确的定位出发，进行持续不断的有效沟通，使品牌产生了差异性，这种差异性就是品牌个性。品牌个性是特定品牌使用者个性的类化，可以增加消费者对品牌关系的情感附加值，是消费者特定生活价值观的体现。

品牌个性以品牌定位为基础，有利于品牌定位的成功，和品牌定位既相区别，又相联系。品牌个性是延续品牌形象的生命基因，品牌形象和品牌个性都是以“品牌”而不是以“产品”或“企业”作为概念的核心和出发点，是以品牌定位作为塑造的基础及其不断培养、成长过程中的参照物。品牌个性应具备以下四个方面的特征：内在稳定性、鲜明的区隔性、具有一定独占性、简约易识别。品牌个性的价值包括人性化价值、购买动机价值、差异化价值、情感感染价值。

人格大五维度包括神经质、外向性、开放性、随和性和责任心；大七维度包括正面情绪性、负面效价、正面效价、负面情绪性、可靠性、适意、因袭性。根据阿尔克研究显示：品牌个性分为五个维度，即纯真、刺激、称职、教养和粗犷。根据卢泰宏、黄胜兵的研究显示，中国本土化的品牌个性分为仁、智、勇、乐、雅。

品牌个性的塑造要遵循以下五个法则：品牌个性塑造要以核心价值为轴心，品牌个性塑造要以精准定位为基础，品牌个性塑造要设计人格化形象，建立和深化与消费者的情感关系，加强品牌个性的投资及管理。品牌个性塑造的来源有企业家的特质、象征符号、与产品有关的因素、使用者的形象、广告传播。

【本章测试】

一、单选题

1. 品牌就如（　　）一样，包含外在的个体形象和内在的个性。

A．物品　　B．文化　　C．人　　D．意识

2. 下列不属于詹妮弗·艾柯提出的五个品牌个性因素的是（　　）。

A．善良　　B．真诚　　C．单纯　　D．复杂

3. 品牌个性以（　　）为基础。

A．品牌价值　　B．品牌背景　　C．品牌定位　　D．品牌利益

4. （　　）未能给品牌形象赋予活力，从而刺激品牌具有生命力。

A．品牌的保护性　　B．品牌的扩张性　　C．品牌的揭示性　　D．品牌的持续性

5. 在品牌个性维度量表中，不属于纯真维度的指标是（　　）。

A．纯朴　　B．愉悦　　C．大胆　　D．诚实

二、多选题

1. （　　）都是品牌个性塑造的来源。

A．时代背景　　B．企业家特质　　C．使用者形象　　D．竞争对手

2. 品牌个性的特征包括（　　）。

A．稳定性　　B．区隔性　　C．独占性　　D．简约性

3. 下面属于人格大五维度的是（　　）。

A．表面性　　B．开放性　　C．神经质　　D．随和性

三、简答题

1. 简述品牌个性的内涵。
2. 简述品牌个性与品牌形象、品牌定位间的区别与联系。
3. 品牌个性的大五维度分别是什么？
4. 本土化品牌个性的维度是什么？

【案例分析】

一个品牌就是一个人的精气神

品牌个性如同人的个性一样复杂多变。许多品牌是诸多个性要素的混合体，一个品牌多少掺杂了不同程度的五大个性要素，最终合成复杂的个性。我们所说的品牌个性，只是说某个个性特征的比例比较大，则品牌在整体上显示出该项个性特征。例如，李维斯牛仔裤在纯真、刺激、称职和粗犷几个方面的特征都非常清楚，其中，粗犷、有男子气概的、运动的个性是其主要的指标。另外，在品牌个性维度的选择中，产品类别也起到一定的作用。如在汽车行业、运动器材行业、化妆品行业等，最常运用的品牌个性特征是刺激的维度，比如大

胆、有朝气、富于想象等；但在银行单位或保险公司则会倾向于定位成典型的银行家个性，比如严肃的、有信心的、上流阶层的、成熟的。

品牌无论再怎么有生命，它毕竟还是物，而不会是人。但是品牌个性的形成依然要靠人，业界普遍认可的一句话是：一个门店或一个品牌就是一个人的精气神。究竟是哪个人呢？主要指企业家，就是一个企业组织结构金字塔最上面的那个人。一个企业家是什么样的个性，他所创建的品牌就会是什么个性。就像苹果的品牌个性来源于乔布斯，万科的品牌个性来源于王石先生，海尔的品牌个性来源于张瑞敏先生。一个企业对外展现的就是一个人的精气神，同样，一个门店对外展现的也是一个人的精气神。这个人还是企业家，因为无论是一线的决策还是思维习惯，员工很大程度上都会受公司内部企业家精神或价值观念的影响。这就是物背后反映着人的意识。

任何一个品牌的个性，很大程度上都来源和取决于其创始人的个性。并且在品牌个性的塑造过程中，企业家也起着举足轻重的作用：一方面是因为企业家代表着整个组织，是企业拟人化的象征；另一方面是因为消费者通过企业家或品牌代言人的联想，来认知和理解品牌个性的特征，在营销实践中，企业家与企业品牌往往存在极大的相关性。而品牌个性正是基于消费者记忆中所形成的强有力偏好和独特的联想而产生的。因此，具有独特个性的企业家常常会把自己的个性转移到品牌上，作为社会公众人物的领导人更是如此，这是形成品牌个性的一个重要来源。

（资料来源：https://www.icourse163.org/course/ZNUEDU-1003452001）

思考题：

1. 如何训练自己看到前台的“物”的状态就能明白背后“人”的意识？

2. 如何理解一个品牌就是一个人的精气神？

第五章　品牌形象

【学习目标】

1. 掌握品牌形象的基本概念，了解品牌形象的重要性及作用。
2. 了解品牌形象的特征，理解品牌形象与品牌资产间的联系与区别。
3. 掌握帕克、凯勒、贝尔和克里斯南品牌形象的构成模型。
4. 了解品牌形象塑造的原则，掌握品牌形象塑造的途径及策略。

【素质目标】

1. 关注国家和所在城市形象的建立和塑造，培养爱国、爱家情怀。
2. 树立健康、向上的个人品牌形象，培养社会主义建设者和接班人的角色认同。

【开篇实例】

三只松鼠：小美、小酷和小贱

三只松鼠成立于2012年，仅半年时间，就跃居坚果行业全网第一，是当前中国销售规模最大的食品电商企业。从名称、品牌形象到服务来看，这家企业一直以“萌”为特色。在“三只松鼠”Logo中，松鼠小美是温柔娴静的公主；松鼠小酷是知性气息的暖男；松鼠小贱是吃得了苦、耍得了贱、乐观向上的代表。通过在客服与客人之间来一场角色扮演的游戏，形成人与人、人与自然的相互沟通和体验，成功吸引住“80后”“90后”的大部分网民。为了让更多的消费者认识并购买产品，它不断地制造与受众的互动，将用户体验做到极致，开拓各种消费场景，从细节上打动消费者。三只松鼠品牌一经推出，就受到了消费者的喜爱。萌萌的“三只松鼠”Logo。和清新自然的品牌形象为其赢得了一批忠实顾客。

品牌外在形象：三只松鼠的品牌名称独一无二，辨识度很高，很多消费者反映听到“三只松鼠”，首先想到的就是大森林中的清香松树和松果。在品牌Logo设计上最先开创动漫色彩设计，采用最亲民的卡通形象，以三只诙谐、可爱、个性独特、人物化的松鼠形象为主要表现形式。这既契合了松鼠爱吃坚果的特点，使人看到三只松鼠的Logo就联想到了该品牌的产品类别，也是用萌化了的品牌代言人吸取眼球和关注。口号设计上，三只松鼠针对不同的产品定位提出不同的宣传口号，小贱——“全世界的零食将被我承包”；小美——“松鼠小美，就是好喝”；三只松鼠——“认准这个大头”。口号不仅朗朗上口，又极富个性与时尚气息，具有流行语潜质，容易在消费群体中迅速传播。在网站功能中，“松鼠家”不断优化网店布局，使顾客能够快速找到产品。这是用户思维与简约思维的体现。在网页风格上，三只松鼠巧妙吸睛，将品牌特色与舆论热点相结合。比如，围绕3月21日的世界森林日、3月29日的“地球熄灯一小时”，抓住“环保、森林”主题，策划了“松鼠主人、地球环保行动”主题设计，用事件获取流量。

品牌内在形象：“三只松鼠”的网络销售员在与客户聊天时用“主人”称呼客户，打造可爱萌系形象，赋予这一品牌松鼠的个性。而这一个性正契合了目标消费人群——“80后”“90后”年轻一族的喜好，使消费者对品牌形象产生情感偏好。“三只松鼠”的文化是“忠于信仰、勇于改变、坚持不懈、分享协作、好好学习，天天向上”。所谓忠于信仰是忠于要实现为全人类寻找最优质、最新鲜、最健康的森林食品的信仰，这是做到极致、最好的思维；“勇于改变、坚持不懈、好好学习，天天向上”都是迭代思维的诠释；“分享协作”则是社会化思维的体现。

虽然不是所有的企业都基于这几种思维进行品牌文化设计，但放眼望去，很多行业的领头企业、领导品牌，所倡导的品牌文化、价值观和理念追求，都是基于用户思维、极致思维、迭代思维进行设计的。例如，沃尔玛的品牌价值观是“顾客就是上帝”“追求卓越”“坚持天天低价”；宝洁公司的企业文化是“消费者至上”“尊重员工”；苹果公司的理念是“专注设计”，了解消费者的需求，着手满足这些需求。它们的文化与信仰中都或多或少可以寻见用户至上、极致、社会化的思想。

（资料来源：林靖玲．从互联网思维看“三只松鼠”的品牌形象设计［J］．卷宗，2016：6．）

第一节 品牌形象概述

何谓品牌形象？理论界的描述很多，至今没有一个统一的定义。早期的美国营销专家利维（Levy）认为，品牌形象是存在于人们心里的关于品牌各要素的图像及概念的集合体，主要是品牌知识及人们对品牌的基本态度。美国专家M．约瑟夫·西尔盖（M．Joseph Sirgy）则认为品牌像人一样具有个性形象，但这一个性形象不是单独由产品的实质性内容决定的，还应包括其他一些内容。

一、品牌形象的概念

（一）形象概念的来源

品牌形象是“Brand Image”的中文翻译，《牛津大词典》对Image的定义为：个人、组织或产品给大众的印象；人或事物看起来像是在脑海中所呈现的画面；以照片或塑像的形式复制人或事物；透过相机、电视或计算机反射的影像，看起来犹如镜子反射；以虚构的字或措辞形容事物。《韦氏大词典》则将Image定义为：对人或物的再造或仿造，特别是对具体外形的仿造；利用光学（例如镜片或是镜子）或电子仪器制造出视觉上极为相像的对象，利用摄影技巧所产生出的相似对象；极相像、非常像别人的一个人；有形或可见的图像，古色古香的、梦幻般的外形；心里对实际上不存在事物的想象，由团体成员的意见及基本态度与定位的象征所形成的心理概念；鲜明或生动的图像或描写；一种通俗的观念（如个人、习俗或国家），特别是借由大众传播媒体所凸显的。

由此可见，形象是指主体与客体相互作用，主体在一定的知觉情境下，采用一定知觉方式对客体进行感知。从心理学角度讲，形象是反映客体而产生的一种心理图式，感知是人们对感性刺激进行选择、组织并解释为有意义的相关图像的过程。从受众角度讲，形象实际上是经过一段时间通过处理不同来源的信息所形成的对有关对象的总体感知。

（二）品牌形象的内涵

从某种意义上来讲，品牌形象随着品牌的产生而产生，品牌的含义决定了品牌形象的内涵。1955 年，美国学者加德纳（Gardner）和列维（Levy）在《哈佛商业评论》上发表论文《产品与品牌》提出品牌概念的同时，批判过往研究太过表面化，仅仅关注消费者陈旧的购买理由，建议学者抛开表面化的购买理由去关注消费者购买的可持续动机，即品牌的意义和价值。利维等人认为，品牌和产品拥有物理属性，也同样具备社会以及心理的属性，即品牌形象是消费购买的重要影响因素。虽然利维等人一开始从概念上就抓住了品牌形象的实质，但接下来的很多学者对品牌形象却提出了不同的概念和定义。有关品牌形象的术语大量充斥学术报刊和通俗刊物，其概念和内涵也产生了分化，甚至和企业视角的品牌识别相混淆。虽然概念定义并不稳定一致，不过综合各类主张，关于品牌形象的概念内涵，业界实际上存在以下共识。

1．品牌形象是以消费者为主体的概念，存在于消费者心中

与品牌识别等企业为主体的概念不同，品牌形象是消费者对品牌功能、技术、服务、价值与利益等内外属性，以及对公司形象和使用者群体特性的综合感知。

2．品牌形象感知的形态存在理性和感性两种方式

依照认知心理学理论，感知存在理性与感性的方式。在信息与消费体验非常充分的情况下，消费者会对功能、技术特征等客观特性进行理性分析，形成与实际吻合度较高的感知与判断。但实际模式远非如此，消费者一般通过选择性感知的形式进行信息感知，可能受到其他消费者的评价或者消费者情绪的影响，对品牌的感知将非常感性。

3．品牌感知存在认知、联想、评价等不同形态

认知心理学认为，品牌形象作为消费者对于品牌特性、功能与价值等的综合感知，其存在形态包含几个形式：认知、联想、态度与评价等。感知的事实比事实本身更加重要。品牌感知存在于消费者心中，存在于消费者主观意识中，独立于品牌客体。不论产品质量多么优秀，识别系统多么完善，营销传播计划多么系统，最终必须经过消费者这一关键环节，只有体现在消费者的感知和认同之后，才具有价值和意义。

二、品牌形象与品牌资产间的关系

品牌作为企业的关键资产，其价值体现为品牌资产，而对品牌资产起决定性作用的关键因素是品牌形象。品牌作为最基础的概念，其外在价值体现为品牌资产。品牌资产由两个因素构成：品牌知晓度和品牌形象。强势品牌虽然具有更高的品牌资产，而且通常都有较高的市场份额，但是仅仅依靠市场份额是不能把它们与其他品牌区别开来的。因此，尽管品牌资

产是一个财务概念，但有必要意识到，品牌资产归根到底是由品牌形象所驱动的。虽然品牌资产的实现要依靠消费者购买行为，但是消费者购买行为本身又取决于消费者对于品牌的看法，即品牌形象。因为尽管购买行为的指标可以反映品牌资产的存在，但并不能揭示在消费者心目中真正驱动品牌资产的关键因素。

与品牌形象相关的概念还有品牌识别和品牌资产。前者是指企业有意识地赋予品牌的特征，包括关于品牌的内涵、名称、标志以及相关的公关宣传和广告表现。后者是指由于企业的产品或者服务具有良好的匹配形象，消费者愿意为该品牌付出一定的价格，从而使得品牌具有价值。在市场经济中，消费者对于品牌的评价具有绝对的发言权，因而品牌形象是通过品牌识别形成品牌资产的中间变量。对消费者而言，品牌的作用不仅仅在于区别各种商品，还是一种象征，超出了其文字本身的含义；对于生产者而言，品牌也不仅是使自己的产品有别于其他产品，更是在技术和功能的支持下建立起来的产品和消费者之间的关系：消费者的知晓、喜爱甚至尊重，即品牌形象。因此，品牌形象研究是品牌理论研究的核心之一（如图 5-1 所示）。

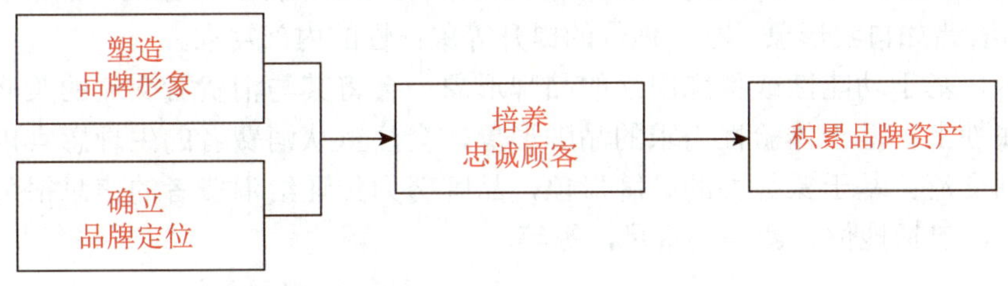

图 5-1　品牌形象与品牌资产间的关系

品牌的市场价值由品牌资产来加以实现。品牌通过确立合适的定位，在市场上塑造强势的品牌形象，进而吸引消费者购买、培养忠诚消费群体，达到积累品牌资产的目的。在品牌价值的实现过程中，如何塑造品牌形象是一个关键步骤。而进行品牌形象的塑造，必须明晰品牌形象因素结构，确定构建一个强势品牌形象的主要因素。因此，品牌资产的积累主要来自品牌形象的贡献。

第二节　品牌形象构成

品牌形象不是单一层面的概念，而是一个内涵丰富的多层面、立体式的概念。品牌形象的构成主要包括三个层面：一是核心层面的品牌形象内涵，包括品牌文化、品牌个性等品牌要素；二是中间层面的品牌形象载体，包括产品本身、使用者形象等实体；三是外在层面的品牌形象符号，包括品牌名称、品牌标识等。对品牌形象构成的认识和理解，直接关系到采取什么样的措施以及如何实施才能将品牌形象的概念转化为具体的营销实践操作。但是，在品牌形象的构成要素方面，已有的研究成果却存在很多的分歧。这种分歧并不主要体现在与产品相关的物质和功能要素构成方面，而是体现在与产品无关的社会和心理要素构成方面，存在于不同的理论模型所包含的具体要素之间。

一、帕克的品牌形象构成

1986 年，帕克（Choong Whan Park，或译朴忠焕，韩裔美国人）等人在《营销学报》上发表论文《战略品牌概念》(Strategic Brand Concept-Image Management），提出了“品牌概念管理”（BCM）的框架，从三个维度来解析品牌的内涵：一是功能性需求，主要指寻求产品的动机是为解决与消费相关的问题。具有功能性品牌形象的产品品牌，主要用来协助消费者解决外部的实际问题所产生的消费性需求。二是体验性需求，主要指购买产品的愿望来自消费者希望产品能够提供感官上的愉悦、多样化及认知上的刺激，致力于寻求多样化的消费美学及体验消费都阐明了体验需求在消费中的重要性。具有体验性品牌形象的产品品牌，主要在于强调满足消费者寻求多样化与刺激为主的外部需求。三是象征性需求，主要指购买产品的愿望来自消费者为实现自我提升、角色定位、成为社会成员、自我认识的需求。致力于研究象征性需求的消费社会学则阐明了象征性需求与消费的重要关系。具有象征性品牌形象的产品品牌，主要在于强调满足消费者诸如自我形象、社会地位的提升等象征性的内部需求。

研究显示，基于功能性或特殊用途的品牌形象，会将其与消费者交流的策略重点放在产品的特征和属性上；基于体验性需求的品牌形象，会注重从消费者的生理感官以及心理感受方面进行沟通交流；基于象征性的品牌形象，品牌努力传递给消费者的信息很可能将重点放在抽象概念上，包括地位、豪华、富足，等等。

二、凯勒的品牌形象构成

凯勒（Keller）的品牌形象测评模型（如图 5-2 所示）是从顾客为基础的品牌资产模型转化而来的。

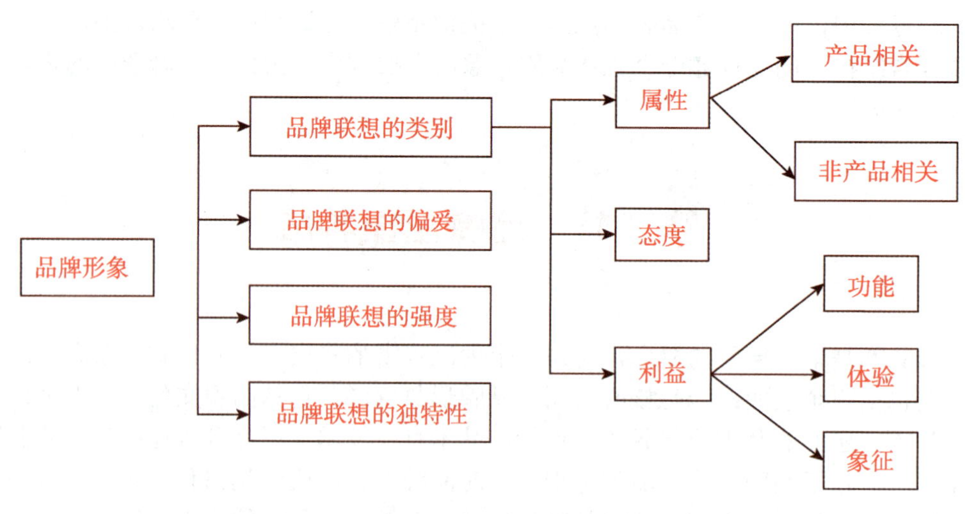

图 5-2 凯勒的品牌形象测评模型

凯勒将品牌形象定义为消费者对品牌的感知，由消费者记忆中的品牌联想反映出来。消费者品牌联想的类别分为属性、态度、利益。属性是描述产品或者服务的描述性特征——

消费者对于产品是什么、有什么以及在购买的过程中包含什么样的想法；态度是消费者对于品牌形象的总体评价；利益是消费者认为产品或者服务的属性所具有的个人价值——消费者认为产品或者服务能为他们做什么。

品牌联想的属性又分为产品相关和非产品相关两种。产品相关属性是指实现消费者需求的产品或者服务的功能的必要组成成分，涉及产品的物质组成或者服务所必备的条件。非产品相关属性是指与产品或者服务购买和消费相关的外部特征。四种主要的非产品相关属性如下：价格信息；包装或者产品外观信息；使用者形象，是指什么类型的人使用该产品或服务；使用形象，是指产品在什么地点和情形下使用的。品牌形象的利益分为功能性、体验性和象征性三种。功能利益是产品和服务消费中最本质的好处，通常与产品相关属性相关。这些利益通常与非常基础的动机相关，如生理和安全需要，并且涉及解决问题或者逃避问题的期望。体验利益涉及在使用产品或者服务中所感受到的，通常也与产品相关属性一致。这些利益满足了感官愉悦、多样性以及认知刺激。象征性利益是产品和服务消费中非固有的好处，通常与非产品相关属性相一致，与潜在的社会支持、个人表达或者符合客观外界标准的自尊相关。因此，消费者可能重视品牌的声望、档次和流行度，因为这些与自我概念相关。象征性利益更与社会可见的、表明身份的产品相关。

品牌联想有三个特征，分别为品牌联想的偏爱、品牌联想的强度、品牌联想的独特性。品牌联想的偏爱是指消费者相信品牌具有能满足其需求的属性和利益，并且希望获得这些属性和利益联想。品牌联想的强度是指与品牌相关的信息能够被激发起来的难易度，越容易激发起来的信息就是越强的品牌联想。品牌联想的独特性是指品牌带给消费者的联想是异于竞争品牌的，是品牌独特的卖点。品牌联想的偏爱、强度和独特性是决定品牌形象差异化的重要部分，为品牌提供差异化的价值。

三、贝尔的品牌形象模型

A.L.贝尔（Alexander L. Biel，1993）认为品牌形象由公司形象、产品形象、用户形象三者构成（如图 5-3 所示）。这三个品牌形象的子维度通过使消费者产生联想存在于消费者的头脑中。这些联想分为硬性和软性两个方面，其中每个形象要素都是由软硬属性方面的联想构成的。软属性是指品牌的情感特性，如快乐、刺激、值得信赖等；硬属性是指有形的或功能属性，如公司历史、拥有的技术以及配套服务等。相对于硬属性来说，软属性不易模仿，因此，能够创造比较持久的品牌差异，对于形成品牌的竞争力更为重要。［资料来源：贝尔品牌形象模型（Biel 模型，Biel Model）. 豆丁网. https://www.docin.com/p-549902595.html］

公司形象包括有关企业的全部信息和使用企业产品的相关经验，主要包括企业的历史（国籍、创立时间、创始人等）、企业的规模和实力、企业的社会营销意识。产品形象是产品给消费者带来的使用利益，包括产品的价格、包装、外观等。用户形象则是用户的人口统计特征和使用者的个性、生活方式、价值观等（如图 5-3 所示）。这三个不同的子形象对品牌形象的贡献依不同的产品/品牌会有所不同。在我国，品牌的公司形象非常重要。公司形象让消费者感到更有信心，因为他们现阶段仍然更关心产品的功能和绩效。因此，大公司的形象会让消费者感到产品更为可靠。总之，积极的公司形象将加强消费者对公司产品的积极感知。当品牌名称与公司名称密切相关时，公司形象与品牌形象之间的联系尤为重要。

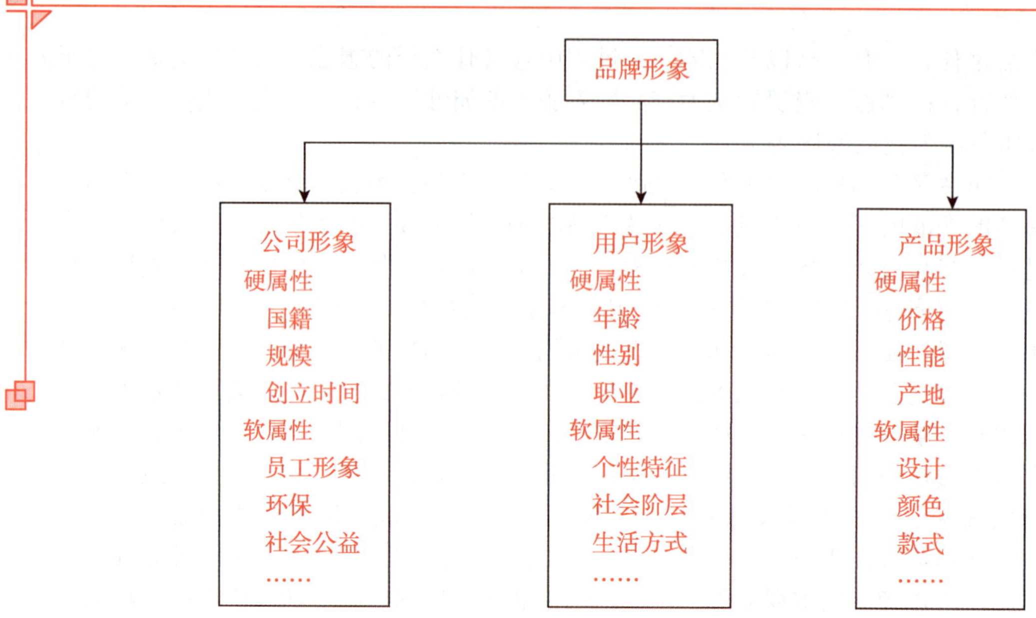

图 5-3　贝尔的品牌形象模型

四、克里斯南的品牌形象模型

克里斯南（Krishnan）通过记忆网络模型来界定在基于顾客的品牌权益下的各种品牌联想特性。记忆网络模型指出，记忆是由相互连接的网络进行知识的组合所组成，组成网络模型的是节点，这些节点用来储存所有信息。大量研究证明，网络是一个复杂结构。他研究的焦点主要针对品牌名称反映和激发的一系列联想，从品牌联想的数量、联想的偏好度、联想的独特性和联想的来源等四个方面研究品牌联想。（资料来源：MBA 智库·百科. https://wiki.mbalib.com/wiki/克里斯南模型. ）

联想的数量，是指经过长时间的努力，消费者建立了一系列各种品牌的联想。其中，一些联想是品牌特征和品牌利益，另一些则代表消费者的品牌经历（或经验）随着某品牌联想数量的增加。一方面，由于联想提供了接触品牌的多种途径，因而日益增加的联想数量使消费者更容易触及记忆中的品牌节点（如联想网络模型）；另一方面，由于这些联想相互之间的干扰而使大量的联想指向低层次的品牌记忆。但是，这种干扰对于成熟品牌（相对于新品牌而言）不会很强，其原因是成熟品牌已经建立了较高的品牌知晓度。因此，拥有大量的联想对品牌来讲非常重要。

仅仅强调联想数量可能产生误导，因为大量的联想中包括积极和消极的联想。因此，必须评估积极与消极联想的相对数量。联想的偏好，就是说明品牌相对喜好性的共同尺度，它是净的积极认知想法（积极的联想数量减去消极的联想数量），联想的总数量被偏好的净值变化所控制。实际上，处于两个极端的品牌有着很多的联想，通过考量这些联想的偏好可以有效实现品牌的差异性定位。

品牌需要与其他品牌共享一些联想以说明自己是该类产品中的组成部分，但是，当共享的数量增加时，品牌就日益成为品类的代表而非它自己。因此，品牌的独特联想对品牌在品类中的形象和品牌在消费者心目中的定位有着巨大的影响，它是品牌形象的标志。最理想的状况是既拥有大量的共享联想以正确和快速地归类，又拥有一些独特联想，从而从该品类中脱颖而出。

消费者从很多渠道了解产品，并形成联想。主要的联想来源是品牌的直接经验（试用和使用）和间接经验（广告和口碑）。与间接经验相比，由直接经验产生的联想可能与个人更相关、更确定，并形成更生动的记忆。因此，联想大部分来源于直接经验的品牌会处于更有利的地位，并拥有更高的资产。对于间接经验而言，进一步的区分在于企业是否能控制来源。从消费者角度来看，他们更相信企业非可控的来源，例如口碑。因此，在口碑基础上拥有大量联想的品牌不仅受益于免费传播，还得益于不断增长的信任度。这样的联想就成为品牌形象和品牌资产的标志。

第三节 品牌形象塑造

品牌形象的塑造是一项长期而艰巨的任务，它不是哪一个人或哪一个具体行动就可以完成的。它需要按照一定的原则，通过一定的途径，全方位地精心塑造。而且在此过程中，需要掌握品牌形象塑造的策略，这样才能收到事半功倍的效果。同时，还要弄清楚品牌形象塑造的误区，不能为形象而形象，过度美化品牌或者随便改变品牌形象。

一、塑造品牌形象的原则

（一）系统性原则

品牌形象的塑造涉及多方面因素，要做大量艰苦细致的工作，是一项系统工程。它需要企业增强品牌意识，重视品牌战略，周密计划，科学组织，上下配合，各方协调，不断加强和完善品牌管理；需要动员各方面力量，合理利用企业的人、财、物、时间、信息、荣誉等各种资源，并对各种资源优化组合，使之发挥最大作用，产生最佳效益。另外，品牌形象的塑造不是单在企业内部即可完成的，还要通过公众，因为品牌形象最终要树立在公众的脑海中。它需要面向社会，和社会相配合，并动员社会中的有生力量，利用社会中的积极因素。这一切都说明，品牌形象的塑造是一项复杂的社会系统工程。

（二）全员参与原则

全员参与的品牌形象管理对塑造品牌形象是至关重要的。品牌形象要向市场发出一个声音，就是要求企业所有员工都有使命感。这种使命感又来自荣誉感，它能够对员工产生强大的凝聚力，很难想象一盘散沙或牢骚满腹的员工会向公众展示良好的品牌形象。英国的营销学者彻纳东尼（Chernatony）认为，企业要使所有的员工都理解品牌的含义，使所有的员工都能认识、理解、表达自己的品牌形象，这对实施品牌战略的企业，尤其是实施品牌国际化的企业来说是一个非常重要的问题。只有众多员工达成共识，才能使不同领域的角色融为一体，使不同部门的成员向着一个方向努力。

美国学者戴维·阿克（David A.Aaker）在《品牌领导》一书中也曾提到，企业应把内部品牌的传播工作放在优先考虑的地位，即在得到外部认同之前，首先在内部推行，达到内部认同，因为内部认知的差异可能误导策略的实施。除了让企业内部全体员工参与品牌形象的塑造之外，全员化原则还有一层含义，就是动员社会公众的力量。企业的营销、服务、公关和广告要能够吸引公众，打动公众，使公众关注品牌形象，热心参与品牌形象的塑造，使品牌形象牢固树立在公众的心目中，产生永久的非凡的魅力。

（三）统一性原则

品牌形象的统一性原则是指品牌识别，即品牌的名称、标志物、标志字、标志色、标志性包装的设计和使用必须标准统一，不能随意变动。例如，同一企业或产品的名称在一个国家或地区的翻译名称要统一，像日本的松下、丰田和美国的通用、微软等的中文名称就不能随便采用其他汉字来代替。

例如，肯德基是一家国际性的连锁店，其最大特征是：一家是一家，十家是一家，千家还是一家，无论你身处何地，只要到了肯德基，你就会发现自己并没走多远。因为那红白条的屋顶、大胡子山德士上校、宽敞明亮的大玻璃窗、笑容可掬的服务员，还有香喷喷、脆松松、金灿灿的油炸鸡腿，都是你再熟悉不过的了。

（四）独特性原则

在塑造品牌形象的过程中，能否展现出自己品牌的独特性也是十分关键的。品牌的独特性可以表现为质量特色、服务特色、技术特色、文化特色或经营特色等方面。品牌形象只有独具个性和特色，才能吸引公众，才能通过鲜明的对比，在众多品牌中脱颖而出。如果品牌形象与其他已有品牌过于相似，就难以在消费者心中留下深刻印象，甚至落入恶意模仿的尴尬境地，成为令人鄙夷的“山寨货”。例如，联合利华公司的著名香皂品牌“力士”，在品牌塑造时一直突出其高贵典雅的特色，每一版的广告中都大量使用国际知名影星以凸显其高贵，至今尚未有其他品牌能在这一层次上超过它。

（五）情感化原则

品牌形象塑造过程要处处融入情感因素，使品牌具有情感魅力，以情动人，这样才能缩小其与公众的距离，实现和公众的良好交流。几十年来，万宝路塑造了西部开阔而丰富的形象——牛仔、牛群、营火及咖啡——生机勃勃，粗犷豪放，充满阳刚之气。它超越单纯的产品关系，将品牌与强大、恒久的情感联系在一起，塑造了情感品牌。情感品牌使人们认识到产品的部分价值是情感上的而非物质上的，从而拓展了产品和服务的平台。

麦当劳以情感塑造形象的招数可谓绝妙。作为世界范围内最负盛名的快餐店，麦当劳最初的经营业绩也很平淡。直到 1957 年，一个叫戈德斯坦的人加盟麦当劳后，为了促销才开始做广告。1960 年，美国广播公司开播了一个全国性的儿童节目——波索马戏团，戈德斯坦觉得很有趣，他看准时机，独家赞助了马戏团，并叫波索的扮演者为麦当劳做广告。波索这个滑稽的小丑殷勤地向孩子们喊道："别忘了叫爸爸妈妈带你们去麦当劳哟！"孩子们在嬉笑声中牢记"波索小丑"的话，于是光顾麦当劳的人越来越多，营业额直线上升。

二、塑造品牌形象的途径

（一）树立全员品牌意识

首先，企业管理者要提高自身的管理素质，增强塑造品牌形象的意识，把品牌形象塑造作为企业的优先课题，作为企业发展的战略性问题，要把企业的经营理念反映在品牌形象上；其次，以人为本，启发员工的心智，最大限度地激发员工的智慧和潜能，树立全体员工的品牌意识，员工们明白了塑造品牌形象的重要意义，就会产生荣誉感和使命感，自觉自愿地为塑造品牌形象作出贡献；最后，要在企业内部建立起特有的观念体系和运作机制，建立起科学的组织架构和严格的规章制度，这是塑造品牌形象的组织保证。

（二）提高产品服务质量

产品的质量是满足消费者需求的一种效能，它是品牌形象的基石，是品牌的本质和生命。企业只有强化高效管理和合理配置资源，不断引进新技术，才能提高产品的质量，从而为塑造品牌形象提供必要的保证。企业要想搞好产品的市场销售，树立品牌形象，保持品牌的竞争优势，就必须在提高产品质量的同时，努力改善服务质量，提高服务水平。优质的服务有利于维护和提升品牌形象。当消费者遇到损失或发现产品缺陷时，就会产生抱怨和不满，这会给品牌形象带来不良影响，而优质的服务可以降低消费者的风险，减少消费者的损失，增加消费者的安全，从而赢得消费者的理解和信任。

（三）引入文化情感因素

品牌有自己的个性和表现力，是沟通企业和公众感情的桥梁，而公众在内心深处都渴望真挚、美好的感情出现。每一个国家、每一个民族都深受本国、本民族文化的影响，文化传统在不经意间影响着消费者的选择。如果某个品牌能够契合传统文化的一些因素，就会在消费者心中占据一定的情感空间，引导消费者关注该品牌。

比如，某共享汽车联合上海一家室内合唱团打造跨界作品《春节自救指南——回家篇》，就是抓住了"春节回家"这一传统场景，通过室内合唱团的"共情"联结，吸引了消费者的关注。

（四）突出特色勇于创新

品牌形象只有独具个性和特色，才能吸引公众，才能通过鲜明的对比，在众多品牌中脱颖而出。抄袭模仿、步人后尘的品牌形象不可能有好的效果，也不可能有什么魅力。品牌形象不是一成不变的，随着企业内外经营状况以及消费需求的变化，品牌形象也要不断地创新，使之适应消费者的心理变化，适应企业发展的需要。韩国 LG 在创始时期有两个品牌名，即化工的 Lucky 和电子的 Goldstar。1995 年，为了适应全球化的发展，Lucky 和 Goldstar 实现品牌重组，新企业的品牌为 LG。1997 年，LG 在世界市场上全面启动醒目的脸谱型

"LG"标识，以更加现代和简洁的形象出现在世人面前，其品牌形象得到大大提升。由此可见，品牌要想永葆青春和活力，就必须跟上潮流，跟上时代的步伐，及时创造新形象。

（五）重视公关广告传播

公关与广告对品牌形象而言，如鸟之两翼、车之两轮，其重要性不言而喻。品牌形象最终要建立在社会公众心目中，这取决于公众对品牌的信任度、忠诚度。因而品牌形象的塑造应面向公众，以公众为核心，高度重视公众的反应。一些国际品牌的公关赞助，非常有针对性和连续性，以便给社会公众留下深刻的印象。同时还应认识到，品牌的推广离不开广告宣传，不管是平面广告、立体广告，不管是通过杂志、报纸还是电台、电视等渠道，成功的品牌都会选择与自身品牌形象相符的统一的广告风格，并坚持遵守这个风格，使品牌形象清晰，不被混淆。

【阅读材料】

轩尼诗精神号

1992年6月7日，三桅快速帆船"轩尼诗精神号"抵达上海，揭开了轩尼诗在中国公关促销活动的序幕。接着，公司通过举办轩尼诗画展、轩尼诗影院和各种文化评奖活动，树立了文化传播使者的形象，从而顺利地打入中国市场。法国是香水王国，名牌香水也特别多。有着上百年历史的"娇兰"更是香水之王。1852年，拿破仑三世改制称帝。次年他坠入情网，迷恋西班牙美女尤金尼·梦地歌。为了赢取她的芳心，他送了她一瓶后来被称为"娇兰"的香水。神妙的芳香几乎令尤金尼痴狂，于是尤金尼就赐给娇兰香水一个名字"帝王"。从此，娇兰抓住这个动人的故事和人们对历史人物拿破仑的崇拜心理，通过广告形式大肆宣传，树立起"娇兰"的迷人形象。

以上介绍的五个方面远不是品牌形象塑造的全部工作，比如科技是品牌的先导，文化是品牌的灵魂，创新是品牌的活力，等等，都要做好。品牌形象的塑造和魅力的形成绝不是一朝一夕的功夫，需要长期积累，大量投入。但只要方法正确，加上长期不懈地努力，肯定会有丰硕的回报。

三、品牌形象塑造策略

（一）文化导入策略

品牌文化是在企业、产品的历史传统基础上形成的品牌形象、品牌特色以及品牌所体现的企业文化及经营哲学的综合体。品牌需要文化，品牌文化是企业文化的核心，品牌文化可以提升品牌形象，为品牌带来高附加值。如果企业想要造就国际品牌，就更需要有根植于本国的深厚的历史文化积淀。例如，万宝路香烟代表的是粗犷、洒脱、阳刚的男子汉，它的成功主要得益于"男性文化"的导入，使其品牌形象独具魅力。而日本的香烟品牌"七星"，呈现出的则是完全不同的气质，它给人清凉的感觉，这就在暗示着它的柔和、甜美。每一个品牌都应当着眼于塑造差异性的品牌文化，以文化感动人。

（二）情感导入策略

品牌绝不是冷冰冰的符号名称，它有自己的个性和表现力，是沟通企业和公众感情的桥梁。因此，如果品牌能在消费者的心中占据一席之地，占据一方情感空间，那么这个品牌的塑造就是成功的。例如，人们熟知的芭比娃娃，她已经 53 岁了，但依旧风靡全球，在全球绝大多数的国家和地区都有销售。多次被美国著名的玩具杂志评为美国畅销玩具，即便是在电子玩具大行其道的 20 世纪 90 年代，芭比娃娃仍是美国十大畅销玩具之一，在世界百强商品中，芭比更是唯一的玩具商品。是什么让芭比娃娃具有如此大的吸引力？除了她漂亮的外表，更重要的是公司给芭比赋予了情感化的形象，他们利用广告，树立了芭比拟人化和情感化的形象，在电视报刊上开辟“芭比乐园”“芭比信箱”，拍摄芭比卡通片，组织芭比收藏会，芭比的形象就这样叩开了女孩们的心扉，经久不衰。

（三）形象代言策略

在市场营销中所指的代言人，是那些为企业或组织的营利性目标而进行信息传播服务的特殊人员。早在 20 世纪初，力士香皂的印刷广告中就有了影视明星的照片。成功运用品牌形象代言人策略，能够扩大品牌知名度、认知度，近距离与受众沟通。受众对代言人的喜爱可能会促成购买行为的发生，建立起品牌的美誉度与忠诚度。在我国，品牌形象代言人策略也被广泛应用，其中又数运动鞋、化妆品、服装行业最为突出。运动鞋广告大多运用了品牌形象代言人，其中包括少量优秀运动员代言人，以强调品牌所代表的追求高超的竞技水平和永不言败的体育精神，还有一些形象代言人是歌星或者影视明星。这是因为运动鞋的目标消费群主要是青少年，而这个消费群正处于对明星人物的喜爱和崇拜的年龄段，商家就是想利用这些当红明星的影响力和号召力吸引消费者。青少年的购买心理较不成熟，他们往往会出于对品牌代言人的喜爱而购买商品，而不是真正看重商品本身。

（四）专业权威形象策略

专业权威形象策略可以突出企业的品牌在某一领域的领先地位，增强其权威性，提高其信誉度。例如，著名牙膏品牌“高露洁”，在广告宣传时强调的是中华口腔医学会和中华预防医学会共同推荐；宝洁公司在这方面表现得也很突出，在它的牙膏品牌“佳洁士”系列广告中，一个中年牙科教授的形象多次出现，她通过向小朋友讲解护齿知识等，来肯定佳洁士牙膏不磨损牙齿，有防蛀的效果，而且还有佳洁士医学会的认证，更权威；洗发水品牌“海飞丝”也多次借专业美发师之口，强调产品出众的去屑功能。

四、品牌形象的维护

（一）维护品牌核心价值

品牌核心价值是品牌资产的主体部分，它让消费者明确、清晰地识别并记住品牌的利益点与个性，是驱动消费者认同、喜欢以至爱上一个品牌的主要力量。品牌形象的维护，就是要求企业尽力地控制和掌握目标消费群对品牌的感觉和信念，根据目标消费群体消费需求层次的变化，随时把握消费者对品牌感觉和信念的变化趋势。充分利用那些能赋予和提升该品牌价值的感觉，同时消除那些不能使品牌核心价值与消费者生活方式产生互动，以及与市场环境变动相适应的感觉，随时根据消费者需求的变化对品牌核心价值进行维护。不断维护核心价值的目的就是要凸显品牌形象的独特性。具有良好品牌形象的产品不但要在性能、形状、包装等方面满足消费者的偏好，更要在等级、身价和高雅形象上满足消费者的心理。

（二）不断提升产品质量

质量是构成品牌形象的首要因素，也是决定品牌形象生命力的首要因素。对企业来讲，对顾客负责任，是从产品的质量开始的。出色的质量才是赢得顾客、占领市场的敲门砖。没有一流的质量，就不可能获得消费者的信任，更谈不上品牌形象的塑造。

以产品质量驰名天下的奔驰汽车，号称 20 万公里不用动螺丝刀。跑 30 万公里以后，换个发动机还可以再跑 30 万公里。在生产过程中，奔驰公司更是严把质量关，要求全体员工精工细作，一丝不苟。在产品检测上，为了绝对保持“奔驰”品质，奔驰公司在全球各大洲都设有质量检测中心，有大批质检人员和高性能的设备，每年抽检上万辆奔驰车。公司还有一个试车场，每年拿出 100 辆新车进行破坏性试验，以检验车辆的安全性。这样的质量文化使奔驰的品牌形象总是充满活力。

（三）持续不断改进创新

品牌形象的生命力一半来自创新，创新使品牌形象与众不同，给品牌生命注入了无穷活力，是延长品牌形象生命的重要途径。技术创新就是专门研究同类产品的新技术、新工艺，不断提高产品的技术含量，开发新工艺，研究产品的市场生命周期和更新、改进、换代的时限和趋势，不断地发展产品有价值的特色，不断推出“热点”产品，保证产品旺盛的销售势头。市场竞争的激烈化，使产品生命周期缩短，今天的名牌，明天就有可能成为过时产品，被更具吸引力的新品牌所替代。世界已经进入知识经济时代，没有超越时代的技术，难以生产出高起点、高质量、高份额的产品，品牌形象就会沦为平庸，最终导致失败。除了技术创新之外，企业还要进行管理创新、营销创新。后者是指不断研究市场消费需求、消费者购买行为的走势，消费者购买习惯的变化和消费流行动向，不断地在营销方式、价格、渠道选择、促销措施上推陈出新，引导消费，满足需求。

（四）立身之本正心诚意

信誉是一个品牌能够在消费者心目中建立其“品牌偏好”和“品牌忠诚”的基本要素。企业在产品质量、服务质量等各方面的承诺，使消费者对此品牌产生偏好和忠诚。良好的信誉是企业的无形资产，可以增强品牌形象的竞争力，带来超值的利润。心要正，意要诚，诚信是企业的立身之本，没有诚信就没有市场。“三鹿奶粉事件”造成了整个行业的诚信危机，中国奶制品企业的品牌形象险些集体坍塌，企业道德形象在公众眼中发生质变，行业发展遭受重创。所以诚信给品牌形象带来的价值是不可估量的。一个诚信的形象，将维系客户的美誉度和忠诚度，为企业的可持续发展奠定坚实基础。因此，诚信应当成为一切企业的经营哲学基础，也应当是企业维护品牌形象的必要工作之一。

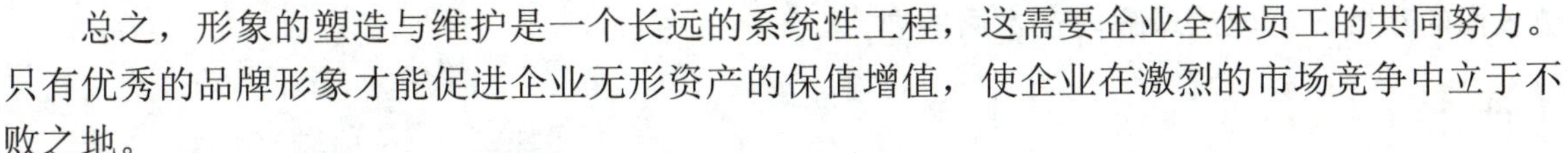

总之，形象的塑造与维护是一个长远的系统性工程，这需要企业全体员工的共同努力。只有优秀的品牌形象才能促进企业无形资产的保值增值，使企业在激烈的市场竞争中立于不败之地。

五、品牌形象塑造误区

近些年，品牌形象作为一个时髦词活跃在工商企业界，充斥于报纸杂志中，也常常挂在人们的嘴边。但是，某些企业提到这个词，常常只是赶时尚，求新奇，并没有多少塑造品牌形象的实际行动。而有些企业虽然有投入、有行动，但认识不正确，方法有错误，因而见不到效果，甚至产生负面影响，以致某些企业领导害怕把企业宣传倒闭了，思维误入一个死胡同。这些都是品牌塑造中的误区。笔者认为，根据我国企业品牌形象的现状，有必要对以下几个误区加以澄清和防范。

（一）为形象而形象

有些企业以为挂几块招牌，做几次广告，形象就出来了，于是花了不少精力在这上面，而不在经营、管理、技术、质量等方面下功夫。这无异于舍本逐末，缘木求鱼。企业可以在短时间内为品牌树起一个形象，去赢取消费者，但是以这种方法树起的品牌形象就很单薄，没有根基，没有生命力。用这种投机取巧、企图一步登天的侥幸心理去管理品牌，势必会使品牌随波逐流，让消费者和社会时尚牵着鼻子走。社会时尚瞬息万变，品牌一味投其所好，最终会丧失个性，丧失自我主张，也就没有什么形象可言。

（二）过度美化品牌形象

用虚假广告和华丽词汇过度美化品牌、拔高品牌、虚构品牌形象，这是品牌形象塑造中常见的毛病。品牌宣传要根据企业和产品实际，实事求是地进行宣传，是怎样就是怎样，只有如此，才能赢得消费者的信任和忠诚。宣传中加入一点感情色彩、做适度修饰是必要的，做得好还会收到意想不到的效果。但过分夸张、过度拔高，让消费者感到虚假，看出破绽，产生疑惑心理，就会失去消费者，事与愿违。

（三）随意改变品牌形象

有一些企业，产品销售额一下降，或者市场状况一改变，就急于重塑品牌形象，推翻过去，重新开始。还有一些企业，尚未界定品牌识别、做好品牌定位时，就胡乱宣传，盲目沟通。其基本做法是：试一试，干了再说，不行就改。结果既投了资金，又花了气力，到头来形象却一塌糊涂。

（四）“形”像“神”不像

在市场上有不少企业模仿洋品牌，学界有人称“仿洋品牌”，也有人称“假洋品牌”。之所以仿或假是因为抓住了形，而没有抓住神。公元一世纪时普鲁塔克提出一个问题：如果忒修斯船上的木头被逐渐替换，直到所有的木头都不是原来的木头，那这艘船还是原来的那艘船吗？有些哲学家认为是同一物体，有些哲学家认为不是。做品牌也是一样，只看到并模仿表面的东西，就无法理解内在本质的要点。

【本章小结】

形象是指主体与客体相互作用，主体在一定的知觉情境下，采用一定知觉方式对客体进行感知。品牌形象是以消费者为主体的概念，存在于消费者心中，所感知的形态存在理性和感性两种方式。品牌感知存在认知、联想、评价等不同形态，所感知的事实比事实本身更加重要。品牌形象往往作为产品评价的外部线索，被消费者用来感知产品的品质。品牌形象的高低确实会正向影响其感知品质，会影响消费者的购买决策，知名度高、形象好的品牌能够提升消费者对产品的评价。

品牌形象的构成主要包括三个层面：核心层面的品牌形象内涵，包括品牌文化、品牌个性等品牌要素；中间层面的品牌形象载体，包括产品本身、使用者形象等实体；外在层面的品牌形象符号，包括品牌名称、品牌标识等。帕克的品牌形象构成为功能性需求、体验性需求、象征性需求；凯勒品牌形象构成为品牌联想的类别、品牌联想的偏爱、品牌联想的强度、品牌联想的独特性。贝尔品牌形象构成为公司形象、用户形象、产品形象。克里斯南通过记忆网络模型来界定在基于顾客的品牌权益下的各种品牌联想特性。

品牌形象塑造的原则包括系统性原则、全员参与原则、统一性原则、独特性原则、情感化原则。品牌形象塑造的途径有：树立全员品牌意识，提高产品服务质量，引入文化情感因素，突出特色勇于创新，重视公关广告传播。品牌形象塑造的策略是：文化导入策略、情感导入策略、形象代言策略、专业权威策略。品牌形象塑造的误区是：为形象而形象、过度美化品牌、随意改变品牌形象、“形”像“神”不像。

【课程案例】

再次被处罚！HM 虚假宣传误导消费者被罚 26 万

HM 关联公司海恩斯莫里斯（上海）商业有限公司因利用广告对商品或服务做虚假宣传，欺骗和误导消费者，被没收违法所得超 3 万元，罚款 26 万。

不可否认，一些企业在宣传策略上可能会选择一种激进的姿态，以突出自己的优势。广告应当真实有效，发布虚假广告，欺骗和误导消费者，使其合法权益受到损害的，广告主应负担民事责任。在本次事件中 HM 在宣传中使用“中国限定款”，经调查，该商品尺码上与其他普通服饰没有区别，销售区域也不限于中国。

“中国限定款”为噱头？一般来说，中国限定极易让消费者理解为该品牌的服装只在中国销售，容易造成消费者的混淆。据了解，其使用“限定”词汇主要是提升搜索点击率，吸引更多的消费者购买，显示商品更高的价值感，形成销售热潮。

除此之外，该公司存在童装、半身裙等产品以次充好的行为。在《中华人民共和国产品质量法》中规定：“销售者销售产品，不得掺杂、掺假，不得以假充真、以次充好，不得以不合格产品冒充合格产品。”当产品销售者明知道自己销售的产品为不合格产品而故意冒充合格产品销售时，就违反了法律规定的法定义务，应当承担一定的罚款。

当然如果衣服质量不合格，造成消费者人身财产受到损害的话，也应当承担一定的民事赔偿责任。据了解，HM 国内总公司累计被罚 22 次。一个优秀的企业应该会有很多管理人员在其中做各种经营策略，但是质量问题被处罚，其实是一个重大的企业隐患，不利于企业长久良性发展。

出现问题，不可怕，关键有了问题要改进，正所谓“吃一堑，长一智”。无论多大的品牌，多大的店，如果只顾追求新奇营销和利润获取，而不能保证产品质量安全，终将被市场抛弃。

（资料来源：腾讯网，https://view.inews.qq.com/a/20210901A0D1O000）

【本章测试】

一、单选题

1．品牌形象是以（　　）为主体。

A．企业　　B．消费者　　C．技术　　D．产品

2．下列不属于品牌形象存在形态的是（　　）。

A．认知　　B．联想　　C．评价　　D．臆造

3．（　　）是指由于企业的产品或者服务具有良好的匹配形象，消费者愿意为该品牌付出一定的价格，从而使得品牌具有价值。

A．品牌价值　　B．品牌资产　　C．品牌满意度　　D．品牌利益

4．（　　）是属于公司形象中的软属性。

A．员工形象　　B．规模　　C．国籍　　D．创立时间

5．合理利用企业的人、财、物、时间、信息、荣誉等各种资源，并对各种资源优化组合，使之发挥最大作用，产生最佳效益，这体现了品牌形象塑造的（　　）。

A．系统性　　B．独特性　　C．情感性　　D．唯一性

二、多选题

1．贝尔认为品牌形象由（　　）构成。

A．公司形象　　B．产品形象　　C．用户形象　　D．竞争对手形象

2．品牌联想的属性又分为（　　）两种。

A．利益相关　　B．非利益相关　　C．产品相关　　D．非产品相关

3．帕克及其同事从消费者需求的角度出发，将消费者对于品牌所产生的形象分为（　　）。

A．功能性需求　　B．体验性需求　　C．象征性需求　　D．满意性需求

三、简答题

1．简述品牌形象的内涵。

2．试析品牌形象与品牌资产间的区别和联系。

3．试述帕克、凯勒和贝尔的品牌形象构成模型分别是什么。

4．简述品牌形象塑造的途径。

【案例分析】

假洋品牌："形"像"神"不像

"羊头"遮盖下的"狗肉"何其多？国货为何热衷披"洋装"？揭穿我们身边的假洋鬼子，尽管新闻舆论讨伐之声从未断绝，但假洋品牌这种诟病和积习在市场上却屡禁不止，尤其是在三四线城市以及乡镇市场，在家具、服装、奶粉等行业问题更加突出。究其原因：从认知角度来看，假洋品牌的来源国形象提升了产品整体质量和不同属性（如可信赖性和耐用性）的质量感知，并且可以作为产品溢价的一种信号或线索；从情感角度来看，假洋品牌的来源国形象能够提升产品的象征性和情感性价值相关联的属性，包括社会地位和消费者对他族的态度。

假洋品牌是营销实践中一种通俗的说法，学术研究中与之相近的表达是外国品牌化（Foreign Branding）和仿洋品牌。两者都强调在本土文化背景下，对品牌形象的塑造和宣传，让本土消费者感觉到该品牌看起来是外国的。共同特征是：在"里"的方面，即品牌内在的"质"（产品质量），与来自西方发达国家真正的洋品牌相近；在"表"的方面，即品牌外在的"形"，借助营销策略模仿真正的洋品牌。由此可见，来源国效应在其中起着关键作用。

实际上，在企业全球化的进程中，品牌来源国形象的处理有两种路线：外国品牌化和本土品牌化（Local Branding）。本土品牌化是指外国品牌在形象塑造和宣传过程中，采取本土思维和本土语言，以符合本土文化特征的方式进行品牌营销实践，让本土消费者感觉到该品牌看起来是本国的。外国品牌化主要是发展中国家品牌采取的策略，目的是从消费者认知视角，实现品牌来源国形象对产品质量感知的正面作用；而本土品牌化则主要是发达国家品牌采取的策略，目的是从消费者情感视角，加强品牌来源国形象对象征和情感价值的正面作用。

假洋品牌正是外国品牌化这条路线衍生出来的。关于外国品牌化，国内学者曾发现：仿洋品牌名称会让消费者联想到与西方文化相关的词汇。但该研究并未对仿洋品牌给予清晰界定，仅仅是列举美特斯邦威、可比克、索芙特等品牌加以说明。也有国外学者将品牌来源国信息（暗示&实际）与国家类别（发展中&发达）进行组合（见图 5-4a），研究发现：与实用产品相比，当品牌暗示的和实际的来源国不一致时，将会更大程度地降低消费者对享乐产品的购买意向。与图 5-4a 中第 4 象限的来源国形象不一致（主要指暗示来源国和实际来源国的不一致）相比，图 5-4a 中第②象限的来源国形象不一致，将会更大程度地降低消费者的购买意愿。

在诱人的利润面前，有些商人忘记了企业经营最基本的社会责任和做人的底线，常常拿外部环境问题和企业成本增加为借口，从事不道德经营行为，假洋品牌就是很好的例证。人们常说：厚德才能载物。没有德如何载物呢？实际上，德治是根本，如果今天市场上的每一位商人和消费者，都能够按照古人所说的修身、正心和诚意来要求自己，整个社会就能实现意真诚、心纯正，自我道德完善的目标，试问假洋品牌还会出现吗？其中比较重要的是：想的、说的和做的要一致，不仅想到和说到，更要做到位。

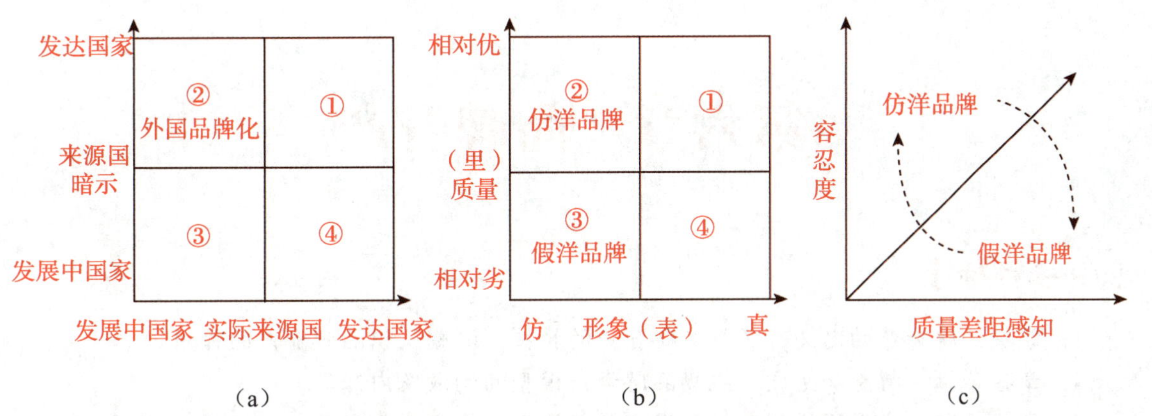

图 5-4　假洋品牌定义的理论推导以及与仿洋品牌的区别

无论是商人经营假洋品牌，还是消费者购买假洋品牌的做法，从根本上来讲就是个认知的问题。古人有云：欲诚其意者，先致其知。知什么呢？在这里主要是指市场规律和事物的本质。假洋品牌的出现，反映了民族自尊、文化自信等方面的不足，同时也反映了消费者对品牌象征价值的追求，如身份地位等，以满足自己炫耀、有面子等心理。为什么会出现这两个方面的问题？原因在于假洋品牌的经营者没有深刻理解：一个好的品牌其根本是在满足消费者需求的同时，应该具有内在优异的产品和服务质量。再深究就是提供优异产品和服务质量的人，最终还是回到正心和诚意上来。

思考题：

1. 分别从商家和消费者的角度来看，设计和购买假洋品牌的心理都有哪些。
2. 如何系统、长远、深入地对假洋品牌展开治理？

第六章　品牌资产

【学习目标】

1. 掌握品牌资产的定义，了解品牌资产的特征，深刻认识品牌资产的作用。
2. 掌握戴维·阿克和凯文·凯勒品牌资产模型的构成及内容。
3. 掌握品牌资产引擎模型和品牌资产趋势模型的构成及内容。
4. 了解品牌资产的分类，掌握品牌资产的有效管理，熟悉品牌资产管理的内容。
5. 掌握品牌资产管理的一般方法和提升策略。

【素质目标】

1. 了解世界品牌价值100强，辩证理解品牌价值和社会价值之间的关系，培养思辨精神。
2. 树立“诚信为本，以义取利”的经营理念，践行社会主义核心价值观。

【开篇实例】

五个商标之争案例

王老吉、加多宝商标案：商标租赁之争

时间：2010—2012年

案情：从名不见经传，到现在的凉茶第一罐，“王老吉”创造了一个商业奇迹。但是，这奇迹中间却夹杂着两家公司的恩怨。从2010年开始，广药集团与加多宝集团之间就展开了“王老吉”的商标之争。

结果：北京一中院就鸿道集团有限公司（加多宝）提出的撤销中国国际经济贸易仲裁委员会于2012年5月9日作出的仲裁裁决的申请作出裁定，驳回鸿道集团提出的撤销中国贸仲京裁字第0240号仲裁裁决的申请。该裁定为终审裁定，暂时为广药集团和加多宝集团的“王老吉”商标争夺案画上了句号。

恒大冰泉商标遇纷争：商标分类之争

时间：2013—2014年

案情：江西恒大高新发布公告称，其早在2010年就注册了“恒大”这一商标，“恒大”商标目前处于有效状态，且在商业经营中得到广泛使用，依法享有注册商标专用权并受法律保护。称自2013年11月份起，恒大长白山矿泉水有限公司使用未注册的“恒大冰泉”商标大肆宣传和销售饮用水产品，已对自己拥有的“恒大”商标造成侵权事实。于是将恒大集团诉至法庭，展开商标维权活动。

结果：江西恒大高新宣称恒大冰泉商标侵权并提起诉讼，恒大集团对此否认并指责其属不正当竞争，又将恒大高新告上法庭，诉其恶意诽谤侵犯名誉权，索赔8000万元。归结到底，双方的纷争还是缘于商标。

稻香村商标之争：商标起源之争

时间：2009—2016 年

案情：“稻香村”商标之争在“北稻”“苏稻”两家食品企业间已持续多年，“稻香村”商标之争以北京稻香村胜诉了结。2016 年，北京稻香村却在京召开紧急媒体沟通会，表示市场上苏州稻香村仍大量侵权，北京稻香村已向“苏稻”发起 4 起诉讼，除了索赔近 4000 万元外，还要求“苏稻”所有门店牌匾前必须加上“苏州”二字。

结果：苏州稻香村对案件提起了管辖权异议申请，以此延缓时间，但法院均裁定驳回其申请。

方便食品双白之争：商标形象之争

时间：2007—2013 年

案情：2007 年 10 月，正龙公司认为郑州一超市出售的白家公司“白家”方便粉丝产品包装上使用的未注册竖排“白家”商标，与其“白象”注册商标构成近似，遂向郑州市中级人民法院提起商标侵权诉讼。

结果：2013 年，白家粉丝与河南白象之间历时 6 年的“中国方便食品知识产权第一案”之争，终于画上句号。根据该终审判决，两家企业经历了 5 场官司后达成了和解——白家粉丝正式使用“白家陈记”商标，而白象集团则悄然退出方便粉丝领域，专注方便面行业。

红牛品牌之争：商标授权之争

时间：2018 年至今

案情：2012 年许书标先生去世后，接班人与中国红牛创始人严彬关于红牛的控制权之争，最后在 2018 年涉及品牌之争。撕破脸后，许家与严彬之间展开了夺权战，以及诉讼、仲裁车轮战。2016 年 9 月 14 日，泰国红牛董事会上，在中国的严彬没有出席，许家代表投票将严彬和女儿严丹骅逐出董事会。泰国红牛是中国红牛的大股东。中国红牛生意有两个软肋：商标授权和公司营业期限。许家称，2016 年 10 月，天丝医药对合资公司的红牛商标许可协议到期，且不续期。

结果：未果

（资料来源：邹文武．江小白商标之争始末．全球品牌网，2019-04-16．）

第一节　品牌资产概述

随着全球一体化进程的快速推进，中国企业所面临的一个紧迫问题将是如何建立和发展企业的品牌资产问题。未来的市场营销是跨越国界的、无形的品牌资产的竞争。拥有了品牌资产，就等于拥有了竞争的资本。这一点正如著名美国广告研究专家莱利·莱特所论述的：“未来的营销是品牌的战争。无论是企业界还是投资者，都已公认品牌是公司最珍贵的资产。”

一、品牌资产的定义

对品牌资产的研究源自 20 世纪 80 年代，广告学界从品牌管理的角度提出了这个概念。由于当时西方国家企业兼并浪潮的涌起，为了不断探索如何利用各种因素来评价品牌资产，品牌资产引起了营销管理人员和学者们的广泛关注和兴趣，并引发了对有关品牌资产的定义、测度及运行机制的全面系统研究。权威的美国营销科学研究院（MSI）对品牌资产的定义是：品牌资产是品牌的顾客、渠道成员和母公司等对于品牌的联想和行为，这些联想和行为能使该品牌产品获得比没有名称的条件下更大的销量和利润，可以赋予该品牌超过竞争者的强大、持久、稳定和独特的竞争优势。品牌资产理论的权威学者之一、加州大学教授戴维·阿克（1991）在《品牌大师》一书中对品牌资产的定义是：能够增加或者减少一种产品或服务对于其公司或公司客户所产生的价值的一系列资产和负债。阿克的定义主要强调了品牌资产是一种能够增值的资产，强调品牌资产形成的后向结果，对公司或者客户具有的价值。

品牌研究专家法奎哈将品牌资产定义为：与没有品牌的产品相比，品牌给产品带来的超越其使用价值的附加价值或附加利益。凯文·莱恩·凯勒对品牌资产的定义是：消费者由于品牌知识的不同对品牌的市场营销行为的不同反应，而品牌知识由品牌知名度和品牌形象组成。舒科等人从两个视角界定品牌资产：消费者角度，即产品物质属性所不能解释的在效用、忠诚和形象上的差异；企业角度，即有品牌产品比无品牌产品能获得的超额现金流。科特勒进一步深化了品牌资产的定义，将品牌偏好与品牌资产结合在一起，指出品牌偏好是品牌资产的一部分。品牌资产主要分为四个层次：品牌认知度、品牌接受度、品牌偏好和品牌忠诚。尼特米耶等人将品牌资产定义为：顾客愿意为自己所偏爱的品牌支付超过其本身价格的额外费用，而这种偏爱是因为对品牌或产品的钟爱。

因此，从国外学者对品牌资产的定义中，可以看出品牌资产有以下几个方面的内涵特质：品牌能对消费者的记忆产生影响，即消费者对该品牌具有丰富的相关知识；消费偏好与品牌关系紧密，消费者存在较高的品牌忠诚度；消费者能够溢价购买自己偏爱的品牌，从而给企业带来附加值。

二、品牌资产的特征

品牌作为企业一种重要的无形资产，越来越受到管理人员的重视，并把它反映在企业财务之中，以无形资产形式出现在企业的会计账目上。但品牌资产作为一种特殊的无形资产，又同其他的无形资产有着明显的区别，主要有以下几个方面的特征。

（一）具有长期性

只要坚持正确的经营战略，品牌资产就可长期存在，并很难明确存在的年限，也没有法定的时间限制，只要得到正确使用和管理，它就会变得更加有力、更有价值。

（二）具有波动性

在品牌发展的过程中，会出现品牌自然老化现象，也可能遇到突发事件对品牌产生灾难

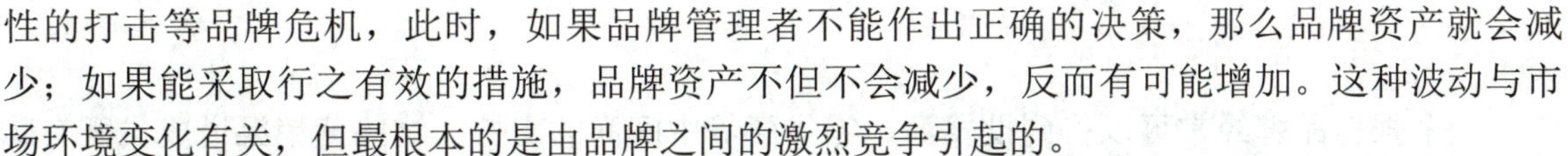

性的打击等品牌危机，此时，如果品牌管理者不能作出正确的决策，那么品牌资产就会减少；如果能采取行之有效的措施，品牌资产不但不会减少，反而有可能增加。这种波动与市场环境变化有关，但最根本的是由品牌之间的激烈竞争引起的。

（三）具有增值性

品牌资产的增值是一步一步积累的结果，为了走好每一步，就应随时掌握品牌的发展状况，定期追踪品牌的成长轨迹，及时修正品牌发展方向，调整管理策略，保证品牌健康发展受到关爱、支持和推动，品牌资产就会增长。

（四）难以准确计量

首先，品牌作为一种无形资产，是高智力的成果，主要是由复杂的脑力劳动创造的。因此，它的货币表现，其数值相对较高，其计量也很复杂，具有测量的不准确性和不确定性。其次，它的特殊构成决定了品牌资产难以准确计量。因为其构成要素众多，彼此相互联系、相互影响、相互融合、彼此交错，难以截然分开，而且有些构成要素具有共享性，可以转移，可能为多个控制主体所利用，这些都使得品牌资产难以准确计量。

三、品牌资产的作用

品牌资产的作用可从消费者或企业的不同角度来研究。它通常会为消费者增加或减少价值，著名品牌有助于消费者解释、加工整理、存储该产品或服务的大量信息，有助于增强作出购买决策的信心和增加使用时的满意程度。当然，一个具有高层次品牌认识和积极品牌联想的著名品牌同样能为企业创造价值。

（一）提高消费者对品牌的忠诚度

一些强势品牌之所以能够领导市场，是因为消费者对于这些品牌是什么以及代表什么早有认识。而消费者对品牌的忠诚度往往是通过重复购买的次数来衡量的。消费者对于其忠诚的品牌可以不加考虑，习惯性地购买该品牌的商品。这就增加了竞争者争夺消费者的难度和成本，而且能使公司获得稳定的收入来源。

（二）可以使企业获得超额利润

具有高度稳定性的著名品牌能够获得溢价利润。美国 Intelliquest 市场研究公司调查了该国计算机品牌和价格的关系。调查的问题是：知名品牌与一个仿制的不知名计算机品牌相比，你愿意多付多少钱？结果表明，各家计算机公司借助它们的品牌来获得较高的价格，最知名的公司获得最高的溢价利润，一些没有知名品牌的企业甚至达不到行业的平均利润水平。

（三）降低在危机时的易损性

研究表明，如果消费者忠诚于某一品牌，他们将不大可能在提价时转向另一品牌，而很有可能在降价时增加购买的数量。所以，好的品牌能降低企业在危机中的易损性。

（四）增加商业合作机会

一个强势品牌经常可以得到批发商、零售商等中间商的支持。这些营销渠道成员既有助于品牌的成功，又可以从强势品牌中得到好处，从而使强势品牌更容易扩展市场和得到交易中的优惠，得到更多的商业合作机会。

除此之外，强势品牌还能为企业带来其他利益和形成相对优势，如帮助公司吸引更好的雇员，使投资者产生更大的兴趣，获得股东更多的支持，等等。在资本日趋国际化、竞争越来越激烈的经营环境里，深刻认识品牌的价值和功能才能有效地经营和管理品牌资产。

第二节　品牌资产的构成

品牌资产由品牌形象驱动，它形成的关键在于消费者看待品牌的方式而产生出来的消费行为。而要使消费者对品牌所标示的商品或服务进行购买和消费，则需要投资品牌形象，使消费者取得认同和亲近，从而接受这一品牌，购买这一品牌。因此品牌资产有别于有形的实物资产，它是一个系统概念，由一系列因素构成。对品牌资产的构成要素，各派学者也有不同的观点。

一、戴维·阿克的品牌资产模型（“五星”概念模型）

戴维·阿克（DavidAaker）在综合前人经验的基础上，提出品牌资产的“五星”概念模型，即认为品牌资产是由品牌知名度、品牌认知度、品牌联想度、品牌忠诚度和其他专有品牌资产五部分组成（如图 6-1 所示）。

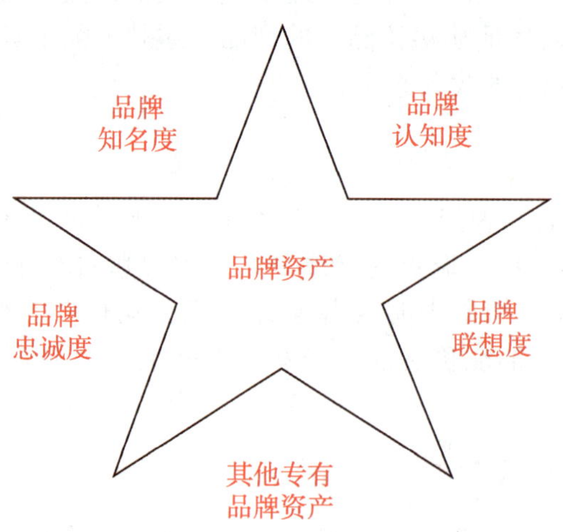

图 6-1　戴维·阿克的品牌资产模型

（一）品牌知名度

品牌知名度是指某品牌被公众知晓、了解的程度，它表明品牌为多少或多大比例的消费者所知晓，反映的是顾客关系的广度。可分为无知名度、提示知名度、未提示知名度和第一未提示知名度四个阶段。

1. 无知名度

无知名度指消费者对品牌没有任何印象，原因可能是消费者从未接触过该品牌，或者该品牌没有任何特色，根本无法引起消费者的兴趣，十分容易被消费者遗忘。消费者一般不会主动购买此品牌的产品。

2. 提示知名度

提示知名度指消费者在经过提示或某种暗示后，可想起某一品牌，能够说出自己曾经听说过这个品牌名。比如，当问及空调有哪些品牌时，可能有人无法马上回答上来，但如果接着问他们知不知道“格力”空调时，他们会给出肯定的答复，那么这里的“格力”就具有一种提示知名度。

3. 未提示知名度

未提示知名度是指消费者在不需要任何提示的情况下能够想起来的某种品牌，即能够正确区别先前所见或听到的品牌。对某类品牌来说，具有未提示知名度的往往不是一个品牌，而是一串品牌。比如说到笔记本电脑，就马上想到IBM、惠普、戴尔。

4. 第一未提示知名度

第一未提示知名度是指消费者在没有任何提示的情况下，所想到或说出的某类产品的第一个品牌。比如，对某些消费者而言，提到碳酸饮料，就会想起可口可乐；提到家电，就会想起海尔。第一未提示知名度的品牌，是市场领导者，或者说是强势品牌。

（二）品牌认知度

品牌认知是指消费者对产品或服务的适应性和其他功能特性，适合其使用目的的主观理解或整体反应，是消费者对产品客观品质的主观认识，它以客观品质为基础，但不等同于产品的客观品质。它的内涵包括功能、特点、可信赖度、耐用度、服务度、效用评价、商品品质的外观。它是品牌差异定位、高价位和品牌延伸的基础。品牌认知的基础元素包括以下内容。

1. 差异性

代表品牌的不同之处，这个指标的强弱直接关系到经营利润率。差异性越大，表明品牌在市场上同质化程度越低，品牌就更有溢价能力。差异性不仅表现在产品特色上，也体现在品牌的形象方面。

2. 相关性

代表品牌对消费者的适合程度，关系到市场渗透率。品牌的相关性强，意味着目标人群接受品牌形象和品牌所做出的承诺，主观上愿意尝试，也意味着在相应的渠道建设上有更大的便利。

3．尊重度

代表消费者如何看待品牌，关系到对品牌的感受。当消费者接触品牌进行尝试性消费后，会印证他们的想象从而形成评价，并进一步影响到重复消费和口碑传播。

4．认知度

代表消费者对品牌的了解程度，关系到消费者体验的深度，是消费者在长期接受品牌传播并使用该品牌的产品和服务后，逐渐形成对品牌的认识。

（三）品牌联想度

品牌联想度是指透过品牌而产生的所有联想，是对产品特征、消费者利益、使用场合、产地、人物、个性等的人格化描述。这些联想往往能组合出一些意义，形成品牌形象。它是经过独特销售点传播和品牌定位沟通的结果，提供了购买的理由和品牌延伸的依据。品牌联想大致可分为三种层次：品牌属性联想、品牌利益联想、品牌态度联想。

1．品牌属性联想

品牌属性联想是指有关于产品或服务的描述性特征，又分为与产品有关以及与产品无关两类。与产品有关的属性是执行该产品或服务功能的必备要素，而与产品无关的属性是有关于产品或服务的购买或消费的外在方面。与产品有关的属性主要分为四项：价格信息、包装或产品外观、使用者特征（如何种特征的人会使用此产品或是服务）、使用情境（如在何处以及何种情境形态下此产品或服务会被使用）。而其中价格为特别重要的属性联想，因为消费者常常对价格与品牌的价值有着强烈的信念，并会针对不同品牌的价格层级，来联想他们心中的产品类别知识。

2．品牌利益联想

品牌利益联想是指消费者给予产品或服务属性的个人价值，也就是消费者心目中认为此产品或服务能够为他们做些什么。利益联想可进一步分为三类：功能性利益、经验性利益、象征性利益。功能性利益是指产品或服务的内在优势，如与生理及安全需求有关。经验性利益是有关使用产品或服务的感觉，其通常与产品属性有关，如感官乐趣、多样化以及认知刺激。象征性利益是指产品或服务的外在优势，其通常与产品属性无关，而是有关社会认同的需求，或是个人表现以及自尊。

3．品牌态度联想

品牌联想是指消费者对品牌的总体评价。品牌态度直接影响消费者对品牌的选择，它通常建立在品牌属性和品牌利益上。例如，请消费者对餐饮店做总体评价，主要通过这几个方面的考核，如餐饮店的地理位置，店堂的布局、设计，服务的速度、态度，口味，价格等。品牌态度有一定的幅度，从厌恶到喜欢可细分几个层次。

（四）品牌忠诚度

品牌忠诚度是指在购买决策中多次表现出来的对某个品牌有偏向性的（而非随意的）行为反应，也是消费者对某种品牌的心理决策和评估过程。它由五级构成：无品牌忠诚者、习惯购买者、满意购买者、情感购买者和忠诚购买者。

1. 无品牌忠诚者

这一层消费者会不断更换品牌，对品牌没有认同，对价格非常敏感，哪个价格低就选哪个，许多低值易耗品、同质化产品和习惯性消费品都没有什么忠诚品牌。

2. 习惯购买者

这一层消费者忠于某一品牌或某几种品牌，有固定的消费习惯和偏好，购买时心中有数，目标明确。但如果竞争者有明显的诱因，如采用价格优惠、广告宣传、销售促进等方式鼓励消费者试用，让其购买或续购某一产品，就会进行品牌转换，购买其他品牌。

3. 满意购买者

这一层的消费者对原有消费者的品牌已经相当满意，而且已经产生了品牌转换风险，也就是说购买另一个新的品牌，会有效益的风险及有适应上的风险等。

4. 情感购买者

这一层的消费者对品牌已经产生一种爱和情感，某些品牌成为他们情感与心灵的依托，比如，一些消费者天天用中华牙膏、雕牌肥皂，一些小朋友天天喝娃哈哈饮品。能历久不衰的品牌，就已经成为消费者的朋友，生活中不可或缺的用品且不易被取代。

5. 忠诚购买者

这一层是品牌忠诚的最高境界，消费者不仅对品牌产生情感，甚至引以为傲。比如，华为的“花粉”购买华为手机甚至与民族荣誉感挂钩。

（五）其他专有品牌资产

与品牌资产相关的还有一些专门的特殊的财产，如专利、专有技术、分销系统等。这些专门财产如果很容易转移到其他产品或品牌上去，则它们对增加品牌资产所做的贡献就很小；反之，则成为品牌资产的有机构成。

专利竞争是国际企业间竞争的战略制高点，它既是企业的进攻手段，也能从长远的利益出发，阻止竞争对手的攻击。“产品未动、专利先行”已是跨国公司谙熟的竞争战略。在知识经济时代，唯有善用专利，才能将公司价值完全发挥。中国企业应该从战略的高度上更加致力于对专利技术的开发和吸收，或者制定相应的应对措施，从而使自己不致在未来的发展中遭遇四处碰壁的困境。

技术可以分为两类：基础性技术和专有技术。专有技术能够被一家公司拥有，如一家制药公司可以拥有某种药品配方的专利权。只要专有技术受到保护，它就可以成为长期竞争优势的基础，使得公司可以从中获得比竞争对手高的利润。“可口可乐”的神秘配方在过去的一百多年中一直被当作商业机密，这种神奇的“药水”，勾起了人们无限的遐想，这对可口可乐品牌的个性和形象产生着积极的影响，配方的价值也就自然地融入“可口可乐”品牌之中。

二、凯文·凯勒的品牌资产模型

美国学者凯文·凯勒于 1993 年提出基于消费者的品牌资产模型（Customer-Based Brand Equity，CBBE），为自主品牌建设提供了关键途径。在这个模型中，各个要素的设计力求全面、相互关联和具有可行性。但是 CBBE 模型隐含了一个前提，即品牌力存在于消费者对于品牌的知识、感觉和体验之中，也就是说，品牌力是一个品牌随着时间的推移存在于消费者心目中的所有体验的总和。因此，企业进行各项工作的目的，就是设法保证消费者对于品牌具有与其产品和服务特质相适应的体验，对于企业营销行为持正面和积极的态度，以及对于品牌形象具有正面的评价。

（一）基于消费者的品牌资产模型

该模型的创建旨在回答如下两个问题：一是哪些要素构成一个强势品牌；二是企业如何构建一个强势品牌。按照 CBBE 模型，品牌资产由四个不同层面构成，即品牌识别、品牌内涵、品牌反应、品牌关系。这四个层面具有逻辑和时间上的先后关系：先建立品牌识别，然后创建品牌内涵，接着引导正确的品牌反应，最后缔造品牌与消费者关系。同时，上述四个层面又依赖于构建品牌的六个维度：品牌特征、品牌表现、品牌形象、消费者评判、消费者情感和消费者共鸣。其中，品牌特征对应品牌识别；品牌表现与品牌形象对应品牌内涵；消费者评判和消费者情感对应品牌反应；消费者共鸣对应品牌关系（见图 6-2）。在 CBBE 模型中，构建强势品牌的四个工作步骤又细分成一系列的相关要素。

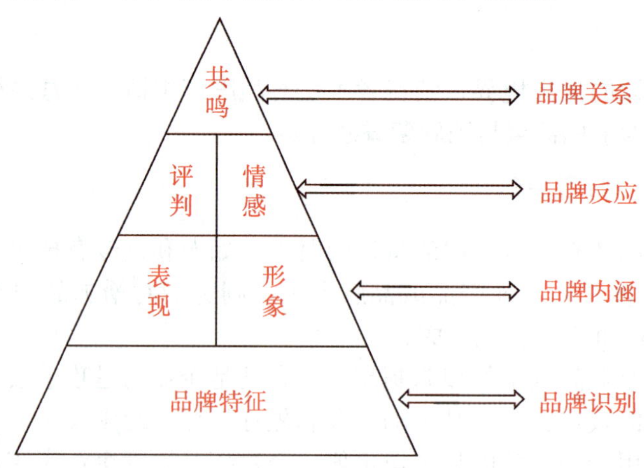

图 6-2　基于消费者的品牌资产模型（CBBE）

1. 建立正确的品牌标识，需要创建基于消费者的显著性的品牌特征

品牌显著性又与如下问题紧密关联，比如该品牌在各种场合下能够被消费者提及的频率和难易程度，该品牌在多大程度上能够被消费者轻易认出，哪些关联因素是必要的，该品牌的知晓度有多少说服力，等等。区分品牌显著性的关键维度是品牌深度和品牌宽度，品牌深

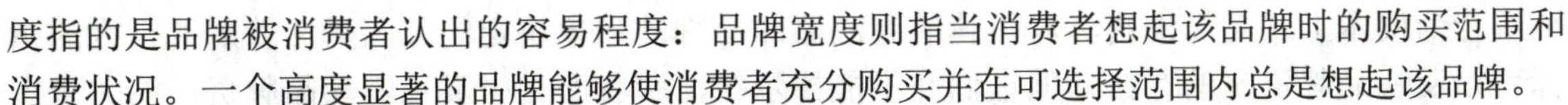

度指的是品牌被消费者认出的容易程度：品牌宽度则指当消费者想起该品牌时的购买范围和消费状况。一个高度显著的品牌能够使消费者充分购买并在可选择范围内总是想起该品牌。

2．创造合适的品牌内涵，关键是创建较好的品牌表现和良好的品牌形象

品牌内涵的辨识，从功能性的角度，主要指与表现相关的消费者联想。从抽象的角度，指的是与品牌形象相关的消费者联想。这些联想可以直接通过消费者自己的体验而形成，并和通过广告信息或者口碑传播获得的信息相联系。品牌表现是产品或服务用以满足消费者功能性需求的外在体现，包括品牌内在的产品或者服务特征，以及与产品和服务相关的各项要素。

3．引导正确的品牌反应，需要在两个方面进行努力

品牌评判指的是企业应集中关注消费者对于品牌的看法，消费者对品牌的评判主要包括质量、可信度、购买考虑、优越性四个方面。品牌情感主要指消费者对品牌的感性行为，主要包括热情、娱乐、激动、安全、社会认可、自尊等要素。

4．缔造适当的品牌关系，关键在于创建消费者对于品牌的共鸣

品牌共鸣又可分解为四个维度：行为忠诚度是指重复购买的频率与数量；态度属性是指消费者认为该品牌非常特殊、具有唯一性，热衷于喜爱该品牌而不会转换成其他同类品牌的产品；归属感是指消费者之间通过该品牌而产生联系，形成一定的亚文化群体；主动介入是指的是消费者除了购买该品牌以外，还积极主动地关心与该品牌相关的信息，访问品牌网站并积极参与相关活动。

（二）对基于消费者的品牌资产模型的评价

1．CBBE 模型

CBBE 模型是结合了近二十几年来品牌关系研究的新成果而提出的，从其自身结构和建立思路可以看出，它包含了一些其他优秀品牌模型的关键元素和重要思想。凯勒自己也认为，目前其他基于消费者的品牌资产模型大多是 CBBE 模型的一个子集。

2．CBBE 模型

CBBE 模型不仅将构成元素进行简单的罗列，而是重点阐述了其间的相互关系，为整个模型建立了完整的逻辑结构，使其整体具有严密性和逻辑性。模型不只是客观地阐述了品牌资产的结构与组成元素，还为建立品牌、打造品牌资产提供了原则性的指导，并比较详细具体地进行了相应的流程关系设计，使模型具有了实际的操作意义。品牌资产模型中，CBBE 的结构较为庞大和复杂，涉及的变量比较多。在其六个维度之下，又分别具体创建了多个子要素，使得模型呈现金字塔形，颇具立体感。由于模型包容范围广、内容多，因此使用起来相对不够灵活，操作较为复杂。同时，模型更为宏观，适应面广，但专门性、行业性较弱。

三、品牌资产引擎模型

品牌资产引擎模型是国际市场研究集团的品牌资产研究专利技术。该模型认为：品牌资产归根到底是由品牌形象所驱动的。虽然品牌资产的实现要依靠消费者购买行为，但消费者购买行为根本上还是由消费者对品牌的看法，即品牌的形象决定的，因为尽管购买行为的指标可以反映品牌资产的存在，但它们并不能揭示在消费者心目中真正驱动品牌资产的关键因素。因此，这是一种基于消费者认知的品牌资产模型，在该模型中，亲和力、功能表现和品牌价值构成了品牌资产的三大要素。亲和力是品牌受到的来自消费者的信任和尊敬，它包括权威性、品牌认同和价值承认三个方面的内容。功能表现是品牌资产的另一个重要组成部分，包括产品的特性以及该产品在功能利益上的表现。根据品牌的情感特征和功能属性，可以成功地说明消费者对品牌资产的感知度、亲和力和功能表现构成了品牌资产。但是消费者对品牌的总体评价还必须考虑到价格因素，特别是相对于竞争品牌的价格水平。

该模型将品牌形象因素分为两类，一类是硬性属性，即对品牌有形的或功能性属性的认知；另一类属性是软性属性，反映品牌的情感利益。它既可以用于连续性研究，也可以用于专项研究。品牌资产引擎也建立了一套标准化的问卷，并通过专门的统计软件程序，可以得到所调查的每一个品牌其品牌资产的标准化得分，以及品牌在亲和力和功能表现上的标准化得分，并进一步分解为各子项的得分，从而可以了解每项因素对品牌资产总得分的贡献，以及哪些因素对品牌资产的贡献最大，哪些因素是真正驱动品牌资产的因素。亲和力主要是指包括历史延续、信赖感、创新性、需要理解、情感联结、美好回忆、高档、接受性、权威认同等在内的产品所包含的情感元素；功能表现是指产品除情感元素之外的其他因素，包括味道、质量、原料、外观等因素（见图 6-3）。

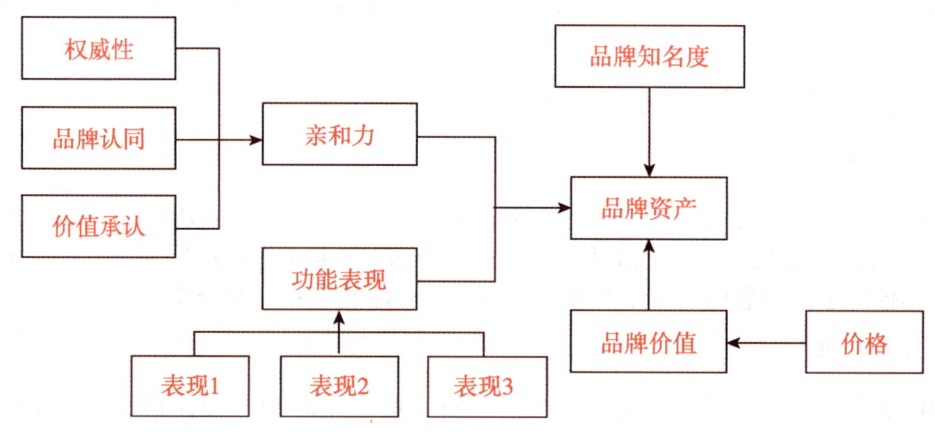

图 6-3　品牌资产引擎模型

国际市场研究集团的这项技术着眼于从品牌形象的角度来评估品牌资产，从而进一步摆脱了传统的认知—回忆模型，有助于企业发现品牌资产的真正驱动因素。它既可以用于连续性研究，也可以用于专项研究。不足之处是，测量问卷要针对具体行业品牌做相应调整。

四、品牌资产趋势模型

该模型由美国整体研究公司（Total Research）提出，每年调查 2000 位美国消费者，调查包括 100 多个产品类别的 700 个品牌。该模型主要由消费者衡量品牌资产的以下三项指标。一是品牌的认知程度，即消费者对品牌的认知程度，也可以分为第一提及、提示前及提示后知名度。二是认知质量，即趋势模型的核心，因为消费者对品牌质量的评估直接影响到品牌的受欢迎程度、信任度、价格以及向别人进行推荐的比例。在趋势模型的研究中，认知质量被证实与品牌的档次及使用率或市场占有率高度正相关。三是使用者的满意程度，即品牌最常见使用者的平均满意程度。

综合每个品牌在以上三个指标的表现，能够计算出一个品牌资产的趋势得分。根据趋势模型的数据库及调查结果，美国一些著名品牌多年来的排名顺序都比较稳定和一致。趋势模型比较简单，能够覆盖较广泛的品牌和产品种类，并且摆脱了传统的认知－回忆模型。其不足之处是：太依靠认知质量这项指标（这项指标只能解释消费者为什么去买该品牌，但不能解释是什么原因导致高质量）；由于认知质量和使用者满意程度两项指标的基数不一样，所以这两项指标的相关性并不高；而且趋势模型没有很好地解释“各项指标的权重是如何得到的，是否对于每个消费者都是一样”的问题。

第三节 品牌资产管理

品牌资产管理就是品牌星角构架（见图 6-1）的协调、和谐与综合运用，形成营销管理的巨大生命力与影响力，推动营销管理的内容不断更新，促进企业的不断发展壮大。包括准确定义、规范管理，并采用完善周详、切实可靠的方法，尽可能对品牌进行衡量评估，不遗余力地开发品牌，以最大限度地挖掘价值和利润。从管理学的角度来说，品牌资产是一种超越生产、商品等所有有形资产以外的价值，是企业从事生产经营活动而垫付在品牌中的本钱及其可能带来的产出。从财务管理的角度来说，品牌资产是将商品或服务冠上品牌后，所产生的额外收益。

一、品牌资产分类

根据消费者对品牌的认知和行为意愿的程度，可将品牌资产划分为浅层品牌资产和深层品牌资产。浅层品牌资产主要是指品牌资产中最基础的知名度，然后就是品质认可度。拥有这两种品牌资产仅仅是品牌成功的基础，并不能构成竞争者难以复制的优势。深层品牌资产则主要包括品牌美誉度、品牌忠诚度、品牌溢价能力。品牌联想带来差异化的竞争优势，品牌忠诚度和品牌溢价能力为品牌带来更多市场份额和丰厚的利润（主要财务贡献）。国际级品牌都是品牌联想个性鲜明、忠诚度高和溢价能力强的强势品牌。目前中国品牌大都处于浅层品牌资产阶段，因此要成为国际级品牌的关键是打造深层品牌资产。

二、品牌资产的有效管理

品牌资产是能够管理的，它不是抽象的概念。从管理学的角度认识问题，我们首先应该知道在做什么；其次清楚做这件事情的意义；然后知道如何拆分目标形成细化的任务；接下来要有规范的长期的效果评估系统；最后有反馈提高的总结。这是最基本的品牌资产管理过程，每一步都有很详细的行动内容与方法。有效的品牌资产管理应具备以下特征：一是清晰、明确的近期、远期品牌资产管理目标，同时配套有详细的、结构化的明细任务与目标，使目标具备切实的落实可能性。二是决策过程严格遵守逻辑判断与结构化思维原则，使管理决策在总的方向上遵循已知的品牌资产管理规律，避免主观臆断。三是建立规范的、持续的、具有累积效应的辅助决策系统，对市场的描述与探究建立在科学与经验相结合的基础上，具备对自身行为表现与效果进行实时诊断分析的能力。

三、品牌资产管理的内容

品牌资产是一种结果，要管理结果自然要管理导致结果的原因或这种结果的构成因素，我们的市场行为就是试图通过影响这些原因或改变因素的地位来达到管理品牌资产的目的。从品牌资产的构成来看，它包括品牌知晓、品牌认知、品牌形象、品牌忠诚四个主要方面，四个方面构成了品牌的市场表现力。由于这四个方面是受其他因素影响的，我们可以从三个角度去谈。

（一）消费者

品牌是联结消费者需求、个性和产品特征之间的纽带，这种联结越自然、越亲密，就越容易被消费者接受。具体而言可以分为以下三个部分。

1．生活中遇到的问题、需求与期望

这是产品开发与市场开拓所必须了解的信息，消费者需要什么，为什么需要？有了需求认知，我们才能满足消费者，这是成功的基础。

2．消费者习惯与行为

在营销当中，消费者购买地点、方式、数量、时间、购买决策者都对销售有重要影响，如果品牌管理没有尊重这些行为与习惯，就可能出现问题。对习惯与行为的把握对认识消费者的品牌选择与态度很有帮助。

3．产品经历与品牌经历

为什么有些消费者能够影响周围的消费者，为什么有些消费者经济水平较高却对价格很敏感，等等，这些很可能与消费者的产品类别经历和品牌经历有关系。

美国有研究表明，消费者评判一个可能被购买品牌的标准之一就是不能低于以往品牌的满意度，如果使用不满意，则不满意程度只要不高于以往经历即可。消费者可以分为成熟者和不成熟者，也可以分为品牌意识较强者和较弱者。这些背景对品牌诉求、沟通方式有很大影响。作为一种常规的市场信息，人口特征、生活形态、地理差异等变量在营销决策中历来扮演着重要角色，尤其是对市场区隔与细分，更是功不可没。如果没有明确的目标对象，品牌管理就无从谈起，营销行为就不知所云，容易出现混乱。

（二）产品和服务

在品牌管理中，产品和服务已经不是企业眼中的产品和服务了，而是被消费者感知到的

产品和服务，它包括以下三个方面。

1．品质感知

产品和服务的品质最终要从消费者心目中得知，他们是怎么看的才最重要，这就是产品质量不一定要无限制提高，但一定要达到消费者的要求的原因。

2．成本感知

消费者得到产品和服务不仅仅要付出金钱，还要付出相关的如交通、信息查询等成本，由于综合付出的不同，使得消费者的购买行为千变万化，那么消费者对价格的评价及对溢价品牌的看法对品牌管理就非常重要。

3．需要感知

消费者的需要与产品提供的功能是否有差距，品牌表现如何。

（三）品牌资产测量与评估

品牌资产的累积大部分是靠品牌沟通来完成。品牌沟通是在充分表达产品特征、个性的基础上尽量准确地切中或引导消费者的需求，这种需求既可以是功能性的，也可以是社会性的。它通过影响消费者的心理而成为提高品牌资产的一种渠道。对以下四个方面的测量是品牌资产管理的重要方面。

1．品牌知名度

其实知名度就是一种心理份额，高知名度的品牌就占领制高点，这对品牌进入购买考虑范围是非常重要的。根据安德鲁·埃伦伯格（Andrew Ehrenkerg）的研究，在大多数情况下，某品牌在一个地区受欢迎，那么在别的市场也是受欢迎的，没有在某个区域流行而在别的区域不受欢迎的品牌。要受消费者欢迎，没有品牌知名度是万万不行的。品牌资产的管理就是要不断提高品牌在目标消费者中的知名度，占领制高点。

2．品牌认知度

品牌沟通的一项重要任务就是传播品牌特性及给予消费者利益，品牌知名度只是让品牌进入考虑范围，那么在进一步的选择过程中，消费者比较倾向于买自己熟悉的产品，在这方面，著名品牌如宝洁的表现尤为突出。

3．品牌形象

健康的品牌形象对销售的促进作用是显而易见的，其个性、亲和力、良好的评价与感知对品牌资产管理者来说是梦寐以求的。对品牌形象的管理涉及企业形象、广告与公关等方面，也是可以测量与评估的。

4．品牌忠诚度

对品牌忠诚的研究不仅仅要知道品牌忠诚度，还要深入研究消费者为什么会忠诚，以及为什么会发生品牌转移。企业对这个指标的监测能为营销活动带来很多意想不到的洞见。

四、品牌资产管理的方法

从品牌资产的定义可以看出，要想让品牌成为资产的一部分，就必须对品牌实施资产化管理，通过不断的对其进行投入来维护和巩固其价值。品牌资产管理要从构成品牌资产的几个要素入手，具体方法如下。

（一）建立品牌知名度

品牌知名度的真正内涵是认知度及回忆度。品牌知名度的建立至少有两个作用：一是消费者从众多品牌中能辨识并记得目标品牌，二是消费者能从新产品类别中产生联想。由此，建立品牌知名度通常可采用的做法如下。

1．创建独特且易于记忆的品牌

就是给产品或服务取个好记的名字。这也是广告设计所遵循的基本原则。

2．不断亮出品牌标识

除了声音之外，品牌名、品牌标识、品牌标准色也具有很强的沟通能力。目标物重复出现，可以提高人们对目标物的正面感觉，使消费者不论走到哪里始终接收一样的视觉印象，如可口可乐的红色、百事可乐的蓝色。

3．运用公关的手段

广告效果显著，但相对代价昂贵，且易受其他广告的干扰。但是，运用公关的传播技术营造出一些话题，通过报纸杂志来引起目标消费者注意，常常可以取得事半功倍的效果。

4．运用品牌延伸的手段

运用产品线的延伸，用更多的产品去强化品牌认知度，即所谓的统一式识别。

（二）建立品牌联想

品牌故事是建立品牌联想的重要途径之一。奔驰公司近年拍摄的“世界上第一位司机”的广告，就是致敬了本茨夫人——世界上第一位女司机，打破了传统汽车广告都是男性驾驶员的刻板印象。同样，建立品牌联想对于品牌资产管理非常重要。品牌联想是指消费者想到某一个品牌的时候所能联想到的内容，然后根据内容分析出买或不买的理由，这些联想大致可以分为以下几类：产品特性、消费者利益、相对价格、使用方式、使用对象、生活方式与个性、产品类别、比较性差异等。对企业而言，其要掌握的就是消费者脑海中的联想，能有一个具体而有说服力的购买理由，这个理由是任何一个品牌得以存活延续所需要具备的。

（三）建立品质认知度

品质的认知度是消费者对某一品牌在品质上的整体印象。消费者对品质的认知度完全来自使用产品或享受服务之后。产品的品质并不完全是指产品或服务本身，它同时包含了生产品质和营销品质。建立品质认知度可从以下几个方面着手。

1. 注重对品质的承诺

企业对品质的追求应该是长期的、细致的和无所不在的，决策层必须认清其必要性并动员全体员工参与其中。

2. 创造一种对品质追求的文化

因为品质的要求不是单层面的，每个环节都很重要，所以最好的办法是创造出一种对品质追求的文化，让文化渗透到每一个环节中去。

3. 增加对培育消费者信心的投入

经常关注、观察、收集消费者对不同品牌的反应是不可或缺的做法，强化对消费者需求变化的敏感性。

4. 注重创新

创新是唯一能够变被动为主动，进而去引导、教育消费者进行消费的做法。

（四）维持品牌忠诚度

品牌忠诚度就是来自消费者对产品的满意并形成忠诚的程度。对于一个企业来讲，开发新市场、发掘新的顾客群体固然重要，但维持现有顾客忠诚度的意义同样重大，因为培养一个新顾客的成本是维持一个老顾客成本的 5 倍。维持品牌忠诚度的通常做法如下。

1. 给顾客一个不转换品牌的理由

比如，推出新产品、适时更新广告来强化偏好度、举办促销等，都是避免消费者产生品牌转换的方法。

2. 努力接近消费者，了解市场需求

不断深入地了解目标对象的需求是非常重要的，通过定期的调查与分析，去了解消费者的需求动向。

3. 提高消费者的转移成本

一种产品拥有差异性的附加价值越多，消费者的转移成本就越高。因此，应该有意识地制造一些转移成本，以此提高消费者的忠诚度。

五、品牌资产的提升策略

品牌资产是企业的重要资产，是节约企业市场活动费用的有效手段，也是提升企业产品溢价的源泉，更是取得市场竞争优势的法宝。提升品牌资产价值，可以促进品牌声誉的价值溢出，促进品牌资产的扩张，可以建立有效的壁垒以防止竞争对手的进入。那么，如何提升品牌的资产价值呢？具体来说，可从以下几个方面入手。

（一）提高品牌资产的差异化价值

品牌资产的价值关键体现在差异化的竞争优势上。这种优势，可表现在产品的质量、性

能、规格、包装、设计、样式等带来的工作性能、耐用性、可靠性、便捷性等的差别；也可表现在由服务带来的品牌附加价值，如服务的快速响应、服务技术的准确性、服务的全面性、服务人员的亲和力；还可表现在塑造品牌联想和个性中，品牌联想能够影响顾客的购买心理、态度和购买动机。因此，品牌能够提升顾客的感知价值，反过来，顾客感知价值的提升也可促进品牌价值的提升。

（二）提高品牌资产的外延化价值

利用品牌（尤其是名牌）资产实施兼并与合作是资本运营的一个重要方式，也是企业实现规模经济、进行低成本扩张、提高企业资源配置效率、提升品牌资产价值的有效手段。因为创建强势大品牌的最终目的是持续获取更好的销售与利润，而无形资产的重复利用是不花成本的，只要有科学的态度和过人的智慧来规划品牌延伸战略，就能通过理性的品牌延伸与扩张，充分利用品牌资源这一无形资产，实现企业的跨越式发展。但是，诸如公司并购等品牌扩张战略是一项风险相当大的业务，为了有效地促进并购后公司业绩的增长和品牌资产价值的提升，必须慎重地制定策略。在确定公司并购时，应考虑以下因素：对公司本身的自我评估，对目标公司的评估；并购本身的可行性分析；利用品牌进行合作经营时，双方应优势互补；合作应有利于延伸品牌系列。

（三）提高品牌资产叙事化价值

综观国际国内市场，那些具有良好声誉、在行业市场拥有良好表现的品牌，必须是一个品牌要素齐全、给人留下美好印象和回味的完美品牌。品牌叙事以存在主义的纽带形式把消费者和品牌联系起来，它是品牌力量的基础和源泉。品牌叙事对于深化消费者对品牌的理解与认知起着至关重要的作用，具体主要表现在以下几个方面。

1. 完美地体现品牌的核心价值理念

品牌核心价值理念是品牌带给消费者利益的根本所在。品牌叙事就是通过形象化、通俗化的语言和形式，将之传递给目标受众。不同行业甚至同行业中的不同品牌，由于其经营方式、追求目标的不同，它们的核心价值理念也是迥然不同的。

2. 增进与消费者的情感交流与心灵共鸣

品牌叙事通过娓娓道来、形象生动的故事讲述，消除目标受众对品牌的陌生感和隔阂感，增进与密切目标受众的情感交流，进而实现品牌与目标受众的心灵共鸣。

3. 形象巧妙地传递品牌信息

品牌叙事的另一个明显的作用，就是通过相关渠道传递品牌的相关信息。品牌叙事更多的是以一种经过精美包装的形象化形式，将所要传递的品牌背景、品牌价值理念和产品利益诉求点等品牌信息，诉诸人们的视觉感官，使人们在欣赏玩味、潜移默化中接受品牌提供的信息，增进目标受众对品牌的识别和认可。

第四节　品牌资产的评估

品牌资产是战略性资产，它是竞争优势和长期利润的基础，必须由企业的高级管理层亲自参与管理。品牌领导模式的目标不仅是管理品牌形象，更要建立品牌资产。研究品牌资产评估方法对于建立和管理品牌资产是非常有价值的。

基于对品牌资产内涵的不同理解，品牌资产主要存在三种概念模型：财务会计概念模型、基于市场的品牌力概念模型，以及基于消费者的概念模型。构成各种品牌资产评估方法的基本要素也可以分为三大类：财务要素，如成本、溢价、附加现金流等；市场要素，如市场占有率、市场业绩、竞争力、股市价值等；消费者要素，如知名度、品质认知、品牌忠诚度等。本节将各种评估方法的基本分类进行了归纳，如表 6-1 所示。

受到现实中不同的评估目的（如并购等财务的需要、品牌管理的需要、市场竞争及战略的需要等）的影响，品牌资产评估更重视方法的选择性和可比性，而不强求建立统一的评估模型。依据各种评估方法的分类，品牌资产价值的评估体系即各体系下具体的评估方法基本可分为以下几种。

表 6-1　品牌资产评估方法的分类

评估方法要素	评估方法的特点	代表性方法
财务要素	品牌资产是公司五星资产的一部分，是会计学意义的概念	成本法、股票价格法
消费者要素＋市场要素	品牌资产是与消费者的关系程度，着眼于品牌资产的运行机制	品牌资产＋要素模型
财务要素＋市场要素	品牌资产是品牌未来收益的折现，加入市场业绩的要素对传统的财务方法进行调整	Interbrand 方法和 Financial World 法
财务要素＋消费者要素	品牌资产是相对同类无品牌或竞争品牌而言的，消费者愿意为某一品牌所支付的额外费用	溢价法、品牌抵补模型（BPTO）

一、基于财务的评估

基于财务要素的方法主要有成本法、股票价格法和收益现值法，这些方法都是比较早期的资产评估方法。

（一）成本法

对一个企业品牌而言，其品牌资产的原始成本占据着不可替代的重要地位，因此，对一个企业品牌的评估应该考虑品牌资产购置或开发的全部原始价值，以及考虑品牌再开发的成本与各项损耗价值之差两个方面。成本法主要分为两种：一种是历史成本法，另一种是重置成本法。

1. 历史成本法

历史成本法是评估资产中历史最悠久的方法之一。历史成本法是依据企业品牌资产的购置或开发的全部原始价值进行估价，是评估品牌最直接的方法。最直接的方法是计算对该品牌的投资，包括设计、创意、广告、促销、研究、开发、分销、商标注册，甚至专属于创建该品牌的专利申请费等一系列开支。

历史成本法存在的一个最大问题便是它无法反映品牌现在的价值。因为历史成本法没有将过去投资的质量和成效考虑进去，使用这种方法有时会高估失败或较不成功的品牌价值。因此应用这种方法的主要问题是如何确定哪些成本需要考虑进去，例如，管理时间费用的计算必要，具体计算方法等都是一个难题。另外，这种方法也没有涵盖品牌的未来的获利能力。因此，这种方法在实践中运用很少。

2. 重置成本法

重置成本法是按品牌的现实重新开发创造成本，减去其各项损耗价值来确定品牌价值的方法。重置成本法主要考虑因素是品牌重置成本和成新率，此二者的乘积即品牌价值。重置成本是第三者愿意出的钱，相当于重新建立一个全新品牌所需的成本。按来源渠道，品牌可能是自创或外购的。其重置成本的构成是不同的。企业自创品牌由于财会制度的制约，一般没有账面价值，则只能按照现时费用的标准估算其重置的价格总额。外购品牌的重置成本一般以可靠品牌的账面价值为论据，用物价指数调整计算。而成新率是反映品牌的现行价值与全新状态重置价值的比率。一般采用专家鉴定法和剩余经济寿命预测法。

重置成本法的基本计算公式为：

品牌评估价值＝品牌重置成本×成新率

其中：

品牌重置成本＝品牌账面原值×（评估时物价指数÷品牌购置时物价指数）

成新率＝剩余使用年限÷（已使用所限＋剩余使用年限）×100%

使用这种方法的一个最大弊端是：重新模拟创建一个与被评估品牌相同或相似的品牌的可能性很小，可行性不大。理由很简单，这样做太浪费时间，因为品牌的创建受多种因素的影响。

此外，对于评估品牌，更注重的应是其价值，而不是成本。而且，成本法没有把市场竞争力作为评定品牌价值的对象，因此，现在已经很少使用成本法评估品牌了。

（二）股票价格法

股票价格法由美国芝加哥大学的西蒙（Simon）和苏里旺（Sullivan）提出，它适用于上市公司的品牌资产评估。该方法以公司股价为基础，将有形资产与无形资产相分离，再从无形资产中分解出品牌资产。具体做法如下。

第一步，计算公司股票总值 A，这可以通过股价乘以总股数获得。

第二步，用会计上的重置成本法计算公司有形资产总值 B，然后用股票总值减去有形资产总值，即得公司的无形资产价值 C（C＝A－B）。无形资产由三部分组成：品牌资产 C_1、

非品牌因素 C_2（如 R&D 和专利等）以及行业外可以导致获取垄断利润的因素 C_3（如法律等）。

第三步，确定 C_1、C_2、C_3 各自的影响因素。

第四步，建立股市价值变动与上述各影响因素的数量模型，以估计不同要素对无形资产的贡献率，然后在此基础上可以得出不同行业中品牌资产占该行业有形资产的百分比。由 $C_1 = B \times B$ 即可以得到品牌资产的数值。

用股票价格法得出的是公司各品牌资产的总值，因此，这种方法尤其适用于采用单品牌策略的企业。

（三）收益现值法

收益现值法又称未来收益法，或简称收益法。它是通过估算未来的预期收益（通常情况下，收益为“税后利润”），并采用适宜的贴现率折算成现值，然后累加求和，最后确定品牌价值的一种方法。其主要影响因素有超额利润、折现系数或本金化率、收益期限。

收益法是目前应用最广泛的方法，因为对于品牌的拥有者来说，未来的获利能力才是真正的价值。在对品牌未来收益的评估中，有两个相互独立的过程，一是分离出品牌的净收益；二是预测品牌的未来收益。收益法计算的品牌价值由两部分组成，一是品牌过去的终值（过去某一时间段上发生收益价值的总和）；二是品牌未来的现值（将来某一时间段上产生收益价值的总和）。其计算公式为这两部分相加。

然而，收益现值法也存在一定的局限性：一是在预计现金流量时，虽然重视了品牌竞争力的因素，但没有考虑外部因素影响收益的变化；二是预期收益额预测难度较大，受较强的主观判断和未来收益不可预见因素的影响；三是贴现率选取和时间段选取的主观性较大；四是涉及企业超额收益在品牌与其他无形资产之间分配的难题。

二、基于市场的评估

随着人们逐渐对品牌市场力的重视，品牌评估方法开始考虑品牌给企业带来的市场利益，即品牌的市场表现。有一点需要注意的是：明确地区分基于财务要素的品牌评估法与基于市场要素的品牌评估法并不可行。这主要是因为，基于市场要素的品牌评估法并没有从根本上摆脱财务要素，只是引入了新的市场要素，对财务要素进行了必要的调整，使得该类方法可以反映品牌市场业绩和市场竞争力，这对于品牌资产评估的方法是一种改进。基于市场要素的品牌评估法具有代表性的主要有英特品牌法（Interbrand 法）和金融世界法（Financial World 法）。

（一）英特品牌法

英国的英特品牌公司（Interbrand）是世界上最早研究品牌评估的机构，它对世界品牌的评估具有公认的权威性。目前，国际上较通行的品牌价值评估法就是英特品牌法。此法实际上是一种改进的收益现值法。它的一个基本假定：品牌之所以有价值，不全在于创造品牌所付出的成本，也不全在于有品牌产品较无品牌产品可以获得更高的溢价，而在于品牌可以使其所有者在未来获得较稳定的收益。英特品牌模型同时考虑主客观两方面的事实依据。客观的数据包括市场占有率、产品销售量及利润状况，主观判断是确定品牌强度。两者的结合构成了英特品牌模型的计算公式：

$$V=FS$$

式中，V 为品牌价值；P 为品牌收益；S 为品牌强度。

品牌收益即品牌带来的纯利润，反映的是品牌近几年的获利能力。英特品牌法中品牌收益的衡量方法非常复杂。品牌收益的计算虽然可以从品牌销售额中减去品牌的生产成本、营销成本、固定费用和工资、资本报酬及税收等，但是品牌收益的计算还要考虑许多其他因素。首先，并非所有的收益或利润都来自品牌，可能有部分收益或利润来自非品牌因素，例如，分销渠道因素。其次，品牌收益不能用某一年份的利润来衡量，而应该用过去三年历史利润进行加权平均。

品牌强度又称品牌因子，是指品牌的预期获利年限。品牌强度决定了品牌未来的现金流入的能力。英特品牌公司先后提出了两套计算品牌强度的模式：7 因子加权综合法和 4 因子加权综合法。这两种方法都采用了英特品牌公司自行设计的详细问卷，收集品牌中因子表现的得分。目前，使用最为广泛的是 7 因子加权综合法。具体评价因素及其权重如表 6-2 所示。

表 6-2　Interbrand 法的 7 因子

评价因素	含 义	权重 / %
领导力	品牌的市场地位	25
稳定力	品牌维护消费者特权的能力	15
市场力	品牌所处市场的成长和稳定情况	10
国际力	品牌穿越地理文化边界的能力	25
趋势力	品牌对行业发展方向的影响力	10
支持力	品牌获得持续投资和重点支援的程度	10
保护力	品牌的合法性和受保护的程度	5

表 6-2 中每个因素的分值均在 0～100，进行品牌资产评估时由专家给出每项评价因子的得分，然后加权平均就得到了品牌强度，即品牌预计获利的年限。

Interbrand 法的缺点在于：一是预期收益额预测难度较大，受较强的主观判断和未来收益不可预见因素的影响，因此存在较大的不确定性；二是该方法是用于市场经济较为发达的情况，主要针对国外市场，其市场竞争较为充分，企业及行业之间的规模和利润趋于平均，故没有考虑行业性质的不同对品牌价值的影响；三是该方法评定品牌强度所考虑的因素是否囊括了所有重要的方面，以及各个方面的权重是否恰当等仍有待商榷。

（二）金融世界评估法

美国金融世界的品牌评估起始于 1992 年，其品牌评估法是借鉴 Interbrand 公司创立的方法适当修改而成的，主要不同在于金融世界方法更多地以专家意见来确定品牌的财务收益等数据。

1．该方法强调品牌的市场业绩

首先从公司销售额开始，基于专家对行业平均利润率的估计，计算出公司的营业利润。其次再从营业利润中剔除与品牌无关的利润额，例如资本净收益(根据专家意见估计出资本报酬率)和税收，从而最终得出与品牌相关的收益。再根据 Interbrand 的品牌强度 7 因子模型估计品牌强度系数，品牌强度系数的范围大致在 6 到 20 之间。最后计算出 Financial World 品牌资产=纯利润×品牌强度系数。

2．根据英特品牌的品牌强度 7 因子模型估计品牌强度系数

品牌强度系数是根据被评估品牌的市场领导能力、稳定性、销售状况、国际化能力、发展趋势、所获支持状况和受保护程度七方面指标的综合评定。大量调查结果表明，有价值的品牌最低获利年限约为 6 年，所以为了便于评估，假设品牌获利年限最高不超过 20 年。这样，品牌强度系数的取值范围是 6～20。

以上两种方法是基于市场要素品牌资产评估中最具代表性的，除此之外，还有其他一些代表性的方法，比如，北京名牌资产评估事务所评估法、评估力模型等。所有这些方法计算出的品牌资产只能是过去和当前品牌价值的市场反应，并不能反映出品牌长期发展的意义。

三、基于消费者的评估

基于消费者的评估方法主要引入了消费者的新角度进行评估，但有些方法还是不能完全抛弃财务因素和市场因素的影响。具有代表性的方法有溢价法、品牌资产十要素模型和品牌资产引擎模型。

（一）溢价法

溢价法的基本思路是品牌价值的大小可以通过消费者由于选择这一品牌而愿意额外支付多少货币加以衡量。在其他条件相同的情况下，如果消费者为选择某一品牌而愿意支付的额外费用越多，则表明该品牌越有价值。

用溢价法评估品牌资产，首先要解决的问题便是溢出价格的确定，即确定在使用品牌与不使用品牌时相比，消费者愿意额外支付的价格。一般是通过对消费者进行调查，比较同一种产品分别在使用品牌和不使用品牌时，消费者愿意支付的价格，两者之差即为溢价。可以在可控制的较小市场范围内进行比较实验，对得到的结果进行处理，计算出差价，差价乘以该品牌的销量即为超额利润，再用超额利润除以品牌所在行业的平均利润率即得到该品牌价值。

例如，如果某一品牌产品的市场售价为 100 元，销量为 10 000 件，不使用品牌消费者可接受的价格为 50 元，行业平均投资利润率为 20%，则该品牌评估值为：品牌评估值＝（100−50）×10 000÷20%＝2 500 000（元）

这种方法不仅可用于评估某个品牌的价值，也可用于评估两个品牌之间的比较价值，方法与前面的相同。需要指出的是，两个品牌之间价格的差异并不一定是由品牌造成的，也可能是由其他许多因素造成的，例如，质量、技术水平、服务等。因此，在评估两种不同品牌之间的相对价值时，要注意选择其他方面因素非常接近的产品，以排除其他方面因素的影

响。如果两种产品相差较大，评估出的结果可靠性就小。由于市场的变化，产品销量也是不断变化的，在经济繁荣的时候，销量就大一些；相反，经济不景气时，销量就小一些，为了较为准确、客观地反映销量，消除偶然因素的影响，可以用近几年来的销量平均数来减少这个误差。

用溢价法评估品牌资产，关键问题是溢价的确定，一般是通过市场调查及市场实验解决该问题。该方法不足之处是仅仅考虑到品牌当期的获利能力，而没有考虑到品牌资产未来长期的获利能力。该方法的优点是对于同一品牌产品来说，能够较好地把溢价的其他因素剥离出来，对由品牌所造成的价格差异能较准确地加以衡量。

（二）品牌资产十要素模型

品牌资产十要素模型由美国著名的品牌专家大卫·阿克（David Aaker）教授于 1996 年提出，从五个方面衡量品牌资产——品牌忠诚度、认知质量或领导能力、品牌联想或差异化、品牌认知与市场行为，并提出了这五个方面的十项具体评估指标。

（1）品牌忠诚度评估：价格优惠；满意度或忠诚度。

（2）认知质量或领导能力评估：感觉中的品质；领导品牌或普及度。

（3）品牌联想或差异化评估：感觉中的价值；品牌个性；公司组织联想。

（4）品牌认知评估：品牌认知。

（5）市场行为评估：市场份额；市场价格和分销区域。

品牌资产十要素模型为品牌价值评估提供了一个更全面、更详细的思路。其评估因素以消费者为主，同时也加入了市场业绩的要素。它既可用于连续性研究，也可用于专项性研究。而且该模型所有指标都比较敏感，可以以此来预测品牌价值的变化。其不足之处在于，对于具体某一行业品牌价值的研究，这些指标要作相应的调整，以便更适应该行业的特点。例如，食品行业的品牌价值研究与高科技行业的品牌价值研究所选用的指标可能就有所不同。

（三）品牌资产引擎模型

品牌资产引擎模型是国际市场调查公司的品牌资产研究专利技术。该模型认为，虽然品牌资产的实现要依靠消费者购买行为，但购买行为的指标并不能揭示消费者心目中真正驱动品牌资产的关键因素。品牌资产归根到底是由消费者对品牌的看法，即品牌形象所决定的。

品牌资产引擎模型将决定品牌资产的因素分为两类：一类属性是“硬性”属性，即消费者对品牌产品有形的或功能性属性的认知；另一类属性是“软性”属性，反映出品牌是供给消费者的情感利益。该模型建立了一套标准化的问卷，通过专门的统计软件程序，可以得到所调查的每一个品牌其品牌资产的标准化得分。进一步分解为各子项的得分，还可以了解每个子项因素对品牌资产总得分的贡献，以及哪些因素对品牌资产的贡献最大，哪些因素是真正驱动品牌资产的因素。

国际市场调查公司的这项专利技术着眼于从品牌形象的角度来评估品牌资产，从而进一步摆脱了传统的认知——回忆模型，有助于发现品牌资产的真正驱动因素。它既可用于连续性研究，也可用于专项性研究。该模型的不足之处在于，测量问卷要针对具体行业品牌作相应调整。

【本章小结】

品牌资产的研究主要出于两个动机：财务动机，即出于会计目的或兼并、剥夺的目的，更精确地估计品牌价值；战略动机，即改进营销生产率。相对应地，这两个动机为品牌资产的研究提供了两个思路：管理决策角度，即从企业视角判断品牌创建投资的合理性；消费者角度，即从消费者对品牌偏好的心理过程及品牌对于消费者的效用出发进行判断。

品牌资产作为企业重要的无形资产，具备以下几个方面的特征：长期性、波动性、增值性、难以准确计量。品牌资产可以提高消费者对品牌的忠诚度，使企业获得超额利润，降低在危机时的易损性，增加商业合作机会。品牌资产的"五星"概念模型认为品牌资产是由品牌知名度、品牌认知度、品牌联想度、品牌忠诚度和其他品牌专有资产五部分组成的。基于消费者的品牌资产模型由四个不同层面构成，即品牌识别、品牌内涵、品牌反应、品牌关系。这四个层面具有逻辑和时间上的先后关系：先建立品牌识别，然后创建品牌内涵，接着引导正确的品牌反应，最后缔造品牌与消费者的关系。

品牌资产引擎模型认为品牌资产归根到底是由品牌形象所驱动的，在该模型中亲和力、功能表现和品牌价值构成了品牌资产的三大要素。亲和力是品牌受到的来自消费者的信任和尊敬，它包括权威性、品牌认同和价值承认三个方面的内容。功能表现是品牌资产的另一个重要组成部分，包括产品的特性以及该产品在功能利益上的表现。品牌资产趋势模型主要由品牌的认知程度、认知质量、使用者的满意程度三个指标进行衡量。根据消费者对品牌的认知和行为意愿的程度，可将品牌资产划分为浅层品牌资产和深层品牌资产。

品牌资产是能够管理的，它不是抽象的概念。从管理学的角度认识问题，首先应该知道在做什么；其次清楚做这件事情的意义；然后知道如何拆分目标形成细化的任务；接下来要有规范的长期的效果评估系统；最后有反馈提高的总结。品牌资产管理的一般方法包括：建立品牌知名度，建立品牌联想，建立品质认知度，维持品牌忠诚度。品牌资产的提升策略包括：提高品牌资产的差异化价值，提升品牌资产的外延化价值，提高品牌资产的叙事资产的价值。

【本章测试】

一、单选题

1.（　　）将品牌资产定义为：与没有品牌的产品相比，品牌给产品带来的超越其使用价值的附加价值或附加利益。

A．凯文·凯勒　　B．舒科　　C．法奎哈　　D．尼特米耶

2．下列不属于基于财务要素的品牌资产评估方法的是（　　）。

A．成本法　　B．股票价格法　　C．收益现值法　　D．意见反馈法

3．按照 CBBE 模型，品牌资产中时间花费最长的是（　　）层面。

A．品牌识别　　B．品牌内涵　　C．品牌反应　　D．品牌关系

4．（　　）作为特别重要的品牌属性联想。

A．价格　　B．包装　　C．使用者　　D．使用情境

5．（　　）是指某品牌被公众知晓、了解的程度，它表明品牌为多少或多大比例的消费者所知晓，反映的是顾客关系的广度。

A．品牌联想度　　B．品牌知名度　　C．品牌认知度　　D．品牌忠诚度

二、多选题

1．品牌资产引擎模型将品牌形象因素分为（　　）。

A．硬性　　B．软性　　C．局部性　　D．统一性

2．品牌认知的基础元素包括（　　）。

A．相关性　　B．差异性　　C．尊重度　　D．认知度

3．下列属于品牌资产的特征的是（　　）。

A．长期性　　B．波动性　　C．增值性　　D．难以准确计量

三、简答题

1．简述品牌资产的定义、特征及作用。

2．试述戴维·阿克的品牌资产模型结构及内涵。

3．简述凯文·凯勒的品牌资产模型结构及内涵。

4．试述品牌资产管理的一般方法及提升策略。

【案例分析】

品牌资产：商业模式的解读

实际上，独特的商业模式是品牌资产的重要构成要素之一。比如说支付宝的产生和出现，大家要思考支付宝为什么会在中国市场上出现，而不是在美国市场上诞生，支付宝都解决了哪些问题。相信大家都在使用支付宝，但有没有想过这些问题呢？其实，在全世界的商业历史上，买家和卖家都面临着一个同样的难题，那就是交易的过程中，究竟是您先给我钱，还是我先给您货？

如果说每次交易都需要面对面，一手交钱一手交货，那交易的规模和频次就会大大受限。那么，如果不是面对面的交易，我刚才说的问题就变得非常重要了。因为双方都担心给了钱拿不到货，或者是给了货拿不到钱，怎么办？有人说了有法律合同呢，先签合同嘛，但有的时候法律合同也存在无效性或者说失效性。因此阿里巴巴团队研发了支付宝这个产品，就非常好地解决了买方和卖方之间交易的心理障碍问题。支付宝的出现给买卖双方提供了便利、安全和保障，解决了买卖双方的需求，市场怎么能不接受，不认同呢？

再说支付宝的盈利模式。通过互联网买东西的时候，买家把钱打到支付宝账户，然后卖家发货，买家收到货确认以后，支付宝将钱再打给卖家，最后完成交易。这整个过程一般需要好几天，资金有个时间差的问题。如果把支付宝比作蓄水池，虽然不停地有水进来，也不停地有水流出，但池子里面总是有水，而且这个水量很大。大家都知道资金是有时间价值的，这就成为支付宝的一个盈利渠道。再后来支付宝逐渐演变成了一个全方位、多功能、生活方式的平台系统，通过为老百姓的生活提供各种便利，来增加人们使用支付宝的各种场景，这些场景又进一步增强了人们对它的黏性和互动。

提起腾讯，大家第一反应可能是QQ聊天工具软件，其次是QQ游戏、微信等它旗下的其他产品。腾讯“养”QQ那只小企鹅其实是花了不少钱的，也冒了很大的风险。当年为了“养”QQ这只小企鹅，马化腾先生也是到处融资，想尽各种办法去赚钱，不停往里面砸钱。大家可能要问了，为什么呢？因为QQ聊天工具基本不赚钱，直到今天腾讯旗下的很多产品都不怎么赚钱。当然它是靠赚钱的业务来支撑它不赚钱的业务的。那有人又要问了，为什么不赚钱还要去做呢？就像QQ聊天工具。我想跟大家说的是，今天不赚钱，并不代表明天不赚钱。另外，做品牌除了经济效益之外，还有一个是社会效益，如说口碑、声誉和形象等。腾讯的QQ最初虽然不赚钱，但它圈了很多消费者，而且这些消费者因为年轻，代表着中国市场的未来。后来，有很多平台品牌，它们发现了这一点，就开始跟着去圈消费者，然后再去圈商家，告诉商家说，您看我这儿有几个亿的消费者，您要不要来我的平台卖东西？您要进来是吧，交租金、交广告费吧。这种做法叫“社交商务化”，就是把原来社交的平台变成了做生意的平台，就是原来是聊天的，现在咱们谈生意吧。也有的平台品牌呢，是先圈卖家，后吸引买家。就像我们看到的天猫和京东等，它们就是精选卖家，然后告诉消费者说，我这儿的产品都是有保障的，物流、支付、售后等各方面都是有保障的。这两种“圈人”顺序不一样，一个是先圈买家后圈卖家，一个是先圈卖家后圈买家，总的来说就是社交商务化或者是商务社交化。

（资料来源：https://www.icoursel63.org/course/ZNUEDU-1003452001）

思考题：

1．如何通过互联网平台加强品牌与消费者间的黏性和互动？

2．举例解释支付宝和微信都选择了哪些行为，来提高与消费者间的黏性和互动，这些行为有哪些特征。

第七章　品牌传播

【学习目标】

1. 掌握品牌传播的内涵，了解社会化媒介传播。
2. 掌握品牌传播的步骤，熟悉常见的营销传播方式及组合。
3. 熟悉新媒体传播媒介，并掌握它们的平台特点。

【素质目标】

1. 学习我国民族品牌故事，认识传统商业精神。
2. 拒绝过度、低俗营销，理解品牌传播方式应合法合规、符合社会主义核心价值。

【开篇实例】

品牌传播：春节传播案例，小糊涂仙整合营销全网突破

2021 至 2022 新年之际，小糊涂仙品牌推出“家国同心 向新而行”的营销主题，特别上线《新年 新梦》《春联》微电影，以#开金喜 福到家#、#扫码的 N 种姿势#、AR 春联 H5 等活动，构成了一条完整的传播链条。

小糊涂仙品牌凭借别出心裁的创意内容与流畅的整合营销手段在新春之际的营销热潮中脱颖而出。截至目前，小糊涂仙此次活动实现了百度指数 516%增长，百度指数同比去年春节期间增长 162%，百度话题全网曝光量破 1.3 亿，210 万条讨论量，微博话题阅读量近 3 亿。

1. 家国同心 向新而行——携手国民成就美好生活

春节在千百年的传统中都是作为团圆的载体存在，团圆是中国人心中的一种文化遗传密码，也是含蓄国人少见的温情外露。在国人心中，幸福代表一家人团聚，阖家欢乐。小糊涂仙品牌推出的“家国同心 向新而行”主题延续了与国民、国家一同成就未来美好生活的初心，也表达了对未来机遇与挑战一往无前的态度。

家国情怀是小糊涂仙品牌的符号印记，亦是携手国民成就高品质生活的品牌责任，作为国民品牌的小糊涂仙对于情怀的解读与表达精准抓住了国民的精神共鸣点，引起全网传播热潮。

2. 元旦春节微电影上线——向新出发 共情全网

话题预热虎年新岁，小糊涂仙互动与输出双线并行，针对元旦与春节的节日含义与国民氛围，上线元旦春节微电影《新年 新梦》与《春联》，点题“家国同心 向新而行”，融入传统精神，表达向新之意。

在元旦推出的《新年 新梦》从另一角度延展新年的情感话题，将中国人的家国情怀深度解读，从不同层面诠释了“向新”的内涵。同时将影片进行全网范围内的投放，实现头条信息流曝光 128 万、7 个微博 KOL 曝光 2496.9 万、热搜 5000 万，合计 7624.9 万，加速了小糊涂仙品牌在各社交平台的渗透。

而春节推出的《春联》则在三代同堂的背景下，以父与子对于传统风俗春联截然不同的态度制造矛盾冲突，表达小糊涂仙作为国民品牌，对于传统习俗轨迹延续与文化传承责任肩负的积极态度，与消费者形成强烈共振。在全网投放后引起多次传播，实现头条信息流曝光414.6万、6个微博kol曝光1744万，热搜4000万，合计6158.6万，以品牌故事共情国民。

3. “开金喜 福到家”——千万回馈 高品质生活助力

小糊涂仙在2022年元旦阶段开启了“开金喜·福到家”营销主题活动，以实际行动助力国民幸福生活，回馈长久以来支持小糊涂仙的广大消费者，让消费者在体验高品质品饮的同时感受新年的福气与好运，把情感同频和营销互动结合起来，既在传播层面上形成出圈的话题度，也把实在的幸福生活密码传递给国民。

活动以开盖扫码抽奖为主要形式，消费者购买小糊涂仙指定酒品，开盖扫码即可抽取49999元购车基金、50g虎年传世金条、2g足金金条及海量微信现金红包等。“开金喜 福到家”活动在线下扫码开奖，回馈消费者的同时，小糊涂仙于双微平台推出social短片《酒煮三国》，以三国时代为背景，结合产品人群与活动卖点，巧妙地将“开金喜 福到家”活动的核心内容传递给消费者，用古风爆梗玩出活动新花样，从满屏的春节营销热潮中突围。

4. 《酒煮三国》系列微电影

借助“开金喜 福到家”话题水到渠成的热度，小糊涂仙推出了#扫码的N种姿势#线上衍生活动，以《酒煮三国》微电影引出话题，与消费者进行线上互动，巩固小糊涂仙品牌创新形象的同时，以交互的形式再次回馈消费者，展现国民品牌担当。

“家国同心 向新而行”，是小糊涂仙朝着新方向笃行致远、创变新篇的文化内核。小糊涂仙品牌传递国民精神力量，成就国货品牌标杆。

（资料来源：https://baijiahao.baidu.com/s?id＝1726011902069549195）

第一节 品牌传播概述

品牌传播一直是理论研究和营销实践工作者十分关注的一个概念。在学术研究和专业建设中，品牌传播以符号学、传播学和营销学为基础，具有融合广告、公关和市场营销等多个专业的强大势能。在品牌运营中，品牌传播同样有着举足轻重的地位，其受关注的程度几乎可与品牌形象、品牌资产等概念相提并论。因此，加强对品牌传播理论和实践的关注，有着突出的现实意义。

一、品牌传播的内涵

关于品牌传播的内涵，目前最具代表性的观点分为两派：品牌资产导向论，即品牌传播的目标是提升品牌资产；品牌形象导向论，即品牌传播的目标是在消费者心目中建立品牌形象。

（一）品牌资产导向论

国内学者余明阳和舒永平较早明确提出品牌传播的概念，他们认为，品牌传播就是通过广告、公共关系、新闻报道、人际交往、产品或服务销售等传播手段，最优化地提高品牌在目标受众心目中的认知度、美誉度、和谐度；同时还强调，品牌传播首先应是一种操作性的实务。该定义有三个特点：突出了品牌传播的主要手段，即广告、公共关系、新闻报道、人际交往、产品或服务销售等；突出了品牌传播的目的是品牌资产的提高，因为他们所强调的“品牌在目标受众心目中的认知度、美誉度、和谐度”，实质上就是品牌资产的核心构成要素；在定义中并没有将品牌传播的对象限于单纯的消费者，而是指明为包括消费者在内的“目标受众”，这一提法具有科学性。

（二）品牌形象导向论

品牌形象导向论是目前比较有影响的一种品牌传播观点，在网络上似乎更受欢迎。其中具有代表性的观点是这样表述的：所谓品牌传播是指企业以品牌的核心价值为原则，在品牌识别的整体框架下，通过广告传播、公共关系、营销推广等手段将企业设计的品牌形象传递给目标消费者，以期获得消费者的认知和认同，并在其心目中确定一个企业刻意营造的形象的过程。整体看，在“形象论”的定义中，塑造品牌形象成为品牌传播的最终落脚点。品牌传播的过程也就成为从建立“感性印象”到巩固“品牌印记”的品牌认知和深化的过程。同时“品牌识别”作为核心概念，被引入品牌传播中，成为统摄品牌传播实践的核心点。

二、品牌传播内涵评析

（一）从传播主体来看

品牌资产导向论突出了品牌传播的主体是品牌所有者，即企业。与品牌形象导向论相比，前者所指品牌的范围更为广泛，是基于品牌多样性而定的品牌传播定义。“在信息高度发达的现代社会……品牌的指代已不单单限于商业品牌，还包括城市品牌、区域品牌、院校品牌、团体品牌、个人品牌等社会品牌。”后者定义中的品牌则为狭义上的商业品牌，所以其所有者也就理所当然地是“企业”。因此，从定义的适应性上讲，前者更具普适性。

（二）从传播目的来看

前者把“最优化地增加品牌资产”作为品牌传播的最终使命，后者基本上是把“建立品牌形象，促进市场销售”作为品牌传播的主要任务。应该说前者在表述上更具概括性，正如业界人士所讲：“所有品牌传播努力的首要目标就是提升品牌的资产价值。”不过由于品牌资产最终还要落实到品牌形象以及经济利益上，所以后者的说法就显得比较直白易懂，也就更容易被认可。事实上，“品牌传播的目标必须始终围绕促进品牌与消费者建立联系以及实现销售这两个中心”。

（三）从传播原则来看

品牌传播原则实际上体现了品牌传播者对品牌传播核心内容的战略性规定。在“品牌资产导向论”的定义表述中，没有明确提出品牌传播原则，这应当是“品牌资产导向论”的最大缺憾，而“品牌形象导向论”相对而言就显得比较周密，它充分强调了品牌传播的指导原则和核心框架分别是“品牌的核心价值”和“品牌识别”，这对提升品牌传播实践的科学性无疑具有显著意义。

整体上讲，品牌传播是品牌营销的重要环节和主要手段，是企业满足消费者需要、培养消费者忠诚度的有效手段，是主要的品牌资产投资，它可以为打造强势品牌、提升企业竞争力发挥重要作用。换言之，品牌传播既是品牌信息的传播过程，也是品牌形象塑造的过程，更是品牌资产的积累过程，最终则指向消费者需求的满足和品牌所有者获益这一双赢结果。

三、社会化媒介传播

社会化媒介营销就是利用社会化网络、在线社区、博客、百科或者其他互联网协作平台和媒体来传播和发布资讯，从而形成的营销、销售、公共关系处理和客户关系服务维护及开拓的一种方式。一般社会化媒介营销工具包括论坛、微博、微信、博客、SNS 社区，图片和视频通过自媒体平台或者组织媒体平台进行发布和传播。

（一）社会化媒介传播要点

网络营销中的社会化媒介主要是指具有网络性质的综合站点，其主要特点是网站内容大多由用户自愿提供（UGC），而用户与站点不存在直接的雇佣关系。社会化媒介营销要在自主信息时代走向成熟，关键的几点有：如何做到让目标客户触手可及并参与讨论；传播和发布对目标客户有价值的信息；让消费者与你的品牌或产品产生联系；与目标客户形成互动并感觉产品有他一份功劳。

（二）社会化媒介信息构成

信息的生成和传播都需要消费者的参与，消费者生成信息称为 UGC，消费者传播信息称为分享（Sharing）。消费者的身份、消费者信息创造、消费者信息传播构成了社会化信息的三要素。

1．消费者的身份

微博和微信的出现，将消费者在某个领域的专业能力、影响力、关系人脉，他的喜好、习惯、职业甚至家庭等信息都“数字化”“网络化”并“量化”（粉丝数、评论数、转发数，等等）。社交的第一要素就是“社交者的身份”，这个身份“量化”“数字化和网络化”之后对线下消费又是非常好的促进。过去无数的线下商家用客户关系管理（CRM）体系来提高老用户重复消费的比例，为了搜集用户信息绞尽脑汁，但是回头看看，线下商户搜集到的消费者信息仅仅是“联系方式”和本店“消费记录”而已，跟微博、微信上全面详细的消费者信息差距甚远。

这给我们的启发也很直接，为什么不拿微博、微信账号当作消费者线下消费的“会员卡ID”？我们蓬勃发展的“切客”（Check in）服务能否从中得到启发？是否可以把一个社交娱乐的应用转变为Social CRM的初级版本？商户可不可以根据用户的粉丝数量来对应给出不同的消费折扣和服务待遇呢？

2．消费者信息创造

消费的过程就是信息创造的过程，只是过去从来没有移动应用专注在这个细节上，但是内容的生成过程每复杂一步，都会大大地降低消费者的生产动力，这就要求企业在操作容易程度、动机挖掘等方面多做文章。在移动互联网时代，拍照可以生产内容，点击触摸屏给商户打分也可以生产内容，甚至将语音转换为文字来降低输入门槛也可以刺激更多的消费相关内容产生。

动机方面，一部分消费者生成信息是为了给自己看的，收藏也好，记录也罢，总之并没有分享的目的；也有一部分消费者是为了参与互动，帮助商家变得更好，比如评论留言和打分；还有一部分消费者生成信息的主要目的就是分享传播，不管是表扬还是批评，或者仅仅是炫耀，总之就是要分享。

3．消费者信息传播

说到传播，其动机和动力也不尽相同，或许为了“晒单”炫耀，或许为了“求助”决策，或许为了“推荐”消费，或许为了“投诉”泄愤。不管出于何种动机和目的，消费者产生的消费信息的传播有助于“消灭信息不对称”，过去一个不诚信的“黑商户”理论上可以把所有路人都骗一遍，而在未来，一个商户的生命周期中，只要有过一次不诚信经营，就可能会导致再无消费者进店。

对于那些真正把用户当作“上帝”对待的优质商家，借助微博、微信等社会化媒介的病毒式口碑传播，可以迅速名满天下。而优质商户对于消费者传播信息也要有很好的激励机制，比如每次消费达到平均消费水平后，消费者获得给商户评论打分权限的同时，如果愿意同步评论信息到自己的微博、微信，那么下次消费时将会基于这一条微博、微信在近段时间内产生的“商业价值”给出一个“折上折”。第一个折扣来自消费者的微博、微信粉丝数（影响力指数），第二个折扣来自该条微博、微信的覆盖面（转发数、评论数、浏览数等）。

（三）与传统媒介的区别

传统的社会大众媒体，包含报纸、广播、电视、电影等，内容由业主全权编辑，追求大量生产与销售。新兴的社交媒体多出现在网络上，内容可由用户选择或编辑，生产分众化或小众化，重视同好朋友的集结，可自行形成某种社群，例如Blog、Vlog、Podcast、Wikipedia、Facebook、Plurk、Twitter、网络论坛等。社交媒体的服务和功能更先进和多元，费用相对便宜甚至免费，近用权相对普及和便利，广受现代年轻人的喜爱。社交媒体和传统社会媒体的明显差别如下。

1. 即时程度

一般而言，根据节目内容的规模，传统媒体常有几天、几周、几个月的制作时间；社交媒体因为偏好轻薄短小的图文发布，所以制作时间减少至一天、几小时、几分钟。有些传统媒体正向社交媒体看齐，希望能达到新闻的即时发布。

2. 传播结构

社交媒体和传统媒体都可以向全球传播。不过，传统媒体多属于中央集权的组织结构。社交媒体通常扁平化、无阶层，依照多元生产或使用的需求，而表现出不同的形态。

3. 专业要求

进入传统媒体的专业门槛较高，例如需设置全职的记者、摄影师、编辑、财务部门、法律部门等，除了一定的资讯素养之外，还需要其他学科的专业素养，才能经得起消费市场的检验；尤其因为传统媒体的市场竞争激烈、营利压力加大，对专业能力的要求可能会更高或更多元。社交媒体的专业门槛相对较低，通常只要初级的资讯素养即可，加上社交媒体为争取更大的注意力经济，倾向于将社交媒体的使用界面设计得更方便、更简单。

4. 近用能力

能近用传统媒体的，绝大多数是该媒体的政府或私人业主：例如某大报的头条，由该报编辑室决定；某电影的集资拍摄，由政府和民间资金方决定。社交媒体可让社会大众低价或免费使用，例如 Blog，人人可免费申请，申请人可任意编辑 Blog 的内容。

5. 固定不变

传统媒体的内容一旦发布，几乎很难修改，例如新闻报纸、广播、电视、电影等，如需答复、修正，往往要等到下一个版本，例如第二天的报纸、下次广播、下回电视节目、重新剪辑的电影版本，牵涉的人力和时间较多。社交媒体则随时随地可以更新修改。

第二节 品牌传播步骤

品牌沟通与传播是营销传播的重要组成部分，而品牌传播步骤是做好品牌传播的关键。菲利普·科特勒认为，开发有效的品牌传播应该包括七个步骤，每一个品牌传播步骤都体现不同的内涵。

一、确定传播目标

品牌传播的目标是营销人员希望品牌传播所达到的反应。营销人员可能要寻求目标受众的认知、情感和行为反应，通过向消费者灌输品牌信息来改变消费者的态度，或者影响消费者行为。品牌传播的目标一般可以设立为增强目标受众对品牌的知晓、认识、喜爱、偏好、

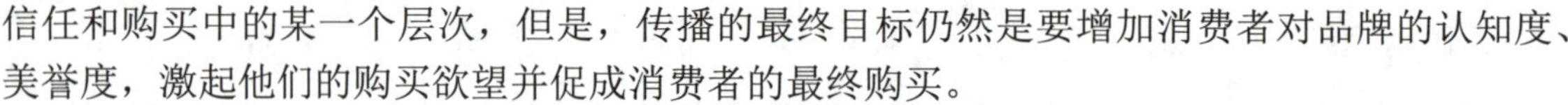

信任和购买中的某一个层次，但是，传播的最终目标仍然是要增加消费者对品牌的认知度、美誉度，激起他们的购买欲望并促成消费者的最终购买。

二、选择目标受众

必须一开始就在心目中有明确的目标受众，这样才能保证企业的传播有的放矢。目标受众可能包括企业品牌的潜在购买者、目前使用者、购买决策者或影响决策者，目标受众也可能是个人、小组、特殊公众或一般公众。针对不同的目标受众，品牌传播者要使用不同的传播策略和接触方式。如针对个体受众，传播者需要了解个体的生活背景、个人的价值观等。这时要根据他们的需要来选择传播方式。

三、设计传播信息

在理想状态下，信息应能引起注意，提起兴趣，唤起欲望，导致行动。因而，设计传播信息需要解决四个问题，即说什么（信息内容），如何合乎逻辑地叙述（信息结构），以什么符号进行叙述（信息形式）和谁来说（信息源）。信息内容可分为三类：理性诉求受众自身利益的要求，它们能显示产品产生的一定利益；情感诉求试图激发某种否定或肯定的感情以促使消费者购买，可分为正面和负面的情感诉求；道义诉求用来指导受众有意识地分辨什么是正确的和什么是适宜的，常用来规劝人们支持社会事业或参与公益活动。

信息结构设计主要解决三个问题，即信息点安排的顺序，怎样引导目标受众作出结论和分析信息内容的两面性。信息形式主要通过文字的、视觉的、听觉的形式来表达，但信息设计的形式必须有吸引力。信息源的可信度是信息有效与否最重要的因素，被公认的信息源可信度由三个因素构成，即专长、可靠性和令人喜爱性。专长是信息传播者所具有的、支持他们论点的专业知识；可靠性是涉及的信息源被看到具有何种程度的客观性和诚实性；令人喜爱性描述了信息源对观众的吸引力，诸如坦率、幽默和自然的品质，会使信息源更令人喜爱，这也是洗发水广告中普遍使用美女模特的原因。

四、选择传播渠道

从传播方式的角度看，信息传播渠道可以分为人员传播渠道和非人员传播渠道。

（一）人员传播渠道

人员传播渠道包括两个或更多的人相互之间进行的信息传播。他们可能面对面，诸如工作人员面对听众；也可能是在电话里，或通过电子邮件等方式进行传播。人员传播渠道通过个人宣传和反馈来取得成效。人员传播渠道可分为提倡者、专家和社会传播渠道三种类型。提倡者渠道是由公司的销售人员在目标市场上与购买者接触而产生的。专家渠道则是由具有专门知识的独立个人对目标购买者的交谈构成的，比较常见的是药品广告中的医生。社会渠道则由邻居、朋友、家庭成员与目标购买者的交谈构成，社会渠道中，“意见领袖”具有非常大的影响力。

（二）非人员传播渠道

非人员传播是指不直接面对某一个人的传播方式，包括媒体传播、销售促进、事件和体验以及公共宣传四种形式。媒体传播由印刷媒体、广播媒体、网络媒体、电子媒体和展示媒体组成，是非人员传播的主要形式。销售促进则包括了针对消费者的促销活动（如打折、优惠券等）、贸易促销（如对经销商的相关补贴）和针对销售人员的促销活动（如销售代表竞赛等）。事件和体验包括运动、艺术、娱乐，以及与消费者互动的故事性活动，有人将现在称为“体验经济时代”，故让消费者参与体验的营销行为逐渐成为发展趋势。公共宣传则包括公司内部的员工传播和外部消费者、其他公司、政府和媒体之间的传播。

五、编制传播预算

美国百货业巨头约翰·沃纳梅克曾有一句名言：“我认为我的广告费有一半是被浪费掉了，但我不知道是哪一半被浪费掉了。”最常见的预算编制方法有四种，即量入为出法、销售百分比法、竞争对等法和目标任务法。这些方法是不同时期的主流策略。

（一）量入为出法

这种方法是基于对公司未来收入的预测而决定传播预算，也考虑了公司的负担能力，但在变化万千的市场中，公司的收入往往是难以准确预测的。因此，这种预算安排方法完全忽视了营销传播对销售量的即时影响，导致年度预算的不确定，给制订长期市场计划带来困难，而且不能够根据市场情况拿出相应的反应策略。

（二）销售百分比法

许多公司以一个特定的销售量（现行的或预测的）或销售价格来安排营销传播费用。常见的有，汽车制造公司以计划的汽车价格为基础，典型地按固定的百分比决定传播预算；饮料生产企业往往也会计算在每瓶饮料的售价中可以有多大的比例作为营销传播的费用。这种方式考虑了企业的费用承受能力和竞争对手的选择，也有利于鼓励管理层以营销传播成本、销售价格和单位利润作为营销战略的先决条件进行思考；不过，这种方法根据可用的资金而不是市场机会来安排预算，显得不够灵活。

（三）竞争对等法

用竞争对等法来确定预算水平是以行业内主要竞争对手的传播费用为基础进行的，采用这种方法的企业都认为销售成果取决于竞争的实力。但是，用这种方法必须对行业及竞争对手有充分的了解，而这种资料往往是难于获取的，在通常情况下，得到的资料都只是反映往年的市场及竞争水平状态。而不同公司的声誉、资源、机会和目标有很大不同，它们的预算很难作为一个标准。

（四）目标任务法

目标任务法是目前应用最广泛，也是最容易执行的一种预算编制方法。这种方法要求营销人员通过明确自己特定的目标，确定达到这一目标必须完成的任务以及估算完成这些任务所需要的营销费用，以此决定品牌传播预算。它可以有效地分配达成目标的任务，但是要求企业管理层认真研究关于花费、显露水平、试用率和常规方法之间关系的假设，这种方法要求数据充分，管理工作量相当大。

六、确定传播组合

在完成品牌传播预算的编制后，就可以根据预算多少来决定传播组合。品牌传播的组合决策主要是指在广告、销售促进、直接营销、公共关系、人员推销传播和新媒体等传播方式之间选择（如表 7-1 所示）。即使是在同一行业中的公司，它们对于传播组合的选择都有所不同。如在化妆品行业，雅芳公司把它的促销资金集中用于人员推销传播，而露华浓公司则看重广告。公司总在探索以一种传播工具来取代另一种传播工具的方法，以获得更高效率的品牌传播。现在许多公司已经用广告、直邮和电话营销来取代某些现场销售活动。互联网的广泛发展也为多样化的传播组合提供了有力支持。

表 7-1　常见的营销传播方式

广告	销售促进	直接营销	公共关系	人员推销	事件/体验	新媒体
印刷和广播广告	竞赛、游戏	目标销售	报刊稿子	推销展示	运动	微博
外包装广告	兑奖、彩票	邮购服务	演讲	销售会议	娱乐	微信
包装中插入人物画像	奖励和赠品	电话营销	研讨会	奖励节目	节目	抖音
电影画面	样品	电子购物	年度报告	样品	艺术	快手
宣传小册子	展销会	电视购物	慈善捐款	交易会与展销会	事件	斗鱼
招贴和传单	展览会	传真	出版物	展示	工厂参观	虎牙
工商名录	示范表演	电子信箱	商务关系		公司展览区	H5 小程序
广告复制品	赠券	语音信箱	游说		街区活动	小游戏
广告牌	回扣		确认媒体			MAKA
陈列广告牌	低息融资		公司杂志			各类 App
售点陈列	招待会					
视听材料	折让交易					
标记和标识	连续活动					
录像带	商品搭配					

七、测定传播效果

在品牌传播开展后，营销传播者需要对传播对目标受众的影响进行衡量，例如，询问目标受众能否识别或记住该信息，看到它几次，记住哪几点，对该信息的感觉如何。企业还应该收集受众反应的行为数据，诸如多少人购买这一产品，多少人喜爱它并与别人谈论过它。测定传播效果，就是要看传播效果是否达到了预定的品牌传播目标。

测定传播效果可以为下一次传播活动的开展提供反馈信息。对品牌传播效果的测量可以从两个方面进行，一方面是直接比较传播活动开展前和传播后的销售效果，这种方法以销售为导向，并不能真正反映出品牌传播的效果，但这是一种比较简单的方式，事实上更多的营销传播者把这种方法视为衡量传播效果的唯一方法。然而，对于一个品牌的长期建设而言，更应该关心消费者对这个品牌的态度是怎样的，这就是测量的另一方面——态度测量。要询问他们是否知道某品牌，能否记住一次传播后接收到的信息，而且经过一次传播活动后消费者对品牌的态度是否有所改变，以及有怎样的改变，有多大幅度的改变，这些都是衡量传播效果要做的工作。

第三节　品牌传播媒介

媒介在品牌传播中占据着特别重要的地位，可以说，传播媒介是各类组织用以处理公共关系的喉舌。当前品牌传播的媒介主要有五种，分别是报纸、杂志、广播、电视、网络。其中，以互联网技术为基础和平台的新媒体层出不穷，对传统媒体造成严重的冲击和威胁。

一、新媒体发展趋势

伴随人工智能、VR、AR 等技术的持续进步，新媒体领域呈现出前所未有的巨大变化。面对迭代变迁，必须清楚地认识与把握新媒体的变化趋势、发展特点，才能充分地运用新技术、新应用去创新品牌传播方式，才能真正实现占领信息传播制高点的目标。

（一）形式发展趋势

在线视频服务的兴起，极大地改变了人们尤其是年轻人群的媒体消费习惯。在线视频服务的内容也实现了迭代式发展，从早期的电视节目在线收看，到原创视频发布，再到目前流行的网络直播，这种自下而上的互动社交方式，帮助普通人实现了话语权的更大解放。然而，视频直播的弊端也很快暴露出来，诸如突发事件现场记录、知识性直播等真正有价值的直播内容仅占少数，大多数直播平台都以生活化、娱乐化内容为主，日常生活的直播不可避免地出现了同质化、低俗化、庸俗化、妖魔化倾向。在此背景下，政府明显加大了对直播平台和视频发布的管理力度，来合理引导直播平台在社会建设中发挥正面作用。

（二）内容发展趋势

随着信息技术的快速发展，移动设备已成为人们获取信息的主要方式。传播方式的变革必然给人们的信息使用行为带来极大影响，研究用户在移动媒体平台的消费特征，对于移动新闻产业的发展具有重要启示。

目前这一领域尚有许多问题值得探究。比如，移动传播时代中长篇新闻的命运如何？我们普遍认为，包含更多观点、更多信息来源和更多历史背景的长篇报道是纸质媒体时代的典型产物，在快节奏、高效率、碎片化的阅读时代，长篇报道正逐渐失去生存土壤。然而，皮尤研究中心的数据显示，长篇新闻报道在今天以移动化为中心的社会里依然占有一席之地，虽然手机媒体屏幕空间狭小，且人们时常使用手机同时处理多个业务，但是消费者在手机上阅读长篇新闻报道的平均时间，是阅读短篇文章时间的两倍。这或许与移动设备本身的便携性和移动终端推送信息的易保存性有关。

（三）用户发展趋势

2017 年皮尤研究中心的调查数据表明，有 67%的美国老年人（65 岁及以上）已经开始通过移动设备获取新闻信息，相较于 2016 年增长了 24 个百分点；相较于四年前，更是实现了三倍的增长（2013 年的统计数据只有 22%）。在 50～64 岁的年龄段中，使用移动设备获取新闻的人口比例更是高达 79%，相较于 2016 年增长了 16 个百分点。这些数据表明，相较于年轻群体，新媒体在中老年群体中具有更大的增长空间。

也就是说，新媒体在工具性、社会参与性以及情感性等多个方面，赋予了中老年人重构自身生活的机会。因此，开发契合老年人口需求的新媒体应用与服务也具有广阔的未来前景。然而，我们不能因为新媒体老年用户数量的提升而盲目乐观，这背后存在的诸多隐患尚需要政府和社会的持续关注和共同应对。首先，文化程度、经济条件以及自身素质的差异，决定了中老年群体使用互联网机会与能力的不平等。其次，与青年一代的遭遇相类似，网络成瘾现象也在这个群体中悄然蔓延。

（四）技术发展趋势

对人工智能技术的研究与应用不仅在传媒业，更在全社会成为热议焦点。BBC 分析了 365 种职业后指出，符合“无须天赋、经由训练即可掌握的技能；大量的重复性劳动，每天上班无须过脑，但手熟尔；工作空间狭小，坐在格子间里，不问天下事”这三点特征的工作，最有可能被机器人取代。因此，当第一篇机器人写作的新闻稿出现在公众视野中时，许多新闻从业者的焦虑也随之产生。BBC 分析认为，目前记者被机器人取代的可能性只有 8.4%；诸如前沿关键技术、科学与艺术创新、涉及情感关怀类的工作，目前来看也很难被取代，这些职业的特点主要是“社交能力和协商能力强，具备人情练达的艺术；具有同情心，充满创意和审美”。

关于人工智能技术的另一个担忧，受地区、地位、能力、素质等的限制，人们对人工智能的接触范围与掌握程度也存在明显的差异，这可能会造成甚至已经造成了新的“数字鸿沟”和机会不均，导致更大的贫富差距与阶层分化，部分社会群体更加边缘化。此外，智能技术将整个社会带入数据化、关联性、可跟踪的生活氛围之中，个人隐私被侵犯和泄露就变得更加容易。如何在智能化服务与隐私权保护之间寻找平衡与界限，这不仅仅是开发者需要守住的底线，更是社会治理者必须强化的法律边界。

（五）服务发展趋势

个性化信息服务的兴起，也是“智媒时代”的主要标志之一。在年青一代的用户群体中，越来越多的人开始基于个人兴趣来展开信息内容消费行为。虽然个性化信息推送能够帮助用户在纷繁复杂的多元化信息中快速取舍，但是算法技术的发展水平与用户的主观多变性，仍然制约了个性化推送的匹配精准度与用户满意度。而更为重要的阻滞因素，来自信息内容本身的质量问题。如果一味地以推送用户感兴趣的信息为行动准则而罔顾新闻价值和舆论导向，最终消耗的，只能是用户对媒体的信任。

企鹅智酷 2017 年新媒体发展报告表明，56.1%的自媒体用户对自媒体内容质量表示了担忧。皮尤研究中心 2017 年的调查也显示，美国人对于来自社交媒体的信息缺乏信任，只有 5%的美国人对此表示出较高的信任，这个数字几乎与 2016 年（4%）完全相同，这种信任程度远远低于他们对来自国家和地方新闻机构、家人以及朋友的信息信任度。正因如此，越来越多的人选择通过多种媒体渠道获取新闻信息，帮助自己尽可能还原事件的真实原貌。相较于 2013 年的 15%和 2016 年的 18%，2017 年有 26%的美国人选择通过两个或更多的社交网络来获取信息，增长速度明显加快。可见，无论技术如何进步、程序如何完善，在渠道多样化的泛媒体生态中，决定媒体生死存亡的基础性因素，仍然是新闻的真实性。也许基于兴趣的信息推送能够带来一时的眼球效应，然而伴随信息源广度的不断扩张，可靠性最终仍会是用户衡量媒体信息服务质量的关键指标。

二、新媒体平台

（一）微博

微博是一种基于用户关系分享、传播以及获取信息的，通过关注机制分享简短实时信息的广播式的社交媒体、网络平台，用户可以通过 PC、手机等多种移动终端接入，以文字、图片、视频等多媒体形式，实现信息的即时分享、传播互动。微博平台的特点如下。

1. 便捷性

微博提供了这样一个平台，你既可以作为观众，在微博上浏览你感兴趣的信息；也可以作为发布者，在微博上发布内容供别人浏览。发布的内容一般较短，有 140 字的限制，微博由此得名；也可以发布图片、分享视频等。微博最大的特点就是发布信息和信息传播的速度都非常快。例如，你有 200 万听众（粉丝），你发布的信息会在瞬间传播给 200 万人。其次，微博开通有多种 API 接口，使得大量的用户可以通过手机来即时更新自己的个人信息。微博网站的即时通信功能非常强大，在有网络的地方，只要有手机就可即时更新自己的内容。类似于一些大的突发事件或引起全球关注的大事，如果有“微博客”在场，利用各种手段在微博上发表出来，其实时性、现场感以及快捷性，可以说超过所有媒体。

2. 传播性

微博草根性强，且广泛分布在桌面、浏览器和移动终端等多个平台上。传统媒体拥有较大的经济规模和“巨大、傲慢的组织机构”，而微博这种“草根媒体”则没有任何“门槛”，任何享有公民权的人都可以加入。微博有多种商业模式并存，有形成多个垂直细分领域的可能。服从公共性逻辑的微博属于免费浏览，更加偏重微博的内容与影响，因此在信源的选取、关注的话题和个人叙事框架的构建方面，都可以保持一定的独立性，从而改变了媒体发展的动力模式。

在微博上，信息获取具有很强的自主性、选择性，用户可以根据自己的兴趣偏好，依据对方发布内容的类别与质量，来选择是否“关注”某用户，并可以对所有“关注”的用户群进行分类；微博宣传的影响力具有很大弹性，与内容质量高度相关。其影响力基于用户现有的被“关注”的数量。用户发布信息的吸引力、新闻性越强，对该用户感兴趣、关注该用户的人数也越多，影响力越大。微博信息共享便捷迅速。可以通过各种连接网络的平台，在任何时间、任何地点即时发布信息，其信息发布速度超过传统纸媒及网络媒体。

3．原创性

在微博上，140 字的限制将平民和莎士比亚拉到了起跑上，这一点导致大量原创内容爆发性地被生产出来。嘀咕网董事长李松博士认为，微型博客的出现具有划时代的意义，真正标志着个人互联网时代的到来。博客的出现，已经将互联网上的社会化媒介推进了一大步，公众人物纷纷开始建立自己的网上形象。然而，博客上的形象仍然是“化装后”的表演，博文的创作需要考虑完整的逻辑，这样大的工作量对于博客作者是很重的负担。“沉默的大多数”在微博上找到了展示自己的舞台。

（二）微信

微信是腾讯公司于 2011 年 1 月 21 日推出的一个为智能终端提供即时通信服务的免费应用程序。微信支持跨通信运营商、跨操作系统平台，通过网络快速发送免费（需消耗少量网络流量）语音短信、视频、图片和文字，同时，也可以使用通过共享流媒体内容的资料和基于位置的社交插件“摇一摇”“漂流瓶”“朋友圈”“公众平台”“语音记事本”等服务插件。微博平台的特点如下。

1．圈子化传播

所谓朋友圈就是由微信通信录上的朋友组成的私密小群体，封闭式的朋友关系使得微信朋友圈的好友关系也十分稳定，这是微信不同于微博等新媒体的关键之处。每个人的朋友圈不是相互独立的，而是相互交错纵横的，形成一种由点到面的传播。“小世界”理论认为：你和任何一个陌生人之间的距离不会超过六个人，只要通过六个以内的人你就能够认识这个陌生人。在微信传播中，每个人都有自己的朋友圈，而朋友圈之间是有交集的，通过这些交集的部分可以在一定范围内拓展自己的朋友圈。此时，作为传播者已不是专业的媒体，而是每个操作微信的个体。

微信朋友圈中，传播者既是编码者也是译码者，个人朋友圈的分享可以是自己生活的记录，也可以是转载的文字、图片、视频等，看到的人可以评论和点赞，但是这种互动只有整个圈子内都是好友才能互相看到对方的评论，这种“圈子化”传播将每个人的圈子连成网状，扩大了信息传播的范围和影响。

2．精准化传播

集社交、通信、平台多重角色于一身的微信，改变了人们的通信方式、社交方式，人们的思维方式、行为方式也受到了一定影响。随着微信功能的健全，尤其是 2012 年 8 月微信公众平台的开通，更是改变了微信的传播属性，使微信成为信息的发布平台。在媒介融合的背景下，媒体纷纷创建自己的微信公众号，使得微信具有了新闻传播的功能。

微信公众号推送模式为强制性推送，并且后台可以将不同的用户分组推送和按地域推送，从微信公众平台发出的信息到达的都是主动关注了此微信公众号的用户，使信息实现了更加精准的传播。微信信息传播的到达率高，接近 100%。如“央视新闻”公众号对“雅安 5.9 级地震”的信息传播效果显著：当日早上 8 点 16 分发布了地震的文字新闻消息；紧接着在上午 9 点 9 分发布了图文信息，内容丰富，涵盖了地震方方面面的消息；其后，在 10 点 22 分发布微信征集地震现场情况的内容；随后在 12 点 47 分发布了国家领导人前往灾区现场和最新的灾区情况。经过以上信息的推送之后，用户已经知晓了灾区的大概情况。“央视新闻”公众号精准化的信息推送在突发事件的新闻报道中占据优势。不管是媒体、企业还是个人，都可以通过微信平台实现精准的信息推送，这样一是方便了用户，二是避免了资源浪费，信息传播的效果明显。

3. 传播便捷性

由于微信属于腾讯公司，微信可以借助腾讯之前推出的 QQ 社交平台，与 QQ 平台实现互联互通。也就是说，微信可以利用 QQ 用户群体，而它又借助于智能手机移动终端，使其在信息传播中具有优势。微信主打语音聊天，操作简单，它的用户群体更加多元化，下至小学生，上至中老年人，都可以利用语音功能实现聊天，迎合了大部分人对于信息交流的要求。

4. 传播私密性

微信与腾讯 QQ、微博相比较可以看出，信息交流的双方关系更为亲密，也就是大部分学者所认为的微信是“强关系连接网”。在微信中分享的信息，需要相互关注后才能看到。在微博中，关注同一事件的个人是可以互相看到评论的，而在微信中需互为好友才可以看到互相的评论，这使得人与人之间传播的信息隐私化了。

5. 传播选择性

使用与满足理论认为，媒介接触的行为是有着某种特定需求和动机的人使用媒介并得到满足的过程。用户在朋友圈分享内容既是分享日常生活的过程，也是分享思想、看法的过程。约哈里窗户理论认为，“对个人而言，其认识世界的知识基本上是由四部分组成的，即公开、盲点、隐私、隐藏潜能”。这四部分不是一成不变，而是一直变化的。通过搜索附近加好友的人，一般较少地或有选择地分享隐私，而对密友则是无话不谈，相比较就可以发现传播内容是根据关系的亲疏选择分享不同的内容，体现个人的主观能动性和选择性。

6. 片面化传播

在信息大爆炸时期，信息的来源不再局限于专业的机构和媒体记者，各种新型社交平台和普通人成为信息的重要来源渠道。信息传播越来越去中心化，信息茧房有了形成的基础。“信息茧房”理论认为，每个人都会被自己感兴趣的东西所吸引，从而将自己束缚在一定的领域，而躲避那些不感兴趣的东西，长此以往会形成个人茧房。信息茧房效应在微信中比其他新媒介表现得更为突出，这主要是因为微信的功能设置和信息传播的私密性。一方面，微信用户可以通过关注微信公众号的方式关注自己感兴趣的内容，用户有了更大的选择权和自由度，当用户在自由选择信息的时候，信息传播的窄化不可避免。另一方面，对微信传播来说，每个人的密友也就几个，大多数属于不常联系的人，这就使得信息茧房映射到交际领域形成定向化的人际交往，从而增加了信息传播的局限性；同时，微信传播固有的私密性又会加深这种定向化，使得个人越来越习惯于蜷缩在自己的小圈子里，不利于信息的平衡和真实。虽然现代人身处信息全面、多元化的时代，但是人们对信息的选择呈现出窄化趋向。微信用户呈现的信息多是个人日常生活的记录和感受，以文字、图片、视频的形式出现，这些内容具有碎片化的特点，由于受个人心情、习惯的影响，发表的内容往往不够客观，呈现一定的片面性。

7. 偏人际传播

微信好友是经过双方同意后进行交流的，具有圈子性传播的特点。同样属于微传播的微博和微信是不同的，当发送一条信息时，不管是不是好友，微博用户都能看到并进行评论和转发。微博用户可以互相不认识，它构建的是一个弱关系网络，只要关注就可以看到对方发送的信息。而微信的朋友圈没有转发的快捷按钮，无法像微博一样通过转发形成一对多传播。同时，微信中的语音等功能不能复制，只有聊天双方才可以收到，一定程度上制约了信息的大众传播。

微信成员间联系紧密，信息共享程度较高，“扫一扫”添加陌生人，“摇一摇”添加附近的人既满足了构建个人交际圈的需求，又使得信息传递私密化、个性化，传播的内容仅限朋友圈传递，隐蔽性较强，故微信传播具有人际化传播的倾向。而微博偏向于大众传播，能以较快的速度进行话题聚焦，如明星八卦通过微博一传百的速度传递产生声势浩大的舆论，成为热点事件。大众传播能通过一对多、多对多的方式快速传播，而人际传播在形成热点舆论上不具有优势，但其在说服、决定过程中具有明显优势。微信是依托于移动设备、通过多种形式传播微信息给用户的社交平台，这与微博、微视频等传播具有相同的特征，但微信具有不同于微博、微视频的传播方式，呈现出不一样的特点。微信传播的私密化和碎片化的自我表达，满足了最基本的社交需求，其发展迅速。

（三）抖音

抖音是一款可以拍短视频的音乐创意短视频社交软件，于 2016 年 9 月上线，是一个专注年轻人音乐短视频的社区平台。用户可以通过这款软件选择歌曲，拍摄音乐短视频，形成自己的作品。抖音表演模式创造性地解决了一个问题——剧本我都给你写好了，你只要表演，而且音频时长一般是 15 秒，降低了表达成本，增加了内容趣味，而低成本的内容也变得易扩散。抖音平台的特点如下。

1. 迎合自我价值表达需求

抖音得以如此迅速发展，最重要的原因是尊重了普通人的价值需求，尤其是青年渴望表达自我价值的需求。艾瑞指数数据显示，抖音主要用户为 35 岁以下群体（占比 81.68%）。抖音诠释了这一代人对社交的需求和被关注的渴望，促进人们表达自我价值认知，甚至出现“完全停不下来”的现象。任何人只要拥有一部可以拍摄视频、连通网络的智能手机，都能即时或定时地发布短视频，表达自我。抖音低门槛、弱关系链的介入，让人们可以随时随地将经历的事件与人分享，并得到他人的回应。建立良好的人际关系是青年时期最为重要的内容之一，抖音全民参与、全时互动等特征为青年提供了实现交往价值的渠道，在获得他人点赞、评论或对他人视频进行点赞、评论的过程中交互，并与有共同兴趣的人形成共同体，增强社会认同感和归属感。

2. 迎合快节奏碎片化阅读习惯

人类阅读方式经历了从文字、图画再到视频的变迁，文字和图片信息需要加工才能具有场景性，视频却能在直观地呈现场景的同时还伴以声音的传递，所见即所得，效率更高，让人更轻松。随着时代变迁，信息传递和生活节奏越来越快，短视频高产出快迭代，不断以新的方式刺激着大脑反应，改变着人们的阅读习惯。抖音以全屏高清、即时交互的特征迎合了青年人快节奏生活下的阅读习惯，实现了人们在时间和空间上对碎片化阅读的需要。

3. 草根原创内容多样性特征

随着移动互联网和智能手机的普及，抖音以低门槛拍摄制作、民间草根原创使短视频数量呈几何式增长。其以民间草根创作为主，即用户原创内容模式，在数量和内容上也体现了多样化特征。从数量上看，截至 2022 年 12 月，我国短视频用户规模达 10.12 亿，同比增长 8.3%，用户使用率高达 94.8%。2018—2022 年五年间，短视频用户规模从 6.48 亿增加至 10.12 亿，年新增用户均在 6000 万以上，其中 2019 年、2020 年，受疫情、技术、平台发展策略等多重因素的影响，年新增用户均在 1 亿以上。从内容上看，普通大众为吸引受传者“粉丝”的眼球，力求创新和新奇，传播内容囊括生活百态，从明星活动到普通大众的点滴，从高雅艺术到市井生活，从严肃认真的教程到轻松愉快的搞笑视频等。这相较于传统传播，既没有故事性，也缺乏观赏性，更谈不上技巧性，却满足了青年对多元世界的好奇。

4. 智能算法内容推送特征

网络在提供海量资源积累的同时，在定位并搜索需求资源的难度上也有所增大。但随着智能算法、数学建模和大数据技术的应用和发展，智能算法推送的概念已成为常识，平台或系统通过对用户数据信息的收集、整理、分析，巧妙的算法关联性设置，使内容具有极强的连贯性和后发性，向用户推送其有可能感兴趣的内容，引起用户的共鸣，进而促进用户模仿创造更多的视频。从最初的消息推送，到现在的内容推送，以此增加用户的黏性和获取信息的效度，智能算法推荐已成为网络平台发展的基础性内容。抖音依靠今日头条智能算法的技术优势，通过用户搜索、关注、评论、点赞、观看时长等因素进行综合分析，将相关内容推送给用户。这给广大草根内容创作群体提供了与明星、专业团队同等出现在公众面前的机会，甚至借此成为网红，获得知名度和直接利益。这都驱使广大草根创作群体追求更具创意的表演、更好的拍摄制作手法等来吸引更多的粉丝，促使抖音短视频从数量和质量上都得到提升。

5. 去中心化、模仿演绎、养成互动的特征

抖音以低门槛、易模仿、草根原创短视频的传播形式和去中心化的运营模式，提升了即

时互动的深度和效度。相较于传统专业生产内容（Professionally-generated Content，PGC）模式，UGC 模式中人人都是中心、人人皆是创作者和观看者，都是传播网络体系中重要的节点，再结合智能算法内容推送，有共同特性的人联结形成共同体，扩展了粉丝的外延和内涵。互动形式不仅有即时互动，还有养成互动。“互粉”已成为网络交互的基本准则，打破了明星等公众人物垄断粉丝的现象，使普通用户也能受到极大关注，甚至关注度超过公众人物，这也是大众不断创新的动力。抖音尊重个体自我表达的欲求，通过关注、点赞、评价等交互手段，增加创作者的自我创新驱动力，以短视频、高频次互动带动粉丝共同体，满足了养成互动的社交需求。

6．抖音传播具有本土化特征

随着网络技术的不断发展，全球一体化进程加快，全球化即时传播成为可能。在文化趋同的同时，多元文化传播越来越受到人们的重视，本土化内容传播成为未来发展的方向。我国属于多民族国家，幅员辽阔、历史悠久，各地区文化差异较大，抖音以去中心化、草根创作的方式让普通大众传播不同文化，从婚丧嫁娶、节日庆典等风俗到生活、饮食、交流方式等习惯，再到书法、绘画等历史文化的本土化，展现了我国的历史文化和发展现状；同时，出国旅游者及国外人士上传的国外内容，使普通大众能更好地了解世界、了解不同的文化，开阔了眼界。

【本章小结】

品牌传播的内涵分为两派：品牌资产导向论，即品牌传播的目标是提升品牌资产；品牌形象导向论，即品牌传播的目标是在消费者心目中建立品牌形象。对于前者，品牌传播就是通过广告、公共关系、新闻报道、人际交往、产品或服务销售等传播手段，最优化地提高品牌在目标受众心目中的认知度、美誉度、和谐度。

开发有效的品牌传播应该包括七个步骤：确定传播目标、选择目标受众、设计传播信息、选择传播渠道、编制传播预算、确定传播组合、测定传播效果。社会化媒介营销就是利用社会化网络、在线社区、博客、百科或者其他互联网协作平台和媒体来传播和发布资讯，从而形成的营销、销售、公共关系处理和客户关系服务维护及开拓的一种方式。

信息的生成和传播都需要消费者的参与，消费者生成信息称为 UGC，消费者传播信息称为分享。消费者身份、消费者信息创造、消费者信息传播构成了社会化信息的三要素。伴随人工智能、VR、AR 等技术的持续进步，新媒体领域呈现出前所未有的巨大变化。面对迭代变迁，必须清楚地认识与把握新媒体在形式、内容、用户、技术、服务等方面发展变化的趋势与特点。此外，还介绍了新媒体平台微博、微信和抖音，及其各自的平台特点。

【课程案例】

百雀羚，国货美妆的新孔雀飞

2017 年，一镜到底的民国风长图《一九三一》，刷爆整个朋友圈；之后推出童年怀旧穿越大片《韩梅梅快跑》，大打情感牌，好评如潮；双十一又上演生活大片《俗话说得好》，再一次引爆线上流量。

这是经典国民化妆品牌百雀羚在沉寂多年之后令人惊艳的“Young”亮相，在互联网世界刮起一阵民国怀旧复古风。

2016 年之前，昔日辉煌一时的国民化妆品牌百雀羚，受到国外大牌化妆品的冲击，几乎消失在公众视野中。而就在这一年，百雀羚借“双十一”天猫电商节，推出《四美不开心》广告片，召唤四大美人重出江湖之际，也正式宣告百雀羚成功切入年轻人社交领域。此后，百雀羚一发不可收，民国风大片广告时不时刷屏互联网，复古时尚风新品一款接一款，吸引了一拨又一拨年轻消费者。89 岁的百雀羚，通过传统文化对品牌调性进行创新表达，更好地展现“东方美学”，成为国货品牌起飞的绚丽新孔雀。

作为化妆品新国货的代表，百雀羚用亮丽的成绩，让我们看到了国货的“逆袭”，惊人的爆发力和长久的潜力，并用事实证明了一个道理：老品牌也能玩出营销新花样，新国货在互联网时代下，更要讲好“新”故事。

新国货讲好“新”故事，这是百雀羚品牌传播的主方向，其路径是用传统文化因素对产品和品牌进行包装和重塑。比如绘满五彩小鸟的深蓝色铁盒香脂，蕴含“天圆地方”哲学理念的方形带圆弧新包装；与故宫文化珠宝设计师钟华合作的“百雀羚×钟华”特制宫廷风礼盒，礼盒中限量款配饰的雀鸟缠枝美什件，以华贵宫廷的翡翠绿为主色基调，精细配上玉兰缠枝纹、雀鸟纹，无不彰显宫廷精巧之风。

（资料来源：https://baijiahao.baidu.com/s?id＝1681062012760147689）

【本章测试】

一、单选题

1. （　　）是品牌营销的重要环节和主要手段，是企业满足消费者需要、培养消费者忠诚度的有效手段。

A．品牌定位　　B．品牌传播　　C．品牌导向　　D．品牌指引

2. 下列不属于新兴社交媒体特点的是（　　）。

A．集结力大　　B．费用昂贵　　C．功能先进　　D．普及率高

3. （　　）完全忽视了营销传播对销售量的即时影响，导致年度预算的不确定，容易给制订长期市场计划带来困难。

A．量入为出法　　B．销售百分比法　　C．竞争对等法　　D．目标任务法

4. （　　）是一款可以拍短视频的音乐创意短视频社交软件，于 2016 年 9 月上线，是一个专注年轻人音乐短视频的社区平台。

A．快手　　B．虎牙　　C．火山　　D．抖音

5. （　　）不属于微信平台的传播特点。

A．圈子化传播　　B．精准化传播　　C．全面性传播　　D．私密性传播

二、多选题

1. 社会化媒介营销工具包括（　　）。

A．论坛　　B．微博　　C．微信　　D．SNS 社区

2. 信息传播渠道可以分为（　　）。

A. 物品传播渠道　　B. 非物品传播渠道

C. 人员传播渠道　　D. 非人员传播渠道

3. 常见的营销传播方式有（　　）。

A. 广告　　B. 销售促进　　C. 直接营销　　D. 人员推销

三、简答题

1. 简述品牌传播的内涵及社会化媒介的特点。
2. 简述品牌传播的步骤。
3. 试述新媒体平台，像微博、微信和抖音各自的平台特点及其优劣势。

【案例分析】

品牌故事：有意思和有意义

什么是故事呢？百度给出的答案是：通过叙述的方式讲一个带有寓意的事件，或是陈述一件往事。那么，什么是品牌故事呢？我理解应该有三个特征：第一就是要以客观事实为基础进行演绎，不能瞎编乱造，扭曲客观事实；第二就是故事的情节要有意思，不能苍白无力，平淡无味；第三就是故事的内容要有意义，不能无厘头，要传递深刻的寓意。据此可分为四类（见图 7-1）：①是既有意义又有意思；②是有意义没意思；③是有意思没意义；④是既没意义也没意思。以前多次听人说，做品牌要学会讲故事，故事能够创造效益之类的话。当时没有很明白，经过对企业多年的观察之后，我逐渐开始认识到确实如此。希望大家听完这节课，也能明白这些话，也能明白故事对一个品牌的重要性。接下来我给大家讲个品牌故事，看一看大家能够从中学到什么。

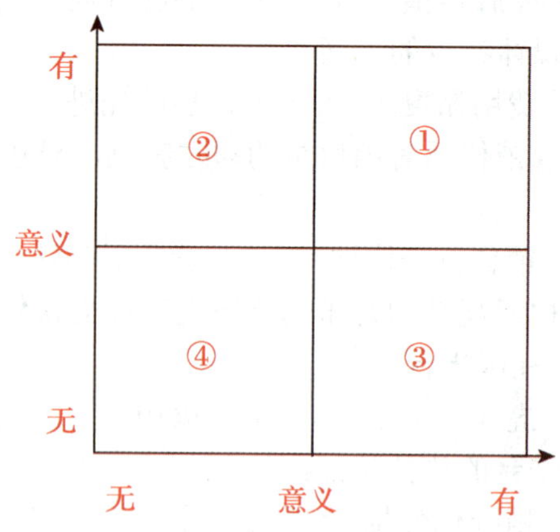

图 7-1　品牌故事的分类

这个故事主要讲述芭比娃娃的品牌故事。芭比娃娃的创始人是汤姆·汉德勒夫妇，公司的名称叫美泰公司，芭比娃娃是怎么来的呢？是有一天汉德勒看到自己的女儿芭芭拉在玩剪纸娃娃，而这个剪纸娃娃有很多的职业和身份，汉德勒突发灵感，我为什么不做一个成熟一点的娃娃呢？于是，美泰公司就迅速做出了一个拥有天使面庞、魔鬼身材的娃娃。芭比娃娃上市第一年就卖出了35万个，随后订单像雪片一样飞到美泰公司。芭比娃娃从出生开始，汤姆·汉德勒就赋予她人性化的一切，比如，很多漂亮的衣服，好几栋房屋和别墅，好多辆私家车，各种家用电器，等等。为了让芭比顺应时代的潮流，走向国际化的市场，美泰公司每隔几年就会推出芭比娃娃的一个主打职业身份，像职业女性的形象、登上月球的形象、电影音乐明星的形象、各种运动或啦啦队的形象，等等。而且在进入超过150个国家市场的时候，芭比娃娃都是以当地的传统服装展示给当地的消费者，有黑人芭比、拉丁美洲芭比、西班牙芭比、中国芭比、日本芭比、印度芭比，等等。这里我们要总结一下，美泰公司非常聪明的做法是，在时间上通过更换职业身份，让芭比娃娃与时俱进；在空间上通过穿戴当地的传统服饰，让芭比娃娃入乡随俗，从而打破了时间和空间上的限制。另外，还有一点需要说明的是，无论是东半球还是西半球，无论是南半球还是北半球的消费者，大家都能够接受芭比娃娃，说明全世界人们在审美这一块是有着共同的标准和偏好的。

除了这些，让人觉得更有意思的是芭比娃娃除了拥有物品之外，还拥有兄弟姐妹和男朋友。这里主要说一下她的男朋友肯，两人是在1961年拍摄他们的第一部广告片时认识的，两人一见钟情，并轰轰烈烈地相恋了43年，2001年，两人还成功地上演了芭比天鹅湖，怎么样，听起来是不是像做梦一样？这是真的还是假的？两个娃娃还能谈恋爱，还上演天鹅湖？这里有个关键的信息是相恋了43年，43年之后呢，什么时候分的手呢？也就是2014年的2月14日情人节那天，美泰公司对外宣布，芭比和肯分手了。这个消息一出，引起了市场上极大的震动，为什么呢？因为不少孩子开始问自己的家长，什么是分手？这个时候家长不得不向孩子解释什么是分手，什么是离婚，还非常担心解释不好会在孩子的心里留下负面影响，所以就不停地催促美泰公司推出新的男性娃娃作为芭比的下一任男朋友。在千呼万唤之后，美泰公司终于推出了一个新的男性娃娃，是一个澳大利亚沙滩男孩，名叫布莱恩，阳光帅气。布莱恩售价多少呢？接近15美元，而芭比呢？9.99美元。而且芭比换男朋友之后，以前跟肯相关的物品、房屋、汽车等所有的衍生品，都要跟着换掉。看看这美泰公司是多么的精明。男朋友这么一换，就出现了新的利润增长点。美泰公司为什么要给芭比换男朋友呢？因为芭比遇到了中年危机，一个娃娃在赋予了人性化的东西之后，年龄是个很大的问题。讲到这儿，我要问大家，芭比分手的品牌故事怎么样？符不符合客观事实？有没有意思？有没有意义？

（资料来源：https://www.icourse163.org/course/ZNUEDU-1003452001）

思考题：

1. 品牌故事该如何创造，把握哪些要点？

2. 你在校期间，是否创造过属于自己的故事，请列举一二。

第八章　品牌维护和危机管理

【学习目标】

1. 掌握品牌危机的定义，熟悉品牌危机的分类。
2. 理解品牌危机与产品危机、企业危机、公共危机间的区别和联系。
3. 熟悉品牌危机处理的原则，掌握品牌危机处理具体的沟通操作策略。
4. 理解品牌危机信息传播体系，并掌握品牌危机信息传播体系构建的方法。

【素质目标】

1. 维护品牌形象，树立诚信经营、公平竞争的职业价值观和职业操守。
2. 培养知识产权等法治观念、提高风险意识、保密意识。

【开篇实例】

不经历绝境，怎能涅槃重生

2012 年，加多宝最终还是输掉了“王老吉”这个品牌，一个自己苦心经营十数年、花费百亿资金打造的品牌突然之间就被夺走了，转而还成了自己最大的竞争对手，这对加多宝来说，不仅是商业上的打击，更是精神上的打击。很多人认为，加多宝会就此一蹶不振，甚至销声匿迹，存活下去似乎都已是痴人说梦，更别妄提发展了。但结果，加多宝让所有人大吃一惊，海尔的张瑞敏被加多宝的重生深深震撼，哈佛大学的教授也感叹说，全世界都没有见过这样的案例！加多宝，在绝境中涅槃重生，创造了 0 到 200 亿商业奇迹。

1. 绝境“换头”，背水一战中浴火重生

丢掉了自己耕耘十数载的品牌，对加多宝来说，是感情和商业上的致命打击，但他们没有时间伤感，接受现实并寻找出路，是他们眼下唯一能做的补救措施。于是，我们看到了加多宝在绝境中的“换头”手术。

5 月 12 日，加多宝正式收到商标仲裁书，被迫放弃使用和推广了 17 年的品牌。

4 天后，5 月 16 日，加多宝召开新闻发布会，宣告正式启动加多宝品牌。

12 天后，5 月 28 日，加多宝品牌的凉茶全国上市。

又仅过了 12 天，6 月 10 日，加多宝改名的新广告在全国播出。

重新定位，史无前例的“换头手术”就此呈现在世界面前。换头之后，加多宝不仅没有死，反而实现了从 0 到 200 亿的神奇增长。很多人都很好奇他们是如何做到的，今天可以为大家揭秘，他们成功的关键就是“重新定位”。其次是对定位坚定而严格的执行。

2. 移花接木，顾客心智的无缝嫁接

对加多宝进行重新定位，说起来是一件很简单的事情，但实现起来，就必须要考虑如何跟王老吉对抗，同时又能利用王老吉在顾客心智中所占的分量。加多宝的营销团队集中精力，迅速展开史无前例的定位研究，结果是将新品牌加多宝重新定位为改了名字的凉茶领导者，这个定位就把消费者心智中以前认知的红罐凉茶和加多宝做了一个无缝的对接，完成了心智的转换。在借势新广告的全国范围内的传播，“还是原来的配方，还是熟悉的味道”，顺利地把王老吉在顾客心智中的位置嫁接给了加多宝。

凭借精准的定位，加多宝完美实现品牌转换的逆袭，焕发出更加勃勃的生机，销量不但没有下降，反而逆势上扬，一举实现品牌过 200 亿的大关。在一个单品的销售额上恐怕创造的不只是中国纪录，还是世界纪录。值得一提的是，世界第一品牌可口可乐把加多宝列为头号竞争对手，世界第一品牌对加多宝如临大敌，反过来证明了加多宝定位的威力。

国家统计局、行业企业信息发布中心等机构的数据同时显示，加多宝凉茶的销售占比已经超过八成，所以加多宝又成了凉茶领导者，而且还成了饮料的领先品牌，再次和可乐比肩，这是第二次和可乐比肩了，这样的绝地反击，关键就在于成功的重新定位。

3．改换金罐，独享品类领导地位

虽然被重新定位为凉茶领导者，但是加多宝非常清楚自己以前打造的那个如今不属于自己的品牌，其能量还是很大的。至少在凉茶领域，除了自己，没有其他品牌可以匹敌。在都是红罐包装的情况下，加多宝也不希望消费者在喝完饮料后，不知道自己喝的是哪个牌子。在这种情况下，加多宝又进行了“换装”手术。

大家可以看到，加多宝能够做到最高的境界，就是加多宝这个品牌和原来的老品牌在共享一个位置，因为原来老品牌就是这个位置，加多宝是一个全新的品牌，所以最高的境界只能是共享头脑里的一个位置。那么这个问题就来了，这会导致同质化的问题，导致加多宝独立的身份还没有被识别的问题。名字虽然换了，但是这个位置还是共享的，所以这就是去年大家在这里一起见证的，加多宝换名的战略只完成了上半场，还没有进行下半场，下半场只有把加多宝这个品牌和这个位置从原来的二合一又要重新一分为二，完全脱离、完全剥离出来，使得加多宝处于凉茶领导者的地位是个独立的存在，这样才彻底地标志着加多宝这个新品牌完全自立自主，享有自己独特的位置。

加多宝用一个金罐，用一个全新的识别，把原来的领导地位从红罐中彻底剥离出来，形成一套新的识别系统，也代表加多宝重回凉茶领导地位的一个标志性的分水岭。

4．冠名综艺，实现品牌的高效传播

启动更名战役之后，除了常规的广告投放之外，加多宝还加大了大品牌、大事件的关联投放，将定位战略进一步放大。比如说伦敦奥运会，当时加多宝不仅加强了在央视的投放，还加大了与强势栏目的合作。通过一系列这样的动作，快速有效地把“更名”的定位信息传播出去。这个动作是非常重要的，在当时，不仅迅速实现了品牌的知名度，而且有效地稳定了渠道，因为渠道的人员也在看。冠名中国好声音的成功，无疑是这一系列传播中的一个亮点。

俗话说上帝给你关上了一扇门，一定会给你打开一扇窗户，中国好声音应该就是那扇窗户。也许冥冥之中注定，就在加多宝寻找传播平台的时候，中国好声音在绕了几个弯之后，出现在我们的面前。有人说加多宝当时是撞大运，其实不是这样，加多宝的定位战略是既定的，大平台是推进大战略的辅助。于是就有了那次珠联璧合的联手。加多宝通过独家冠名中国好声音，通过正宗凉茶，和正版音乐的完美结合，让加多宝正宗凉茶的认知深深的植根于消费者的心智之中，更实现了品牌正宗和领导者地位的有效输出，实现了与竞品的区隔。在合作几方共同的努力之下，“正宗好凉茶，正宗好声音”，成为那个夏季的中国最强音。

加多宝的绝境涅槃，是加多宝实力的体现。以前能够把小众凉茶做成国民饮料，把区域不知名的品牌做成可口可乐的头号竞争对手，这样的实力也就决定了加多宝不可能因为品牌之失而一蹶不振。当然，更名、换装的两大战略节点，对加多宝的腾飞插上了一双坚实有力且无比庞大的翅膀，借助这双翅膀，加多宝一飞冲天，扶摇直上，稳稳地高居“凉茶领导者”的地位，同时也为全世界贡献了一则经典的商业案例！

（资料来源：NST 新零售时代. http://www.ifooday.cn/18-107373-1.html）

第一节　品牌维护概述

一个品牌的建立是非常艰难的，一旦品牌建立了，并不意味着可以高枕无忧。因为在市场上，变化是永恒的旋律。市场环境是经常变化的，消费者的需求也会经常发生变化，新品牌的出现也会使市场竞争日益激烈。而品牌的创意形象、广告语、产品包装等却一直不变的话，自然难以保持吸引消费者的新鲜活力。因此要求企业经营者，在品牌管理过程中必须树立品牌维护和危机管理的意识，采取各种各样策略来维护品牌的形象，保持品牌的市场地位，提高品牌的知名度和美誉度。

一、品牌维护的含义

品牌维护是指企业针对外部环境的变化给品牌带来的影响所进行的维护品牌形象、保持品牌的市场地位和品牌价值的一系列活动的统称。品牌维护是品牌管理的一项重要工作，但是品牌维护并没有受到一些品牌所有者足够的重视，致使很多知名品牌甚至是百年老字号也逃不脱陨落的命运，尤其是中国的老字号在这一问题上尤为突出。

企业千辛万苦创出品牌之后，仍不能松懈，要对品牌精心呵护，否则，品牌会很快衰落，消失在汹涌澎湃的商潮之中。对于那些想抱着知名品牌吃一辈子的人，其实是在扼杀品牌，其最终必将被市场淘汰。市场是无情的，不管是中国品牌还是世界品牌，只要违反了市场变化的规律，就必然会导致企业经营的失败。

二、品牌维护的意义

在品牌管理过程中，品牌维护的现实意义如下。

（一）品牌维护有利于巩固品牌地位，有效地防止品牌老化

由于内部原因和外部原因，品牌在市场竞争中的知名度和美誉度下降，销售萎缩、市场占有率降低等品牌衰落现象，被称为品牌老化。品牌老化是一种逐渐下滑的趋势，如果不对品牌进行维护，随之而来的就是失去原有的市场。

进行品牌维护可以有效地防止品牌老化。随着企业经营环境的变化和消费者需求的变化，品牌的内涵和表现形式也要不断发展变化，为品牌注入新的元素，满足消费者尝试新特色、新款式、新时尚的追求。例如，可口可乐适时调整口味，李维斯牛仔裤的式样随着市场需求而变化等。维护品牌不断创新的形象，保持和增强品牌生命力，更好地满足消费者的需求，在竞争中始终处于有利地位，保持品牌的市场地位，是克服品牌老化的唯一途径。

（二）品牌维护有助于保持和增强品牌生命力，更好地满足消费者的需求

消费者是企业品牌经营者的上帝，以市场为中心，也就是以组合消费者需求为中心。消费者的“口味”是不断变化的，这就要求在同一品牌下要进行产品更新，品牌内容要随之作出相应的调整。几乎每一个知名品牌都在不断地变化着，以满足消费者的口味与偏好。就连曾说“福特汽车只有一种颜色，那就是黑色”的福特汽车近年来也推出了不同颜色、型号的汽车，以适应市场需求的变化。以市场为中心，完全满足消费者需求，要求品牌经营者建立完善的市场监测系统，随时了解市场上消费者的需求变化状况，及时地调整自己的品牌。

（三）品牌维护有利于抵抗竞争者的攻击

在市场竞争中，有两种竞争者对品牌形成巨大的威胁。一是自己不创建品牌，把生产的产品贴上别人的品牌进行销售，这一现象被一些经济学家称为“黑色经济”。据估计，假冒品牌商品总量约占世界贸易额的2%，甚至更多。假冒品牌商品不仅侵犯品牌的商标形象，使消费者真假难辨，而且由于质量等因素，在消费者使用过程中会产生不利影响。对于品牌拥有者来说，品牌被假冒将会引起市场混乱，降低市场控制能力，而且会严重影响品牌的经济效益，败坏品牌声誉，甚至导致品牌拥有者破产。二是品牌被恶意抢注。由于品牌有了知名度，得到了市场的普遍认可，产品经营也很顺利，在经营过程中企业突然发现自己的品牌被别人注册，品牌持续经营出现了障碍。因此，要有效地维护品牌，必须引入法治轨道，通过立法保护、司法保护和商标保护对品牌进行维护，有利于防止竞争者的恶意攻击。

（四）品牌维护有利于预防和化解危机

随着消费者维权意识和公众舆论监督程度的不断高涨，品牌面临越来越多的危机事件。企业的品牌运营活动是在变化着的市场环境中实现的。企业在选择运营策略、制定管理制度、决策投资项目等活动中，不能与外部环境相适应，企业的品牌运营就可能陷入品牌危机。例如，秦池古酒为争夺央视电视广告时段的标王地位而一掷千金，导致企业资金链断裂，品牌陷入危机。同时品牌维护要求品牌产品或服务的质量不断提升，可有效地防范由内部原因而引起的品牌危机，同时加强品牌的核心价值，进行理性的品牌延伸和品牌扩张，有利于降低危机发生后的波及风险。

三、品牌监测

企业的外部环境是经常变化的，一个强势品牌要想在激烈的市场竞争中长足发展，必须清楚了解品牌在市场上的表现，要时时刻刻进行监视和测量，以此来调整和丰富品牌识别，使品牌个性更清晰。

（一）品牌监测方法

品牌监测方法主要有定性和定量两种，如表 8-1 所示。

表 8-1 品牌监测的定性和定量方法

项目	定性	定量
目标	对于潜在的原因和动机得到一个定型的认识	把得到的信息量化，从样本推知总体
样本	少量非代表性的个案	大量的代表性的个案
方法	座谈、深度访问	入户访问、街头定点访问
结果	产生一个初步的概念	得到一个可以指导行动的结论

（二）品牌监测的内容

1. 对消费者品牌选择行为的监测

消费者的需求是经常变化的，这就要求对消费者进行监测，这样才能使品牌内容作出相应的调整，以更好地满足消费者的需求。

（1）知名度调查。品牌知名度即心智占有率，是指消费者提到某一产品时能想起或知晓某一品牌的程度。

（2）美誉度调查。美誉度反映消费者对品牌的品质认知度和喜好程度。

（3）忠诚度调查。品牌忠诚度反映的是消费者对某一品牌持续购买愿意付出更多代价以及对品牌使用经历的满意程度。

（4）联想度调查。品牌联想是指提到某一品牌就会产生的一系列联想、印象。

2. 对竞争性品牌的监测

对竞争性品牌的监测首先要了解公司的品牌战略方向是什么，这样才能了解面对最大挑战来自哪个竞争对手。此外，要了解竞争性品牌的目标以及对公司品牌产生的影响，竞争对手的实力和弱点如何，公司品牌和竞争性品牌的竞争地位如何，等等。

3. 对品牌市场表现的监测

对品牌市场表现的监测是为了更好地了解品牌在市场上所处的地位，目的是更好地适应未来的发展而作出调整。对品牌市场表现的监测一般包括对市场占有率和通路覆盖率的监测。

品牌监测是为了实施品牌维护策略所进行的前期活动，品牌监测可以在公司内进行，也可以委托专业机构操作，无论采取哪种方式，品牌维护是必不可少的环节，是为了保证品牌维护能更有针对性的进行。

第二节 品牌维护的策略

品牌维护的策略包括品牌的自我维护、品牌的法律维护和品牌的经营维护三部分。

一、品牌的自我维护

品牌经营者努力营造着高知名度的品牌，然而枪打出头鸟，品牌的知名度越高，假冒者就越多，技术失窃的可能性也就越大，品牌搏杀竞争、品牌之间相互攻击斗击、两败俱伤的现象也就越普遍。因此，品牌经营者为使品牌健康成长，必须注意进行自我维护。

（一）防伪打假

对于市场上出现的假冒问题，企业必须引起足够的重视，并采取适当措施加以制止。如果名牌产品的商标和包装技术含量不高，伪造者就易于仿制。因此，企业要大力开发和运用专业防伪技术，同时，要提高顾客对真假产品的辨别能力。企业应利用广告和公共关系等手段，来宣传自己产品的特点、商标、包装和质量等，并教授消费者正确区分真假的方法，力求在全社会形成一个共同监督的保护体系，坚持不懈地开展打假活动。企业和个人都应积极配合工商行政管理部门与商标局等单位，进行整顿市场秩序、查处侵权行为，并对假冒伪劣等不法行为的制造者给予坚决打击。

1. 积极开发和应用专业防伪技术

有些产品品牌和包装的技术含量低，使制假者伪造极为容易，这是有些品牌的假冒伪劣产品屡禁不止的一个重要原因，所以必须采用高技术含量的防伪技术，从而有效保护企业品牌。

（1）防伪技术的概念、分类及技术类型

所谓防伪技术，是指能增加加工难度、降低其制造仿真度的技术措施或手段。

防伪技术可以从不同角度进行分类：①从功能上分类，分为保真防伪和辨假防伪，也就是人们通常所说的积极防伪和消极防伪；②从应用领域分类，分为产品防伪、标识防伪、信息防伪；③从防伪技术使用与辨识的范围分类，可分为公众防伪（明防）、专业防伪（暗防）、特殊防伪三种。

防伪技术的主要类型：①物理学防伪技术，也就是应用物理学中的结构，如光、热、电、磁、声以及计算机辅助识别系统建立的防伪技术；②化学防伪技术，即在防伪标识中加入在一定条件下可引起化学反应的物质；③生物学防伪技术，是指利用生物本身固有的特异性、标志性来防伪的措施；④多学科防伪技术，也就是通过两种或两种以上学科方法的综合利用来实施防伪；⑤商标的综合防伪技术。

（2）企业开发和应用防伪技术的有效途径

①企业自己独立开发和应用防伪技术；②企业与专业防伪技术部门合作开发和应用防伪技术；③企业直接向防伪专业部门订购已开发出的防伪技术产品。

不论哪种防伪方法，只要行之有效均可采用，或者结合采用。采用现代高科技含量的防伪技术是有效保护品牌的重要手段，这要求企业品牌经营者能够有清晰的认识、保持高度的警惕，综合运用多种高科技尖端技术，使一般人难以仿制。例如，娃哈哈纯净水就采用了电子印码、激光防伪、图案暗纹等多种防伪技术。

事实上，世界上几乎所有的知名品牌都采用了各种防伪标志，对保护自己的品牌起到了一定的积极作用。但从实际情况来看，防伪措施的力度还不够，企业还应积极打假，把防伪与打假结合起来。

2．运用法律武器参与打假

（1）提高认识，立足长期打假

假冒伪劣作为一种社会公害，是会长期存在的，不可能一谈打假，假货就会退出市场。打击假冒伪劣是一场长期的、持久的战斗，企业经营者们要有长期作战的思想准备。

（2）多投入人力、物力打假

打假要花费人力、物力、财力。目前阿里每年打假直接投入资金成本在10亿元左右，其中，占比第一是人力成本，阿里内部拥有一支规模在数千人级别的“打假队”，第二是技术投入，其中包括服务器成本；占比第三的是神秘抽检服务。马云曾公开表示，打假不设预算上限。若年中发现打假预算高于年初计划，则会继续追加预算。10 亿元仅仅是阿里打假的显性成本，阿里平台上的打假工作仍是一场旷日持久且短期内看不到终点的战争。西安太阳食品集团公司生产的“太阳”牌锅巴，曾经畅销全国，1990年，锅巴的产值已达1.85亿元，创利税3000万元。随着大量假冒“太阳”牌锅巴的出现，正宗“太阳”牌锅巴市场遭到严重冲击，每月销售量由 3000 吨猛降到每月 300 吨。该公司为更新防伪技术，两年四次就耗资近600万元。所以，要打假就需要大量的资金投入。

（3）成立打假办，有组织地进行打假

假冒伪劣历来都是一股毒流，渗透在市场的每一个角落，若没有一定的机构和专门人员去负责打假的话，其效果绝对是大打折扣的。鉴于此，我国许多知名企业都吸取了被假冒的经验教训，成立了专门打假机构，配备专职打假人员，积极参与打假，取得了显著成效。

企业必须加强对知名品牌商标的管理，制定专门的商标管理制度，把商标管理纳入全面质量管理之中。对商标的使用、标识的印刷、出入库、废次品标识的销毁等，都要进行严格管理。为了加强企业内部的商标管理，企业应设立科学的、完善的商标档案，设立专门的商标管理机构，配备熟悉商标知识和商标法规的管理人员，使他们成为品牌的捍卫者。此外，还可以向消费者普及品牌的商品知识，以便让消费者了解正宗品牌的产品；与消费者结成联盟，协助有关部门打假，从而组成强大的社会监督和防护体系。

（二）控制品牌机密

当今世界是信息的世界，谁掌握信息，谁就掌握了主动权。在知识经济时代，信息可能比资产更为重要。在和平年代里，经济情报已成为商业间谍猎取的主要目标，严酷的事实要求品牌经营者必须树立信息观念、高度戒备，保护自己品牌的秘密，以防泄密。

1．要有保密意识

当今社会，各种间谍技术高超，信息手段发达，造成品牌秘密很难保住，稍不留神，就会给品牌造成不可估量的损失。有时重要信息的失窃是在没有保密意识下不自觉的行为造成的。20 世纪 80 年代末，我国成功地发射了一枚一箭多弹火箭，在国际上引起了巨大反响。国外情报部门纷纷指派情报人员收集相关资料。正在一筹莫展之时，我国有位工程师在某全国大报上撰写文章，详细介绍了这些发射情况，情报间谍们大喜过望，不费吹灰之力就获得了有关资料。

与上述情况相反，世界最大软饮品牌可口可乐，同样的一个配方，为何 130 年长盛不衰？其中很重要的一个原因，就是配方的保密做得很好。从 1925 年到 2011 年，可口可乐配方一直被存放在美国亚特兰大市中心的太阳信托银行保管库内，据说全球只有不到 5 个人知道这个配方，而且为了严格保密，规定知道配方的两个人不能同时乘坐同一架飞机。2011 年之后，该配方被存在可口可乐公司亚特兰大总部博物馆的保险箱里。来博物馆里参观的人会被 16 个覆盖 360° 的高清摄像机监控，参观者体貌特征都会被视频录制下来，全部记录在案，可谓安保工作做得相当严谨。100 多年来，可口可乐在人们心中已经形成了一个根深蒂固的印象和地位，这个地位是其他品牌很难撼动的，正如可口可乐公司前总裁罗伯特·伍德鲁夫曾经说过的这句名言——“即使大火烧掉了可口可乐全球所有的工厂，我们依然能重头再来。”

2．谢绝技术性参观和考察

经调查显示，在世界上，每一项新技术、新发明领域中，有 40%左右的内容是通过各种情报手段获得的，而许多经济间谍正是打着参观的幌子来盗取情报的。因此，品牌经营者有必要谢绝技术性参观和考察。对于无法谢绝的参观，各企业通常需要采用专人陪同，进行监视，以防止技术秘密外泄。

一天，法国一家著名的照相器材厂来了一批日本客人。这家工厂的两位实验室主任自始至终陪同。在观看一种新的显影溶液时，一位客人俯身贴近盛溶液的器皿，仔细看了一下。这种极为平常、自然的举动，一般人都不会注意。可是，精明的实验室主任却发现了。这位客人的领带比一般人的长，当他俯下身子时正好使领带末端“无意地”沾到了溶液。他回去只要把领带上的溶液痕迹化验分析一下，就很容易得到这种显影溶液的配方了。别人花了几年乃至几十年的科学研究成果，他便能一下子掌握了。这时，实验室主任悄悄叫过一位女服务员，对她吩咐了一番。

当参观结束后，客人们心满意足地回到休息室时，那位女服务员彬彬有礼地走到那位客人面前说：“先生，您的领带脏了，请换条新的。”说完，便为他解下领带，给他换上一条崭新的漂亮领带。那位客人很尴尬，但又有苦难言，只好鞠躬道谢，红着脸走了。应该说，偷情报的工业间谍和取回被窃情报的实验室主任，都是聪明机警的人。

3．严防家贼

正所谓“明枪易躲，暗箭难防”，品牌的失密常常是自家人所为。家贼又可分为两种：一种是竞争对手派来卧底的；另一种则是原来是本企业的技术人员，为了更高待遇而跳到竞争对手那儿去。针对这两种情况，必须严格限制接触品牌秘密的人员范围。

（三）避免互相杀戮

随着经济的发展和市场的繁荣，品牌之间的竞争日益激烈。竞争自然是不可避免的，但绝对要以正当竞争手段为前提，坚决避免品牌之间的互相杀戮。

1．切忌互相搞降价比赛

价格是商品价值的货币表现形式，消费者常以价格的高低来判断商品质量的好坏。降价是一项极为有效的促销手段，可以增加企业产品的销售工作，许多企业更是把它作为撒手锏来用。

然而，价格绝不是万能工具，它极易破坏消费者的品牌忠诚，也使品牌经营者受到巨大损失。

2. 切忌互相攻击

品牌经营者们在激烈的市场竞争当中不应攻击竞争品牌，更不能互相诋毁，否则将容易两败俱伤，成了搬起石头砸自己的脚。

前些年，麦当劳快餐店曾在荷兰各地推出一系列促销广告，其中一则广告上醒目地写着“不！不！不要吃中国餐！”，这一广告立刻引起荷兰华人社团的严重抗议，他们与法律顾问取得联系，诉诸法律，这一攻击行为导致麦当劳的形象和声誉都受到了严重的损害。

二、品牌的法律维护

品牌的法律维护是指品牌所有者在具体的经营活动中适用法律武器对自己品牌合法利益的正当维护。由于法律维护的权威性、强制性和外部性，品牌的法律维护是最强有力的品牌维护手段。

品牌的法律维护在广义上包括某商品形成的独特的精神成果及该商品所具有的外部标志所共同组成的权益的维护。在狭义上是指对品牌具体的商业标记的保护，包括对企业商号、商标、企业徽标、商品名称、特有的包装装潢、域名、广告语等因素的法律维护。为了基本了解品牌的法律维护的内容，本书以商标维护为例进行具体介绍。

（一）及时注册商标，获得商标权

及时获得商标权是企业品牌战略的必要保障，也是品牌法律保护的基本前提。《中华人民共和国商标法》第三条规定：“经商标局核准注册的商标为注册商标；商标注册人享有商标专用权，受法律保护。”也就是说，获得商标权，是品牌受到法律保护的先决条件。《中华人民共和国商标法》对商标注册采用“申请在先”的原则，在同一种或类似的商品上，以相同或相似的商标申请注册的，初步审定并公告申请在先的商标。如果相同的商标在同一天注册，则采用“使用者先”的原则，因此，品牌不能及时注册，就不能获得商标的专用权，其品牌也不能受到法律保护。

对未注册的商标，适用的法律是《中华人民共和国反不正当竞争法》。该法规定：“擅自使用知名商品特有名称、包装、装潢，或者使用与知名商品近似的名称、包装、装潢，造成与他人的知名商品相混淆，使购买者误认为是该知名商品，认定其为以不正当手段从事市场交易，损害竞争对手。”但这里有一个前提，受保护的品牌必须是知名品牌，如果知名度不高一般不予保护。所谓知名品牌，一般是指经过权威部门或政府管理机构认定的“驰名商标”。

品牌名称注册的同时，还要注册标志、包装和广告语，例如，可口可乐公司对中文“可口可乐”、英文 CocaCola 的名称和带状标志以及瓶子外形都进行了注册。在注册名字时，企业最好对相近或相似的名称进行注册，例如，中国的“娃哈哈”品牌名称注册时，同时注册了“哈哈娃”“娃娃哈”“哈娃娃”等与娃哈哈文字不同排列的名称。不仅要在国内注册，还要在未来市场注册，防止恶意抢注。不仅要注册所在行业的品牌，还要注册相近行业的品牌，以便品牌延伸。除了传统的品牌注册外，最好注册网络域名，所注册的域名覆盖企业、产品名称数字组合，以构建周密、全面的网络保护圈。

（二）及时注册，勿忘续展

商标申请人按照商标法规定的法定程序，将自己已使用或将要使用的商标向商标局申请注册，经商标局审查核准，发给商标注册证，缴纳费用后，商标申请人就获得了商标专用权，同时也受到商标法的保护。任何人未经商标权许可，都不得使用该商标，否则，即构成商标侵权行为，将受到法律制裁。

必须指出的是，商标权的保护是有时间限制的。对此，各国的法律规定不尽相同。在英国及沿袭英国制度的国家，商标权的保护期限为 7 年；古巴、斯里兰卡、坦桑尼亚等国的保护期限为 15 年；而美国、意大利、瑞士、菲律宾等国的保护期限长达 20 年。我国现行的商标法规定，注册商标的有效期为 10 年，自核准注册之日起计算。如果注册商标有效期满，需要继续使用的，商标注册人应当在期满前十二个月内按照规定办理续展手续；在此期间未能办理的，可以给予六个月的宽展期。每次续展注册的有效期为十年，自该商标上一届有效期满次日起计算。期满未办理续展手续的，注销其注册商标。商标局应当对续展注册的商标予以公告。至于续展次数，商标法则没有限制。只要企业愿意并能在法定期限内及时续展，商标专用权就可以成为企业的一种长久的权利，受到法律的长期保护。

（三）防止商标设计误区，商标设计应该与众不同，不利于仿冒

商标标识是由各种保护性要素组成的，这些要素包括展示、名称、标识、声气味，甚至外形包装的各种审美要素。这些要素必须具有独特性，才能更好地得到保护。商标设计越独特，越有利于防止其他竞争者仿冒，也就越能更好地受法律的保护。例如，麦当劳快餐店设计了一个金黄色拱门形状 M 作为其商标，单纯、明快，给人以强烈的标志感，视觉印象特别醒目，良好的冲击效果，而且在消费者心目中形成良好的印象，不利于竞争者仿冒。

三、品牌的经营维护

所谓品牌的经营维护，是指企业经营者在具体的营销活动中所采取的一系列维护品牌形象、保持品牌市场地位的活动。主要包括以下几方面。

（一）保证和提高产品质量，维持高质量的品牌形象

质量作为品牌的本质、基础，会影响到品牌的生存和发展。质量是企业赖以生存和发展的保证，是开拓市场的生命线；用户对产品质量的要求越来越高，提高质量能加强企业在市场中的竞争力；产品质量是形成顾客满意的必要因素，因此较好的质量会给企业带来较高的利润回报；质量管理是公司品牌的保护伞，严抓质量管理可以提高品牌美誉度；加强质量管理也是维护人们的生活。当今市场环境的特点之一是用户对产品质量的要求越来越高。在这种情况下，就更要求企业将提高产品质量作为重要的经营战略和生产运作战略之一。因为，一方面，低质量会给企业带来相当大的负面影响，它会降低公司在市场中的竞争力，增加生产产品或提供服务的成本，损害企业在公众心目中的形象，等等。另一方面，以前，价格被认为是争取更多的市场份额的关键因素，现在情况已有了很大变化。很多用户现在更看重的是产品质量，并且宁愿花更多的钱获得更好的产品质量。在今天，质量稳定的高质量产品会比质量不稳定的低质量产品拥有更多的市场份额，这个道理是显而易见的。较好的质量也会

给生产厂商带来较高的利润回报。高质量产品的定价可以比相对来说质量较低产品的定价高一些。另外，高质量也可以降低成本，而成本降低也就意味着公司利润的增加。

对品牌经营者而言，维持高质量的品牌形象，可以通过以下几方面进行。

1. 评估产品目前的质量

目前生产的品牌产品中，是否严格按照本企业的生产质量管理体系进行？与 ISO9000 系列国际质量认证体系是否还有差距？在品牌组合中，目前被消费者认为低的是哪些品牌？是整个品牌还是某个方面？企业的销售人员是否完全具备与产品品牌有关的业务知识？品牌经营者应该从内部挖潜，即全力贯彻实施内部质量管理体系，从根本上了解消费者对品牌产品的意见和建议。

2. 随时掌握消费者对质量要求的变化趋势

企业在设计产品时考虑顾客的实际需要，随时掌握消费者对质量要求的变化趋势，建立独特的质量形象。倾听顾客意见，对现有产品质量进行改良；倾听专家意见，以便在产品质量上有所突破。

3. 建立独特的高质量形象

从品牌广告、营销、公关、策划等多种角度，建立独特的高质量形象。知名品牌主要由品位高雅、质量可靠、设计入时等内在因素起主要作用，但品牌也要善于包装自己，也就是通过各种有效手段把自己宣传出去。

（二）品牌的更新策略

1. 产品更新

品牌的基础是产品，一旦产品老化，品牌也必将走向衰退，所以保持产品创新，是保持品牌不老的基础。任何品牌创新，若没有产品创新，就会成为无源之水。

产品创新是指运用先进的科学技术进行创新，即运用科学技术为产品开发进行创造和发明，或对产品的质量、性能等进行改善。无论何种产品创新，都以市场为中心，来满足消费者的需求。例如，海尔集团针对不同地区、不同国家推出了小小神童洗衣机和在部分地区才用得着的可以洗红薯的洗衣机，正是由于海尔从顾客的实际需求出发，才使它每推出一种新产品都颇受消费者的欢迎。

2. 品牌的重新定位

从企业的角度，不存在一劳永逸的品牌，从时代发展的角度，要求品牌的内涵和形式不断变化。品牌从某种意义上就是从商业、经济与社会文化的角度对这种变化的认识和把握。所以，企业在建立品牌之后，会因竞争形势而修正自己的目标市场，有时也会因时代特征、社会文化的变化而引起品牌的再定位。

竞争环境迫使企业改变品牌的定位。美国著名非可乐饮料“七喜”，在进入软饮料市场后，经研究发现，可乐饮料总是和保守型的人结合在一起，而那些思想新潮者总是渴望能够找到象征自己狂放不羁思想的标志物。于是该饮料即开始以新形象、新包装上市，并专门鼓励思想新潮者组织各种活动。避实就虚的战略使得七喜获得了成功。这是在面对两大可乐公司的紧逼下寻找到的市场空隙，品牌新市场定位给它带来了生机。

时代变化而引起修正定位。例如，英国创立于 1908 年的李库柏（LEECOOPER）牛仔裤是世界上著名的服装品牌之一，也是欧洲领先的牛仔裤生产商。近百年来，它的品牌形象在不断地变化：20 世纪 40 年代——自由无拘束；50 年代——叛逆；60 年代——轻松时髦；70 年代——豪放粗犷；80 年代——新浪潮下的标新立异；90 年代——返璞归真。

3. 品牌名称更新

如果现有名称已不能诠释品牌的内涵，那么就有必要进行更换。如企业经营战略发生变化，为适应战略的发展而改变。例如，联想集团英文名称更换的一个重要原因便是如此，特别是在联想的数码相机、MP3、手机等业务日益壮大起来，创新、活力、动感才是联想新标志所要体现出来的，而以往高科技的联想、国际化的联想、服务的联想战略定位也会被重新升级到一个版本。在这种情况下，原来的英文名称“Legend（传奇）”已不能适应形势的发展，于是，联想将 Legend 更名为 Lenovo，新产品较好地体现了联想内涵，其中的 Le 取自原来的 Legend，继承“传奇”的意思，novo 是一个拉丁词根，代表创新之意。Lenovo 寓意为“创新的联想”。

4. 品牌标志更新

品牌标志（Logo）是指品牌中可以通过视觉识别传播的部分，包括符号、图案或明显的色彩和字体。在品牌经营中，品牌标志变与不变、什么时间变，都是需要企业决策者在反复权衡机会与风险后才能作出的重大抉择。考察国际品牌的发展历史可以发现大多数公司不同程度地选择了调整策略。改进品牌标志是为了适应时代进步和文化潮流，从而摆脱品牌老化的尴尬境地。

更新品牌标志要注意的问题是不管怎么变都不能背离品牌精髓——核心价值，如耐克挑战极限的体育精神、诺基亚科技以人为本的人文精神。品牌标志的每项要素都要与历史的和现行的识别形象进行比较，明确哪部分需要改动、哪些品牌风格应当保留，使新品牌标志既能保持消费者对品牌的忠诚度，又能给人以新鲜感。2021 年 12 月 18 日，蒙牛对已经使用了 22 年的 Logo 进行换新升级，确定了品牌坚持“在传承中不断进行形象焕新”的理念，以及“兼具年轻化、国际化新形象”的 Logo 升级思路。这是自 1999 年品牌创立以来，蒙牛首次更换 Logo。此次 Logo 换新，也是蒙牛通过视觉形式与消费者展开的一场深层次对话。集团试图从品牌角度把战略目标以更加清晰和简洁的方式传递给消费者。Logo 换新之际，蒙牛也启动了全球品牌升级战略，与国内国际文化体育品牌进行持续性战略合作。

5. 品牌包装更新

包装就像产品的脸面，是产品品质的外部表现形态，也是消费者识别品牌、与企业进行沟通的媒介，因此改进包装是品牌更新的直接手段。因为新包装下的产品数量以及包装本身视觉形象的改变都是影响消费者需求的重要因素。品牌包装更新应遵循的思路是体现人性化、现代化，并应配合产品升级换代，体现品牌的多层次；加入新的元素，传播品牌新概念、新主张等。还需补充说明的是，品牌传播的直接载体：品牌名称和品牌标志的更新一般都涉及品牌包装更新。新材料的应用，如真空包装、蒸煮袋包装，可以通过塑造崭新的包装形象改变品牌原有的形象；使用绿色包装，会让人联想到无公害、健康、安全的品牌形象。

百草味作为一家拥有九大品类三百多个产品的零食品牌，产品包装设计的难题是品类和产品太多，老包装就像散兵游勇，只见产品，不见品牌，相互之间甚至存在干扰与竞争关系。而升级之后，统一的版式展示了大牌强大的产品矩阵，设计完美融合了理性说服和感性打动两个部分：按照重要次序来展示信息层次属于理性设计，分别是品名、品牌、产品的slogan和产品利益点，高度统一之后，也非常适合新品延展：只需替换产品的相关信息就行了。而感性部分就是产品的高清美图，成功让消费者产生食欲和好感。经历了大刀阔斧、改头换面的品牌视觉升级，形成了统一的品牌包装视觉，半年内，收入同比增长40.6%。

6. 品牌传播更新

（1）品牌传播方式的更新。广告虽然仍然是消费者了解品牌信息的主要方式，但如果品牌只单纯地用广告进行传播，则不能与消费者进行深入的交流，并且长期的广告轰炸也会使消费者产生审美疲劳，降低品牌传播的效果。因此，在品牌的传播过程中，将广告、公关、事件、新闻等各种传播形式有机地整合起来综合运用，将有效地强化品牌的传播力量。比如，可口可乐获得的第一次腾飞便是在“二战”期间的一次公关事件。“二战”前可口可乐与其他饮料相比并无出众之处。“二战”爆发后，可口可乐公司巧妙地抓住了这一机会，将可口可乐饮料送到美军前线为战士们解渴，之后，可口可乐成了世界流行饮料，也成为美国标志之一。

（2）广告更新。广告是品牌传播最常用的一种方式，但做好广告传播却不是一件容易的事，做广告更需要有更新。广告更新可以从广告作品、广告发布时间、广告代言人和广告形式四个方面考虑。

2004年麦当劳推出的品牌口号“我就喜欢”，并将用了几十年的红色标志改成了黑色．录制了新的广告歌曲进行宣传。与肯德基定位于成人相区别，麦当劳一直以小孩以及家庭作为主要目标人群，因此，其标志以温馨的黄色和鲜艳的红色为主，应该说，原有形象在很大程度上帮助并见证了其在中国的成长。而麦当劳将用了几十年的红色标志调整为黑色，并推出“我就喜欢”这样个性化的口号，从侧面反映了其品牌战略的变化：麦当劳会将市场营销的重点从过去的小孩及家庭集中到时尚活力另类的年青一代消费者身上——麦当劳长大了。其全新的品牌形象“我就喜欢”，就是针对年轻人量身定做的。因此，我们看到现在的口号和标志，融入了更为时尚、活力的元素，效果更具动感。

又如，GE电气的故事可以说明品牌口号在改变品牌形象过程中的决定性作用。GE电气一直在公司的标语中强调科技，然而，在调查中发现，GE电气给人的印象是古板、机械、冷漠的，最后，公司使用了“将好的东西带到生活中”这个口号，成功地将GE电气塑造成为一个有情感、有爱心、关心生活的亲切品牌形象。

（三）建立品牌档案，不断培养消费者的品牌忠诚度

由于市场竞争的激烈，消费者对某一产品的忠诚度并不高，他们一般较注重方便、服务以及各种优惠。如何建立与消费者相对稳定、长期的关系，培养消费者的忠诚度是关键。建立品牌档案就是一个好方法。将消费者的资料收集起来，包括他们的姓名、住址、职业，用于关注消费者的交易行为和交易习惯。在掌握消费者各种有关信息和对这些信息不断更新的前提下，对消费者现时的偏好和未来的需求进行深入了解与分析，在成本可行的条件下尽可能满足消费者的要求，并对产品的开发、推广等方面提出合适的参考建议。另外，通过品牌档案，还可以加强与消费者的感情交流，赢得客户的好感，提升企业的品牌形象。

第三节　品牌危机概述

不管企业对自己的品牌如何维护，还是会有一些突发的、难以预料的事情发生。如果处理不当，就可能给品牌造成很大的伤害，并演化成危机事件。因此，品牌所有者应该树立较强的品牌危机意识，建立完善有效的品牌危机管理机制。

一、品牌危机的概念

品牌危机是指由于组织内外部突发原因造成的始料不及的对品牌形象的损害和品牌价值的降低，以及由此导致的使组织陷入困难和危险的状态。品牌危机带来的危害是巨大的，它可以使一个品牌一夜之间由人见人爱变成人人喊打，也可以使一个百年品牌瞬间土崩瓦解。对品牌危机这样一个品牌毒瘤，必须清醒地认识和加以处理。

二、品牌危机的特征

（一）突发性

突发性是品牌危机的首要特征。品牌危机的发生都是突然的，是难以预测的，发生之前，虽然有时可以预见其发生的可能性，但通常无法确定其一定会发生，更无法确定其发生的具体时间、形式、强度和规模等。例如，“泰诺”危机是因为美国芝加哥地区连续发生了7人因服用强生公司生产的“泰诺”胶囊而中毒的事件；“帕杰罗”事件起源于国家出入境检验检疫局的一纸进口禁令，这些危机事件事出突然，时间急，影响大，往往置企业于仓促应战的尴尬境地。

（二）危害性

由于品牌的脆弱性，危机一旦发生，就会对品牌形象造成巨大的破坏，并引发由于品牌价值的降低而带来的多方面损失，使组织陷入困难窘迫的破坏，严重时可以使一个品牌灭亡。比如，2000 年 11 月，原国家药物监督管理局的一个紧急通知，使中美史克康泰克的销售额一夜之间从 6 亿元减到零；三株药业与湖南一个老汉的一场官司，使得曾经年销售额高达 80 亿元、利税 18 亿元、拥有 15 万员工的三株“帝国”轰然倒塌。

（三）冲击性

来势凶猛，发展迅速，往往呈排山倒海之势。不论是不期而至的天灾，还是长期酝酿一朝爆发的人祸，一旦爆发，其来势之猛，发展之快，涉及面之广，影响之深，往往使品牌有无法招架、无能为力的感觉。

（四）关注性

品牌危机爆发时，品牌原来的知名度必然引起广泛的舆论关注，媒体大张旗鼓的报道，

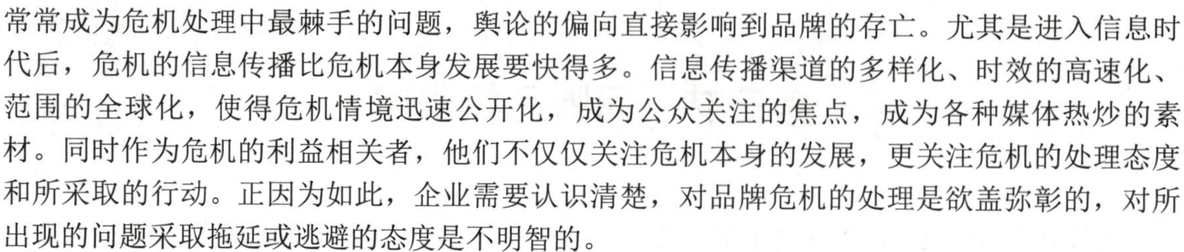

常常成为危机处理中最棘手的问题，舆论的偏向直接影响到品牌的存亡。尤其是进入信息时代后，危机的信息传播比危机本身发展要快得多。信息传播渠道的多样化、时效的高速化、范围的全球化，使得危机情境迅速公开化，成为公众关注的焦点，成为各种媒体热炒的素材。同时作为危机的利益相关者，他们不仅仅关注危机本身的发展，更关注危机的处理态度和所采取的行动。正因为如此，企业需要认识清楚，对品牌危机的处理是欲盖弥彰的，对所出现的问题采取拖延或逃避的态度是不明智的。

（五）机遇性

品牌危机的机遇性是指尽管有些危机事件难以完全避免，但危机之中也孕育着机遇。正如汉语危机这两个字就分别代表着“危险”和“机遇”两层意思。危机事件就好像是一个分水岭，它有可能走向更坏，也有可能走向更好。每一次危机既包含着导致失败的根源，也孕育着成功的种子。发现、培养以便收获这个潜在的成功机遇就是危机管理的精髓。例如，强生公司通过有效化解泰诺胶囊被氰化物污染的危机，不但恢复了产品市场，而且明显提高了公司的声誉。对品牌危机的恰当处理本质上会给企业带来新生。品牌危机可被理解为一种唤醒企业内部管理者、员工的警钟，它能克服企业员工“品牌自傲”的境况；品牌危机又可以看作企业为处理日后品牌危机而进行的一场真实的“演习”，为企业接种了疫苗。

三、品牌危机的成因

企业要正确地进行品牌危机管理，就势必要对危机产生的原因有深刻的认识。一般来说，危机产生的原因可以从组织外部与内部两方面来分析。其中，组织内部的原因是企业自身的主观原因，而组织外部的原因是企业所处的客观环境。

（一）组织外部的原因

组织外部的原因主要是组织外的伤害，包括他人的陷害、媒体报道、受到其他品牌的牵连、品牌代言人的影响、宏观原因的影响、自然灾害等。

1．他人的陷害

出于竞争或是其他原因，品牌有受到他人陷害的可能。在消费者不明真相的情况下，这些陷害就变成了品牌的危机。在互联网上，当我们搜索网民对某个品牌的评价时，往往会看到一些帖子把该品牌说得一无是处，当中的内容或许是真的，但也不乏竞争对手在恶意诋毁。历史上，受到陷害而使品牌陷入危机的最著名的案例莫过于泰诺速效胶囊被投毒案。由于一个丧心病狂的人对泰诺投入剧毒氰化钾，导致 7 名消费者服用后死亡，结果逼得强生公司不得不立即召回市面上和消费者手中所有的泰诺产品。

2．媒体报道

媒体由于时间的紧迫和知识的局限，或不负责任所导致的错误报道，给企业和品牌带来不必要的损失。例如，2000 年 2 月 27 日，英国《星期日泰晤士报》刊登了一篇题为“秘密报告指控甜味剂”的报道，指出包括可口可乐在内的许多饮料使用一种叫作“阿斯巴甜”的甜味剂，这种甜味剂能分解出有毒物质，从而影响大脑的正常工作，同时它还会诱使消费者

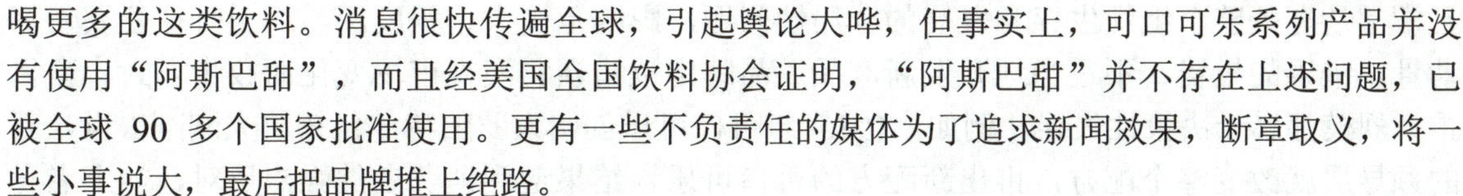

喝更多的这类饮料。消息很快传遍全球，引起舆论大哗，但事实上，可口可乐系列产品并没有使用“阿斯巴甜”，而且经美国全国饮料协会证明，“阿斯巴甜”并不存在上述问题，已被全球 90 多个国家批准使用。更有一些不负责任的媒体为了追求新闻效果，断章取义，将一些小事说大，最后把品牌推上绝路。

3. 受到其他品牌的牵连

很不幸，品牌的声誉还可能会受到其他问题品牌的负面影响。遭遇假冒是很常见的一种情况。假冒品牌不仅影响了原有品牌的销售额，更严重的是降低了原有品牌的形象。据统计，2002 年宝洁公司在中国销售的各项产品中平均假冒率高达 15%，公司为此损失达 1.5 亿美元。“南京冠生园陈馅月饼事件”反映出另一种品牌受到负面影响的情况。由于使用往年未售完的陈馅来制作月饼，南京冠生园被媒体曝光，结果全国 20 多个同名的冠生园公司都受到牵连，实际上这些冠生园公司与南京冠生园并无归属关系，彼此之间相互独立。还有一个案例也反映了品牌受到牵连的情况。当亨氏公司的“美味源”辣椒酱被查出含有“苏丹红一号”时，作为其供应商之一的调味产品生产企业森馨香精色素公司有重大嫌疑，最后调查表明，“美味源”辣椒酱的另一个供应商才是罪魁祸首，但森馨香精色素公司也在一段时间内无辜地陷入了苏丹红危机。

4. 品牌代言人的影响

现代许多品牌都有形象代言人，代言人的一举一动如果不妥，必然使该品牌形象受到负面影响。

5. 宏观原因的影响

由宏观原因所引起的品牌危机是指由社会不可抗力所造成的组织外部伤害。例如，国家方针政策的变化、新法律条文的颁布、战争、恐怖主义、劫机等。这些改变与发生不是针对某个品牌的，也不是只对某个品牌或某些品牌造成伤害的，而是会造成全社会性变动或伤害的，属于社会背景的变化。

6. 自然灾害

组织外部的原因除了组织外部的伤害外，还包括自然灾害。这里的自然灾害是一个广义的概念，是指非人为原因造成的品牌危机的总称，既包括地震、台风、火灾、洪水、瘟疫等自然现象带来的狭义的自然灾害，也包括迫于其他自然规律的非人力所能控制的原因造成的伤害，如组织关键人物突然死亡、经济规律导致的国际经济形势的变化、流行趋势的变化、社会的不断发展进步等。

（二）组织内部的原因

组织内部的原因主要是组织内部的错误，是指组织内部成员造成的对品牌形象、品牌价值的损害，包括错误决策、低水平的管理、生产性错误、广告错误等方面引起的危机等。

1. 错误决策

错误决策是最可怕的一种错误，它是由公司的决策层即最高层作出的，极具权威性，并且常常是有关整个组织生存和发展的全局性问题，影响范围大、程度深，纠正时往往要伤筋动骨。错误的投资、不适当地开发新产品、品牌定位错误、漠视市场变化而故步自封、盲目扩大规模都属于决策性失误。例如，1985 年可口可乐创始人罗伯特·伍德鲁夫刚刚去世，新的领导层就改变整个配方，推出新配方的可口可乐，结果遭到消费者的强烈反对，加上老竞争对手百事可乐公司的趁火打劫，可口可乐遭遇到极大的危机，其品牌险些被挤出市场。

2．低水平的管理

低水平的管理包括机构设置的不合理、组织文化的败坏、规章制度的不严格等。比如，组织内部矛盾导致的组织成员对本组织的恶意报复（如纵火、设置计算机病毒、制造流言组织内人员贪污腐化而挪用公款、制造假账；泄露组织机密、产品秘方、特殊工艺等；生产工具设备长期不检修；高级人才的突然离职）。

例如，美国安然公司，一个居世界 500 强第 7 位、2000 年营业规模过千亿美元、让世人惊叹的能源巨人，几乎在一夜间倒塌了，其虚报盈利、关联交易等行为使其成为美国历史上最大的商业造假案。不仅能源巨人安然因此而破产，就连一直以来负责其审计工作的全球第五大会计师事务所安达信公司也受到牵连而名誉扫地，被迫关闭。

3．生产性错误

生产性错误是指由产品质量、数量、技术或服务等生产性原因造成的企业内部错误。比如，以次充好、以假乱真的弄虚作假行为，故意减少产品数量，不履行服务承诺等。由于品牌的实质是承诺，是企业就其产品特征、利益和服务等对顾客作出的一种保证。正是品牌的这种承诺，才使得企业与消费者联系在一起，也是企业获取效益的源泉，而这种关系能否维系或保持取决于企业是否履行承诺以及履行承诺的程度，如果企业提供给顾客的产品或服务未能履行或未能全部履行其品牌承诺，那么该品牌的整体形象在消费者心目中就会受到损伤，所以生产性错误是产生品牌危机的重要成因之一。例如，SK-Ⅱ这个位居中国高档化妆品前三甲的宝洁公司旗下产品被查出含有禁用物质铬和钕，铬可导致肺栓塞，而钕可引起湿疹，这一致命的产品问题使 SK-Ⅱ一度在国内市场下架，品牌形象严重受损。

4．广告错误

广告是一种很好的打造品牌、美化品牌的手段，但广告使用不当则会导致毁灭品牌的效果。比如说，广告与东道国的文化相冲突，所选择的表达方式不当等。

这几年，跨国公司在中国就出现过多起广告错误事件。其中，一起是日本著名油漆品牌立邦。为了突出产品的光滑效果，立邦漆在一个平面广告中描述了一根刷了立邦漆的柱子，由于过于光滑，使得攀附在柱子上的一条龙滑落下来。这一广告创意引起了很多中国人的不满，因为龙是中国人所崇拜的图腾，立邦漆的广告怎么能如此儿戏？这一事件还使得刊文介绍该广告作品的国内权威广告杂志《国际广告》不得不向公众道歉。类似的还有丰田霸道（PRADO）汽车的桥头石狮敬礼的平面广告、耐克在“恐惧斗室”丑化中国的电视广告等。这些品牌危机的出现说明一些跨国企业对当地的社会文化还缺乏了解，在广告创意设计过程中还欠考虑。

第四节　品牌危机管理

企业有了品牌危机，就应该采取措施积极处理，我们将针对品牌危机的管理称为品牌危机管理。品牌危机管理并非仅指企业在品牌出现危机以后像“救火”一样采取一系列措施，它实质上是一个系统工程，是指企业在品牌经营过程中针对该品牌可能面临或正在面临的危机的一系列管理活动的总称。

一般而言，品牌危机管理系统包括品牌危机的预防、品牌危机的处理、品牌危机的恢复管理这三部分。下面对这三部分进行具体介绍和了解。

一、品牌危机的预防

品牌危机的预防是品牌危机管理的首要任务。所谓“防患于未然”，危机管理的功夫，首先在于预防。若缺乏有效快速的危机预防和预警系统，一旦危机发生，企业只能仓促上阵，被动应对。因此，企业在平时做好品牌维护的基础上，还要做好危机防范工作。

品牌危机的预防着眼于未雨绸缪、策划应变，建立危机预警系统，及时捕捉企业危机征兆，并为各种危机提供切实有力的应对措施。

品牌危机的预防工作包括以下几方面。

1. 树立企业全员的“危机意识”

企业开展员工品牌危机管理教育和培训，增强全体员工品牌危机管理的意识和技能。一旦品牌危机发生，员工应具备较强的心理承受能力和应变能力。

2. 严格监控企业运营各环节

品牌的建立要依靠企业全体成员的共同努力，从质量控制、服务跟进、决策制定，每一个环节出现错误，都可能引发品牌危机。这就要求企业在日常的运营中，对每个环节都要进行严格的控制，不仅要求执行部门要确保工作落到实处，管理层也要努力避免决策失误，对出现问题的环节更要进行及时的调整和反思。只有这样，才能使企业健康稳定地发展。

3. 建立信息监测系统

建立高度灵敏、准确的信息监测系统，及时收集相关信息并加以分析、研究和处理，全面清晰地预测各种危机情况，捕捉危机征兆，为处理各项潜在危机制订对策方案，尽可能确保危机不发生。

危机信息监测系统要便于对外交流，适于内部沟通。其信息内存要突出“优”，信息传递速度要强调“快捷”，信息的质量要求“再确认”。分析后的紧急信息或事项要实施“紧急报告制度”，将危机隐患及时报告主管领导，以便能及时采取有效对策。

4. 建立品牌自我诊断制度

通过建立品牌自我诊断制度，从不同层面、不同角度进行检查、剖析和评价，找出薄弱

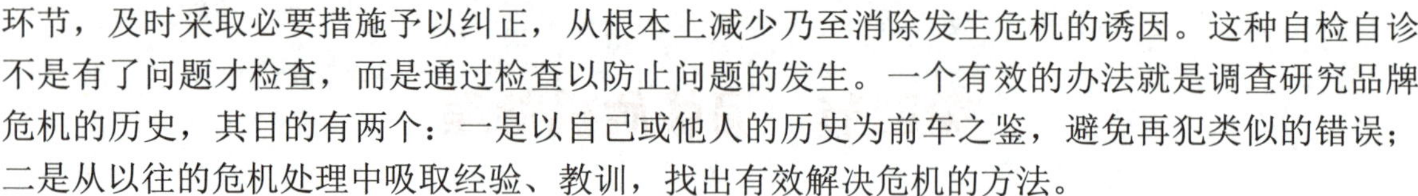

环节，及时采取必要措施予以纠正，从根本上减少乃至消除发生危机的诱因。这种自检自诊不是有了问题才检查，而是通过检查以防止问题的发生。一个有效的办法就是调查研究品牌危机的历史，其目的有两个：一是以自己或他人的历史为前车之鉴，避免再犯类似的错误；二是从以往的危机处理中吸取经验、教训，找出有效解决危机的方法。

5. 建立品牌危机管理小组

建立一个具有较高专业素质和较高领导职位的人士所组成的品牌危机管理小组，制订和审核品牌危机处理方案，清理品牌危机险情。

二、品牌危机的处理

有了危机预防并不意味着永远不会发生危机，无论采取怎样完善的防范措施，都无法绝对避免危机的发生。实际发生危机时，企业能否战胜危机，进而促进企业发展尤为重要。因此，危机处理是品牌危机管理的核心。

（一）品牌危机处理的原则

1. 主动性

任何危机发生后，都不可回避和被动性应对，当务之急是要积极直面危机，首先要阻断、控制其蔓延、扩散的速度、范围，有效控制局势，挽救品牌生命，为重塑品牌形象，度过危机奠定基础，切不可因急于追究责任而任凭事态发展。

主动性是一种处理问题的积极态度，表明企业的诚意和决心。然而，很多企业在危机之初总是一味地躲避，不是不接受媒体采访就是无可奉告。公关专家帕金森认为，危机中传播失误所造成的真空，会很快被颠倒黑白、胡说八道的流言所占据，“无可奉告”的答复尤其会产生此类问题。这种态度将使得企业无法控制恶劣局势的蔓延，使得品牌形象大大受损。

2. 快捷性

对品牌危机的反应必须快捷，无论是对受害者、消费者、社会公众，还是对新闻媒介，都尽可能成为最先到位者，以便迅速、快捷地消除公众对品牌的疑虑。在危机发生的第一个24小时至关重要，如果危机处理失去最佳时机，即使事后再努力，也往往于事无补。

3. 诚意性

消费者的权益高于一切，保护消费者的利益，减少受害者损失，是品牌危机处理的第一要务。因此，品牌危机发生后，企业应及时向消费者、受害者表示歉意，必要时还要通过新闻媒介向社会公众发表致歉公告，主动承担应负的责任，以显示企业对消费者、受害者的真诚，从而赢得消费者、受害者以及社会公众和舆论的广泛理解与同情，而且不可只关心自身品牌形象的损害。

在2005年“苏丹红事件”当中，有很多“涉红”的跨国公司与国内企业，但真正挺身而出、自曝家丑并公开致歉的只有肯德基一家。肯德基的自曝家丑体现出了一个跨国品牌公司高度的社会责任感和诚信操守，它并未因此而失去市场，恰恰相反，它的诚意赢得了人们的尊重和信赖。

4. 真实性

危机爆发后，必须主动向公众讲明事实的全部真相，而不必遮遮掩掩，像挤牙膏一样，那样反而会增加公众的好奇、猜测甚至反感，延长危机影响的时间，增强危机的伤害力，不利于控制局面。只有真实传播，才能争取主动，把品牌形象的损失降到最低限度。

5. 统一性

品牌危机处理必须冷静、有序、果断，指挥协调统一，宣传解释统一，行动步骤统一，而不可失控、失真、失序。因为危机一般来得突然，处理时不可能事先有周密安排，须当机立断、灵活处理，才能化险为夷，扭转公众对企业包括品牌的误解、怀疑甚至反感。

6. 全员性

企业全体员工都是企业信誉、品牌的创建者、保护者、巩固者，当危机到来时，他们不是旁观者，而是参与者。提高危机透明度，让员工了解品牌危机处理过程并参与品牌危机处理，不但可以发挥其整体宣传作用，减轻企业震荡和内外压力，而且可以使公众通过全员参与，重新树立对企业及品牌的信心。

河北某地有一个大型的食品企业，在公司内部有一本要求全部员工学习的企业的公关小册子。小册子有“遇到哪些问题该怎么处理，遇到什么样的问题该怎么样回答，哪些东西是可以对外宣传的、哪些是不能宣传的、哪些是坚决不能说的”等内容。这个企业的做法虽然有些老土，但是在企业的公关统一口径中起到了很好的作用。

（二）品牌危机处理的一般措施

当品牌遭遇危机时，企业应迅速作出反应。一般而言，企业在处理危机时采取以下一些措施。

1. 立即成立危机处理小组，全面控制品牌危机的蔓延

企业在遇到危机时绝不能听之任之，应该立即组织有关人员，尤其是专家参与成立危机处理小组，调查情况、对危机的影响作出评估，以制订相应计划控制事态的发展。危机处理小组的任务应包括：对危机事件进行全面调查，为企业采取进一步行动提供支持；组织对外信息的传播工作，及时向相关利益人通报信息；对危机事件采取必要的处理措施；与受害人进行前期接触等。

2. 迅速实施适当的危机处理策略

根据危机的性质和发展趋势，企业应秉着对消费者负责的态度，主动承担责任和损失，迅速采取相关处理措施，如停止产品销售、回收产品、关闭有关工厂等。

3. 做好危机沟通

危机沟通极为重要，如果沟通不当会引起公众的进一步猜疑，并导致更片面的报道，这无异于雪上加霜。企业做好危机沟通，要注意以下三方面。

（1）明确沟通的对象

企业一定要搞清楚危机传播的对象，开展有针对性、高效率的传播，使传播效应发挥到最大。危机发生后，最关注企业应对举措的不外乎这么几种人：受害者、新闻媒体、内部员工、社会公众。

①受害者。他们是危机的直接受害者，对于企业给予一个明确说法的期望值最高，因为企业的态度将直接关系到他们的利益保障。他们会积极地关注着企业公关的每一个举措，并会对外发表自己的评价。

首先，企业应认真了解受害者的情况，冷静倾听受害者意见，主动承担相应的责任，向受害者表达歉意。其次，确定关于危机责任方面的承诺内容与承诺方式、制订损害赔偿方案。最后，向受害者提供后续服务、尽量减少受害者的损失。

②新闻媒体。新闻媒体是公众的窗口，是危机事件传播的主要渠道。因此，企业应争取到新闻媒体的真实客观报道，主动配合新闻媒体的工作，及时向新闻媒体通报危机事件的调查情况和处理方面的动态信息，以避免新闻媒体的过度关注和敏锐反应而导致的报道失真或非理性化现象的出现。

要避免一个误区：在真相出来之前，尽量避免接触新闻媒体。其实，就是不接触新闻媒体，新闻媒体也会编出种种理由作推测。国内不少危机风波的升级正是没有及时控制不利信息传播的结果。不要试图隐瞒，那样只会使事情越来越糟糕，还不如及时与新闻媒体接触，争取他们客观真实的报道。重视处理危机的企业往往会及时设置危机信息传播热线，保证企业内部信息的畅通，回答消费者的质疑，为新闻媒体提供素材，发挥着信息枢纽作用。

企业危机沟通会伴随着种种猜疑而艰难地进行着，企业要注意及时地把最新情况与进展通报给新闻媒体，也可以设立专门的信息沟通渠道，方便新闻媒体和社会公众的探询，为真相大白做铺垫。

③内部员工。无论何种类型的危机，都会或多或少地影响企业内部员工、股东以及员工家属，处理不好内部公众关系，就可能使整个企业人心涣散、流言四起，从而使陷入危机的企业内外交困，无暇应对。因此，在危急时刻，必须搞好内部公众关系，提高内部凝聚力，使整个企业团结一致，群策群力、共渡难关。为此，企业一方面应向员工告知危机的真相和企业采取的具体措施，以此稳定军心；另一方面，收集了解员工的建议意见并做好耐心的解释工作，向员工传达挽回不良影响和重建企业形象的具体措施。

④社会公众。作为企业的生产经营活动的利益相关者，他们的支持是企业得以生存发展的支柱。在危机爆发后，如果企业没有就危机事件本身与他们进行合理的沟通协调，他们可能会对企业的生产经营活动进行抵触，甚至与企业发生对抗。加强与社会公众的沟通，获得他们的支持，是企业度过危机的重要保证条件之一。

（2）准确选择沟通的时机

危机沟通的原则应该是迅速而准确。这就有了两种时间选择：危机发生的第一时间和危机真相大白的时间。危机发生后，企业要很快地作出自己的判断，给危机事件定性，确定企业危机沟通的原则、立场、方案与程序；既是对危机事件的受害者予以安抚，避免事态的恶化；同时在最短时间内把企业已经掌握的危机概况和企业危机管理举措向新闻媒体作简要说明，阐明立场与态度，争取媒体的信任与支持。

（3）传播渠道的选择

危机信息的传播不外乎以下几种渠道：广播电视、报纸杂志、互联网、人际口传，也即大众传播媒介和口碑传播。企业危机沟通时，应注意及时、有针对性地占领这些传播渠道，使危机信息的传播负面效应降到最低。

4．坦陈危机真相

对于品牌危机管理的产生，为了企业长远发展企业要问个为什么，同样公众也会问个为什么，双方关注的焦点都在于为什么会发生对各自本身产生影响的危机？这是个敏感问题，企业往往会避而不谈，其实这种想法是错误的。与其掩耳盗铃，还不如真相大白、自曝隐私，袒露出企业的真诚来。

危机消除后，企业要善于通过新闻媒体把这个问题公开。如果是自己的责任，则应当勇于向社会承认；如果是别人故意陷害，则应通过各种手段使真相大白，最主要的是要随时向新闻界说明事态的发展及澄清无事实根据的“小道消息”及流言蜚语。企业坦陈的结果不仅不会使消费者背离，反而让关心企业发展的人消除顾虑，重新树立对企业的信心，赢得更多的口碑。

在危机处理时，最好邀请公证机构或权威人士辅助调查，以赢得公众的信任。利用权威机构在公众心目中的良好形象，往往对品牌危机的处理能够起到决定性的作用。例如，雀巢公司针对“奶粉风波”，成立了一个由 10 人组成的专门小组，监督该公司执行世界卫生组织规定的情况，小组人员中有著名医学家、教授、大众领袖乃至国际政策专家，此举大大加强了公司在公众心中的可信性。

挽救危机的一个关键是争取权威机构的鉴定支持，他们的结论往往是公正评判的最终依据，万万不要自己说自己对。

三、品牌危机的恢复管理

对企业而言，出现品牌危机并不可怕，可怕的是企业不去总结危机中的得与失，不去改正危机中暴露出来的问题。长此以往，类似的危机将可能再次爆发，到那时无论多么完美的辩词都无法帮企业赢回公众的信任。因此，品牌危机的恢复管理仍需要企业给予高度的关注。品牌危机后恢复管理主要包括遗留问题处理和滞后效应处理。

（一）遗留问题处理

1．对内措施

首先，企业要对本次危机发生的原因、预防和处理措施的执行情况进行系统的调查分析，找出危机管理工作中存在的问题。其次，针对危机中存在的问题进行整改，完善企业品牌危机预警系统，吸取教训，防止类似危机再度发生。最后，加强企业组织内部沟通，让员工了解本次危机的始末、产生的危害以及企业处理的措施，并以此为契机加强对员工的教育，治愈员工在本次危机中受到的心理创伤，获得他们的认同，使企业尽快走上正轨。

2．对外措施

企业要加强对外传播沟通，及时地向媒体、社会公众通报危机处理的进展情况，并声明愿意负起道义上的责任，以此来重新赢得社会公众的信任。

（二）滞后效应处理

品牌危机一旦发生，无论企业在本次危机处理中的表现多么完美，危机所带来的影响总会对公众的心智产生冲击，这种阴影可能在很长一段时间内都会存在于客户头脑中。如何帮助公众快速地忘却这段记忆，重新建立起公众对公司的信心，是本阶段企业工作的重点。比如，企业可以通过推出一项新的服务，开发一种新的产品或者展开一次营销宣传等一系列对社会负责的行为，来向企业利益相关者和社会公众传达企业恢复的信号，唤起他们对企业的信任和好感。

【本章小结】

品牌维护是指企业针对外部环境的变化给品牌带来的影响所进行的维护品牌形象、保持品牌的市场地位和品牌价值的一系列活动的统称。在品牌管理过程中，品牌维护的现实意义如下：①品牌维护有利于巩固品牌地位，有效地防止品牌老化；②品牌维护有助于保持和增强品牌生命力，更好地满足消费者的需求；③品牌维护有利于抵抗竞争者的攻击；④品牌维护有利于预防和化解危机。

企业的外部环境是经常变化的，一个强势品牌要想在激烈的市场竞争中长足发展，必须清楚了解品牌在市场上的表现，要时时刻刻进行监视和测量，以此来调整和丰富品牌识别，使品牌个性更清晰。品牌监测的方法主要有定性和定量两种。品牌监测的内容有对消费者品牌选择行为的监测、对竞争性品牌的监测和对品牌市场表现的监测。

品牌维护的策略包括品牌的自我维护、品牌的法律维护和品牌的经营维护三部分。品牌经营者为使品牌健康成长，必须注意进行自我维护，具体包括：①防伪打假；②控制品牌机密；③避免互相杀戮等。品牌的法律维护是指品牌所有者在具体的经营活动中适用法律武器对自己品牌合法利益的正当维护。为了基本了解品牌的法律维护的内容，本书以商标维护为例进行具体介绍：①及时注册商标，获得商标权；②及时注册，勿忘续展；③防止商标设计误区，商标设计应该与众不同，不利于仿冒。所谓品牌的经营维护，是指企业经营者在具体的营销活动中所采取的一系列维护品牌形象、保持品牌市场地位的活动。主要包括以下几方面：①保证和提高产品质量，维持高质量的品牌形象；②品牌的更新策略；③建立品牌档案，不断培养消费者的品牌忠诚度。

品牌危机是指由于组织内外部突发原因造成的始料不及的对品牌形象的损害和品牌价值的降低，以及由此导致的使组织陷入困难和危险的状态。品牌危机的特征：突发性、危害性、冲击性、关注性和机遇性。一般来说，危机产生的原因可以从组织外部与内部两方面来分析。组织外部的原因主要是组织外的伤害，它包括他人的陷害、媒体报道、受到其他品牌的牵连、品牌代言人的影响、宏观原因的影响、自然灾害等；组织内部的原因主要是组织内部的错误，是指组织内部成员造成的对品牌形象、品牌价值的损害，包括错误决策、低水平管理、生产性错误、广告错误方面引起的危机等。

品牌危机管理实质上是一个系统工程，是指企业在品牌经营过程中针对该品牌可能面临或正在面临的危机的一系列管理活动的总称。一般而言，品牌危机管理系统包括品牌危机的预防、品牌危机的处理、品牌危机的恢复管理这三部分。

品牌危机的预防是品牌危机管理的首要任务，主要工作包括：①树立企业全员的“危机意识”；②严格监控企业运营各环节；③建立信息监测系统；④建立品牌自我诊断制度；⑤建立品牌危机管理小组。

危机处理是品牌危机管理的核心，其原则有主动性、快捷性、诚意性、真实性、统一性和全员性。一般而言，企业在处理危机时采取以下一些措施：①立即成立危机处理小组，全面控制品牌危机的蔓延；②迅速实施适当的危机处理策略；③做好危机沟通；④坦陈危机真相。

企业在进行危机后恢复管理时应重点处理好遗留问题和滞后效应。

【本章测试】

一、单选题

1．（　　）是指企业针对外部环境的变化给品牌带来的影响所进行的维护品牌形象、保持品牌的市场地位和品牌价值的一系列活动的统称。

A．品牌传播　　B．品牌扩充　　C．品牌维护　　D．品牌创新

2．下列不属于品牌维护策略的是（　　）。

A．自我维护　　B．环境维护　　C．法律维护　　D．经营维护

3．组织内部矛盾导致的组织成员对本组织的恶意报复体现的是（　　）原因。

A．错误决策　　B．低水平管理　　C．生产性错误　　D．广告错误

4．（　　）是最强有力的品牌维护手段。

A．自我维护　　B．法律维护　　C．人员维护　　D．信息维护

5．品牌危机处理过程中最应关注的是（　　）类人群。

A．3　　B．4　　C．5　　D．6

二、多选题

1．品牌监测的内容包括（　　）。

A．消费者品牌选择行为　　B．企业员工素质

C．竞争性品牌　　D．品牌市场表现

2．防伪技术从应用领域可以分为（　　）。

A．产品防伪　　B．标识防伪　　C．广告防伪　　D．信息防伪

3．品牌危机产生的原因可以分为（　　）。

A．组织内部原因　　B．组织外部原因　　C．宏观原因　　D．微观原因

三、简答题

1．简述品牌维护的现实意义。

2．简要分析品牌维护的三种策略区别。

3．简述品牌危机处理的措施。

【案例分析】

江小白的没落史，从全网爆红到无人问津，它究竟经历了什么？

一说到“白酒”，大部分人联想到的是功成名就的中年人举着酒杯滔滔不绝的场景。过去几十年，我们对酒文化的塑造主要集中在两个字：高档。每瓶酒都在强调自己是古法酿造，都拥有深厚的历史文化根底，都地处粮食和泉水最优秀的地域，几乎每瓶酒祖上都是皇帝的亲戚，几乎每瓶酒都在千方百计做一件不太理智的事情：远离老百姓。

1. 白酒行业异军突起，江小白成为最大的那匹黑马

在茅台，五粮液，古井贡酒和西凤酒这些老牌酒品占据市场绝对优势的情况下，江小白绝对是最不起眼的一个，一般喝酒的人虽然青年，中年，老年都有，可是中老年基本的爱好已经固定，他们更加重视口味和信赖品牌的力量，所以说，在中老年市场当中，一款新品酒想要快速打开市场和格局，可谓是极其之难，仅仅是市场教育就需要很长一段时间。

而青年人市场，之前也有很多酒品厂家试图进入，可是因为不了解年轻人的喜好，大部分最后都是铩羽而归，乘兴而来，败兴而去，最后大部分凄凄惨惨戚戚，付出了巨大的人力物力成本，最后却大部分血本无归，年轻人不好培养，年轻人习惯不好迎合，这市场没法做，几乎成为整个行业内的共识，逐渐地很多酒品对于年轻人逐渐选择了放弃。

在白酒行业，根植于重庆传统酿造工艺的纯高粱新生代品牌江小白绝对是最独特的存在，因为作为一款成立时间并不长的白酒，在短短数年间，它就已经占据了年轻人的白酒市场主导地位，在最高峰的时候，其市场份额也是扶摇直上，一度逼近 20%，成功地在白酒市场占据了一席之地。江小白开创小而美，小瓶酒、小投入、小传播、小营销就成了江小白的模式，并定位年轻群体，在战略上实现与其他品牌的区别。酿造的是酒，我们讲的是情怀，并用互联网思维经营品牌。

2. 江小白，是如何杀出重重包围的？

2012 年创立的江小白，也许没有人会想到其未来会取得如此大的成就，江小白，是重庆江小白酒业有限公司旗下江记酒庄酿造生产的一种自然发酵并蒸馏的高粱酒品牌，江小白致力于传统重庆高粱酒的老味新生，以“我是江小白，生活很简单”为品牌理念，坚守“简单包装、精制佳酿”的反奢侈主义产品理念，坚持“简单纯粹，特立独行”的品牌精神。

以持续打造“我是江小白”品牌 IP 与用户进行互动沟通，持续推动中国传统美酒佳酿品牌的时尚化和国际化，“简单纯粹”既是江小白的口感特征，也是江小白主张的生活态度，江小白提倡年轻人直面情绪，不回避，不惧怕，做自己。“我是江小白，生活很简单”的品牌主张沿用，已经渗透进 21 世纪的现代青年生活的方方面面，并繁衍出“面对面约酒”“好朋友的酒话会”。

“我有一瓶酒，有话对你说”“世界上的另一个我”“YOLO 音乐现场”“万物生长青年艺术展”“看见萌世界青年艺术展”“江小白国际街舞赛事”，《我是江小白》动漫等文化活动随着时间的发酵，江小白“简单纯粹”的品牌形象已经演变为具备自传播能力的文化 IP，越来越多人愿意借“江小白”来抒发和表达自己，对于这个复杂的世界而言，或许人人都是江小白。

3．高歌猛进的江小白，却逐渐走向滑铁卢

可以说，正是因为抓住了年轻人的情感痛点，所以江小白迅速在竞争激烈的白酒市场当中占据了一席之地，从此之后，出门喝杯江小白，放飞一下自我，借个江小白认识一下自己，逐渐成为很多人的共同爱好，人们也由逐渐排斥江小白到如今开始拥抱江小白，无数年轻人也从江小白的文案当中找到了自己的情感慰藉，江小白受到全民追捧。

最高峰的时候江小白，年收入超过 20 亿元，覆盖的年轻人人群超过 50%以上，一时间江小白风光无二，甚至江小白已经成为年轻人的标签，高歌猛进的江小白似乎也逐渐抓住了年轻人的口味，之后的文案越来越煽情，也越来越重视自己的运营，几乎到后期有一半以上的资金都用在了情感营销、文案和运营上面，可是殊不知，其实危机已经悄然来临。

因为过度重视运营，也过度重视情感营销，而忽略了酒品本身的质量，所以在过度营销之后，逐渐被很多年轻人开始排斥，江小白不仅贵，而且不好喝；江小白就是一家广告公司，除了卖情怀，什么都不会；江小白你可以了，请适可而止吧；江小白，是时候滚出白酒市场了，你究竟懂不懂酒？市场上一系列的质疑之声也开始扑面而来，让快速发展的江小白迅速陷入了绝境。

4．从人人追捧到如今的无人问津，江小白究竟经历了什么

可以说，江小白，因为情怀营销而制胜，同样地，江小白也因为过度营销将自己拉下神坛，有人说，江小白的崛起史，就像一部波澜壮阔的电影一样，看似场面恢宏，内容令人震撼，可是内涵不足，没有高度，说到底，喜欢喝白酒的，最重视的还是口感和品牌，人们对于江小白的新鲜感，一旦过去，那么对于酒品的质量和口碑也就自然而然提上日程。

可是江小白并没有注意到这一点，从头到尾，江小白都是在过度营销自己，最后也让这种过度营销毁掉了自己，在整个市场份额占据极高的时候，却没有想办法深层耕耘自己的酒品质量，也没有提升自己的品牌知名度，反而在文案和运营方面投入大力气，最后酒不好喝，而且价格还很贵，很多年轻人最后被激情消耗殆尽之后，又逐渐地转入了传统知名品牌酒当中。

说到底，之前有多个厂家想要进军白酒行业，无一不是铩羽而归，大部分的原因都是拿捏不准年轻人的口味，而中老年人那一套，在年轻人身上并不适用，其实年轻人不仅有情感需求，他们对于未来困惑，需要情感关怀，也需要理解支持，但是同样的，他们也注重品牌和质量，只专注一点，那么最后的结果，必然是一条腿走路，走后凄惨收场，也就在所难免了。

江小白，作为曾经的白酒行业的一个明星品牌，可以说曾经有着无限的广阔未来和市场，可是成也文案，败也文案，过度营销的背后，就是过度透支自己的好感，如今的江小白，早已不复往日的辉煌，市场份额和占有率也逐渐下降，曾经吸引的年轻人又逐渐地融入了传统酒品当中，不得不说是一场遗憾罢了，这个酒类行业曾经冉冉升起的明星，终究还是陨落了，让人无限叹息。

（资料来源：知乎专栏．https://zhuanlan.zhihu.com/p/370010007）

思考题：

1．“江小白”兴衰背后的原因是什么？

2．中国能否成就像麦当劳、肯德基那样具有世界影响力的百年老店？

第九章　品牌延伸

【学习目标】

1. 掌握品牌延伸的定义，熟悉品牌延伸的优点和缺点。
2. 掌握品牌向上、向下和双向延伸的形式及适用的条件。
3. 熟悉品牌大类延伸和线延伸的原则，掌握品牌延伸的影响因素。
4. 掌握品牌延伸的决策程序以及品牌延伸的策略。

【素质目标】

1. 理解品牌延伸策略是一把双刃剑，培养理论联系实际的辩证思维。
2. 培养核心竞争力意识：打铁必须自身硬，品牌延伸的成功离不开品牌本身的强势。

【开篇实例】

"王老吉"品牌延伸之路将何去何从?

"怕上火，喝王老吉"，曾经的王老吉凭借这句广告语风靡大江南北。人们听到王老吉，第一时间就会想起凉茶，继而联想到降火、健康等有所关联的词语，这些总和起来就是这个品牌给人的固有印象。曾经与加多宝的品牌大战，使得商标成为王老吉的"敏感神经"。后来，"王老吉"商标再次回归到广药集团手中，但是市场增速却开始下跌，远没有当年的高光时刻。

2021 年，广药集团宣布将充分利用"王老吉"强大的品牌资产，向"大健康产业"进军。接着，获得广药集团"王老吉"商标授权的广粮实业，于同年 3 月，高调推出了两款冠以"王老吉"品牌名的新产品"固元粥"和"莲子绿豆爽"养生粥，迈出了广药集团"大健康产业战略"的第一步。而后，紧接着，作为凉茶领域的巨头之一，王老吉又进军啤酒领域，推出了"王老吉大凉啤"啤酒。

经过多年的市场推广，王老吉在消费者心目中已经根深蒂固地成为"凉茶"的代名词，而自 2011 年开始，广药就开始对外授权王老吉商标。市面上还出现了王老吉品牌的枇杷糖、酸梅汤、龟苓膏、润喉糖，以及其他各种保健品。这里面当然有王老吉正式授权过的正规产品，但是也不乏一些是山寨货，长期下去自然也就消耗掉了消费者们对品牌的信任感。

王老吉商标授权虽然在专业上构成了品牌延伸，但是王老吉延伸到食品、保健品、药酒、药妆等多个领域，则严重稀释了王老吉"凉茶"的品牌形象，稀释了王老吉"预防上火"的品牌定位。对于王老吉来说，这些年将品牌线延伸得过多过滥，对商标反而有一定的伤害。

品牌延伸的美丽"光环"使许多企业难挡诱惑，许多企业都希望通过品牌延伸来拓展自己的市场空间，王老吉也不例外。然而品牌延伸并非一劳永逸的点金之术，也不是一个用之不竭的宝藏。事实上，品牌延伸是一把双刃剑，合理的品牌延伸是企业发展的加速器，使企业一本万利；不合理的品牌延伸则可能是企业发展的滑铁卢，使企业面临巨大风险。

（资料来源：百度文库 https://max.book118.com/html/2021/0710/7106126003003I3.shtm）

第一节　品牌延伸概述

国际上对品牌延伸问题的系统研究，起源于 20 世纪 70 年代末。1979 年，美国学者陶伯（Tauber）发表了学术论文《品牌授权延伸，新产品得益于老品牌》，首次系统地提出了品牌延伸的理论问题。此后在 20 世纪 80 年代，品牌延伸问题的研究引起了国际学术界的广泛兴趣，并因此获得了进一步发展。国内关于品牌理论的研究始于 20 世纪 80 年代，但真正涉及品牌延伸问题的研究直到 20 世纪 90 年代中期才开始。

一、品牌延伸的概念

目前，国际国内营销学界对品牌延伸的概念尚未形成统一完整的理论阐述。

陶伯（1981）把品牌延伸定义为公司用消费者所熟悉的现有品牌，推出与公司现有产品类别不同的新产品，这样能够利用现有品牌在消费者心目中的认知或印象，顺利进入新的市场。

美国营销大师菲利普・科特勒在《市场营销管理》一书中指出，品牌延伸是指“把一个现有的品牌名称使用到一个新类别的产品上。”显然，他没把产品线延伸包括在内。

美国品牌专家凯文・莱恩・凯勒在《战略品牌管理》一书中，对品牌延伸的定义：“一个公司利用一个已建立的品牌推出一个新产品。”

上海交通大学的余明阳教授认为，品牌延伸有狭义和广义之分。狭义地看，新产品与原产品不是一个类别；广义地看，新产品不仅是新的产品类别，也可以是原产品线中产品项目的填补。

中山大学卢宏泰教授认为，品牌延伸是指借助原有的已建立的品牌地位，转移用于新进入市场的其他产品或服务（包括同类的和异类的），以及用于新的细分市场之中，达到以更少的营销成本占领更大市场份额的目的。

本书采用卢宏泰教授的观点。其要点在于：①母品牌已建立了品牌地位，没有声誉的品牌进行延伸是没有意义的；②新的产品或服务包括同类的和异类的，同类即原有产品线的延伸，而异类即新的产品类别，两种延伸都是品牌延伸；③品牌延伸的目的是以降低营销成本的形式来进入新的细分市场和扩大品牌的市场份额。在品牌延伸中，实施品牌延伸的现有品牌称为母品牌（Parent-Brand），延伸的新产品称为延伸产品（Extended-Product），公司通过品牌延伸时所使用的具有独立的品牌名称，但新的品牌与现有品牌同时使用，则新的品牌名称称为子品牌（Sub-Brand）。

需要注意的是，品牌延伸与多元化经营并不是一个概念。多元化可能会采用同一个品牌，也可能采用多个品牌来经营。如果采用的是同一个品牌，那就属于品牌延伸，例如，三星公司推出三星液晶电视、三星手机、三星洗衣机、三星 MP4 等；反之，如果采用多个品牌就不属于品牌延伸了，如宝洁旗下有飘柔洗发水、汰渍洗衣粉、玉兰油护肤品等。

二、品牌延伸的分类

根据不同的划分标准，品牌延伸可以有以下几种分类。

（一）根据延伸的产品是否归公司所有分类

根据延伸的产品是否归公司所有，可以把品牌延伸分为公司内品牌延伸和公司外品牌延伸。

我们一般讲的品牌延伸都是公司内品牌延伸，是指延伸产品都属于一家公司所有。例如，美的空调和美的电饭煲都属于美的公司。公司外品牌延伸就是通常所说的品牌授权（brandlicensing），是指企业把品牌授权给其他公司使用，以推出延伸的产品，如迪士尼、凯蒂猫（HelloKitty）等都采用品牌授权的方式进行快速延伸。尽管延伸的产品属于另一家公司，但使用是由公司授权的，所以本质上也是一种品牌延伸。

（二）根据延伸产品与原产品之间的关系分类

根据延伸产品与原产品之间的关系，可以把品牌延伸分为产品线延伸和产品类别延伸。

1．产品线延伸

产品线延伸是指母品牌用于延伸的产品与原产品同属一个类别，但定位于不同的细分市场。这是品牌延伸的主要形式，目前在品牌延伸中有 80%～90%是属于产品线延伸。产品线延伸的方式有很多，如不同的口味、不同的成分、不同的形式、不同的大小、不同的用途、不同的档次等。比如，随着消费者健康意识的增强，箭牌公司在绿箭、黄箭、白箭等口香糖的基础上推出了品牌名称为“5”的无糖口香糖，包括奔涌西瓜味、魅幻蓝莓味、激酷薄荷味等，这种延伸就属于口味延伸；可口可乐香草可乐的推出就属于成分延伸；益力的桶装水和瓶装水就属于形式延伸；“一品国香”中华香米的 5kg、10kg、25kg 就属于大小延伸；华为商务手机、音乐手机的推出就属于用途延伸；宝马 3 系的 320i 和 325i 就属于档次延伸。

产品线延伸可具体分为三种延伸类型。

（1）换代延伸。假定甲品牌已推出了定位于 T 市场的产品，并赢得了极大的市场份额。企业推出的换代产品是该市场的升级产品。公司决定继续使用甲品牌，把那个标以“甲 2”，以后再“甲 3”“甲 4”……这种品牌延伸就称为换代延伸，如奔腾 I、奔腾Ⅱ……再如，Windows95、Windows98、Windows2000、Windows2003……

（2）水平延伸。水平延伸是指同一市场档次的不同市场面之间的延伸，即质量水平相同，但在尺寸和外观上有所改动的延伸。例如，商用洗衣机延伸到家用普通洗衣机和迷你型洗衣机；又如，佳洁士牙膏、佳洁士儿童牙膏。

（3）垂直延伸。垂直延伸是现有市场的品牌向更高档次或更低档次延伸，以获得更大的市场覆盖面的品牌延伸策略。例如，阿曼尼品牌，最早推出的乔治·阿曼尼是高级时装品牌，后来推出的厄普里奥·阿曼尼是二线成衣品牌，阿曼尼牛仔是面向大众的三线品牌。其中，向上延伸，难度较大，但不是不能成功。向下延伸相对比较容易，但存在潜在的陷阱和危机。为了避免出现株连效应和替代效应等不良后果，有的垂直延伸在原品牌后加上一个子

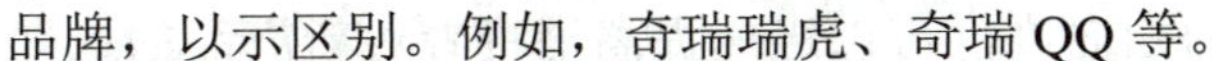

品牌，以示区别。例如，奇瑞瑞虎、奇瑞 QQ 等。

2. 产品类别延伸

产品类别延伸是指母品牌延伸到不同于已有品牌产品类别的品牌延伸，使品牌突破了原来的产业或行业，实现了跨行业的扩展。法国品牌权威学者卡普菲勒教授把产品类别的品牌延伸细分为两种类型：连续性延伸和非连续性延伸。

连续性延伸是指企业借助技术上的共通性在同一大类或近类产品之间进行延伸。例如，索尼借助于成像技术推出数码照相机、数码摄像机等；耐克借助运动产品的研发能力推出各类运动鞋、运动用品、运动装等。由于延伸的产品与最初的产品在技术上很接近，因此母品牌覆盖的产品范围较窄。

非连续性延伸是指超出了产品之间的技术和行业上的局限，覆盖完全不相关的产品类别的延伸行为。比如，法拉利不仅拥有经典跑车，还借助自身无与伦比的设计优势和品牌优势，或独自或与其他公司合作，推出了自行车、手表、香水、手机、数码相机、笔记本电脑、主题公园等不同领域的产品；海尔既有电器，又有生物医药、金融、物流、旅游、房地产等不相关的产业；重型机械设备供应商卡特彼勒公司依据其坚固、粗犷、勇敢、不辞劳苦的品牌个性、犀利的风格将产品延伸至鞋子、手表和牛仔裤等产品；雅马哈是摩托车品牌，也是古典钢琴的品牌。这种远离原有产品领域的延伸使品牌覆盖了更宽广的产品范围。

无论是连续性延伸还是非连续性延伸，都是不同类别的产品之间的延伸。原产品和延伸产品两者越相似，消费者对延伸产品的认可性就越好。类似产品之间的延伸会形成一个专门化品牌（如 SONY 是视听设备品牌），即连续性延伸形成专门化品牌。但是不同的消费者由于评价产品时所用的参照系不同，因此，产品的“相关性”的标准可能差异很大。消费者更多地从延伸产品与原产品在外观或用途上的相似性去评价相关性（如从网球鞋到网球拍），内行的评价者可能从所使用的技术和产品材质等方面去考虑（如从网球鞋到篮球鞋）。前一类称为浅层延伸，后一类称为深度延伸。

（三）根据延伸产品的品牌命名策略分类

根据延伸产品的品牌命名策略，可以把品牌延伸分为单一品牌延伸、主副品牌延伸和亲族品牌延伸。

单一品牌延伸是指延伸的产品与原产品的品牌名称完全一样，如金利来领带和金利来西服；主副品牌延伸又称为母子品牌延伸、复合品牌延伸，是指延伸产品与原产品的品牌名称采用两段式，前面的主品牌名称相同，后面的副品牌名称有差异，以体现产品特点，如别克凯越和别克君越；亲族品牌延伸是指延伸产品与原产品的品牌名称有部分相同，部分不相同，如麦当劳的麦乐鸡、麦香鱼、麦辣鸡等都有“麦”（Mc）字。其中，尤以主副品牌延伸使用最为平常，因为它既利用到了原品牌的声誉，又突出了不同产品的差异性。

三、品牌延伸的作用

（一）节约新产品的推广费用，提高其认知度

新产品推广的成本不仅巨大，失败率也非常高。品牌延伸使新旧产品都采用一个品牌，

而这种做法，使新产品利用原有成功品牌的知名度，可以迅速提高消费者对新产品的认知度，减少新产品推出的费用。据估计，在全美市场推出一个全新品牌的产品需 3000 万～5000 万美元，而运用品牌延伸策略可以节省 40%～80%的费用。

一项对食品研究的数据表明，品牌延伸对消费者的接受过程产生了重要影响，品牌延伸在试用率和重复购买率方面均比新品牌高，如表 9-1 所示。因此，新产品使用原品牌可以使消费者产生熟悉感，也可使品牌经营者获得市场优势。

表 9-1　品牌延伸对消费者的接受过程的影响

指数	新品牌	品牌延伸
试用率（指数）	100	123
重新购买率（指数）	100	161

（二）给予消费者多元化选择的机会

如今要获得消费者对一个品牌的忠诚是越来越难了。为了留住“喜新厌旧”的消费者，企业可以通过品牌延伸的方式，推出更为齐备的产品线项目或者相关产品类别以供选择。也就是说，要防止消费者的品牌转换，企业就要研究消费者在该领域的不同需要，在不同的细分市场进行品牌延伸，给消费者提供更多选择。这样，尽管顾客可能不选择原来的那个具体产品了，但还是极有可能会选择该品牌的其他相关产品。比如，麦斯威尔咖啡既有原味也有特浓口味，宝马既有轿车也有越野车等。

（三）提升品牌内涵

品牌延伸的成功可为主品牌注入许多新的元素，提升品牌内涵。特别是那些最初与某一产品产生强烈联系的品牌，通过品牌延伸，使越来越多的产品加入品牌，使得原有的品牌逐渐增加了感性的内涵。同时，因为各产品的某种共性而使品牌内涵得以深化和清晰化，可有效地摆脱“品牌就是产品”的束缚。

英国维珍集团最初从唱片起家，之后的业务扩展到航空、可乐、网上商店、铁路、电信、大卖场、婚纱、影院、金融服务、手机等行业。尽管延伸的产品之间风马牛不相及，但其共性是“反叛和娱乐”的品牌个性，每一个延伸的产品都在使这一品牌的内涵清晰化。当最初的产品早已明确了品牌内涵时，品牌延伸当中出现的名称、标志等品牌要素可以强化这一含义。比如，娃哈哈最初是代表儿童营养液，属于儿童品牌。随着发展，娃哈哈集团经营的触角不断地进行延伸，扩展到果奶、八宝粥、纯净水等产品领域，而正是通过品牌的不断延伸，使娃哈哈品牌超越儿童品牌的局限，使娃哈哈的品牌得以增值为“快乐和时尚”。

（四）规避经营风险

企业的经营常会遇到各种风险，其中的一种便是单一的产品、项目或业务经营的失败给企业带来的致命打击，也就是说，对于单项经营的企业来说，此项业务的失败，会使企业唯一的经营活动失败，从而给企业带来严重的损失。企业实施品牌延伸，可以分散企业的经营风险，企业由单一的产品结构、单一的经营领域，向多种产品结构、多种经营领域发展，有

利于分散企业经营的风险。

美国吉列公司前任董事长勒克勒在出任总经理时就提出："本公司不应再以刀片作为唯一的事业了。"于是，吉列公司在继续研制新型剃须刀的同时，大刀阔斧地进行了品牌扩张，企业经营转向了化妆品、医药及生活用品等多个方面，并在这些行业中取得了成功。正是由于实施单一经营向多元化的战略调整，使吉列开始多条腿走路，也使吉列的"剃须刀王国"更加巩固。再如，日本三菱重工业公司拥有多个机械厂，机械产品小至收音机，大至核电站成套设备，应有尽有，素有"机械产品的百货商店"之称。

四、品牌延伸的风险

品牌延伸是一把"双刃剑"，成功的品牌延伸能够使品牌资产得到充分利用，并在利用中增值，但盲目的品牌延伸，也有许多陷阱，存在很多潜在的风险。

（一）损害原品牌形象

当某一类产品在市场上取得领导地位后，这一品牌就称为强势品牌，它在消费者心目中就有了特殊的形象定位。这时，将这一强势品牌进行延伸后，新产品就可以借助原品牌的资源进入市场，但运用不当的话，原有品牌所代表的形象信息就被弱化。例如提到好莱坞，人们都知道是美国电影城，就不应该唐突地把它扩展到好莱坞汽车、卫生纸等方面，这种扩张不仅不能延伸原有品牌资源；还有可能使原有形象受到破坏，失去原有的消费群。

进行延伸时应注意以下两种情况。

1. 不要盲目进行扩张

某品牌高度定位后，在人们心中形成了一个固定的完整的形象，品牌完全取代了产品作用。若盲目进行扩张，品牌或产品将受到不良影响。如索尼公司的产品系列细化到不能再细的程度，其在家电业的成功扩张使其成了家电视听产品的代名词，提到索尼自然会想到家电视听产品。索尼公司经营几十年来，从未渗透到其他行业领域，大概原因也基于此。

又如，施乐美国公司收购了一家计算机公司，把它改名为"施乐资料系统"。然而，"施乐"在顾客心中意味着复印机，他们不接受不能复印的"施乐"计算机，由此，施乐美国公司损失了 8400 万美元。

2. 高档品牌不要向低档品牌延伸

一个原本代表高品质、高信誉的高档品牌向低档延伸时，虽然一时会让其销量大增，但长此以往，将会使原品牌的形象受到影响。如在第二次世界大战以前，美国豪华轿车并非凯迪拉克而是派卡德。派卡德曾是全球最尊贵的名车，是罗斯福总统的座驾。然而，派卡德在 20 世纪 30 年代中期推出被称为"快马"（Clipper）等低价位车型，尽管销路好极了，但派卡德的王者之风渐失，高贵形象不复存在了，从此走向衰退。

再如，一向以质优价贵、象征身份和体面著称的美国"派克"钢笔，以其高品质的形象成为"钢笔之王"。后来公司采取品牌延伸策略，把"派克"品牌用于每支售价仅 3 美元的低档笔，由此破坏了"派克"钢笔在消费者心目中的高贵形象，致使派克公司非但没有打入低档笔市场，反而在高档笔市场大为失利，更悲惨的是为竞争对手克罗斯公司进入高档笔市场打开了方便之门。

（二）品牌个性稀释

企业进行品牌延伸时，若延伸跨度较大，很容易使新产品脱离原品牌的个性特征或核心价值，造成品牌个性淡化。例如，美国美能公司推出了一款洗发露和润发乳二合一的产品，取名为“蛋白 21”。由于这种产品独特的定位，很快在市场上打开了销路，并取得了 13%的市场占有率，成为知名品牌。公司受到品牌扩展的诱惑，又接连用这一品牌推出“蛋白 21”发胶、润发乳、浓缩洗发露等产品。结果事与愿违。由于品牌延伸模糊了“蛋白 21”作为二合一洗发护发用品的定位核心价值，从而也就淡化了消费者对它的独特偏好，结果“蛋白 21”从 13%的市场占有率降为 2%。

（三）使消费者产生心理冲突

品牌如若延伸到一个与主品牌产品相对立或易引起消费者反感的产品或行业上，就会对消费者造成心理冲突。美国 Scott 公司生产的舒洁卫生纸，本来是卫生纸市场上的头号品牌，但随着舒洁餐巾纸的出现，消费者的心理发生了微妙的变化。对此，美国广告学专家艾·里斯幽默地评价说：“舒洁餐巾纸与舒洁卫生纸，究竟哪个品牌才是为鼻子策划的？”结果舒洁卫生纸的头牌位置很快被宝洁公司的 Charmin 卫生纸所取代。

（四）株连效应

企业在进行品牌延伸时，如果企业在市场竞争中占据优势地位，往往所有产品都会因品牌效应而受益。但如果其间某一产品经营受挫，反过来又会波及其他产品的信誉，影响销售，甚至会导致消费者对所有同一品牌产品的“否定”，形成“株连”效应。

（五）跷跷板效应

品牌如延伸到另一个类别的产品时，会发生新产品销量上去了，原品牌产品的市场份额却被竞争对手占领了，就像跷跷板一样，一边翘起，一边就落下。这种情况往往发生在主品牌地位尚未牢靠，便轻易延伸到别的行业的企业。当然，一些实力强大的品牌由于在延伸时注意力太过集中于新品，忽视了竞争对手对原品牌产品的进攻，不过它们相对那些实力弱的更易收复失地。因此，企业尚不具备“两线作战”的能力或时机时，不要轻易倾力去做品牌延伸，即使在延伸的同时也要提高警惕，严守原产品受到竞争对手的“乘虚攻击”

例如，在美国市场上，Heinz 原本是腌菜中的名牌，而且它占有最大的市场份额，后来公司把其延伸到番茄酱市场，做得十分成功，使 Heinz 成为番茄酱品牌的第一名；然而它在腌菜市场上却被 Vlasic 所代替，丧失了该市场上第一品牌的地位。

（六）可能挤占原产品的销量

这一情况主要表现在产品线延伸这一延伸类型上，原产品与延伸产品具有一定的替代性。最简单的例子是某品牌延伸出相对于原产品更便利、更实惠包装的新产品，则消费者会纷纷改选新产品，从而导致原产品的销量下滑，市场份额被延伸新产品抢占。

事实上，只要将分类产品的市场区域做好，是能有效地降低这种风险的。以洗衣粉为例，既然大号装主要以家庭主妇购买为主，那么小包装可定位于年轻的单身族，加入一些他们喜欢的元素，各守各的目标顾客，不至于发生内讧。

鉴于以上介绍的企业品牌延伸面临的种种风险，企业在品牌延伸中要积极开展调研，了解企业定位、消费者心理，从而使品牌的延伸不至于盲目。

第二节 品牌延伸的成功因素

如今，众多的成功企业都愿意通过品牌延伸来充分挖掘品牌的潜在优势。但品牌延伸不是毫无方向和目的地开展的，品牌延伸应把握一定的技巧，下面来看看影响品牌延伸成功的因素有哪些。

一、品牌延伸成功的基石——强势品牌

就品牌延伸而论，只有强势品牌才具有延伸价值和延伸力量，强势品牌特征主要表现为品牌具有很高或较高的知名度、品质认知度、积极丰富的品牌联想和忠诚度。

品牌知名度是指消费者认出或想起某种品牌的程度。一般而言，品牌的知名度越高，品牌就会被更多、更广泛的人所熟悉，延伸后被消费者认出、忆起的可能性越高，品牌延伸成功可能性就越大。

品牌品质认知度是指消费者对品牌所代表的产品或服务的整体品质的感觉。消费者购买商品不仅要花时间成本、精力成本，还要耗费心理成本，而现代社会生活节奏加快，消费者为节约更多时间去休闲，往往不愿“高度卷入式”地购买商品，常根据对品牌的品质认知去购买。被高品质认知的品牌具有一定的光环效应，在品牌延伸上具有更大的潜力，其品牌延伸也更容易成功。因为消费者会将原有的品质印象转移嫁接到新的产品上。

品牌联想是指一提起某品牌消费者脑中会想到什么，它源于企业对消费者持久的品牌传播和教育，以及消费者对品牌的理解、消费者间的口碑相传。品牌联想可从三个方面评价：一是品牌联想的强度，即消费者看到品牌就想起别的事物的程度；二是品牌联想的喜欢度，即指消费者看到品牌时产生正面、积极的联想；三是品牌联想的独特程度，即一看到品牌就产生的异于竞争品牌的独一无二的印象。仅有品牌联想的喜欢度和强度的品牌延伸出来的产品很容易被淹没，最好是同时具备品牌联想的独特程度，那样延伸出来的产品会与众不同，鹤立鸡群，更引人注目，成功的概率也高些。由于品牌延伸的同时品牌联想也在延伸，所以品牌经营者要充分利用各种手段和工具，找出那些直接或间接影响购买行为的品牌联想，开展有益的品牌延伸。

品牌忠诚度是指消费者对所用的品牌感到满意并坚持使用的程度。这一术语一般用来衡量消费者对所用品牌的依恋程度，或反面来讲是转换品牌的可能程度。品牌忠诚度应是前面所讲的品牌知名度、品牌品质认知度、品牌联想的一个综合反映，也是消费者对品牌的态度在行为上的体现，企业一切的营销努力最终也是为了使顾客产生品牌忠诚度。品牌忠诚度越

高，说明品牌越有价值，消费者越易产生爱屋及乌心理，这种忠诚度也可迁移到延伸产品中，因而品牌忠诚度越高越易取得品牌延伸的成功。

品牌知名度是顾客对品牌的认知，品牌品质认知度和品牌联想是消费者对品牌的态度，品牌忠诚度反映了消费者对品牌的购买行为，从认知到最终的忠诚行为是品牌延伸效果的量化指标。

二、品牌延伸成功的条件——延伸产品与主品牌的相似性

相似性是指延伸产品与核心品牌之间的某种共通性和匹配度。品牌延伸中的相似性可分为两类：与产品相关的属性或利益以及与产品无关的属性或利益。与产品有关的属性或利益有三类：技术或资源的可转移性、互补性、替代性；与产品无关的属性或利益主要是价值性，如品牌形象、象征意义等，这些可归纳为品牌的核心价值或品牌内涵的主成分。进行品牌延伸应保持与原有产品的相似性，不能盲目进行。

（一）应考虑品牌的核心价值与个性

一个成功的品牌有其独特的核心价值与个性（价值性），若一核心价值能包容延伸产品，就可以大胆地进行品牌延伸，也就是说，品牌延伸应尽量不与品牌原有核心价值与个性相抵触。

这里的品牌核心价值与个性不是指产品之间表面的关联度（替代性、互补性、技术性），而是指品牌后面隐藏着的文化和价值观，它使得品牌不仅给消费者以物超所值的享受，更给消费者以民族文化、时代文化的享受。正是这种内在的核心价值和个性解释了为什么许多关联度低，甚至风马牛不相及的产品共用一个品牌也能获得成功的道理。例如，登喜路（Dunhill）、都彭（S. T. Dupont）、华伦天奴（Valentino）等奢侈消费品品牌麾下的产品一般都有西装、衬衫、领带、T 恤、皮鞋、皮包、皮带等，有的甚至还有眼镜、手表、打火机、钢笔、香烟等跨度很大、关联度很低的产品，但也能共用一个品牌。因为这些产品都能提供一个共同的效用，即身份的象征，能让人获得高度的自尊和满足感。购买都彭打火机者所追求的不是点火的效用，而是感受顶级品牌带来的核心价值，即无上的荣耀。

值得一提的是，在品牌延伸之前应正确认识品牌的核心价值与个性。如果狭隘地认识品牌的核心价值，就有可能延误品牌延伸的时机。例如，雀巢与咖啡的关系密切，消费者一提到雀巢，首先想到的就是咖啡，但这只是雀巢的核心价值之一，它还意味着“国际级的优秀品质、温馨、有亲和力”，这些才是雀巢品牌核心价值的主体部分，包括咖啡、奶粉、冰激凌、柠檬茶等许多产品。

因此，在进行品牌延伸时，首先，要分析延伸产品与原有产品之间是否存在共同的核心价值与个性，这是决定品牌延伸是否成功的关键。

（二）应考虑延伸产品与原有品牌表面的相似性

当延伸产品与主品牌不具有内在的共同核心价值与个性时，品牌延伸就应考虑延伸产品与原有品牌表面的相似性，尽量使延伸产品与原来的品牌在其产品的品位、特色及其消费对象等方面相吻合。如不然便会损害其已在消费者心目中所树立的品牌形象。以服务系统、消

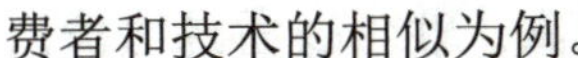

费者和技术的相似为例。

1. 相同的服务系统

从营销到服务，如果能联系在一起，品牌延伸自然理所当然，否则，就显得不伦不类。如雅戈尔从衬衣延伸到西服，服装业的营销和服务是一致的，品牌延伸自然到位。

2. 使用者相似

使用者在同一消费层面和背景之下，也是品牌延伸成功的重要因素。比如，三笑牙膏到三笑牙刷，大宝化妆品到大宝洗面奶，都是面对同一消费群体，就能够成功；金利来，从领带到腰带，都紧盯白领和绅士阶层的消费，延伸得比较成功。从产品品质到价位，都定位于“成功的、成熟的男士”。这样定位准确的品牌延伸不会“乱套”。

3. 技术上密切相关

主力品牌与延伸品牌在技术上的相关度是影响品牌延伸成败的重要因素。例如，三菱重工在制冷技术方面非常优秀，因此，它自然将三菱冰箱的品牌延伸到三菱空调；海尔品牌延伸也是大致如此。相反，春兰空调与其“春兰虎”“春兰豹”摩托车的形象没什么相关性，很难使消费者产生技术优势联想。

三、品牌延伸成功的保障——延伸产品本身运作成功

上面述及的品牌延伸的基础——品牌资产是否雄厚，欲延伸的产品与原产品的相似度都只是讨论了品牌延伸的理论可能，但何时延伸、延伸到何种产品上，还是得看天时、地利、人和，即新产品的营销环境和企业的营销努力是否正在其时，如正在其时，则新产品就会成功。新产品本身是品牌延伸成功的保障，下面就来看看影响新产品成功的因素有哪些。

（一）延伸新产品的市场需求量

在进行品牌延伸时，应考虑市场的需求量，看有没有可供挖掘的空间。在企业决定进行品牌延伸之前，要对目标市场做一番周密细致的市场调研，要计算出市场的总容量，并尽可能细分市场，达到量化指标，结合自己准备推出的产品性能和特色，看是否值得进行品牌延伸，以及是否有胜算的把握，而不是看别的企业进行品牌延伸就眼红，不分青红皂白，一拍脑门就上。

（二）延伸新产品面临的市场竞争态势

当被延伸产品的市场上，品牌纷杂、品牌市场格局未定格、没有或未形成强势品牌时，被延伸的新产品容易成功。因为品牌的市场格局未定，即使有相对强势品牌浮出水面，其地位不稳，实力有限，心理优势和市场优势尚未确立，其他市场的强势品牌的优势在延伸中凸显，市场的相对优势也不可能对延伸品牌形成抗击优势，这样的市场有延伸空间，被延伸的新产品容易成功。在我国纯净水行业尚未出现一个全国性的领先品牌时，“乐百氏”“娃哈哈”顺利地从乳酸业成功地跨入纯净水市场，成为这一行业的一流品牌的情况就基本属于此类。

相反，市场上的强势品牌通常是该市场上最有购买力的品牌。首先，它占据了市场最多

的份额，实力最强，有能力抗击入侵者。其次，它的知名度和美誉度高，获得该市场多数消费者的肯定和喜爱，它占据消费者最有利的位置，并在心理上构筑起抗击入侵者的屏障。最后，它占据并控制了主要的销售渠道，它可能阻塞延伸者的销售渠道。在这样的情况下，其他市场强势品牌延伸进入，难以获得成功。IBM 进入复印机市场的失败，施乐进入计算机市场的败北，就是这方面的例证。

延伸产品市场早有强势品牌，市场格局早已定格，市场成熟。此种情况下，被延伸产品难以成功。但是，只要延伸者能找出该市场有价值的空隙，并使延伸产品占领此空隙，被延伸的新产品的成功仍有可能。如海尔由冰箱、空调延伸至洗衣机市场，当时以小天鹅、小鸭为龙头的洗衣机市场格局早已形成并定格，两者是行业的强势品牌。海尔找到了全自动滚筒、高品质、高价格和优服务洗衣机的市场空隙并占领了此位置，使延伸的新产品获得成功，进而使品牌延伸获得成功。

（三）企业的支持力度

企业是否采取有效的营销策略和有力的营销手段来确保延伸的新产品的成功会影响到品牌延伸的效果。因为品牌延伸到一个新的领域，如果延伸产品所在的行业内存在强大的品牌，那么仅靠品牌的知名度和品牌核心价值的包容力是远远不够的，延伸难以成功。企业仍须在产品、定价、渠道、促销、广告等营销方面付出很大努力。如在产品方面采取差异化战略，精确定位切割对手市场空隙或薄弱环节的市场份额；定价方面则可采取比对手稍低价格的策略；渠道方面则给予经销商更高的返利和更强大的渠道支持以及采取减少渠道成员层级，使渠道扁平化，以更接近消费者和更快地顺应市场变化；促销方面则加大终端人员促销的努力，做好终端货架的生动化陈列，争取更好的排面；广告方面则可加大广告投放力度，采取明星策略等。

第三节　品牌延伸的步骤

品牌延伸成功与失败的案例都非常普遍。为了提高品牌延伸的成功率，本书结合美国品牌专家凯勒、法国品牌学者卡普菲勒等教授的观点，同时分析品牌延伸的一些案例，提出品牌延伸的几个步骤，如图 9-1 所示。

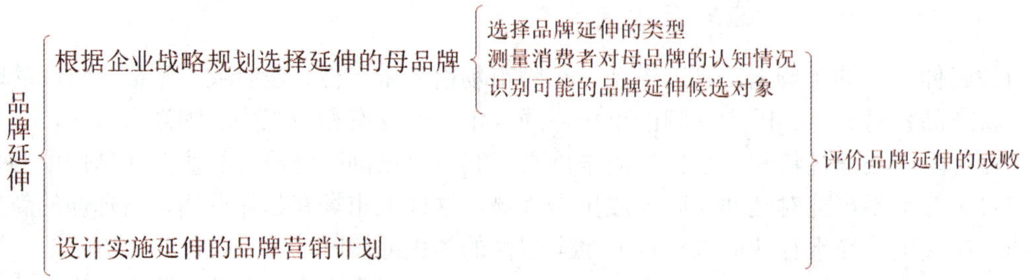

品牌延伸
- 根据企业战略规划选择延伸的母品牌
  - 选择品牌延伸的类型
  - 测量消费者对母品牌的认知情况
  - 识别可能的品牌延伸候选对象
- 设计实施延伸的品牌营销计划
- 评价品牌延伸的成败

图 9-1　品牌延伸的几个步骤

一、根据企业战略规划选择延伸的母品牌

一般来说，被延伸的品牌以公司品牌居多，如海尔、美的、小米等，但也有一些案例中延伸的是子品牌，如通用汽车在别克这一子品牌下面推出了别克凯越、别克君威、别克君越、别克林荫大道等品牌的汽车。究竟选择公司品牌还是子品牌进行延伸，主要看企业的行业发展规划。如果企业计划进入新的行业，可以选择公司品牌进行延伸（当然，推出新品牌另当别论）；如果企业只是希望丰富和填补原有的产品线，则选择子品牌来延伸新产品更为明智。

不管是选择公司品牌还是子品牌，一个容易成功延伸的母品牌应该具有较高的知名度和良好的形象。从现有的成功经验来看，品牌延伸应该是步步为营，在没有建立品牌知名度和品牌形象之前就急于延伸，会分散品牌的力量。

二、选择品牌延伸的类型

品牌延伸的类型将决定延伸产品的选择方向，因此，在提出候选的延伸产品之前需要对延伸类型进行选择。首先，要考虑的问题是采用公司内延伸还是公司外延伸。公司内延伸比公司外延伸的企业可控性更强，但对企业的财务、生产和营销压力也更大，选择前者还是后者，取决于公司对哪方面更加重视。其次，要考虑的问题是采用产品线延伸还是产品类别延伸。一般的规律是先进行产品线延伸，在某一个产品领域做大做强之后，再凭借专业品牌优势来进行产品类别延伸。产品线延伸并不困难，因为延伸产品与原产品同属于一个产品线，消费者容易形成一致性的认知。难办的是产品类别延伸，由于各产品类别存在差异，延伸产品可能会与原产品发生冲突，不仅容易失败，还可能会损害母品牌形象。因此，不到万不得已，尽量不要采取产品类别延伸。一般来说，只有当原产品类别利润空间不大、竞争过于激烈的时候，延伸到新的产品类别才是明智之举。例如，康佳在电视机行业面临巨大竞争压力的时候，选择了手机、电冰箱作为延伸的新品类，以求增加新的利润增长点。

三、测量消费者对母品牌的认知情况

母品牌该向何处延伸取决于消费者对该品牌的认知情况，而不是企业自身的看法，因此企业需要对消费者进行品牌认知调研。调研的方法包括定性和定量两类。

（一）定性方法

常用的定性方法包括自由联想法和投射法。自由联想法采用焦点小组法或深度访谈法进行，调研者向被访问者提问“看到或听到品牌×，你能想到什么”，以探索品牌在消费者头脑中有关品类、价位、特色、个性等方面的联想。由于并没有对联想的内容和方向进行限定，因此可能会获得意想不到的答案。投射法是一种心理学测试技术，它能使被访问的消费者在轻松的状态下回答一个不愿回答或者难以回答的问题，原因是用以测试的一个简单图片或问题背后对应着复杂心理活动。常见的一类投射法工具是图片，可以是人物、风景、动物、建筑物、汽车等。通常的问题是：“你觉得品牌×给你的感觉像以下哪个图片？”国际市场研究公司有一项投射法的专利技术“品牌视觉画廊”，其中包括 20 张在全球经反复测试

挑选出来的图片。每一张图片都有一种标准解释。例如，热带雨林的图片象征着生机与成长性，但很可能由于发展过快，容易失控。研究者让消费者根据对被测试品牌的直觉，选择若干张最能代表该消费者对品牌感觉的图片，以确立品牌形象的核心。

（二）定量方法

定量方法则是采用李克特量表来表述品牌认知和形象的问题，以便将消费者对品牌认知的程度进行量化。李克特量表的表达方式如“品牌×是一个运动品牌。①完全不同意；②比较不同意；③中立；④比较同意；⑤完全同意”。显然，通过定性调研可以获得更为深入的信息，而定量调研则具有规模上的统计意义，二者结合可以取长补短。

四、识别可能的品牌延伸候选对象

以下介绍几个有关品牌延伸范围的模型，以帮助管理者识别可能的延伸产品候选对象。

（一）品牌延伸范围模型

美国品牌学者戴维森（Davidson）描述了品牌延伸的可能范围，具体包括内核、外核、延伸区域和禁区，如图 9-2 所示。

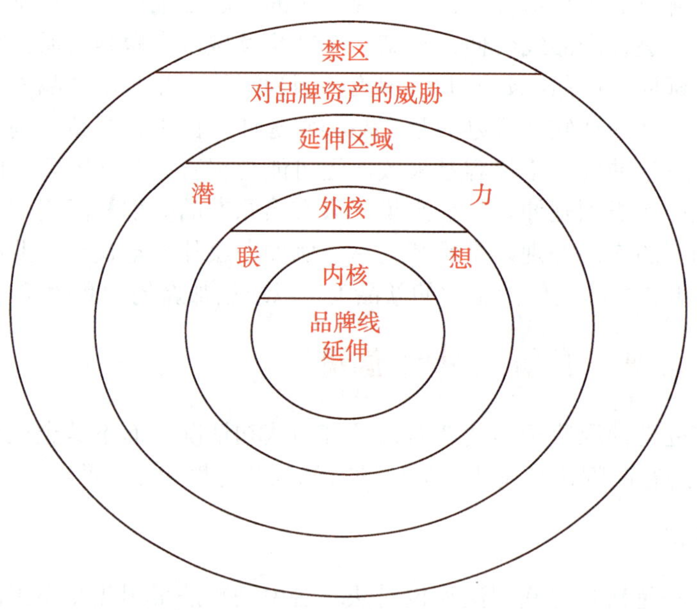

图 9-2　品牌延伸范围模型

内核的延伸是产品线的延伸，是距离原产品最近的延伸，例如，诺基亚推出的各种商务、音乐手机等；外核的延伸是同一类产品的延伸，距离原产品比较近，例如，海尔彩电、冰箱、洗衣机、电热水器等家电产品；延伸区域是不同类产品的延伸潜力，距离原产品比较远，例如，法国 Bic 从一次性圆珠笔到一次性打火机；禁区是品牌不宜延伸的产品类别，强行延伸将使得延伸产品与原产品产生行业、市场、档次等方面的认知冲突，最终威胁到原品牌资产。比如，立白洗衣粉延伸到立白牙膏就存在行业认知冲突，而派克笔从高端延伸到低端就存在档次认知冲突。

（二）品牌延伸能力模型

究竟如何确立延伸的候选产品？卡普菲勒教授提出了一个品牌延伸能力模型，如图 9-3 所示。

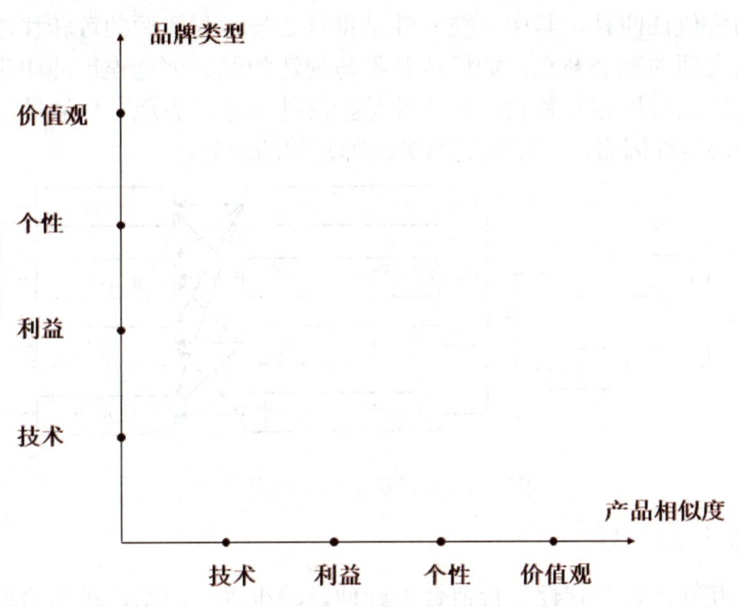

图 9-3　品牌延伸能力模型

该模型纵轴是品牌类型，横轴是产品相似程度。品牌类型是指母品牌具有显著特征的一个方面，包括专有技术（Know-How）、利益（Benefit）、个性（Personality）、价值观（Values）；产品相似程度是指延伸产品与原产品之间的技术相关性。

从模型来看，根据品牌类型的不同，延伸产品和原产品的相似性也不同。专有技术是品牌原产品所具备的技术特长，据此所延伸的产品与原产品应当较为相似。例如，乌江三榨的专有技术是腌制榨菜，这一技术使得它可以制作古法榨菜、麻辣榨菜、低盐榨菜、川香菜片、原味榨菜、榨菜碎米等系列产品；利益是品牌带给消费者的产品利益，据此所延伸的产品与原产品距离稍远，例如，立白洗涤用品的立意是“不伤手”，这使其能顺利从立白洗衣粉延伸到立白洗洁精；个性是品牌的拟人化特点，据此所延伸的产品可以离原产品较远，例如，万宝路的个性是豪迈、粗犷，所以它能从香烟延伸到牛仔裤；价值观是品牌所特有的理念，所延伸的产品可与原产品在技术上不相干，只要保持理念一致就行，例如，卡特皮勒的价值观是“坚韧、粗犷、户外”，它旗下不仅有挖土机、拖拉机，还有风马牛不相及的皮靴、牛仔裤，因为都体现了“坚韧、粗犷、户外”的品牌价值观。

（三）品牌延伸边界模型

影响品牌延伸成败的决定性因素主要有两个：消费者对核心品牌的认知和延伸产品与核心品牌之间的关联性。前一因素是品牌延伸的优势基础，后一因素是品牌延伸的指导原则，将二者结合起来，可以构建一个品牌延伸边界模型，如图 9-4 所示。品牌延伸的成败取决于延伸产品是否脱离了核心品牌所规定的延伸边界。消费者对核心品牌的认知可分为功能性认知和表现性认知两种，如果再将每种认知分为高低两种，那么消费者对核心品牌的认知就又可以分为高功能—高表现性、高功能—低表现性、低功能—高表现性、低功能—低表现性四种。延伸产品与核心品牌间的联系又可分为与产品特征有关的技术性、互补性、替代性以及与产品特征无关的价值性四种。其中，技术性是指核心技术与资源的可转移性；互补性是指延伸产品与原产品之间的配套补充，如柯达胶卷与柯达相纸、柯达连锁冲印店；替代性是指延伸产品与原产品之间可以相互替代；价值性是指品牌概念、表现、内涵等核心价值的一致性。结合以上两个决定性因素，可以确定四类品牌延伸的边界。

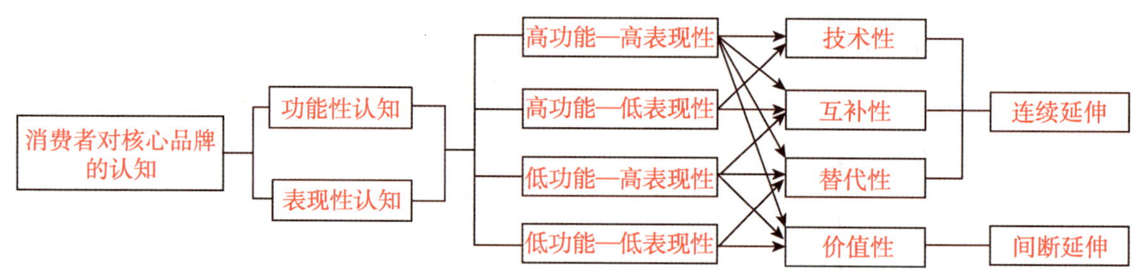

图 9-4　品牌延伸边界模型

1. 高功能—高表现性品牌

可在技术性、互补性、替代性、价值性上延伸，较少受到限制，成功的机会也比较大。例如，劳斯莱斯轿车可以向私家游艇延伸（技术性、价值性），可以向专用轿车配件、装置延伸（互补性），也可以推出另一型号的豪华轿车（替代性）。又如，牛津大学不仅开设其他教育机构和出版专业图书（功能性延伸），还将品牌授权给一家服装生产商使用（价值性延伸）。

2. 高功能—低表现性品牌

应选择技术性、互补性、替代性这三方面延伸，而不宜向价值性方面延伸。例如，松下可以很成功地延伸到各类家电产品，却无法进入高档手表或名贵香水等表现性产品。

3. 低功能—高表现性品牌

只能应优先采用价值性延伸，也可以向互补性和替代性产品进行适当延伸。例如，高档洋酒本身并无太大功能性，但其名贵的特征会满足部分人的虚荣心，所以更适合向名贵家居装饰品或珍藏品延伸（价值性），也可延伸到高档酒具（互补性），以及其他口感的高档洋酒（替代性）。

4. 低功能—低表现性品牌

从理论上讲，延伸困难很大。但是，延伸若要在互补性与替代性上如果操作得好，也能够获得成功。例如，一种普通食盐品牌可以延伸到碘盐、铁盐、钙盐上面（替代性），也可延伸到味精、酱油等其他调味品（互补性）。

五、评估和选择延伸产品

对候选的延伸产品进行评估需要考虑两个方面的问题：一是消费者对延伸产品的接受程度如何？二是延伸产品对母品牌有何影响？第一个问题需要启动对消费者的抽样调查，让消费者对备选方案进行评分，看看母品牌延伸到哪些新产品上更容易被接受并解释原因。为了保证所列的延伸方案没有遗漏，还可以请被访问者补充适合延伸的产品。通常会有好几个延伸产品的备选方案，被访问者被要求对最适合的对象进行排序。第二个问题的答案有三种可能：正面影响、负面影响、无明显影响。正面影响是管理者最希望看到的结果，通常延伸产品与原产品之间关系比较紧密，如海尔延伸到洗衣机、空调、电热水器等产品之后强化了海尔“家电巨头”的形象；无明显影响是管理者能够接受的结果，因为毕竟一些跨度很大的延伸很难直接给母品牌带来帮助，如海尔生物制药对海尔家电形象没有太大的促进作用；负面影响是管理者应极力避免的，但很多时候企业还是会犯各种错误，使母品牌受损。

一些可能招致负面影响的原因包括：一是行业冲突，如娃哈哈 AD 钙奶与娃哈哈关帝白酒，一个是奶，一个是酒，二者并不协调；二是市场冲突，如梦特娇同时拥有男装、女装和童装，三个完全不同的市场；三是档次冲突，如高档的茅台酒延伸到茅台王子酒和茅台迎宾酒的中低档白酒上面，并没有获得很大的成功。一个好的延伸产品应该能够被消费者所接受，同时也对母品牌具有正面的促进作用。

六、设计实施延伸的品牌营销计划

明确了延伸产品之后，管理者需要设计品牌营销计划对其进行推广。本质上，延伸产品营销的关键在于建立延伸产品与母品牌之间的共同点，使母品牌的资产能够部分转移到延伸产品上。最核心的一个问题是延伸产品的品牌命名问题，即究竟采用单一品牌延伸、主副品牌延伸还是亲族品牌延伸。如果延伸产品与原产品属于同一类别但希望强调产品的特色，就可以采用主副品牌延伸。例如，马自达在中国合资公司推出的 M6、M3、M2 等不同风格的车型；如果延伸产品与原产品不属于同一个类别且类别之间不容易产生认知冲突，那么可以采用单一品牌延伸，例如，三菱空调和三菱电梯；如果延伸产品与原产品之间容易产生认知冲突（如档次差异大、行业之间易产生不良联想等）的话，则最好采用亲族品牌延伸。亲族品牌延伸是一种特殊形式的主副品牌延伸，适合于主品牌与副品牌若即若离的关系。比如，高档酒五粮液为了向中低端延伸，推出了五粮春和五粮醇等亲族品牌，其中“五粮”二字表明了几个品牌之间的根源关系，而“液”“春”“醇”则避免了各种不同档次产品的冲突。

除了品牌命名外，延伸产品营销的计划还有采用相同或类似的品牌标志，例如，华伦天奴的 V 形标志在皮具、服饰上都稍有微调采用相同的品牌口号，飞利浦在所有产品的广告上都以“精于心，简于形”作为结尾；采用类似的产品特征或广告诉求，如飘柔洗发水讲“使头发柔顺”，而飘柔沐浴露和香皂讲“使肌肤润滑”等。

七、评价品牌延伸的成败

管理者需要对品牌延伸的表现作出评价。这个评价基于两个标准：一是延伸产品是否获得了良好业绩？二是延伸产品对母品牌资产产生了什么样的影响？如果两个标准得分都很高，那么该品牌延伸就非常成功，例如，耐克从篮球鞋延伸到运动用品和运动服装就非常成功。如果只是标准 1 得分很高，标准 2 得分接近 0（没有什么影响），那么该品牌延伸效果尚可，例如，奥克斯空调延伸到奥克斯手机，后者对前者并无明显作用，延伸效果一般；如果标准 2 得分为负数，即延伸产品对母品牌产生了负面影响，那么无论标准 1 得分如何，该品牌延伸都是失败的，例如，Clorox 漂白剂延伸到洗衣粉就很失败，因为人们总是担心使用了这种洗衣粉会使色彩鲜艳的衣服褪色。

中山大学卢泰宏教授指出，为了计算品牌延伸的成功率，需要考虑相似度、品牌强势度、品牌认知度、品牌联想、营销竞争力五个一级指标、十五个二级指标。在此基础上，上海交通大学的薛可在《品牌扩张：延伸与创新》一书中提出了品牌延伸决策评估模型。该模型的目的是将品牌延伸的成功率进行量化，指标体系涉及三个一级指标（品牌的强势度、核心品牌与延伸产品的相关性、环境因素）、八个二级指标、三十一个三级指标。其中，品牌的强势度是指品牌力的强弱和势能，是品牌长期积累的结果，包括品牌的美誉度、品牌的定位度、品牌的知名度；核心品牌与延伸产品的相关性包括产品相关度和受众相关度；环境因素是除品牌的强势度和核心品牌与延伸产品的相关性之外的其他要素，包括目标市场环境、同行竞争环境、延伸推广力度。通过层次分析法（AHP），指标体系中的各个指标能够被赋予权重，以便层层汇总计算出最终品牌延伸的成功率。

【本章小结】

品牌延伸是指借助原有的已建立的品牌地位，将原有品牌转移使用于新进入市场的其他产品或服务（包括同类的和异类的），以及运用于新的细分市场中，以达到以更少的营销成本占领更大市场份额的目的。需要注意的是，品牌延伸与多元化经营并不是一个概念。

根据不同的划分标准，品牌延伸可以有以下几种分类：①根据延伸的产品是否归公司所有，可以把品牌延伸分为公司内品牌延伸和公司外品牌延伸。②根据延伸产品与原产品之间的关系，可以把品牌延伸分为产品线延伸和产品类别延伸。其中，产品线延伸可具体分为三种延伸类型：换代延伸、水平延伸和垂直延伸；产品类别延伸分为两种类型：连续性延伸和非连续性延伸。③根据延伸产品的品牌命名策略，可以把品牌延伸分为单一品牌延伸、主副品牌延伸和亲族品牌延伸。

品牌延伸的作用：①节约新产品的推广费用，提高其认知度；②给予消费者多元化选择的机会；③提升品牌内涵；④规避经营风险。品牌延伸是一把“双刃剑”，成功的品牌延伸能够使品牌资产得到充分利用，并在利用中增值，但盲目的品牌延伸，也有许多陷阱，存在很多潜在的风险：①损害原品牌形象、品牌个性稀释；②使消费者产生心理冲突；③株连效应；④跷跷板效应；⑤可能挤占原产品的销量。

品牌延伸应遵循一定的技巧，影响品牌延伸成功的因素：品牌延伸成功的基石——强势品牌；品牌延伸成功的条件——延伸产品与主品牌的相似性；品牌延伸成功的保障——延伸产品本身运作成功。

为了提高品牌延伸的成功率，本书结合凯勒、卡普菲勒等教授的观点，同时分析品牌延伸的一些案例，提出品牌延伸必要的几个步骤：①根据企业战略规划选择延伸的母品牌；

②选择品牌延伸的类型；③测量消费者对母品牌的认知情况；④识别可能的品牌延伸候选对象；⑤评估和选择延伸产品；⑥设计实施延伸的品牌营销计划；⑦评价品牌延伸的成败。

【课程案例】

鸿蒙之后，华为官宣新系统“欧拉”

对于华为的理解，很多人还停留在手机上，其实华为早就是全球知名的通信设备制造商，拥有自己配套的自研芯片，海思半导体一度成为亚洲第一大设计工厂，只是当下受限于芯片生产问题，5G芯片量产计划还是被耽搁了。除了芯片端面临棘手问题之外，华为手机海外市场也无法采用谷歌GMS服务，这意味着新机很难流通。对此，华为将潜心研发8年的鸿蒙系统转正，系统推出三个月时间，鸿蒙用户数正式突破1亿。

作为中国自研的独立操作系统，鸿蒙OS的用户量已经全球前三，仅次于苹果iOS和安卓系统，除了手机终端设备全速适配鸿蒙OS之外，很多智能家居设备也接入鸿蒙。国内家电巨头美的公开表示，旗下已有100多款产品接入鸿蒙生态之中，助力国产系统更上一层楼，像九阳、格力、海尔等也均示好鸿蒙。随着鸿蒙合作伙伴越来越多，跨越“系统生死线”所谓的16%的市场占有率越来越近，华为也提高设备目标，希望能覆盖4亿台设备。同时，华为还用鸿蒙打通平板、手表、显示屏、耳机等设备，让鸿蒙设备无缝连接，用户体验完美。

鸿蒙之后，华为官宣新系统“欧拉”，欧拉的定位是瞄准国家数字基础设施的操作系统和生态底座，承担着支撑构建领先、可靠、安全的数字基础的历史使命。按照这一说法，欧拉操作系统的地位将无可替代，或是面向于金融机构打造的，安全系数极高。欧拉操作系统基于Linux稳定系统内核，支持鲲鹏处理器和容器虚拟化技术，运用于华为的云服务和设备服务器，技术掌握在自己手里。除了欧拉之外，华为还有矿鸿系统，它是华为踏入工业领域的第一步，通过智能操作系统来提升生产效率。

欧拉系统正式发布后，它是华为完善自身生态的又一力作。手机业务受挫之后，华为开始发力操作系统，不局限手机终端设备，而是细分到各行各业，有了系统话语权之后，国产科技公司迎来全新面貌，不用再看微软和安卓脸色。鸿蒙用户不断增多，欧拉系统蓄势待发，相信国产系统终有一天可以替代微软、安卓，国产系统未来可期。

（资料来源：搜狐网，https://it.sohu.com/a/521623471_120906405）

【本章测试】

一、单选题

1．（　）是指借助原有的已建立的品牌地位，转移用于新进入市场的其他产品或服务，以及用于新的细分市场之中，达到以更少的营销成本占领更大市场份额的目的。

A．品牌扩展　　B．品牌延伸　　C．品牌位移　　D．品牌创新

2．Windows95、Windows98、Windows2000等是属于（　）。

A．水平延伸　　B．垂直延伸　　C．换代延伸　　D．系列延伸

3．品牌延伸成功的基石是（　　）。

A．关键品牌　B．质量品牌　C．强势品牌　D．关键品牌

4．以下属于子品牌延伸的是（　　）。

A．海尔　B．别克　C．美的　D．小米

5．如果企业某一产品经营受挫，反过来又会波及其他产品的信誉，影响销售，甚至会导致消费者对所有同一品牌产品的“否定”，叫作（　　）。

A．蝴蝶效应　B．牛鞭效应　C．连锁效应　D．株连效应

二、多选题

1．品牌延伸的划分标准有（　　）。

A．延伸的产品是否归公司所有　B．延伸产品与原产品之间的关系

C．延伸产品的品牌命名策略　D．延伸产品与顾客的关系

2．影响新产品成功的因素有（　　）。

A．延伸新产品的市场需求量　B．延伸新产品面临的市场竞争态势

C．企业的支持力度　D．竞争对手的数量

3．测量消费者对母品牌的认知情况，常用的定性方法包括（　　）。

A．李克特量表　B．比率分析法　C．自由联想法　D．投射法

三、简答题

（1）如何理解品牌延伸？企业为什么要进行品牌延伸？

（2）品牌延伸的分类包括哪些类型？

（3）为什么品牌延伸能降低营销费用？

（4）为什么品牌延伸会出现跷跷板效应？

（5）谈谈影响品牌延伸成功的因素。

（6）品牌延伸的基本步骤有哪些？

（7）派克是全球知名的钢笔品牌，当其产品线向下延伸时，遭到了严重败绩。目前，派克介入了服装行业，请对此品牌延伸行为提出你的品牌延伸策略。

【案例分析】

施乐：不仅仅是复印机

施乐是20世纪创立的成功品牌之一。施乐不仅创造了一种产品，更重要的是它开辟了一个全新的产品类型，即复印机。在美国，人们已经习惯用“施乐”表示复印这个动词。

切斯特·卡尔森（Chester Carlson）是这一切的开创者。他于1928年发明了普通纸复印技术并将这一过程称为“复印”，但直到1947年“复印”才成为一个商业型兼技术型的活动。当时，位于纽约的哈罗伊德公司（Haloid Company）遇到卡尔森并得到了开发复印机的授权。一年后，“施乐”和“复印”申请到专利。

第一台施乐复印机于1949年出现，被称为A型复印机。施乐914是第一款自动普通纸复印机，并因此吸引了媒体的广泛关注。《财富》杂志称赞这种一分钟可以复印七张的机器

为“在美国销售得最成功的产品”。很快，它就成为办公室的必备品。施乐公司也成了纽约证券交易所的上市公司。施乐真正成为全球性品牌。

1970 年成立了施乐研究中心，表明施乐有更大的野心，公司表示要从复印领域拓展到计算机技术和数据处理领域。但是，施乐数据系统和电传复印机先后遭遇失败。并不是施乐这一品牌不响亮，相反恰恰在于它太强大了，只能让人联想到复印机。不管复印机是佳能还是柯达制造的，人们仍然称它为施乐机。

然而，施乐并未放弃，它尽力正视这个问题。在杂志上为“施乐计算机服务”做广告时，其大标题是“这与复印机无关”。但顺理成章地，这只能加深施乐曾经与复印机有关的印象。

20 世纪 80 年代，施乐仍然不停地尝试，极力将自己重新定位为技术型办公产品的提供者。公司推出一款个人计算机，同样遭遇失败，施乐的这两种网络产品都未能打动人心。虽然它尽最大努力与办公室技术相联系，但公众仍然固执地认为施乐就是从事复印机技术的；虽然公司投资创造办公信息系统，但这一领域却牢牢地掌握在另一技术品牌 IBM 的手中。

那么为什么在 20 世纪 80 年代施乐坚持对品牌进行重新定位呢？部分原因就在于公司羡慕并热衷于品牌延伸。一个简单的事实就是：多数大品牌都与某种产品或服务有关。如可口可乐提供可乐，李维斯提供牛仔服，麦当劳提供快餐，而对于施乐来说，它提供的就是复印机。

品牌专家杰克·劳特劳基于这个事实，建议施乐将重点放在自己最擅长的产品上。他认为，施乐如果立足复印机市场，仍会处于技术的前沿。其解决方案就是激光技术，而非那些光亮的办公机器。但它们却转而追求另一个未能实现的预言，这一战略花费了施乐数十亿美元。虽然施乐公司现在似乎接受了自己只能作为“复印机品牌”的命运，但它还是花费了数年时间来探索其他领域，且无任何回报。而像佳能、IBM 这样的竞争对手却非常认真地在复印机市场攻城略地，其武器就是高速复印机。因为施乐能够将重点放在复印机上，而且仍然将技术攻关重点放在这个虽狭窄但有利可图的市场上，所以它仍会在未来控制该领域的市场。

（资料来源：施乐公司．MBA 智库百科．https://wiki.mbalib.com/ wiki/施乐）

思考题：

1．施乐公司品牌延伸失败的原因是什么？

2．企业进行品牌延伸时需要注意什么条件？

3．施乐公司品牌延伸方向有哪些？

第十章　品牌组合

【学习目标】

1. 掌握品牌体系关系谱下的四种不同策略。
2. 掌握品牌系统结构所包含的内容，掌握品牌系统的价值基础。
3. 熟悉单一品牌策略的定义、分类、优缺点及适用条件。
4. 熟悉主副品牌策略的定义、优缺点及适用条件。
5. 熟悉多品牌策略的定义、优缺点及适用条件。

【素质目标】

1. 学习品牌组合策略，培养人际关系沟通处理能力和团队协作精神。
2. 掌握品牌组合分析方法，树立全局观、大局意识。

【开篇实例】

宝洁公司的品牌组合

最早运用品牌组合的是通用汽车，但把品牌组合玩到极致的是宝洁公司。说到洗发水品牌，你可能听说过飘柔、潘婷、海飞丝、伊卡璐和沙宣等，但你知道它们都属于宝洁吗？飘柔主打“修护滋养”，海飞丝主打“清爽去屑”，伊卡璐主打“草本天然”，沙宣主打“专业时尚”，五个品牌各司其职、各显神通，让宝洁牢牢占据了国内洗发水数百亿元市场的半壁江山。

到目前为止，宝洁公司在全球拥有三百多个品牌，而它能够从众多竞争者中脱颖而出的原因就在于采用了多品牌组合的战略思想，将同种类型的商品根据市场细分，依据各种客户的需求形成各种各样的品牌。如洗发产品拥有“潘婷”“海飞丝”等不同品牌，护肤类产品则拥有“SK-II”“玉兰油”等品牌。这些不同的品牌拥有各自的优势，达到各自面向顾客的要求。

单一品牌延伸策略不利于产品的延伸和扩大，且单一品牌一荣俱荣，一损俱损。而多品牌虽营运成本高、风险大，但灵活，也利于市场细分。宝洁公司的品牌战略不仅使得该公司在社会上有着良好的形象、较高的声誉，而且还形成了一大批忠诚的顾客，为该公司的可持续发展赢得了竞争优势。

（资料来源：商业中的理论知识．某企业用这招占据市场半壁江山——品牌组合（brand porfolio）．知乎．https://zhuanlan.zhihu.com/p/356617683）

第一节 品牌组合概述

一、品牌组合的概念

品牌组合源于英文 Brand-Portfolio，其中 Portfolio 一词原用于定义投资组合，后来品牌管理学家将其运用到品牌管理之中，提出了“品牌组合”的概念。与投资组合的定义类似，品牌组合不是多个品牌的简单组合，而是指企业所有品牌的有机组成方式，即企业拥有品牌的数量、品牌的不同层级与特征等。在品牌组合中，不同的品牌用以满足不同目标市场及细分市场的需求。品牌组合中根据品牌的层级以及其在品牌组合中的战略地位，分为母品牌和子品牌、主导品牌和辅助品牌、背书品牌和被背书品牌等。

二、品牌组合的衡量标准

品牌组合的衡量标准主要有品牌组合的宽度、品牌组合的长度和品牌组合的密度。

（一）品牌组合的宽度

品牌组合的宽度是指一个企业所拥有的品牌数量，它一般是由企业品牌战略、市场对品牌的接受和认同程度及其企业可支配资源来决定。品牌组合的宽与窄的选择并不反映品牌管理是否成功，它是企业战略的反映。品牌组合的宽度也可以反映出企业所进入的细分市场的宽度，同时影响着企业资源的利用程度和分配方式。

（二）品牌组合的长度

品牌组合的长度是指在企业品牌中，是否使用子品牌或者辅助品牌。子品牌或辅助品牌的出现，是消费者需求日趋多元化的结果。消费者对于某一主导品牌有着不同的认知或感受，则可能导致辅助品牌的出现。另外，在强大的企业品牌下出现的背书品牌，可以增加消费者对于该背书品牌的信任程度。因此，品牌组合的长度要根据下游品牌的市场状况来发展。

（三）品牌组合的密度

品牌组合的密度是指品牌组合之间（包括主导品牌与辅助品牌之间、母品牌与子品牌之间以及背书品牌与被背书品牌之间）的相互关联度。品牌与品牌之间的关联程度，表现在技术研发、生产、销售、营销过程以及它们在消费者认知中的相互影响和相互牵制。比如，在背书品牌组合构架中，被背书品牌与背书品牌之间的关联度较高，表现为背书品牌对于被背书品牌的高度依存。

三、品牌组合的重要性

品牌组合之所以重要是因为品牌组合影响到企业发展的五个方面。

（一）企业资源

企业用于研发、管理、营销的资源必须合理分配并且运用到有最高效益的品牌中。然而，每一个品牌的建设都需要有一定的资源支持。如果没有一个清晰的品牌组合，就无法确认哪个或者哪些品牌可以带来最大的利润。或者，仅仅以单个品牌的赢利能力来分配企业资源，那些目前尚未显现出赢利能力但是有着巨大发展潜力的品牌将因为得不到足够的资源支持而无法发展。因此，品牌组合管理帮助企业分辨利润最高的品牌以及有巨大发展潜力的品牌，合理分配企业资源，使有限的资源产生最大的效益。

（二）企业效益

品牌组合不仅仅是几个品牌的简单组合，还是可以产生协同效用的有机组合，其效益远远大于几个品牌的简单加和。这种存在协同效用的有机组合通过创造生产、流通、销售等环节的规模经济，不但能增加组合中每一个品牌的价值，而且可以减少企业运营的成本。因此，企业将所有品牌作为一个组合整体来管理，可以及时判断组合中是否有过多或过少的品牌，一些品牌是否可以合并、摒弃或者卖掉，这样做有利于解决品牌管理中的混乱和低效率。

（三）企业成长

美国品牌管理学家 Davidson 指出，品牌组合从以下六个方面帮助企业成长：①品牌组合可以清晰明确地指出企业未来发展的主要市场；②品牌组合可以为产品和品牌排列优先度，帮助企业了解哪些品牌和产品应该得到优先发展；③将企业消耗集中在有优先性的市场、品牌和产品；④由于经营的简单化，可以降低运营成本；⑤及时处置那些不具有赢利能力或者不适合企业战略发展的品牌；⑥通过产品发展和兼并填补由于产品不全带来的战略上的漏洞。

（四）杠杆作用

品牌组合对于品牌资产增值起到杠杆作用。例如，正确的品牌组合分析可以明确显示哪些品牌适合做品牌延伸。越是强大的品牌组合，带来的杠杆作用越大。

（五）一致性

定位理论告诉我们一致性对于品牌而言极为重要。清晰的品牌组合可以增强品牌认知的一致性。因为清晰的品牌组合作为一个整体，反映的是企业长期发展的规划和战略，各个品牌和副品牌之间的消费者认知可以相互补充和支撑，从整体的角度反映企业形象。例如，百胜餐饮集团旗下拥有肯德基、必胜客、必胜客宅急送、塔克钟、东方既白等著名餐饮店品牌，其中肯德基是美式的烹鸡专家，必胜客是最大的比萨专卖店，必胜客宅急送经营比萨外送，塔克钟是墨西哥风味的快餐店，东方既白则是“中国人的快速餐饮”，各自占领一个餐饮市场领域，定位清晰。

第二节　品牌组合的战略框架

对品牌组合而言，其战略是一个组织对其拥有或者有权使用的多个品牌进行系统化思考和管理的相关工作。明茨伯格在《战略历程：穿越战略管理旷野的指南》一书中，把研究战略比作盲人摸象，只有全方位地摸大象才能了解大象的全貌。

制定品牌组合战略是一个复杂而困难的过程。按照麦肯锡芝加哥公司董事史蒂芬·卡洛提等人的观点，企业需要完成的工作：①从消费者认知的角度入手，考虑各品牌可以涉足的产品种类；②在收益机会和品牌现实之间做平衡，贡献率和增长性都不高的品牌需要放弃，否则会影响组合的总体收益；③作出艰难的选择，确定各品牌的定位和主次顺序；④任命品牌组合经理，一般由首席营销官（CMO）或营销部门主管兼任，如果品牌过多、组合问题过于复杂时，则设立全职的品牌组合经理。

美国品牌研究专家戴维·阿克教授在《品牌组合策略》一书中，提出了一个品牌组合的战略框架，全面而清晰地说明了品牌组合的战略框架。该模型涉及六个方面，如图 10-1 所示。

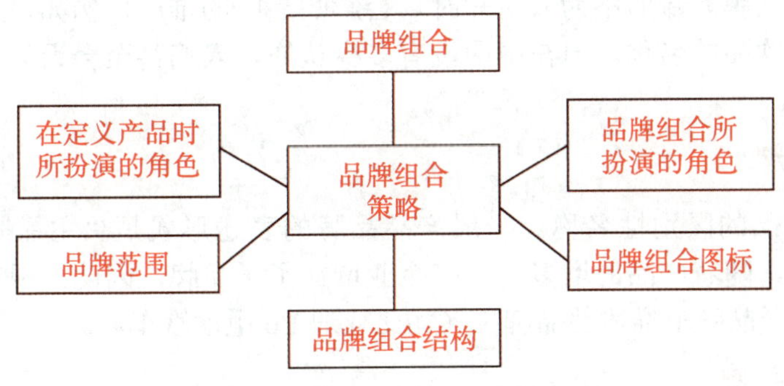

图 10-1　品牌组合的战略框架

一、品牌组合

品牌组合包括一个组织所管理的所有品牌，包括主品牌、担保品牌、子品牌、描述性品牌、产品品牌、公司品牌、品牌化的差异点、品牌化的活力点、品牌联合等。品牌组合的基本问题是构成问题，即：是增加品牌还是减少品牌，是改变独立品牌还是子品牌。这不是一个简单的问题，因为增加品牌或减少品牌、改变独立品牌或子品牌都有可能会影响企业赢利，后面的分析将帮助解决这个问题。

二、在定义产品时所扮演的角色

每一个产品都需要一个或一套品牌描述，目的在于引导消费者的认知。在界定一个产品的过程中，涉及的品牌如下。

（一）主品牌

产品的基本参考点，在视觉上处于显要位置。主品牌可能是公司品牌（如绝大多数本田车的车标都是本田公司的标志），也可能是产品品牌（如本田讴歌的车标）。

（二）担保品牌

担保品牌又称背书品牌（the Endorsing Brand），它为产品提供可信度担保和特性说明，通常是公司品牌，其信誉和专业性来源于公司的历史、地位和价值观。例如，宝洁（P&G）是典型的担保品牌，它为旗下的品牌提供了品质和实力担保。

（三）子品牌

为体现某个产品特性或为适应某个细分市场，产品需要增加一个子品牌来进一步说明主品牌的某方面特性，例如，海尔的小小神童、美的的冷静星、康师傅的茉莉清茶等。

（四）描述性品牌

产品的功能性术语就是产品所属的行业名称，例如，iPhone 的描述性品牌是智能手机，iPad 的描述性品牌是平板电脑。实际上，描述性品牌并不是真正的品牌，而是品类名称，不过它对品牌的意义重大，如非油炸方便面的描述性品牌对五谷道场的成功起到了决定性作用。有时，描述性品牌太新而不为人所知时，会影响品牌的推广，例如，“格瓦斯”是俄罗斯的传统面包发酵饮品的名称，但在中国没有多少认知，人们甚至会误认为格瓦斯是一个品牌而不是一个品类。

（五）产品品牌

产品品牌即产品的区别性名称。一般产品品牌的表述形式是“主品牌＋描述性品牌”（如统一冰红茶），随着产品的增多，很多企业增加了子品牌，因此，现在产品品牌表述形式多为“主品牌＋子品牌＋描述性品牌”（如比亚迪 E6 电动汽车）。

（六）保护伞品牌

通常介于公司品牌和产品品牌之间，起到了统领一类产品品牌的作用。比如，通用汽车公司的别克就是一个保护伞品牌，旗下有君威、凯越、君越、陆尊、林荫大道等几个具体的产品品牌；Microsoft Office 则对旗下的 Word、Excel、Powerpoint、Frontpage、Access 等品牌起到保护伞作用。

（七）驱动角色

驱动角色反映了一个品牌能在多大程度上推动购买决策和说明使用经历。主品牌通常是主要的驱动角色（如卡罗拉的车标是丰田的标志），但担保品牌、子品牌、描述性品牌有时也可能是驱动角色（如联合利华对中华牙膏的担保），只是强度较弱。

（八）品牌化的差异点

品牌化的差异点是指对一个产品特性、成分、服务或活动进行定义的品牌或子品牌。产品特性是产品具备的为消费者带来某种利益的属性，例如，创维彩电独特的“六基色”技术

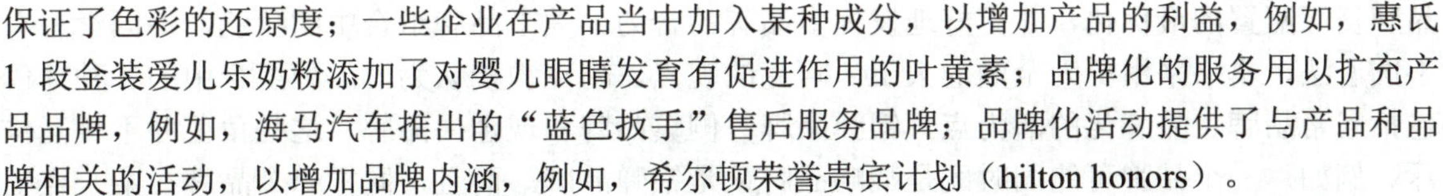

保证了色彩的还原度；一些企业在产品当中加入某种成分，以增加产品的利益，例如，惠氏1 段金装爱儿乐奶粉添加了对婴儿眼睛发育有促进作用的叶黄素；品牌化的服务用以扩充产品品牌，例如，海马汽车推出的“蓝色扳手”售后服务品牌；品牌化活动提供了与产品和品牌相关的活动，以增加品牌内涵，例如，希尔顿荣誉贵宾计划（hilton honors）。

（九）品牌联合

品牌联合又称为品牌联盟（Brand Alliance），包括不同公司间和品牌合作计划与成立新合作品牌。品牌合作计划是一种灵活、松散、短期的合作方式，例如，统一冰红茶和洽洽瓜子的联合促销活动。甚至于，企业聘请代言人也可以看成一种品牌合作计划的形式，例如，刘翔代言 EMS 可视为个人品牌与企业品牌的合作。相对而言，成立新的合作品牌是一种固定、中长期的合作方式。合作品牌中的成员可以是一个成分品牌（Ingredient Brand），例如，Dell 笔记本电脑与成分品牌 Intel 公司的酷睿双核（CoreDuo）合作；可以是一个担保品牌，例如，来自中国名牌战略推进委员会“中国名牌产品”荣誉称号的信誉担保；还可以是主品牌，例如，中国建设银行、VISA 和银联联合推出的“数字龙卡”信用卡等。

三、品牌范围

品牌范围亦即品牌延伸的边界，是指品牌在产品类别、子类别和市场上的跨度与边界。每一个公司的承载力是有限的，都应当有范围。不同的公司或行业在品牌范围上差异很大，例如，3M 公司的产品种类繁多，从家庭用品到医疗用品，从运输、建筑到商业、教育、电子、通信等各个领域，而格力则专注于空调业务。在同一家企业里面，公司品牌与产品品牌、产品品牌与产品品牌的范围都有所不同，例如，奇瑞汽车公司品牌旗下有微型轿车、家用轿车、商用轿车、轿厢车以及发动机，而奇瑞 QQ3 只是微型轿车的品牌，通用汽车旗下的别克系列则有凯越、君越、君威、陆尊、林荫大道等几个具体的产品品牌。品牌范围跨度的选择取决于多方面的因素，如消费者对品牌的认知情况、品牌自身的实力、企业的战略目标等。

需要注意的是，品牌范围是一个动态的概念。一般而言，品牌最初都只是代表一个或少数几个产品，随着越来越多的产品纳入品牌当中，品牌的跨度和范围也得以拉伸。比如，康师傅最初的业务只是方便面，后来逐渐进入矿泉水、饼干等领域，成为一个食品品牌而不只是方便面品牌。正因为其品牌范围的扩大，可以推测，引进一些新的食品类别（如糖果、木糖醇、牛奶、牛肉干等）也很容易被消费者接受。管理者在进行品牌范围的界定时，应该考虑品牌未来的发展方向、各种新产品导入的先后顺序，以及应该建立哪些消费价值联想。例如，深圳健康元药业原名为“太太药业”，后来由于企业的产品不只是太太口服液，还推出了静心口服液、鹰牌花旗参、丽珠得乐、意可贴等保健品和 OTC 产品，原来的“太太药业”品牌范围不足以容纳这么多“非太太”专用的产品，因此，不得不改名以增加品牌延伸的弹性。

四、品牌组合所扮演的角色

品牌组合所扮演的角色是指公司从多个品牌之间关系管理的角度对每一个品牌的战略功能作出的定位。通过各品牌功能的梳理，管理者能够使得品牌之间的关系清晰化，从而实现品牌资源配置的最优化，并更好地发挥多品牌的合力。关于品牌组合中的角色，不同学者有不同看法，本书采用更为全面的大卫·阿克的观点。阿克教授认为，品牌组合中的各种角色包括战略品牌、品牌化的活力点、银弹品牌、侧翼品牌和现金牛品牌。这些角色并不相互排斥。例如，一个品牌可能同时既是战略品牌又是银弹品牌。而且，同样一个品牌在某一点上是战略品牌，然后演变成现金牛品牌。

品牌组合所扮演的角色具有动态性，在公司的不同发展阶段，银弹品牌可能发展成为战略品牌。而在不同的地理市场上，品牌组合所扮演的角色也可能不同，如美国的一个现金牛品牌到了中国可能成为战略品牌。

（一）战略品牌

战略品牌是对组织战略具有重要意义的品牌。它的成功与否对企业的生存和发展至关重要，因此必须得到企业资源的重点投入。一般而言，有三种类型的战略品牌：当前的实力型品牌、未来的实力型品牌和关键品牌。

1. 当前的实力型品牌

当前的实力型品牌是正在为公司带来主要销售额和利润的品牌。这种品牌现在已经是大的、处于主导地位的品牌，其目标是持续或继续扩大现有的地位。例如，北京现代的伊兰特汽车、可口可乐公司的可口可乐饮料。

2. 未来的实力型品牌

未来的实力型品牌是未来可能会为公司带来主要销售额和利润的品牌，尽管它现在还是一个小品牌或新兴品牌。例如，吉利汽车公司的远景汽车、苹果公司的 iPod 音乐播放器。

3. 关键品牌

关键品牌并不直接影响未来的销售额和市场地位，但却在企业长期发展过程中起到关键或杠杆作用。例如，360 随身 Wi-Fi 的火爆销售，为 360 公司未来进入 IT 硬件市场树立了良好的市场口碑。

在战略品牌的投资方面存在两个误区：一是“品牌业绩近视症”，即根据业绩分析显然会只重视当前的实力型品牌，而忽视了未来的实力型品牌和关键品牌，这对企业的长期发展不利。试想，如果 Intel 公司一直抱着“奔腾”CPU 不放，那么就不可能会出来后面的一系列产品。二是“品牌业绩远视症”，即过于关注未来的实力型品牌和关键品牌，而对当前的实力型品牌放之任之，这可能会使得当前的实力型品牌因为资源补给不足而萎缩。比如，20 世纪 90 年代宝洁公司业绩不佳，部分原因就是对新品牌投入过大，而忽视了老品牌的发展。

（二）品牌化的活力点

品牌化的活力点是指提升或激活目标品牌的任何产品、促销、赞助、项目或其他独立于产品功能之外的实体。活力点与品牌之间是通过联想发生作用的。以汽车业为例。2010 年，吉利成功收购沃尔沃，成为吉利品牌国际化的一个重要里程碑；2012 年，奇瑞与捷豹路虎建立合资公司，此举显著提升了奇瑞的品牌形象；梅赛德斯（Mercedes）高尔夫球公开赛为梅赛德斯创造了活力。

（三）银弹品牌

“银弹”英文为 Silver Bullet，原意是传说中能把人狼变回人类的一种子弹，用在品牌当中是指能改变或支持另一种品牌形象的战略角色。银弹品牌的出现通常是因为现有的组合品牌形象不理想，希望通过重新定位一个现有品牌或者创造一个新品牌的方式来使得品牌形象改善。例如，沱牌公司通过推出高端白酒“舍得”，一举改变了其产品不能进入高端白酒品牌阵营的局面。

如果某个品牌被确定为银弹品牌，那么对它的投资和管理方式就会发生某些根本性的变化。当一个品牌或子品牌如联想（Lenovo）的 Thinkpad 被确认为银弹，那么从逻辑上讲，关于这个品牌的沟通策略和预算就不仅仅是该品牌层次的业务经理的事情了。母品牌（在这个例子中就是联想的公司宣传活动）也应该参与进来，采用的方式可以是扩大银弹的沟通预算，也可以是把这个品牌纳入对公司的沟通活动中。

（四）侧翼品牌

在阿克的品牌理论里，侧翼品牌就是斗士品牌，是为保护战略品牌而独立设立的辅助性品牌，一般在传播的时候不强调其与战略品牌的关系。当竞争者并不直接针对主品牌已经培育起来的特性和优势展开竞争时，侧翼品牌从竞争品牌的定位点切入与之争夺市场，而主品牌就不会被迫改变它的核心定位点。

如果竞争对手以低档或独特的品牌来抢夺市场份额，企业最好采用侧翼品牌来进行反击。这样，战略品牌可以避免因降价而自损形象，或者跟随竞争者的独特卖点而改变自身一贯的特征。康师傅当年为了应对低档方便面竞争者蚕食它的市场份额，推出了全新的低档方便面品牌福满多；可口可乐为了抵御百事可乐推出的低卡路里的轻怡可乐，也推出低卡路里的健怡可乐。采用侧翼品牌既对抗了竞争者的进攻，同时又保全了品牌原有的定位和形象。即使侧翼品牌最后不成功，也不会对战略品牌产生负面影响。

（五）现金牛品牌

在经典的 BCG 矩阵（波士顿咨询集团法）当中，有一种市场增长率缓慢但相对市场份额很大的业务，称为“现金牛”业务。现金牛品牌的特点与此相仿，即无须加大投资，仍拥有一定市场地位和收益回报的品牌。这些品牌已经建立了很强的市场地位，拥有了一批忠诚的顾客，只是市场饱和度很高，业绩难以有新的提升。因此，企业通常对这些品牌采用顺其自然的态度，不会过多地增加投资。例如，在欧美等国家，LV 等一批奢侈品就属于现金牛品牌，它们已到了成熟期，市场业绩稳定。此外，著名的现金牛品牌还有康师傅的红烧牛肉面、微软的 Office 系列软件等。

现金牛品牌的作用就是创造丰富的资源，这些资源可以被投入战略品牌、银弹品牌或侧翼品牌上，从而为公司未来的发展和品牌组合的生命力奠定基础。

五、品牌组合结构

品牌组合结构是组合品牌之间的逻辑关系。混乱的逻辑关系将使得公司旗下的各品牌之间产生冲突；反之，清晰的逻辑关系能够使各品牌之间的协同效应达到最优。例如，广东移动原有全球通、动感地带、神州行、神州大众卡四个品牌，由于神州行和神州大众卡名称相仿、市场重叠，所以将二者合并。目前，广东移动旗下的三个品牌组合结构清晰，全球通针对追求通信服务质量的商务市场，动感地带针对追求动感活力的年轻人，神州行针对追求廉价的普通大众市场。

基本的结构类型有三种：横向结构、纵向结构和联合结构。横向结构是几个并行的品牌之间的关系，如宝洁公司的潘婷和海飞丝就形成了横向关系；纵向结构是一个具体产品用一套品牌描述而形成的关系，如爱马仕、普拉达、范思哲等；联合结构是不同公司之间的品牌合作，如网易和中国电信联合推出“易信”即时通信软件。

六、品牌组合图标

品牌组合图标是跨品牌和不同环境（如不同国家）的品牌视觉展示形式，包括标志、包装、产品设计、符号、布局、广告语等。在同一个公司的不同品牌的产品上或在不同区域的同一个品牌的产品上可以看到相同或不同的品牌视觉表现，相同的视觉形式表明了这些品牌之间的共通性（如福特旗下的品牌都采用统一的品牌口号“活得精彩”），而不同的视觉形式则表明了这些品牌之间的差异性（如屈臣氏蒸馏水和矿泉水的外包装分别采用深绿色与淡绿色的盖子）。

品牌组合图标有三个方面的功能：一是表明在二套品牌中哪个因素处于相对驱动的位置。在汽车尾部，我们能够看出一套品牌中的不同组成部分是如何影响消费者购买决策的。比如，本田雅阁汽车的车标是本田汽车系列的统一标志“H”，“Accord”（雅阁）的产品品牌字样则处于车尾右侧，而本田讴歌（Acura）的车标则与本田其他车都不同，采用的是形似“A”的“H”状标志。显然，雅阁等品牌主要以本田（Honda）为驱动，讴歌是以内身为驱动的。品牌的驱动作用与品牌的视觉展示大小、位置有关。二是区分两个品牌或两个系列。康师傅“亚洲精选”和“食面八方”系列方便面在外包装上有所不同，而两个系列里面不同口味的方便面包装却类似，从而清晰地标识了不同的品牌系列。三是直观地说明品牌组合的结构。海信在收购科龙之后，为了强化两个品牌的关系，将 Kelon 中“K”的红色锋利的“一撇”改换成 Hisense 中“i”的一个橙色小方块，让人感觉二者有共同的基因，如出一辙。

第三节　品牌组合战略的类型

在实施品牌组合战略中，牵涉面最广、影响最深的是选择品牌组合战略的类型。在品牌组合中，品牌名称有时和产品不一定是一一对应的关系。根据品牌和产品乃至产品线的对应关系，以及品牌所处的层级，可将品牌组合战略分成单一品牌战略、多品牌战略、主副品牌战略及品牌联合战略。

一、单一品牌战略

（一）单一品牌战略概述

单一品牌战略是指企业生产经营的全部产品使用同一个品牌。这些产品既有门类很接近，也有差异很大、关联度很低的产品。例如，宝马、三菱、索尼和飞利浦等世界著名公司都采用单一品牌战略。

为了最大限度地节省传播费用，实现新产品的快速切入市场，彰显强势品牌形象，很多企业在所有产品上用同一个品牌。例如，佳能公司，它所生产的照相机、传真机、复印机等产品都是统一使用 Cannon 品牌；雀巢公司生产的 3000 多种产品（包括食品、饮料、药品、化妆品等）都冠以雀巢品牌。

在我国，采用单一品牌战略的典型代表有李宁公司、TCL 集团有限公司等。如李宁公司生产的产品包括服装、运动器材等都用的是“李宁”这个品牌，其标志总是一个飘动着的红旗。

（二）单一品牌战略的优点

单一品牌战略下，所有的产品共用一个品牌名称（通常为企业品牌）、一种核心定位、一套基本品牌识别。这样做最大的好处是将所有的品牌资产集中于一个品牌之上，容易壮大企业的声势与实力，节省传播费用，提高新产品的成功率。

具体来说，单一品牌战略的优点如下。

1. 有利于新产品进入市场，缩短投入期

新产品最初进入市场时，消费者对其比较陌生，一般不愿主动购买。如果新产品使用老品牌则可以给消费者提供认识该商品的捷径，从而迅速消除消费者对商品的不信任感。

2. 能降低产品的广告宣传和促销费用

只要对一个品牌做广告或其他促销活动，就意味着对该企业的所有产品都进行了宣传促销，尤其是在广告宣传费用在产品总营销费用中的比重越来越大的情形下，这一优势对企业极有吸引力。

3. 单一品牌有利于增强企业知名度，树立良好企业形象

不同的产品使用统一品牌，不同的产品针对的又是不同的目标消费群体，因而不同的目标消费群体接触到的只有一个品牌，这无疑会强化品牌的感染力，有利于提高品牌的知名度。同时，品牌与企业名称交相辉映，有利于树立企业形象，壮大企业声势。

（三）单一品牌战略的缺点

不可忽视的是，企业采用单一品牌战略也隐含着一些负面效应，主要有以下几点。

1. 忽视消费者的差异性

各市场设立统一品牌，容易忽视消费者的差异性。

2．企业承担的风险大

由于各种产品使用统一品牌，一旦统一品牌下的某种产品出现某种问题（如质量），就可能发生株连效应而波及其他种类产品，从而影响到企业所有产品的形象和整个品牌的声誉，最终使企业产品销售额下降。也就是导致了消费者对所有同一品牌产品的“否定”，形成了株连效应。

3．品牌延伸不当，会稀释原有品牌形象或出现“跷跷板”效应

如果同一品牌下的产品涉及的领域差距较大，无法共享企业资源，甚至有相斥性时，就会容易引起消费者不良心理反应，不但不利于企业与品牌形成的巩固，甚至会出现认知混乱，导致品牌个性淡化，损毁品牌形象。例如，凯迪拉克（Cadillac）是通用汽车公司的看家品牌，该公司为应付激烈的市场竞争，曾于 20 世纪 80 年代推出了凯迪拉克的经济车 Cadillac Cimarron，结果使人们对凯迪拉克品牌传统的豪华车的象征意义产生动摇，直接影响到其高档车的销售。既然顾客花雪佛兰的价钱就可买到凯迪拉克，不就说明凯迪拉克不值钱了吗？

（四）单一品牌战略的实施条件

近几年来，相当一部分跨国公司在全球或者在我国都有比较大的整合品牌举动。如为提高 Panasonic 商标在海外市场的知名度，2005 年日本松下电器计划将海外子公司名称中的“松下”牌子全部更换掉，公司名称将与商标统一为 Panasonic。除中国公司外，松下到 2005 年年底对其余 230 余家海外子公司全部更名。松下电器在实行了多年双品牌战略之后，选择了单一品牌 Panasonico，这项工程耗资 200 亿日元至 300 亿日元，相当于 14 亿元人民币。松下统一品牌的主要原因就是 Panasonic 和 National 两个品牌经常会混淆用户的概念，让消费者搞不清它们与松下的关系，大大分散了其品牌资源，不利于增强整体竞争力。单一品牌战略使企业显得更加专注和专业，有利于建立消费者的品牌信任。

企业选择单一品牌战略时，需考虑以下条件。

1．要求这种品牌在市场上已获得一定的信誉

能采用这种品牌战略的企业有一个很重要的条件就是企业的品牌要达到较高的知名度和美誉度，并被消费者所接受。

2．产品形象一致，市场定位一致

要求采用单一品牌的各种产品在产品质量、市场价格和目标市场上具有一致性，即产品形象一致，市场定位一致。许多企业的品牌在某一细分市场获得较高信誉的情况下即对品牌进行无限制的延伸，结果当然是事与愿违。

二、多品牌战略

（一）多品牌战略概述

随着消费需求日趋多样化、差异化、个性化，由大众消费时代进入分众时代，单一品牌

战略往往不能很好地满足消费者的多样化需求，这就为多品牌的运用提供了广泛的舞台。所谓多品牌战略，是指一个企业同时经营两种或两种以上相互独立，但又没有联系的品牌。企业通过市场细分和市场定位，赋予不同细分市场的产品以不同的品牌，规范有序地参与市场竞争的品牌经营。例如，宝洁公司的洗发水有海飞丝、飘柔、潘婷、沙宣四个品牌，通用汽车公司有凯迪拉克、别克、雪佛兰、庞蒂克等品牌。

多品牌经营模式是宝洁公司首创的。第二次世界大战以前，该公司的潮水牌洗涤剂畅销，1950 年公司又推出快乐牌洗涤剂。快乐牌虽然抢了潮水牌的一些生意，但是两种品牌的销售总额却大于只经营潮水一个品牌的销售额。多品牌组合经营能有效地形成一道坚不可摧的品牌屏障，加大潜在进入者的进入障碍，增大替代品生产经营者的竞争压力，进而保持住企业在市场竞争中的主导地位。

当一家企业的规模较大或者产品种类较多，并且每种产品都有自己不同的目标客户时，企业就可能为每一种产品建立一个品牌，即采用多品牌战略。例如，青岛啤酒从 1997 年 8 月开始大规模扩张运动，运用兼并重组、破产收购、合资建厂等多种资本运作方法攻城略地，在华南、华北、华东、东北、西北等全国啤酒消费重点区域组建控股啤酒生产企业，截至 2015 年年底，青岛啤酒在全国有 60 多家啤酒生产企业。被收购的啤酒品牌仍会保持自己的品牌销售，只是加上“青岛家族系列产品”的称号。青岛啤酒品牌的主打品牌是青岛啤酒，但是在目前，青岛啤酒有 60 多个企业，使用的品牌多达上百个，形成了多品牌战略。

（二）多品牌战略的类型

根据企业产品结构的不同，可以把企业的多品牌战略划分为以下三种类型。

1．一种产品多个品牌

即在各品牌产品之间差异不大，甚至没有明显差异的情况下创建多个品牌。从现实来看，采取这种策略的企业是很少见的。

2．一类产品多个品牌

即各品牌产品属于同一类型的产品，但不同品牌之间有较大的差异，各品牌有相对独立的细分市场。例如，科龙电器对同一家电推出了三个不同的品牌：科龙、容声和华宝，并利用它们在质量、性能、档次、价格、渠道、目标使用者和市场定位等方面的差异化以及互补效应，实现科龙电器整个品牌资产价值的最大化。

3．不同类产品多个品牌

即在同一企业的不同类型产品间实施不同的品牌，这种现象在现实中是最常见的。例如，美国大型零售商西尔斯公司，它的家用电器、妇女服饰、家具等产品分别使用不同的品牌。

与此相对应，在上述三种情况下，企业同样也可以实施单一品牌战略。企业实施多品牌战略的根本目的，就是要提高产品的销售量和市场份额。因此，从理论上来看，企业实施多品牌战略必须具备两个前提：市场的可细分性、产品的差异性。只有满足这两个前提，才能针对不同的市场需求，树立不同的品牌个性，才有可能满足更多的消费者的个性需求。

（三）多品牌战略的优点

多品牌战略也就是对不同的产品采用不同的品牌战略。这种战略的主要优点如下。

1. 适合细分化市场的需要

在现代市场经济条件下，人们的需求呈现多样化趋势，消费者求新求异的心理越来越突出，消费者逐步分离成具有不同消费偏好的消费群体，同一产品的市场被不断细化、分化。为了满足不同消费群体的消费需要，企业必须不断推出不同型号、不同功能、不同特色的产品。比如，可口可乐公司就在原有基础上推出了芬达、雪碧等不同品牌以满足不同口味的消费者对饮料的需求。

2. 有利于扩大市场占有率

一个大市场是由许多具有不同期望和需求的消费者群体组成的。根据若干消费者群体的各自特点相应推出不同品牌的产品，有利于实现总体市场占有率的最大化。上海牙膏厂的白玉、美加净、中华、洁银、上海、泡泡娃等多种品牌牙膏，在市场上都不同程度地拥有一定消费群体，较好地占领了各个细分化市场。从效果上看，多个新品牌可能会影响原有单一品牌的市场销售量，但这些品牌同为一个企业所拥有，几个竞争品牌的销量之和又会超过单一的市场销售量，从而使企业获得更多的利润。

3. 有利于突出不同品牌的产品特性

多品牌战略有利于适应细分市场的需要，推进品牌的个性化和差异化，满足不同消费群体的不同需要，突出每一种产品的特色，从而在消费者心中形成比较明显的产品差异，以适应不同消费群体的产品偏好和消费特点。

4. 有利于降低经营风险

使用单一品牌战略时，如果在企业所生产的众多产品中，有某一个产品出现了问题，则立即会殃及全体，任何一个产品的失败，都会使整个家族品牌蒙受惨重的损失。而多品牌战略没有将公司的美誉度维系在一个产品品牌的成败上，不会出现“一损俱损”的现象，危及企业生产经营的连续性，也为企业跨行拓展留下了空间。因为，品牌间彼此独立，某一个品牌的失败不至于殃及其他品牌和企业的声誉。

5. 有利于企业内部各个部门、产品之间开展合理竞争

许多人认为，多品牌竞争会相互制约，不利于企业的发展。但事实证明，启用多个品牌虽然会使各个品牌的市场占有率都低一些，但这些品牌的市场占有率之和却远远大于单一品牌的市场占有率。如果让竞争者推出新品牌跟自己瓜分市场，不如自己与自己竞争，因为这样一来，不管哪个品牌胜利了，最终的胜利者都是自己，而且在竞争中企业内部各个部门、产品经理会有更大的动力，竞争能促进发展，提高效率。

（四）多品牌战略的缺点

1．模糊核心价值

如果运用不当，多品牌战略容易模糊企业在某一产品领域的整体形象和代表的核心价值。而消费者对多品牌战略后的企业关注分散，个性鲜明、统一的企业形象不易形成。

2．品牌管理难度相对较大

企业不仅需要系统探索各个细分市场消费群体的消费诉求，并在此基础上凝练出各自相对独立的品牌定位；还需要针对各个细分市场消费群体进行针对性的品牌传播，这就大大提高了多品牌管理的难度。

3．增加成本

多品牌战略不仅对品牌操作和管理提出了更高的要求，而且增加了企业在品牌建设和品牌推广等方面的成本，给企业造成一定的成本压力。

4．分散企业资源

不同的管理团队负责不同的品牌，就会各自争取更多的支持和配给，实质上也会分散企业的管理资源，容易造成内耗。

（五）多品牌战略的实施条件

虽然多品牌战略其自身具有多方面的优势，但它并不是万能的，不是在任何情况下都适合使用多品牌战略，而且该战略的运用也有一定的局限性，拥有其独特的适用条件。

1．企业的财力要雄厚

在市场竞争日益激烈的今天，发展一个新品牌投入大，周期长，风险也较高。国际研究机构认为，在欧美市场成熟的环境下，创造一个新品牌，一年至少要两亿美元的广告投入，且成功率不到 10%。北京名牌评估事务所在研究了中国最有价值品牌的广告投入后指出，要在中国维持一个在全国已经有较大市场的品牌影响力，每年平均要投入 6000 万～8000 万元人民币，而要创造一个新品牌，则一年要投入 1 亿～2 亿元人民币。因此，只有财力雄厚且品牌推广经验十分丰富的企业才比较适合选择多品牌战略，普通的企业是很难担负得起如此巨大的投资的。若不顾及自身实力盲目采用多品牌战略，非但不能培育出优势品牌，还会由于公司资源的过度分散丧失其原有的优势。

2．要依据产品和行业特点实施多品牌战略

一般而言，消费者更注重个性化的产品适合采用多品牌战略，如生活用品、食品、服饰等日用消费品。而家用电器等耐用消费品适合采用单一品牌战略，如松下、东芝、日立等品牌，无论洗衣机、彩电、音响、冰箱均采用同一品牌。这是因为耐用消费品的产品技术、品质等共性化形象对消费者更为重要，而其个性化形象相对来说已退居其次。如奶粉就可以推出补钙、低脂、老年人专用和儿童专用等多种；专门品牌感冒药可以推出治重感冒药、儿童感冒药、流行性感冒药、病毒性感冒药等个性化品牌。

3. 品牌的细分市场容量要足够大

多品牌战略是建立在市场细分，满足目标消费者特定需要的基础上的，因此，品牌的细分市场容量问题是非常重要的。只有目标细分市场的规模足够大才有可能采用多品牌战略。如果细分市场容量过小，每个品牌仅能获得很小的市场份额，其营业额很难承担成功推广一个品牌所需的费用，且在较长时期内不会有较大的改变，因此也就不宜实施多品牌战略。

比如，我国台湾地区的日用品企业就很少采用多品牌战略，因为台湾地区只有两千多万人口，一种生活用品的全部市场规模都难以承受一个品牌推广所需的费用，所以它们更多的是采用单一品牌战略。如台湾地区统一公司的奶粉、汽水茶、果汁和方便面一概冠以“统一”的名称。而美国与欧洲的市场容量大，饮料、食品就较多地采用多品牌战略。如达能公司仅矿泉水品牌就有两个：Evian 和 Volvic，这两个品牌占据了世界最著名的瓶装水品牌中的两个席位。

4. 品牌的独特卖点应有足够的吸引力

多品牌战略的本质就是建立在不同消费者的差异化需求上，其突出的特点就是要保证每一个产品都拥有自己的定位和独特的个性，能吸引目标消费者的眼球。但往往企业在开发新品牌时，不能准确找到目标消费者的利益点，无法实现同消费者的共鸣。国内曾有好几家企业尝试推出男士洗发水，并以真正男子汉和天王巨星为号召，但少有人喝彩。这主要是因为洗发水是一种功能性极强的产品，很难从心理和情感角度细分绅士型、英雄型、男子汉型为卖点。但如果能从科学上解释，男女的头部皮肤与头发存在根本差异，需要用不同的洗发水来洗染养护，借此专门推出一个男士专用洗发水也许会大有前途。

5. 品牌间具有严格的市场区隔并协同对外

企业引入多品牌的最终目的是用不同的品牌去占领不同的细分市场，联手对外夺取竞争者的市场份额。如果引入的新品牌与原有品牌或者新品牌没有明显的差异，就等于自己打自己而毫无意义，浪费企业资源，同时没有发挥防御、打击竞争者的作用。

6. 品牌营销和广告策略的差异性

多品牌战略的重点即在于突出品牌的差异性。如宝洁公司的飘柔与潘婷的电视广告就充分表现了品牌之间的区别，飘柔把模特的头发拍得飘逸柔和、丝丝顺滑，而潘婷则主要表现模特头发的乌黑亮泽。

三、主副品牌战略

主副品牌战略是介于“一牌多品”和“一牌一品”之间的中间选择，既可以有效避免品牌延伸的陷阱，又可以节约宣传费用。如今，越来越多的国际知名企业视主副品牌战略为现代品牌经营的妙招。

（一）主副品牌战略概述

所谓主副品牌战略，是指企业在进行品牌延伸时，对延伸产品赋予主品牌的同时，用增加一个副品牌的做法。采取主副品牌战略的具体做法是以一个成功品牌作为主品牌，涵盖企业的系列产品，同时，给各个产品设计不同的副品牌，以副品牌来突出不同品牌的个性，加深消费者对每种产品的印象和好感，形成消费者对副品牌的信任，从而有效推动新产品的发展和壮大。

主副品牌通常采用的形式为“企业品牌＋事业品牌＋产品/服务品牌”。GE、维珍是使用主副品牌战略的代表，在统一的企业品牌下，这两家公司均有跨度较大的业务存在，而且对于任何一项业务或独立经营实体，均采用了“企业品牌＋事业品牌”的形式，如维珍可乐、GE 发动机。一般来说，电器产品往往使用单一品牌战略，但优势企业为突出某种个性或产品特色时，如保鲜的冰箱、双开门的冰箱、强冷冻的冰箱，并没有引入多个品牌，而是采用主副品牌。这样，以主品牌卓越的技术、品质形象获取消费者的信赖，又以副品牌宣传产品的独特优点起到锦上添花的作用，从而使产品更具吸引力。

（二）主副品牌战略的优点

主副品牌战略既可以像单一品牌战略一样实现优势共享，使延伸产品在主品牌保护下受益，又能通过副品牌表明产品之间的差异性，具体地说，其优点主要表现在以下几方面。

1. 主副品牌战略能够减少宣传费用，增强促销效果

由于主品牌已经打下了良好的宣传基础，拥有了较高的市场声誉，新产品可以借助企业知名度自然而然地提高自身的价值，从而可以减少品牌的宣传费。同时，由于使用副品牌，突出了产品之间的差异性，相对提高了消费者对品牌标志下的产品的辨识能力，从而增强促销效果。

2. 突出产品个性

单一品牌战略的最大缺陷就是抹杀了产品个性，而主副品牌的同时出现有力地克服了这种弊端，可使各种不同的产品显示出不同的特色，使各个品牌保持自己相对的独立性。比如，海尔集团的统一品牌下设立的一系列副品牌中，“小小王子”显现冰箱微型化特性，“画王子”告知购买者其产品是具有色彩外观的冰箱，“冰王子”暗示冰箱制冷速度快，而“双王子”代表着分体式冰箱。

3. 反哺主品牌

主副品牌的成功推出对优化主副品牌形象起到非常重要的作用，主要包括以下内容：更多地吸引眼球并提升主品牌的知名度；强化品牌核心价值，活化主品牌；赋予主品牌年轻感、成长感。例如，海尔的宝德龙彩电增加了海尔品牌的时尚感，海尔“红薯洗”则让消费者感受到海尔以消费者的方便与轻松为追求的理念。

（三）主副品牌战略的缺点

主副品牌战略虽然综合了单一品牌战略和多品牌战略的优点，但是该战略也存在着许多缺点。

1. 存在过分突出副品牌形象，从而淡化主品牌

在运用主副品牌战略进行品牌宣传时，如过分突出副品牌形象，则容易“喧宾夺主”，

从而淡化主品牌，动摇主品牌在消费者心中的地位，影响企业的整体发展。因此，主副品牌战略实际上是对主品牌实施差异化。只有主品牌始终处于强势地位，主副品牌战略才有成功的可能。

2. 该战略还保留了单一品牌抗风险能力弱的缺点

某一产品的失败，很可能会影响主品牌的形象和信誉，从而影响到其他产品。

（四）主副品牌战略的实施条件

1. 以较高的企业知名度为基础

企业在创业之初，产品知名度较低时，如果采用副品牌将意味着消费者在选择商品时会面临两个不熟悉的品牌，这极不利于消费者对品牌的识别和记忆。当企业在市场上获得认可，品牌也有较高知名度时，则可用主副品牌进行市场扩张。心理学家分析表明：人们最容易记住与熟悉事物相关的东西。因主品牌知名度高，消费者对其有很深印象，所以在选择、识别品牌时，只需对副品牌加以确认即可。同时，由于主品牌是人们熟知的品牌，与之一起推出的副品牌也就容易被识别和记忆。

2. 行业特征

若企业生产经营的是同一类型的产品，而且企业所处的行业市场竞争激烈，产品使用周期又较长，这种情况下，可以使用主副品牌战略。比如，家用电器、汽车等行业就属于这种情况，我国家电行业的企业以及从事汽车制造的企业多采用主副品牌战略。

如果企业生产经营的产品生命周期较短，产品升级速度较快则最好采用主副品牌战略。比如，手机和个人计算机等行业的企业多采用主副品牌战略，原因是手机以及个人计算机由于技术更新快，在不长的时间内就有各种新产品涌现出来，采用主副品牌战略既可以区别于以往淘汰的产品，又可以保留主品牌先前留下的良好形象，并能让消费者觉得企业是在不断发展的。

3. 品牌传播以主品牌为核心

在品牌传播过程中，企业应该重点宣传主品牌，而副品牌则处于从属地位。因为一个企业必须最大限度地利用已有的成功品牌资产。如果企业舍本逐末将宣传重点放在副品牌上面，无异于推出了一个全新的品牌，这对于企业已有的成功的品牌形象是一种浪费。由于宣传的重点是主品牌，因此，受众识别、记忆，对产生品牌认可、信赖以及忠诚的主体都是主品牌。

就海尔来说，海尔作为一个综合家电品牌拥有很高的知名度和美誉度。人们提到海尔，不是将它与冰箱、空调等单一的产品联系在一起，而是联想到海尔是一个“品质超群、技术领先、售后服务完善、文化厚重、管理科学”的国际化家电品牌。“海尔，真诚到永远”“海尔是卖信誉，而不是卖产品”等品牌个性已深入消费者心中。没有这些，探路者、小小神童、帅王子等这些副品牌也就失去了灵魂。只有聚集在“海尔——中国造”的大旗下，这些副品牌才可能光彩照人。

4．副品牌应该直观、形象地表达产品的优点和个性

在副品牌的创意上，不仅要注意主副品牌的协调性，还要给人以联想。副品牌往往是通过高度提炼来表现产品的特质和个性，产生画龙点睛之效。例如，美的空调用“星座”系列命名——冷静星、超净星、智灵星、健康星等。

四、品牌联合战略

（一）品牌联合战略概述

企业在面临品牌投资日益增高的压力下，要实现品牌建设工作更加有效，最好的办法就是尝试品牌联合。品牌联合战略是两个或两个以上现有的企业品牌进行合作的一种形式，通过联合，借助相互的竞争优势，形成单个企业品牌所不具有的竞争力。

（二）品牌联合战略的优点

1．品牌联合能够实现优势互补

联合品牌中的各个品牌要素，可能在某些方面具有自己独特的优势，而且一个品牌所具有的某种优势可能恰恰是另一个品牌缺乏的，并且是必需的。因此，进行品牌联合可以更好地实现各个品牌间的优势互补。例如，在 1995 年，法国著名的乳制品企业达能（Danne）进入南非开拓市场。由于当地消费者对达能品牌并不熟悉，所以尽管企业进行了大量的广告宣传，品牌认知度仍然不高，而企业的促销和广告成本又居高不下。于是，达能选择了南非最大的鲜奶制品生产商 Clover，推出联合品牌 Clover Danne。Colver 高质量的品牌形象、生产能力、市场渠道以及达能国际化的运营经验，使这一联合品牌获得了成功。

2．品牌联合能够降低促销费用

在开拓市场方面，品牌联合可以降低促销费用，促销费用双方共担，加之各自品牌早期的广告和促销活动对联合品牌又助了一臂之力，双方的促销费用都大大降低。例如，英国著名的连锁餐馆 HarryRamaden 意欲涉足零售业，并使其鱼片和精肉产品进入超市。由于资金已投入国际连锁餐饮业务，没有余力进行新的投资，因此，它同英国主要的海产品品牌 Young's 合作，以联合品牌的形式打入市场，大获成功。另外，金龙鱼与苏泊尔的品牌联合，品牌联合营销的主题是“好锅、好油、健康美食”。双方投入费用达两千多万元，并在市场和品牌推广、销售渠道共用、媒体投放等方面展开深入合作。由于双方拥有类似的目标消费群，可在销售渠道上形成互补，这样就可以推广时节省成本，实现双方品牌资源利用的最大化。再如，20 世纪 60 年代中期，美国的麦斯威尔咖啡在日本联合各大连锁面包公司，通过把咖啡样品封在一斤装的面包上的包装方式，先后进行三次大规模的样品派送，共送出了 1800 万份咖啡样品，范围遍及日本各地，让麦斯威尔咖啡迅速成为家喻户晓的咖啡品牌。

3．品牌联合能够提高品牌资产的价值

品牌间的相互联合能够引发消费者注意和兴趣，并可以使联合品牌更快、更强地导入消费者的头脑，从而使消费者对联合的各方品牌及品牌属性认识更全面、印象更深刻。因此，

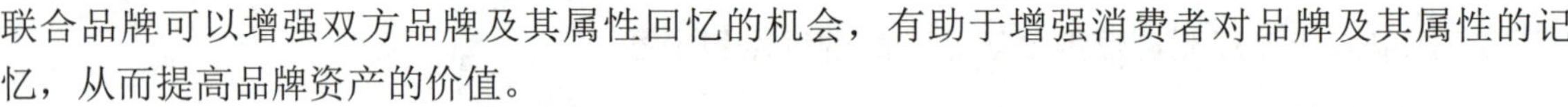

联合品牌可以增强双方品牌及其属性回忆的机会，有助于增强消费者对品牌及其属性的记忆，从而提高品牌资产的价值。

（三）品牌联合战略的缺点

实施品牌联合战略，也蕴藏着许多风险，如果运用不当就会造成消极后果。

1. 不利于企业形成统一的运营策略

当产品、品牌及企业的形象不一致时，不利于企业形成统一的运营策略，向消费者展现一致的品牌形象，创造新的竞争优势，而且还会损害各自品牌的权益。例如，1994 年，手表商斯沃琪决定进军汽车业，制造小巧、便宜、时髦的汽车，它选择奔驰作为自己的合作伙伴，但是直到现在，人们还是无法将斯沃琪和汽车联系在一起。

2. 品牌危机的株连效应

相互合作的两个或多个企业中，如果其中任何一方出现危机，都会产生株连效应，影响到联合品牌。如果一方企业破产或遭遇其他财务危机，从而导致不能继续履行联合品牌的投资责任，那么合作关系便不得不终止；与之合作的企业也就会因此而蒙受损失。

3. 破坏战略协调

联合品牌成功的一个关键是合作双方保持战略上的协调。但是当一个企业决定改变其品牌在市场上的定位或战略时，就有可能给品牌联合的伙伴带来不小的麻烦。要想避免这个问题，合作的双方必须在协议中对双方品牌将来可能的重新定位事先作出规定。另外，当参与品牌联合行动的乙方被收购或合并时，也会对联合品牌的战略协调性产生影响，甚至导致合作关系的终结。

4. 合作结束后却被认为合作关系还在

建立品牌联合的协力不是件容易的事，要分开品牌联合独立重新建立品牌也同样不容易，因为消费者对品牌的认知在短期内不宜改变。特别对于一些品牌联合程度非常紧密的情况（如联合推出一个以两个品牌命名的新产品或者成立合资公司）更是如此。几十年以来，壳牌—麦克斯（Shell-Mex）和 BP 进行了合资，在石油产品的分销和推广中使用了双方的品牌。尽管合资企业后来解体，两家公司已独立标志自己的产品，但在合作终止后的一段时间里，有一部分的公众还是继续错误地认为两家公司之间有着某种联系。

（四）品牌联合战略的类型

从表面上看，品牌联合就是两个或两个以上的品牌进行合作，似乎很简单，但实际上，由于合作的目的和创造的价值不同，品牌联合体现出不同的类型。英特品牌公司根据共同创造价值的潜力，将品牌联合进行分类，四种品牌联合的类型在所创造的价值上由低到高如下。

1. 认知型品牌联合

认知型品牌联合共同创造价值的潜力处于最低层次。合作企业通过品牌合作向对方的顾客群体展示自己的产品、服务和品牌，扩大企业在新目标市场上的影响，提高企业品牌在新受众中的认知度。

例如，中国工商银行利用自己发行的信用卡金卡和中国国际航空公司合作，共同发行国航知音卡。信用卡金卡有两个卡号，中间一个是中国工商银行的信用卡卡号，下边是中国国际航空公司的国航知音卡卡号。国航在中国工商银行的顾客群体中展示、宣传了自己的产品和服务，推动消费者认知自己的品牌，刷卡购买机票时，由于中国工商银行的信用卡金卡带来的方便和优惠而选择国航的航班。同时，消费者利用金卡刷卡购买机票，可以得到累计积分，并给予机票折扣、免费升舱等优惠，当积分达到一定的数额，还会返还一定的飞行里程。可见两家企业的品牌联合给双方都带来了利益，中国工商银行为自己的信用卡赢得了更多的高层用户，提高了品牌的认知度。同时，中国工商银行的普通信用卡与中石油也进行了相似的品牌联合。

2. 价值认可型品牌联合

价值认可型品牌联合与认知型品牌联合的主要区别在于有价值创造。价值认可型品牌联合的关键是参与合作的公司具备在客户心目中的品牌价值的一致性，品牌之间有着密切的核心特性和价值上的联系，合作双方能够通过这种联系提高他们的互补性的品牌声誉，创造满足消费者的新价值。消费者认可品牌联合创造的价值，可以刺激品牌联合的经济效果，但价值认可在很大程度上减少了品牌联合的潜在合作伙伴。

价值认可型品牌联合有两种。一种是互补型的专业品牌合作，强调联合品牌的专业性。例如，中国五粮液集团和国内保健食品行业领军企业上海巨人投资有限公司利用在品牌、技术、资金和营销网络等方面的优势，采用五粮液的浓香型基酒，遵循四百余年中医古方，酿造出代表作——“五粮液黄金酒”，共同打造保健酒行业的领袖品牌。另一种是某行业品牌与具有高度影响力的专业组织，例如，奥委会组委会、中国慈善协会等合作，推出品牌联合产品，以高度影响力的品牌为产品做注释，提高联合品牌产品的价值。

3. 元素组成型品牌联合

元素组成型品牌联合专指一个成分品牌与最终品牌之间的合作，目的是凭借对方的专业声望来提高自己的品质。合作双方当中至少有一方是非常知名度的品牌。要么是成分品牌很知名，产品品牌借以抬高声誉，如宣称用莱卡纤维面料做的服装会比没有莱卡纤维面料好卖；要么是产品品牌很知名，成分品牌借以抬高声誉，如 1991 年 Intel 花了 1 亿美元与 IBM、康柏、戴尔、Gateway 等著名计算机厂商的合作，要求他们在计算机说明书、包装和广告上加入 IntelInside 独特标志。要么双方的品牌声誉都很好，相互强化产品的品质，如凌志车（现为雷克萨斯）使用美国 Bose 音响产品、福特林肯轿车采用 Coach 皮革做内饰等。

元素组合型品牌联合是实践中最为常见的一种品牌联合，也是营销理论界研究最多的一种类型。通过元素组合型品牌联合，制造商和供应商向消费者传递了其产品和性能的特定信息，不但提升了双方的品牌价值，而且分摊了宣传的费用。

4. 能力互补型品牌联合

能力互补型品牌联合是品牌合作的最高层次。能力互补型品牌联合是几个拥有专业优势的品牌通过合作生产推出全新产品的过程。这种联合方式的前提是合作各方必须具有较高声

望的专业优势。比如，拥有 100 多年历史的著名钟表品牌劳力士（Rolex）联合 LG 开发劳力士手机。

（五）品牌联合战略的实施条件

1．根据实际需要选择品牌联合的类型

不同的品牌联合类型在选择合作者和合作经营方面是不一样的。当需要另一个著名品牌也起到驱动购买的作用时，可以选择合作主品牌的类型，必要时甚至合资；如果只是要满足某一短期的销售目标，则可以选择战术性联合进行联合促销。一般的品牌联合要么是跨行业的联合，要么是一个产业链上下游的联合，如果某一问题需要整个行业共同面对的时候，甚至可以不计前嫌地发起同业内竞争者之间的联合。比如，东莞机动车协会联合东莞众多车行进行的联合营销促销活动，就是对这一策略的具体应用。他们面对比较萧条的车市，不是进行品牌间的恶意竞争，而是化干戈为玉帛，握手共同开拓市场。

2．合作品牌的产品类别要有一定的关联性

具有关联性的几个产品进行合作，才更容易让消费者配合使用，如金龙鱼和苏泊尔的品牌联合就非常成功，因为“好油”加“好锅”配合得天衣无缝。如果产品之间没什么联系，产品的销量还是很难提高。不仅如此，不相关的产品联合还会影响到品牌的定位。在日本，一个主要的咖啡制造商给法国蓝带厨艺学院（Le Cordon Bleu Culinary Arts Institute）提供了一个具有获利潜力的品牌联合机会。经过仔细考虑，他们拒绝了，因为他们担心蓝带烹饪品牌所代表的特殊专业和价值会被过度延展到食品杂货市场的领域中去。而当他们和日本第四大食品生产商日本火腿公司达成协议销售品牌联合的肉酱、羹汤和专业预煮的菜肴时，并没有这些疑虑。

3．合作者的资源要能互补

资源互补型的品牌才能有更坚固的合作基础。比如，在英国，埃索（Esso）石油公司和特易购（Tesco）便利店联合在加油站建立了 24 小时营业的迷你超市。该超市既有埃索强大的品牌力量、优越的地理位置和加油站经营经验作为基础，又有特易购的品牌力量、顾客购买信息、采购能力和超市经营能力作为基础，因此合作关系是牢固的。

4．品牌名称要简练清晰

对于简练清晰的品牌名称，消费者的印象会比较深刻，记忆时间也会相对延长，而对一些冗长拗口的品牌名称，则难以形成持久的记忆。因此，在进行品牌联合时，如果打算联合的单个品牌名称本身就已经很长了，这样就要求联合品牌名称必须进行简化，并把简化后的联合品牌名称向消费者予以说明和解释，使之被更多的消费者理解和接受。

5．界定合作各方的权利和义务

联合品牌的打造和维护是一个长期的过程。在这个过程中，合作中的任何一方都有义务为新品牌的培养付出努力与劳动，并且从中分享一定的收益。品牌联合的成功在于各个参与主体的协作和配合，明确界定参与主体的权利与义务是有效合作的基础。一方面，它可以使

各个参与主体明确自己应该干什么和怎么干；另一方面，如果在联合中一旦出现问题和纷争，事先的这种界定可以为寻求解决方案提供依据。

第四节 品牌组合的管理

一、品牌组合的分析方法

品牌组合自然意味着企业有许多品牌，然而并非每个品牌都能成为企业的利润来源。随着市场的发展，企业需要开发新品牌，仍要沿用一些旧品牌。或者，对不同品牌的投入进行大幅调整。那么，企业一般使用哪些工具来调整不同品牌的投入呢？

（一）波士顿矩阵

波士顿矩阵又称市场增长率－相对市场份额矩阵，由波士顿咨询集团（Boston Consulting Group，BCG）在 20 世纪 70 年代开发，因此得名。BCG 矩阵将组织的每一个战略事业单位（SBUs）标在一个二维的矩阵图上，从而显示出哪个 SBUs 提供高额的潜在收益，以及哪个 SBUs 是组织资源的漏斗。BCG 矩阵的发明者、波士顿公司的创立者布鲁斯认为，“公司若要取得成功，就必须拥有增长率和市场份额各不相同的产品组合。组合的构成取决于现金流量的平衡”。如图 10-2（a）所示。

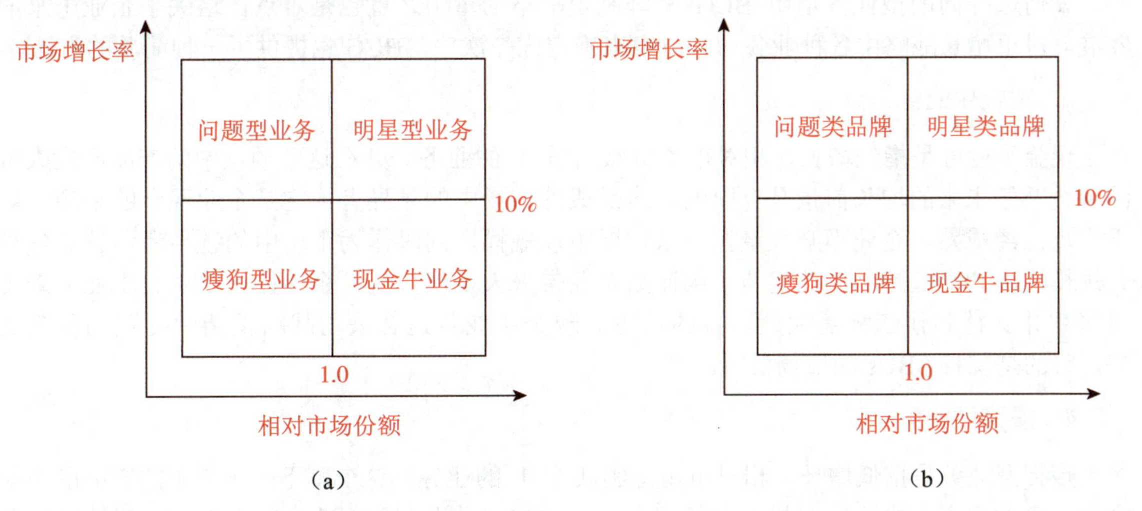

图 10-2 波士顿矩阵及其衍生的品牌组合管理策略

BCG 矩阵区分出四种业务组合。

1. 明星型业务

明星型业务是指高增长、相对市场份额超过 1 的业务。这个领域中的产品处于快速增长的市场中并且占有支配地位，但也许会或也许不会产生现金流，这取决于新工厂、设备和产品开发对投资的需要量。明星型业务是由问题型业务继续投资发展起来的，可以视为高速成长市场中的领导者，它将成为公司未来的现金牛业务。但这并不意味着明星型业务一定可以给企业带来源源不断的现金流，因为市场还在高速成长，企业必须继续投资，以保持与市场同步增长，并击退竞争对手。企业如果没有明星型业务，就失去了希望，但群星闪烁也可能会闪花企业高层管理者的眼睛，导致作出错误的决策。这时必须具备识别行星和恒星的能力，将企业有限的资源投入在能够发展成为现金牛的恒星上。同样地，明星型业务要发展成为现金牛业务应采用增长战略。

2. 问题型业务

问题型业务是指高增长、相对市场份额低于 1 的业务。处在这个领域中的是一些投机性产品，带有较大的风险。这些产品可能利润率很高，但占有的市场份额很小。这往往是一个公司的新业务，为发展问题业务，公司必须建立工厂，增加设备和人员，以便跟上迅速发展的市场，并超过竞争对手，这些意味着大量的资金投入。“问题”非常贴切地描述了公司对待这类业务的态度，因为这时公司必须慎重回答“是否继续投资，发展该业务”这个问题。只有那些符合企业发展长远目标、企业具有资源优势、能够增强企业核心竞争力的业务才能得到肯定的回答。得到肯定回答的问题型业务适合于采用战略框架中提到的增长战略，目的是扩大 SBUs 的市场份额，甚至不惜放弃近期收入来达到这一目标，因为问题型业务要发展成为明星型业务，其市场份额必须有较大的增长。得到否定回答的问题型业务则适合采用收缩战略。

如何选择问题型业务是用 BCG 矩阵制定战略的重中之重也是难点，这关乎企业未来的发展。对于增长战略中各种业务增长方案来确定优先次序，BCG 也提供了一种简单的方法。

3. 现金牛业务

现金牛业务是指低增长、相对市场份额高于 1 的业务。处在这个领域中的产品产生大量的现金，但未来的增长前景是有限的。这是成熟市场中的领导者，它是企业现金的来源。由于市场已经成熟，企业不必大量投资来扩展市场规模，同时作为市场中的领导者，该业务享有规模经济和高边际利润的优势，因而给企业带来大量现金流。企业往往用现金牛业务来支付账款并支持其他三种需大量现金的业务。现金牛业务适合采用战略框架中提到的稳定战略，目的是保持 SBUs 的市场份额。

4. 瘦狗型业务

瘦狗型业务是指低增长、相对市场份额低于 1 的业务。这个剩下的领域中的产品既不能产生大量的现金，也不需要投入大量的现金，这些产品没有希望改进其绩效。一般情况下，这类业务常常是微利甚至是亏损的，瘦狗型业务存在的原因更多的是由于感情上的因素，虽然一直微利经营，但像人养了多年的狗一样恋恋不舍而不忍放弃。其实，瘦狗型业务通常要占用很多资源，如资金、管理部门的时间等，多数时候是得不偿失的。瘦狗型业务适合采用战略框架中提到的收缩战略，目的在于出售或清算业务，以便把资源转移到更有利的领域。

如果将波士顿矩阵中的业务换成品牌，自然地可以得到不同品牌的市场发展态势。同样地，我们可以得到现金牛品牌、问题类品牌、瘦狗类品牌和明星类品牌，如图 10-2（b）所示。图中四个象限分别代表了公司品牌的四种组合。

（1）明星类品牌：高增长、高市场份额，有大量利润产生，同时需要大量资源投入，应采取扩大发展的战略，是企业资源主要投入的品牌。

（2）现金牛品牌：低增长、高市场份额、资源需求较少，利润产出高，一般是由明星类品牌发展而来，是企业发展的基础，因此要维持这些品牌的发展。

（3）瘦狗类品牌：低增长、低市场份额，一般要被清除出品牌组合。

（4）问题类品牌：高增长、低市场份额、资源需求大，但利润回报少。对待这样的品牌，通过分析其关键问题所在，采取加大资源投入使其成为明星类品牌，或者出售以求资源回收的战略。

波士顿矩阵原理清晰，易于解释和操作，得到许多企业的推崇。当然，波士顿矩阵在划分不同品牌时过于简单，也成为企业所诟病的对象。随着时间的推移，更精细的一些工具陆续开发出来，其中 GE 矩阵是知名度最高的一种。

（二）GE 矩阵

GE 矩阵又称通用电气公司法、麦肯锡矩阵、九盒矩阵法、行业吸引力矩阵，是美国通用电气公司（GE）于 20 世纪 70 年代开发的用于投资组合分析的方法，对企业进行业务选择具有重要的价值和意义。GE 矩阵可以用来根据事业单位在市场上的实力和所在市场的吸引力对这些事业单位进行评估，也可以表述一个公司的事业单位组合判断其强项和弱项。在需要对产业吸引力和业务自身实力作广义而灵活的定义时，可以以 GE 矩阵为基础进行战略规划。按市场吸引力和业务自身实力两个维度评估现有业务（或事业单位），每个维度分三级，分成九个格以表示两个维度上不同级别的组合。两个维度上可以根据不同情况确定评价指标，如图 10-3 所示。

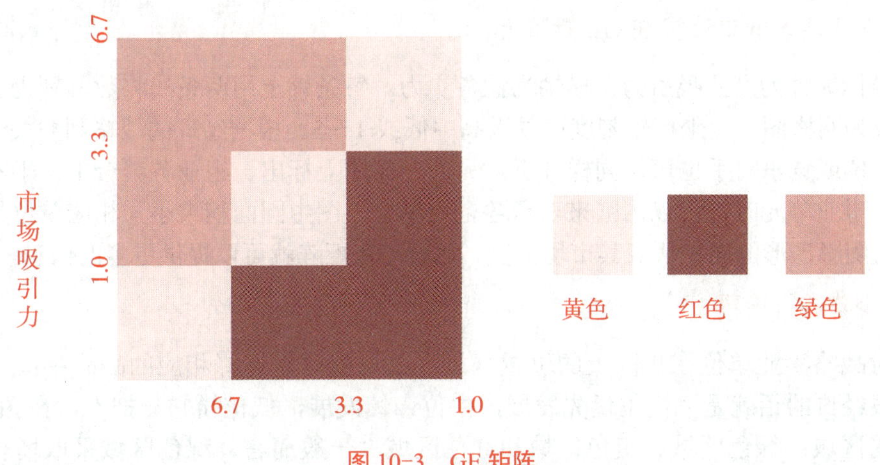

图 10-3 GE 矩阵

绘制 GE 矩阵，需要找出外部（产业吸引力）和内部（企业竞争力）因素，然后对各因素加权，得出衡量内部因素和市场吸引力外部因素的标准。当然，在开始收集资料前仔细选择哪些有意义的战略事业单位是十分重要的。

可以看到，GE 矩阵的工作包含五步。

1．定义各因素

选择要评估业务（或产品）的企业竞争力和市场吸引力所需的重要因素。在 GE 内部，分别称为内部因素和外部因素。下面列出的是经常考虑的一些因素（可能需要根据各公司情况作出一些增减）。确定这些因素的方法可以采取头脑风暴法或名义群体法等，关键是不能遗漏重要因素，也不能将微不足道的因素纳入分析中。

2．估测内部因素和外部因素的影响

从外部因素开始，纵览这张表（使用同一组经理），并根据每一因素的吸引力大小对其评分。若一因素对所有竞争对手的影响相似，则对其影响做总体评估；若一因素对不同竞争者有不同影响，可比较它对自己业务的影响和重要竞争对手的影响。在这里可以采取五级评分标准（1＝毫无吸引力，2＝没有吸引力，3＝中性影响，4＝有吸引力，5＝极有吸引力）。然后使用五级评分标准对内部因素进行类似的评定（1＝极度竞争劣势，2＝竞争劣势，3＝同竞争对手持平，4＝竞争优势，5＝极度竞争优势），在这一部分，应该选择一个总体上最强的竞争对手做对比的对象。

3．对外部因素和内部因素的重要性进行估测，得出衡量业务实力和产业吸引力的简易标准

这里有定性和定量两种方法可以选择。定性方法主要是审阅并讨论内外部因素，以在第二步中打的分数为基础，按强中弱三个等级来评定该战略事业单位的业务实力和产业吸引力如何。定量方法主要是将内外部因素分列，分别对其进行加权，使所有因素的加权系数总和为 1，然后用其在第二步中的得分乘以其权重系数，再分别相加，就得到所评估的战略事业单位在业务实力和产业吸引力方面的得分（介于 1～5，1 代表产业吸引力低或业务实力弱，而 5 代表产业吸引力高或业务实力强）。

4．将该战略事业单位标在 GE 矩阵上

矩阵坐标纵轴为产业吸引力，横轴为业务实力。每条轴上用两条线将数轴划为三部分，这样坐标就成为网格图。两坐标轴刻度可以为高中低或 1～5。根据经理的战略利益关注，对其他战略事业单位或竞争对手也可做同样分析。另外，在图上标出一组业务组合中位于不同市场或产业的战略事业单元时，可以用圆来表示各企业单位，图中圆面积大小与相应单位的销售规模成正比，而阴影扇形的面积代表其市场份额。这样 GE 矩阵就可以提供更多的信息。

5．对矩阵进行诠释

通过对战略事业单位在矩阵上的位置分析，公司就可以选择相应的战略举措。归结为简单的一句很经典的话就是“高位优先发展，中位谨慎发展，低位捞它一把”。在图 10-3 中有三种颜色的区域：绿色区域、黄色区域和红色区域。一般而言，绿色区域采取增长与发展战略，应优先分配资源；黄色区域采取维持或有选择发展战略，保护规模，调整发展方向；红色区域采取停止、转移、撤退战略。

本质上，GE 矩阵和波士顿矩阵一样。如果将企业的品牌按照业务的方式（事实上许多

企业就是这样）进行划分，也自然很容易得到不同品牌的投资和发展，如图 10-4 所示。

行业吸引力 \ 品牌的竞争实力	高	中	低
高	扩大投资需求主导地位	市场细分以追求主导地位	专业化，采取并购策略
中	选择细分市场大力进入	选择细分市场专业化	专门化，谋求小块市场份额
低	维持地位	减少投资	集中竞争对手，赢利业务

图 10-4　麦肯锡矩阵（1）

麦肯锡矩阵与 BCG 矩阵相比较，在以下三个方面显得更为完善。

（1）市场/行业吸引力（Marketing/Industry Attractiveness）代替了市场成长（Market Growth）被吸纳进来作为一个评价维度。市场吸引力较之市场成长率显然包含了更多的评价因素。

（2）竞争实力（Competitive Strength）代替了市场份额（Marketshare）作为另外一个维度，由此对每一个事业单元的竞争地位进行评估分析。同样，竞争实力较之市场份额也包含了更多的评价因素。

（3）此外，麦肯锡矩阵有九个象限，而 BCG 矩阵只有四个象限，使得麦肯锡矩阵结构更复杂、分析更准确。

在麦肯锡矩阵中，影响市场吸引力的典型性外部因素有市场规模、市场成长率、市场收益率、定价趋势、竞争强度、行业投资风险、进入障碍、产品/服务差异化机会、产品/服务需求变动性、市场分割、市场分销渠道结构、技术发展等。

影响战略事业单元竞争实力的典型性内部因素有：事业单元自身资产与实力、品牌/市场的相对力量、市场份额、市场份额的成长性、顾客忠诚度、相对成本结构、相对利润率、分销渠道结构及产品生产能力、技术研发与其他创新活动记录、产品/服务质量、融资能力、管理能力等。

通常，战略事业单元在 GE 矩阵图中用一个圆形图案表示（见图 10-5），其中：圆的大小代表市场规模，标有百分比的扇形图代表战略事业单元的市场份额，箭头代表战略事业单元的运作方向。某一品牌根据其位置所采取的战略措施如图所标注。总体来说，图中灰色方格左上方的区域，建议采取增长与发展战略，应优先分配资源；灰色方格区域可以采取维持或有选择发展战略，保护规模，调整发展方向；而右下方区域采取停止、转移、撤退战略。

无论是 BCG 矩阵还是麦肯锡矩阵，其原理和基本思想是一样的，都适用于对品牌组合（Brand Portfolio）的分析。将麦肯锡矩阵用于品牌组合的分析，并且将每个指标量化，就得到品牌组合过程中常用到的定量品牌组合分析法。

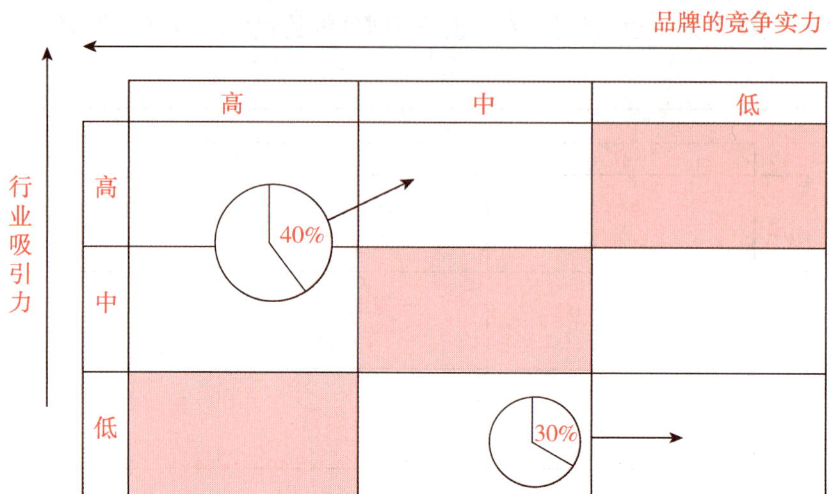

图 10-5 麦肯锡矩阵（2）

（三）定量品牌组合分析（Quantified Portfolio Analysis，QPA）

定量品牌组合分析是一个很有效的指导企业进行资源优化配置的工具，它通过对市场、产品、品牌单元以及渠道等的定量分析，来优化企业资源在品牌之间的分配。这种定量分析的过程因为有现代数据库管理的支持而增加了可信度和可行性。

它主要是通过一个评分系统，对目标品牌在不同市场和国家质检的排序，而得到优化的品牌组合。

在麦肯锡矩阵中，存在着一个局限性是它没有考虑组合因子之间的相对关系。因此在借用麦肯锡矩阵时，QPA 方法中仍然用市场/行业吸引力作为一个维度，而另外一个维度则用公司内部品牌之间的关系以及品牌之间的相对优势来衡量。其模型如图 10-6 所示。

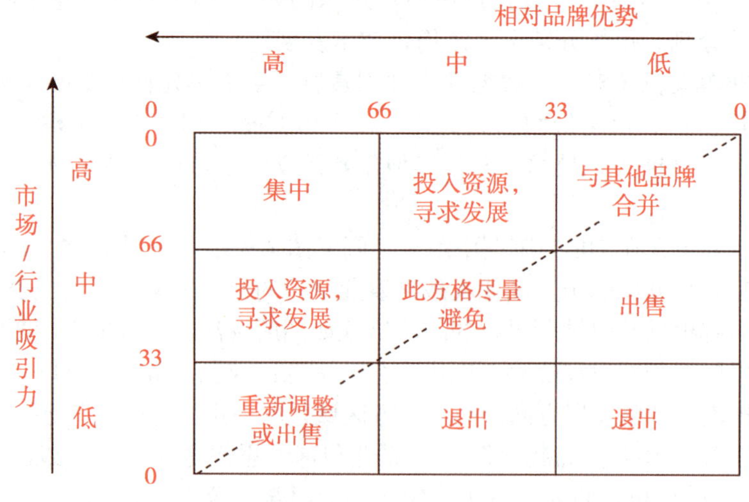

图 10-6 定量品牌组合分析矩阵

两个维度中的影响因素均用定量方法获得。即根据其相对重要程度，给出每个影响因素一个最高分值，然后针对品牌给出该因素的分数。影响因素的选择及其最高分值的给出，要根据行业、市场类型来判断。然后通过加总每一项影响的分数，得出品牌在该维度的分数。当两个维度的分数都可以确定时，就可以将品牌归入图 10-5 的九宫格中，从而选择相应战略。这个体系的最大优点是，所有的品牌都在一个相同的体系里相互比较，得出分数，这样就保证了定量分数的客观性以及品牌之间的相关性。

二、品牌组合管理

（一）品牌组合管理的概念

品牌组合管理是指对企业销售或经营的品牌组合进行优化整合的过程，从而实现品牌资源的最优配置和企业竞争力的提升。品牌组合管理是一种动态的管理艺术，就是要通过品牌组合的增量、减量以及品牌间关系管理来实现品牌组合在量和质上的平衡，以提高企业的资源利用效率和市场竞争能力。

（二）品牌组合管理中量和质

1. 品牌组合中的量的管理

品牌组合实质上是市场的组合，一个企业需要多少个品牌首先取决于它要满足多少个市场，以及这些市场的差异性大小；品牌组合也是一个资源组合，拥有品牌数量的多少还取决于企业资源的丰富程度；品牌组合也是一个盈利组合，它的数量多寡取决于这些品牌在市场上的表现和盈利能力。所以需要对其进行管理，使品牌在数量上的组合能够适应企业的资源状况，能够实现企业预期的市场目标。品牌组合在量上的管理主要包括以下几个方面。

（1）品牌组合的增量管理。品牌组合的增量管理是指企业为了区别新市场或进入新市场，通过一定的途径增加品牌数量，使之提高品牌组合的效益和效率的过程。其途径主要包括四种。

①自创品牌：为不同类型的产品在不同市场启用新的品牌名称，塑造新的品牌形象，用于区别不同市场的个性和偏好。如华龙集团自创“今麦郎”进入方便面的高端市场以区别“华龙”的中端市场。

②并购品牌：企业为了迅速进入某个市场，从而并购这个市场中已有品牌的做法。如宝洁公司收购“吉列”品牌进入剃须刀市场。

③联盟品牌：企业为了利用他人的资源打开某个市场，通过合资或合作的形式，共同建立一个混合品牌或联盟品牌。

④延伸品牌：在已有相当知名度与市场影响力的品牌基础上，将原品牌运用到新产品或服务以期望减少新产品进入市场风险的一种营销策略。

不同途径创建的特点分析如表 10-1 所示。

表 10-1 不同途径创建的特点分析

途径	评价标准		
	速度	控制	投资
自创品牌	慢	高	中
并购品牌	快	中	高
联盟品牌	中	低	低
延伸品牌	快	高	中

无论是自创品牌、并购品牌、联盟品牌还是延伸品牌在速度、控制和投资上都各有优势和劣势。企业品牌组合增量的理想方式应是快速进入并占领市场，严格的控制（确保品牌形象不受损害）和最低的投资。企业应该根据这四种方式的不同特点，再结合自身在品牌组合管理方面的经济和能力、金融方面的实力、产品和市场特点以及企业要达到的目标，选择不同的增量途径。

（2）品牌组合的减量管理。当一个品牌组合中的品牌成员已经多到影响企业资源利用、绩效产出，超出其管理能力时，适当减量管理势在必行。例如，1999 年联合利华的“品牌瘦身战略”的实施就是因为它发现公司的 75%的销售来自 2000 个品牌中的 400 个，这 400 个品牌的年增长率约为 46%，有很高的利润，如果集中精力发展这 400 个品牌，必然对公司业务的增长有很大的益处。

总之，品牌组合的增量管理着眼于企业如何利用市场机会的问题，而减量管理则着眼于如何提高赢利效率和资源利用效率的问题。无论是增还是减都着眼于企业整体资源的利用和竞争能力的提高上。

2．品牌组合中的质的管理

品牌组合中的质的管理包括以下几个方面。

（1）母子品牌的管理。一方面要建立母品牌的优势形象，母品牌不应使用在性质差别很大的产品类别当中；另一方面又要使子品牌真正反映产品的特点，在市场上建立相应的个性和形象，做到“名实相副”。

（2）多品牌的管理。首先，对多品牌的管理要注意合理定位。品牌的合理定位是将不同子市场组合成一个统一的品类市场的重要工具。它使多个品牌之间既有竞争又有互补。如不同档次、不同品牌的管理。瑞士的 Swatch 集团的宝珀、欧米茄价格在 10 万瑞士法郎以上，罗西尼、雷达在 1000 法郎以上，斯沃琪在 100 法郎以上；反面的例子是联合利华的夏士莲和力士因定位不清晰，不能互补导致竞争力过度被削弱。其次，要对品牌的边界进行严格管理。在价格区间、目标人群、品牌定位、产品设计、产品品质、风格特色、销售渠道、服务等方面要对品牌进行尽可能的差异化管理。

（3）外来品牌和自有品牌的管理。首先，要明确外来品牌的作用。是为了进入新的市场，还是作为防御品牌；是为了利用外部资源，还是为了消除竞争。其次，要明白外来品牌和自有品牌之间是互补关系，还是竞争关系，或是二者皆有。若是互补关系则应充分利用相互的资源，挖掘品牌的潜力；若是相互竞争则要进行评估，然后进行选择性的发展；若是既有竞争又有互补则参照多品牌管理法则进行。

（4）受托品牌和托权品牌的管理。在品牌组合中还有一些品牌组合是“受托品牌”（Endorsed Brand）+“托权品牌”（Endorser Brand），受托品牌是经托权品牌认可的独立品牌，托权品牌一般是公司品牌或民族品牌。在表达中，受托品牌在前，托权品牌在后，知名品牌的托权给受托品牌带来信誉和支持。如“佳洁士—宝洁”“金六福—五粮液”等。对其管理主要是要把它和母子品牌关系区别开来，在母子关系品牌中，母品牌是驱动消费者购买的主要“驱动因素”，但在“受托品牌和托权品牌”结构中，受托品牌是主要的购买驱动因素，而托权品牌主要起保证和提示的作用。这种情况下要求企业对受托品牌进行重点突出，加大宣传力度和发展力度。

（5）全球品牌和区域品牌的管理。全球品牌是企业在全球范围内营销，对全球市场有一定影响力的品牌；而区域品牌是在区域范围内营销，对区域市场有影响力品牌。显然全球品牌的市场规模和影响力都比区域品牌要大，但二者是有紧密联系的，可以说全球品牌是建立在优势区域品牌基础上发展而来的。企业在处理品牌的地理影响范围时，要注意全球品牌和区域品牌的搭配，因为全球品牌一旦面临市场萎缩也可成为区域品牌，区域品牌一旦发展良好也可成为全球品牌，二者的相互搭配可以弥补品牌组合中品牌的市场覆盖范围和影响力范围，提高企业的品牌资源配置效率和效益。

【本章小结】

品牌组合是指企业所有品牌的有机组成方式，即企业拥有品牌的数量、品牌的不同层级与特征等。根据品牌的层级以及其在品牌组合中的战略地位，分为母品牌和子品牌、主导品牌和辅助品牌、背书品牌和被背书品牌等。品牌组合的衡量标准主要有品牌的宽度、品牌的长度和品牌的密度。品牌组合之所以重要是因为品牌组合影响到企业发展的五个方面：企业资源、企业效益、企业成长、杠杆作用和一致性。

对品牌组合而言，其战略是一个组织对其拥有或者有权使用的多个品牌进行系统化的思考和管理的相关工作。大卫·阿克教授提出品牌组合战略模型涉及六个方面：品牌组合、在定义产品时所扮演的角色、品牌范围、品牌组合的角色、品牌组合结构、品牌组合图标。

根据品牌和产品乃至产品线的对应关系，以及品牌所处的层级，可将品牌组合战略分成单一品牌战略、多品牌战略、主副品牌战略及品牌联合战略。单一品牌战略是指企业生产经营的全部产品使用同一个品牌。多品牌战略是指一个企业同时经营两种或两种以上相互独立，但又没有联系的品牌。根据企业产品结构的不同，可以把企业的多品牌战略划分为一种产品多个品牌、一类产品多个品牌和不同类产品多个品牌。主副品牌战略是指企业在进行品牌延伸时，对延伸产品赋予主品牌的同时，增加使用一个副品牌的做法。品牌联合战略是两个或两个以上现有的企业品牌进行合作的一种形式，通过联合，借助相互的竞争优势，形成单个企业品牌所不具有的竞争力。

企业一般可使用波士顿矩阵（市场增长率——相对市场份额矩阵）、GE 矩阵和 QPA 定量品牌组合分析对品牌组合进行分析。品牌组合管理是指对企业销售或经营的品牌组合进行优化整合的过程，从而实现品牌资源的最优配置和企业竞争力的提升。品牌组合在量上的管理主要包括以下两种。①品牌组合的增量管理。其途径主要包括四种，即自创品牌、并购品牌、联盟品牌和延伸品牌。②品牌组合的减量管理。品牌组合中的质的管理包括：母子品牌的管理、多品牌的管理、外来品牌和自有品牌的管理、受托品牌和托权品牌的管理以及全球品牌和区域品牌的管理。

【本章测试】

一、单选题

1．品牌组合的（　　）是指一个企业所拥有的品牌数量，它一般是由企业品牌战略、市场对品牌的接受和认同程度及其企业可支配资源来决定。

A．宽度　　B．长度　　C．深度　　D．密度

2．下列（　　）不属于大卫·阿克提出的品牌组合的战略框架中的在定义产品时所扮演的角色方面。

A．主品牌　　B．子品牌　　C．担保品牌　　D．分支品牌

3．高增长、相对市场份额超过 1 的业务是（　　）。

A．问题型业务　　B．明星型业务　　C．瘦狗型业务　　D．现金牛业务

4．（　　）即品牌延伸的边界，是指品牌在产品类别、子类别和市场上的跨度与边界。

A．品牌区域　　B．品牌范围　　C．品牌边界　　D．品牌跨度

5．（　　）属于单一品牌战略。

A．通用　　B．广汽　　C．宝洁　　D．飞利浦

二、多选题

1．品牌组合的重要性体现在（　　）。

A．企业资源　　B．企业效益　　C．企业成长　　D．杠杆作用

2．阿克教授认为，品牌组合中的各种角色包括（　　）。

A．战略品牌　　B．银弹品牌　　C．侧翼品牌　　D．现金牛品牌

3．品牌组合基本的结构类型有（　　）。

A．反向结构　　B．横向结构　　C．纵向结构　　D．联合结构

三、简答题

（1）简述品牌组合的概念及衡量标准。

（2）品牌组合战略管理的框架是怎样的？

（3）什么是单一品牌战略？它的优缺点有哪些？

（4）什么是多品牌战略？它的优缺点是什么？

（5）试比较分析单一品牌战略与多品牌战略的异同。

（6）在主副品牌战略中，主副品牌的关系是怎么样的？

（7）品牌联合有哪些类型？

（8）试分析品牌联合的作用与风险。

【案例分析】

国家和区域品牌系统：厚德才能载物

从国家层面来看，国家品牌就是主品牌，而不同行业数一数二的企业品牌就是副品牌。主品牌大于副品牌，也就是包含副品牌，两者相互影响。在全球经济的竞争与合作环境下，经济产业领域的竞争成为各个国家之间竞争的重要领域，而产业形象则成为国家形象的重要组成部分和重要支撑。就像日本前首相中曾根康弘曾经讲过的："在国际交往中，索尼就是我的左脸，丰田就是我的右脸。"从这一点来看，对于中国国家品牌系统来说，像华为、联想、海尔、阿里巴巴、百度、腾讯等每一个走出去的企业品牌，在国际化的进程中，就起到了子品牌的作用，它们在国际市场上做得好，就会对母品牌即中国国家形象的塑造起到很好的推动作用。

这里除了企业之外，我们每一个中国人也都是一个子品牌，就像我们到国外旅游的时候，言谈举止符合他国当地的文化习俗和行为规范，那就会在当地人心目中塑造中国国家品牌形象。因为中国的每个企业、每一个人都是中国国家品牌形象的构成要素。当然，中国国家品牌形象好了，也会对中国每个走出去的企业和国民有很大的帮助。

再来讲讲区域品牌。中国不乏区域特色品牌，像这样的品牌有很多，比如云南的普洱、沙县小吃、兰州拉面、武汉鸭脖子等。可有很多区域的特色品牌做不大，虽然区域品牌很响亮，但是很少有企业能够成为区域品牌的龙头，都是些小门店、小品牌。区域品牌就是主品牌，而区域下面的小企业和小品牌就是副品牌。

区域品牌大不大，小不小；强不强，弱不弱；原因何在呢？其一，应该是区域品牌的归属权不清晰。区域品牌是属于大家的，没有一个明确的归属权，大家都在用，是属于政府的、属于行业的还是属于某个企业的？说不清楚。有的人经营区域品牌时正直善良，有的人经营区域品牌时投机钻营。这个时候，区域品牌形象就有好有坏，没法统一朝着一个方向发展。其二，区域品牌在产品层面没有一套明确的识别系统。这套识别系统，主要是用来让消费者识别自己，区分他人的。另外，就是这套识别系统能够体现产品的正宗性，你也生产普洱茶，我也生产普洱茶，谁的更正宗？为什么呢？比如在消费者眼里，来自云南普洱市的普洱茶最正宗，可我怎么知道这是来自普洱市的呢？我又怎么知道这是普洱市最正宗的普洱茶呢？如何让消费者进行准确的识别太重要了。其三，区域品牌的供应商散、乱、小，而渠道上的分销商也是散、乱、小，这就造成供产销当中两头非常难控制。大家在产品、服务、价格等各方面的同质化非常严重，在消费者眼里，没有太大的区别。这就是红海，区域品牌下各商家门店相互搏杀，最后没有一家能够走出来的。

这个问题该怎么解决呢？第一步，在区域品牌下，对一些有潜力的企业进行引导，使其差异化，跳出红海，形成区域品牌的龙头企业，起到很好的示范和带头的作用。就像武汉的鸭脖子，之前有很多叫法，什么"九九鸭脖""绝味鸭脖"，但后来"周黑鸭"就凸显出来了，它的差异化首先就是产品颜色稍重，看起来有点黑，所以叫周黑鸭，这是从产品属性层面与别的鸭脖子区别开来，其次定价稍高，这就跳出了红海，不跟其他产品杀价，脱颖而出。加上它只做直营不做加盟，对渠道进行了很好的控制，所以才有今天的市场地位。这一点值得区域品牌学习。第二步，对产品的正宗性设计一套识别系统，而这套系统不容易模仿，更重要的是这套识别系统主要是给消费者看的，得让他们看得懂。就像周黑鸭有一套系统的品牌识别，而且受法律保护。如果没有这套系统，就会很容易引起山寨和模仿的做法，这样就会把市场做乱了。区域品牌可以采用不同的产品包装标记，来识别和控制产品的去向。这也是一种解决问题的办法。第三步，从进口和出口两个方面进行把关，一个是供应商在往市场上供货的时候，一定要严格把关，仔细筛选，不能以次充好流入市场；另一个是终端的分销商，或者说是门店，可以利用现代信息科技手段，比如消费者在购买时，可以直接在手机上面查，这个销售点是不是某个区域品牌正宗产品的授权专卖点。如果能够做到这三个步骤，区域特色品牌的建设应该会好一些。

（资料来源：https://www.icourse163.org/course/ZNUEDU-1003452001）

思考题：

1. 如何建设区域公共品牌？

2. 该如何治理区域公共品牌建设过程中的机会主义行为？

第十一章　品牌社群

【学习目标】

1. 了解品牌社群的起源，掌握品牌社群的定义，熟悉品牌社群的特征。
2. 掌握品牌社群的三角关系、焦点消费者和利益相关者等结构模型。
3. 理解品牌社群对参与成员及企业的价值和作用。
4. 掌握品牌社群存在的理论基础和形成机理。
5. 理解品牌社群建设的影响因素以及品牌社群对企业的营销启示。

【素质目标】

1. 熟悉社群三角关系模式，理解企业应以消费者为本，两者应和谐共处，互利共赢。
2. 认识粉丝经济的利弊，树立正确的经营理念，将个人价值与社会价值统一。

【开篇实例】

罗辑思维：死磕自己、愉悦大家

2013 年，罗辑思维发起两次“史上最无理”的会员招募，分别在 5 小时与 24 小时内入账 160 万元和 800 万元，依靠忠诚的“粉丝”完成了第一次变现。2014 年 6 月，90 分钟内，罗辑思维售出了 8000 套单价 499 元的图书礼包。2014 年 7 月 18 日，罗辑思维真爱特供开售。死磕月饼 100 天，总销售量达 40038 盒，其中罗辑思维微信商城售出 23214 盒。2014 年 10 月 15 日，柳桃在罗辑思维上开售。1600 万盒柳桃在 5 个小时内销售一空。不管是罗辑思维、罗胖，还是“真爱特供”“柳桃”，都指向了“微信社群”这个关键词。一群人要形成社群，只需要两个条件：共同兴趣和沟通方式。

当罗胖以“爱读书”这一兴趣，将人群通过微信聚集在一起时，人群就成了“社群”，而且有了领袖。一旦领袖罗胖向社群注入了信仰，这种信仰又被社群高度接受时，社群就有了巨大力量。当社群的力量，通过微信这种“强关系、强到达、强交互”的方式传播覆盖后，这种力量将无坚不摧。那么，罗辑思维的微信社群是如何一步步打造出来的呢？

1. 自身定位

罗辑思维：有种有料有趣，在知识中寻找见识！罗胖定位：死磕自己，愉悦大家的“匠人”。社群定位：自由人的自由联合。第一，死磕。做情景化思考，培养用户的阅读习惯。语音微信固定每天早上 6：30 发送，阅读公众号的用户起床打开手机后就可以听到定期播报，很多粉丝最后养成了每天起床听罗辑思维的习惯。第二，聚焦。语言表达方式小众化。罗辑思维真爱特供月饼开售后，“跟哥哥干，有肉肉吃”“想要你就大声叫”“真爱测试”等一批互动口号，在不同代际的人群中引发了不同的反应，虽失去了部分成熟的人群，却强化了“85后”的自我归属。

2. 粉丝定位：“读书人”

罗辑思维有着自己明确的定位，定位于微信多数“85后”用户，专注于“爱读书的人”，志在凝聚爱智求真、积极上进、自由阳光、人格健全的年轻人。网罗了一群爱读书的年轻人后，罗辑思维又将自己的会员进行了分类。在会员招募时，将会员分两档，200元和1200元，以确保人们加入会员时是认真的。招会员时，罗辑思维要求一定用微信支付，其他支付工具一律不许可。经过筛选后，罗辑思维会员的特征越发明显了：对知识性产品有发自内心的热爱；会员彼此信任；会员有行动的意愿，且真能付出行动。

3. 线上推广

罗辑思维的线上推广覆盖了豆瓣、百度贴吧、Fin 荔枝、QQ、微博、优酷、微信，在线上全面开花，其中以优酷和微信为主推。第一，优酷视频，知识性主题脱口秀视频。《罗辑思维》第一季每集平均播放上百万，“有料”的内容与“有趣”的形式广为大众所喜欢，引起对于话题“有种”的讨论、对于推荐书籍的追捧，以及对于“罗胖”所建立的知识品牌的文化认同感。第二，微信平台，互动维护社群。60秒语音推送：每日早上6：30人声录制60秒语音，拉近距离。每日推荐文章：与每日语音内容实现关键词联结，满足客户进一步的对知识和文字阅读的需求。会员服务查询：为会员用户提供专属通道，实现有效的会员信息管理和活动通知。“会来事”公众服务平台：为所有粉丝提供 UGC 平台，吸纳多样化的业务构想：创业、交友、咨询、分享等。

面临的问题：第一，内容重复，缺乏原创。罗辑思维的丰富性开始丧失，涉及的内容开始逐渐收缩至经济和历史两个领域。论证多半是冷知识或断章取义的名人名句。第二，会员福利低于会员预期，如会员抢的 500 元礼包，并没有物超所值，“六本书，一个本子，一罐茶叶”。而在知乎上，就有罗辑思维的会员反映：“刚加入的时候 200 元，后来抢到一桌霸王餐，价值 200 元左右，立马值回票价。而现在都没有了，反而每次送礼都是抽签，每次活动要十分积极报名，还要写一段微博@官微才有机会参与，我越来越懒，甚至提不起兴致去回复两字看会员活动。”第三，商业化加重。

（资料来源：368 科技. 刘刚分享小米和老罗的社群运营案例，解读品牌社群的玩法策略. 三六八互联网商学院，2018年8月10日.）

第一节　品牌社群概述

“我们发现，建立品牌社群，将顾客聚集在一起并且为顾客与公司之间建立一种联系，确实能够带来切身的价值，顾客有机会互相交流他们的经验、意见和想法。”美国德保罗大学教授阿尔·穆尼兹和美国邓普大学教授赫普·斯乔在研究了数百个品牌社群的例子后，得出这样的结论：越来越多的公司正在打造或支持围绕公司产品的使用而形成的品牌社群，因而将品牌忠诚度这一理念提升到了一个新的水平。品牌社群往往都能进一步加强消费者的品

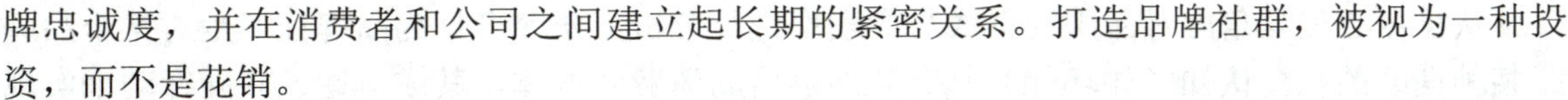

牌忠诚度，并在消费者和公司之间建立起长期的紧密关系。打造品牌社群，被视为一种投资，而不是花销。

一、品牌社群的起源

品牌社群是社群的一种新形式，它不同于传统意义上的社群，而是以某一品牌为中心建立的一组社群关系。“社群”（Community，目前在我国还有“社区”“共同体”等译法）一词源于拉丁语，意思是共同的东西或亲密的伙伴关系，它是 19 世纪末 20 世纪初社会学中描述人与人之间关系的一个非常重要的概念。传统的观点认为，社群由一定的社会关系、共同生活的人群、一定的地域和特有的文化这几个基本要素构成，并且其成员对所属社群具有情感和心理上的认同感。简言之，社群是以人们之间的相互关系和情感联结为标志、以地域为界限而形成的社会网络关系。

19 世纪末，大众媒体的发展使得社群不再受地理位置的限制。科技的发展使现代社会中的社群与以前不同，因此，也吸引了大量学者对新社群的定义和内涵进行拓展研究。社群内涵变化的最大特点是，形成社群的基本因素从地域范围转移到了成员间的情感需求上。有学者认为，当代社群大多是假想的社群，即由于大众媒体的发展，社群成员可以通过假想的方式对其他成员产生好感。尽管社群概念随社会的发展而不断发展，但其主要特征还是由共享的群体意识、仪式和传统、道德责任感三方面组成。另外，由于现代化商业的发展，品牌产品开始取代无商标产品，消费者个人主义开始盛行，消费者日益增长的物质和精神需要使现代社会打破了传统社群的界限。在这种情况下，品牌产品必然成为此次人类意识转变过程中的普遍象征，将人们以新的社群方式联系起来。

二、品牌社群的定义

1974 年，美国史学家布尔斯廷通过对美国历史的研究，提出了消费社群的概念。自此在美国工业革命后的新兴消费文化中，社群的意义开始从原来地域上聚集在一起的人与人之间的关系，转变为与使用某一产品或品牌相关的更为微妙的人与人之间的联系。随后，学术界在对类似消费现象的研究中，提出了诸多相似概念，如社会团体、消费亚文化、新部落、生活方式社群、消费文化、品牌社群、品牌崇拜、反品牌社群等。尤其在品牌社群概念提出以后，品牌社群的作用开始受到实务界和学术界的广泛关注，品牌社群逐渐成为营销学界一个新的研究领域。

在现代社会中，人们不只把居住于同地区的邻居视为社群，也把消费相同商品的其他消费者当成利益共享、同担风险，并关心共同的利益与信息的社群伙伴，这就是消费社群的概念。消费社群是一种无形的新型社群，借由人们的消费模式及所消费的产品而被创造且保留下来。

以消费社群为基础定义品牌社群为：该社群以使用同样品牌产品的人们的结构社会关系为基础，由特殊的、非地缘关系的联系组成。将品牌社群视为一种现象，则它的成立并非一定是企业营销策略的结果。就算企业不介入，活跃的品牌支持者也会群聚，集结成一个品牌社群，并且彼此联系沟通分享信息。

从社会心理学角度对品牌社群成员的表现进行分析，研究者认为品牌社群是对某个品牌或某种良好的社会认知（如环保）具有共同热情的消费者群体，其成员通过共同行动来实现集体目标或表达共同的情感和承诺。实际上，这是在强调某个品牌的消费者群体所表现出来的情感和行为。还有学者从广义的角度，认为品牌社群是以核心消费者为中心的关系网，除了品牌关系外，还有其他一些关系。他们认为一切与品牌有关的利益相关者（包括雇员、顾客、股东、供应商、战略伙伴等）围绕品牌关系构成了品牌社群。

本书将品牌社群定义为“建立在使用某一品牌的消费者间的一整套社会关系基础上的，一种专门化的、非地理意义上的社群”。品牌社群已突破了传统社群意义上的地理区域界限，代之以消费者对品牌的情感利益为联系纽带。在品牌社群内，消费者基于对某一品牌的特殊感情，认为这种品牌所宣扬的体验价值、形象价值与他们自身所拥有的人生观、价值观相契合，从而产生心理上的共鸣。在表现形式上，为了强化对品牌的归属感，社群内的消费者会组织起来（自发或由品牌拥有者发起），通过组织内部认可的仪式，形成对品牌标识图腾般的崇拜和忠诚。从品牌社群的产生来看，它是消费社群的一种延伸。

三、品牌社群的特征

（一）共同意识

共同意识主要是指社群成员彼此间所感到的一种固有联系，以区别于社群外其他人的一种集体意识。它是社群成员在对待事物中所表现出来的共同意识，是对所共同拥有物的共识，这要比共同的态度或表面上的一致性更强烈。共同意识中还包括成员资格的“合法性”和抵制竞争品牌的品牌忠诚。

（二）共同的仪式和传统

仪式和传统是一个重要的社会过程。品牌、品牌社群的意义通过仪式和传统得以复制和传递，社群所共有的历史、文化和意识得到了传承。在品牌社群中的仪式和传统，包括庆祝品牌历史的活动和共享成员与品牌之间的故事（如成员的经历和体验等）。通过这种庆祝活动和分享，品牌的意义也得到了交流和传递，社群成员能够更深刻地感知品牌意义，建构自我对品牌的认同。

（三）责任感

这是对整个社群或其社群成员的一种责任感或义务。这种责任感没有必要太大，它反映在日常琐碎的事务上。例如社群成员之间的相互致意、问题探讨、经验交流和相互帮助；社群成员吸纳新成员和维持老成员等。而且当社群遇到威胁时，这种精神上的责任感就会导致集体的行动。

此外，品牌社群还具有类宗教性的特征，即品牌崇拜，由此可以更好地理解消费者对其钟情品牌的极度热爱，甚至是信仰。人们认为这比自我分享更有意义，更具力量并且非同一般。在有共同信仰的社群成员中，当社群成员将自我喜好完全奉献给某一品牌时，都会体现出消费的宗教性。

四、品牌社群的结构模型

（一）三角关系模型

品牌社群是一个关系集合，根据不同的学者对其中参与方的界定不一，形成了不同的结构模型。在整理许多学者的研究成果后发现，消费者重视自身与品牌及自身与其他消费者的关系，因此有学者在传统的“消费者—品牌”关系中加入其他消费者，形成品牌社群三角关系模型（如图 11-1 所示），强调的是以品牌为中心的消费者之间的关系。此模型表明了消费者因品牌而联结在一起的意义，同时也表明消费者之间的关系在品牌创建中的重要作用。但是，该模型也有一些缺陷，比如，品牌社群中有的成员是竞争对手的消费者，他们也会对本品牌的消费者产生影响，同时对于品牌社群的形成机理、消费者之间如何互动没有进行深入的研究。

后来，有学者在对品牌社群三角模式研究的基础上，将品牌社群的概念进一步发展，提出焦点消费者的概念，认为品牌社群是以消费者为中心形成的四对主体之间的关系，即消费者与品牌、消费者与产品、消费者与营销者、消费者与消费者（如图 11-2 所示）。

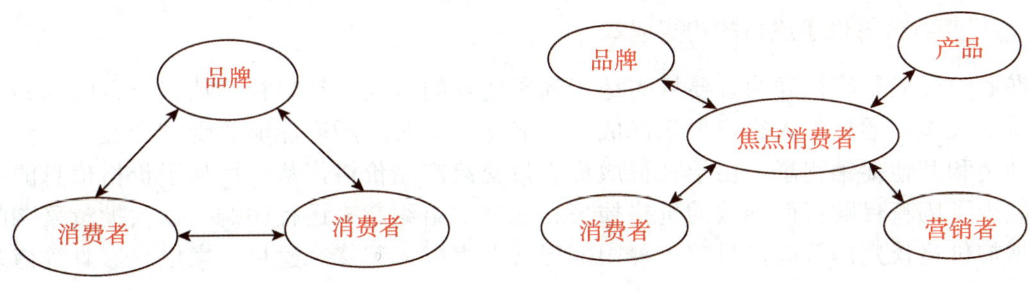

图 11-1　三角关系模型　　图 11-2　焦点消费者模型

（二）焦点消费者模型

该模型的重要特征是突出了焦点消费者在品牌社群中的联结作用，并强调消费者对品牌的全方位体验。尽管这一结构更加全面，但是同样存在一些局限，即并未解释顾客认同品牌社群的动机，以及在加入品牌社群后又是如何进一步形成品牌忠诚意愿和行为等问题。

（三）利益相关者关系模型

在品牌社群三角模型及焦点消费者模型的基础上，有学者提出了一个更加复杂的模型，在他们的模型中，所有与品牌有关的利益相关者（包括雇员、消费者、股东、供应商、战略伙伴等）与品牌的关系共同组成了品牌社群。此模型虽然强调了利益相关者对品牌创建的意义，但是由于涉及面太广，其中的各种关系很难在一项研究中同时得到考虑，所以该模型在品牌社群的实证研究上受到了很大制约。同时，该模型强化了品牌的核心位置，却淡化了品牌社群中消费者在品牌创建过程中的重要作用（如图 11-3 所示）。

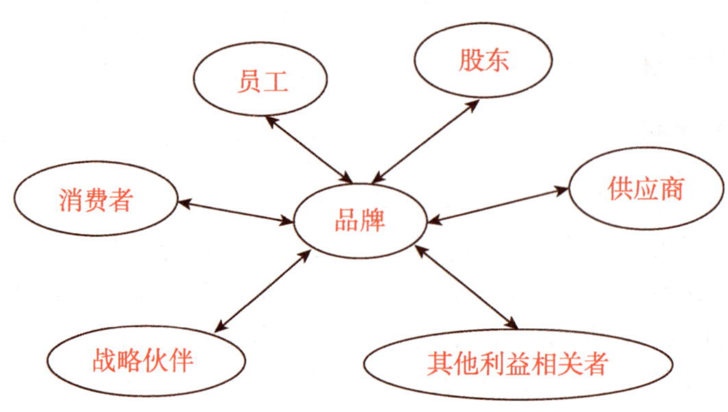

图 11-3　利益相关者关系模型

五、品牌社群的价值

（一）对成员的价值

顾客为什么要加入和光顾品牌社群？这是一个关乎品牌社群生命力的问题。

1．品牌社群降低了成员的购买成本

许多顾客来品牌社群的首要目的是买到更便宜的东西。品牌社群从三个方面为顾客降低了购买成本：通过加入客户俱乐部成为一名正式会员，顾客能够享受到会员价、消费积分、抽奖和其他促销优惠。由于社群成员大量交流产品价格，从而增加了价格信息的对称性，减少了因盲目购买而导致的价格损失。成员们组织起来进行团购，以大批量采购的形式来增加价格谈判的筹码，目前这种团购形式在汽车、装修、建材、家电、家具等诸多行业盛行。

2．品牌社群带给成员归属感

“社会人”的属性促使人们总是寻求组织依靠，以求心灵慰藉，即马斯洛所说的“爱与归属的需要”。品牌社群就是人们在消费领域的感情依附体，这种归属感有两个生成的机制：①类别化，即各成员消费的是同一品牌，比如两个比亚迪车友碰面时，他们之间或多或少会产生一定的亲切感，特别是与其他汽车品牌车友在一起时，这种感觉更强烈。这种亲切感在其他很多领域都很常见，例如，同学、同事、同乡、同胞等，都有着与生俱来的族群感。②关系化，即成员之间进行友好互动，在品牌社群里面，大量成员拥有共同的价值认同和兴趣爱好。例如，一些车友会经常组织自驾游，一些驴友团自行组织徒步行，一些楼盘业主组队参加足球、羽毛球对抗赛等活动。这些活动加深了成员之间的关系，增强了成员的归属感。

3．品牌社群赋予成员一种个性

当顾客选择一个个性鲜明的品牌时，其背后原因往往是顾客个性与品牌个性产生了共鸣。按照社会心理学理论，品牌是顾客延伸的自我，看到品牌就像看到自我。美国著名营销学者卢瑟・贝克教授所说的“我消费什么，我就是什么”，森马（Semir）休闲服的广告语

“穿 Semir（什么）就是 Semir（什么）”就是这一理论的反映。品牌社群则为成员个性化的身份进行了直接的诠释，作为某一品牌社群的成员，成员自然会带有该品牌的鲜明个性。比如，小米品牌社群的“发烧友”身份就带有小米新潮、狂热、创新的品牌个性。

4. 品牌社群提高了成员的社会地位

随着中国经济社会发展的日新月异，作为一名中国人的自豪感会比以前更强烈。学术界把这种由集体评价带来的成员自尊称为“集体自尊”。这一集体自尊感同样可能来自一个品牌社群。当所处行业属于高消费（如高尔夫）或品牌自身定位高端（如 LV），又或者在社群中处于高端会员等级（如白金会员）时，品牌社群将帮助成员抬高社会地位。比如，观澜高尔夫球会的会员身份，清华、北大等名校的校友身份，万科“万客会”的五星级会员身份等，都为自己在社交中增色不少。

5. 品牌社群为成员提供了信息

社群成员来自四面八方，有着不同背景和经历，因此很容易实现信息“人无我有，互通有无”。对于那些问询者，便捷获取信息的价值自然是吸引其光顾的重要原因；对于那些答问者，这种免费热心答疑的利他主义行为是源于自我价值实现和成就感的动机。随着交往的深入，社群信息会从单纯的产品信息扩展成包罗万象的生活信息，由于交流发生在成员之间，而非企业的广告传播，因此，信息是中立和客观的。优势麦肯公司一项名为“我们何时开始信任陌生人”的全球最新调研发现，在虚拟的网络空间中，人们对于素未谋面的陌生人和亲近朋友的信任度是相等的，网络社群中每个人都拥有影响别人的能力。

（二）对企业的价值

品牌社群不仅对成员，对企业来说也有重要价值。

1. 品牌社群是自然形成的细分群体

企业面临的一大营销难题是如何在复杂的人群中接近目标市场以开展传播。不能准确靠近目标群体，企业的传播成本将会像美国百货巨子约翰·华纳梅克所说：“我知道我的广告费浪费了一半，但不知浪费的是哪一半。”物以类聚，人以群分，作为一个有着共同兴趣和爱好的集合体，品牌社群集结了众多类似的顾客，如万科地产开设的万客会就设有财经科技、情感生活、旅游见闻、影音时尚、健身美体、美食名厨、以车会友等会员圈子。尽管如此，由于人们对公司的广告邮件信任度不高，因此企业只有真心诚意地为他们提供价值而不是广告骚扰，才能有效地传播信息。

2. 品牌社群帮助传播正面的品牌形象

传统上认为，人们只会在互联网上抱怨，优势麦肯公司的调查数字显示这是错误的观念。其实许多网民都很愿意跟别人分享自己或朋友的正面消费体验，这种自我表达的动机源于别人的认同和自我价值实现。比如，一些车友会将自驾的游记连同照片发到网上，让人在欣赏游记的过程中也对其爱车产生好感；一些明星粉丝团则会大量收集明星的照片和报道，与其他粉丝分享。在这一信息传播过程中，发帖者无形之中成了公司在网络上的免费推销员。

3．反品牌社群是顾客意见反馈通道

有研究表明，只有不足 5%的不满意顾客会向公司投诉，其他人则通过向朋友倾诉来发泄不满。这对企业来说不是好事，因为投诉还可通过事后补救来解决，而不满的情绪扩散了则无法控制。当人们聚集在一起来口诛笔伐某一品牌的时候，反品牌社群便形成了。这对企业来说倒是一个好消息。因为不满的顾客聚在一起，就相当于将顾客不满的意见进行了汇总，企业可以很轻松便捷地了解到顾客为何不满、顾客对产品有何要求等，之后根据顾客需求信息重新开发或调整产品。需要注意的是，反品牌社群当中提出的问题应当尽早解决，不然扩散后的负面影响将对企业非常不利。

第二节　品牌社群的形成

要研究品牌社群是如何形成的，首先需要回答三个本质问题：顾客为什么要加入品牌社群？顾客对品牌社群的态度是如何形成的？顾客如何促进品牌社群的长期发展？第一个问题与顾客让渡价值理论有关，第二个问题与顾客满意度理论有关，第三个问题与顾客忠诚度理论有关。将三个理论综合在一起，就可以解释品牌社群的形成与发展。

一、理论基础

（一）顾客让渡价值理论

科特勒提出顾客让渡价值的概念，用以解释顾客购买决策的依据。他认为，顾客购买某产品时获得了一系列的利益（包括功能利益、形象利益、服务利益、人员利益），同时也要支付一定的成本（包括货币成本、时间成本、体力成本、精力成本），二者之间的差值就是顾客让渡价值。顾客之所以购买某产品，是因为该产品给予顾客的让渡价值大于零，产品的让渡价值越大，被选择的可能性就越大。顾客让渡价值理论被用来解释品牌社群的形成过程，因为在决定加入品牌社群成为会员之前，顾客会对品牌社群所带来的利益与成本之间的差值进行衡量。

（二）顾客满意度理论

顾客加入品牌社群后，能否继续配合与支持品牌社群的发展，取决于顾客对让渡价值的满意程度。西方学者提出过“顾客消费经历比较模型”“顾客需要满足程度模型”等顾客满意度理论，但被广泛接受的是“期望—实绩模型”。顾客满意度是指顾客将消费前对产品的期望值与消费后对产品的评估值对比后，所形成的愉悦或不快的心理状态。可见决定顾客是否满意的关键是期望值与评估值的对比，评估值大于期望值表示顾客满意。

（三）顾客忠诚度理论

顾客忠诚度是 20 世纪 90 年代以来西方营销研究的热点问题，主要代表人物有格里芬

（Griffin）、赖克哈尔德（Reichheld）等。这些学者指出，一个忠诚的顾客通常表现出以下显著行为：重复购买行为，推荐他人购买，对竞争者价格和促销产生免疫力，交叉购买等。一定意义上讲，考察品牌社群经营模式是否成功，不是看有多少顾客加入了品牌社群计划，而是看有多少顾客持续支持品牌社群发展，因此，顾客忠诚度理论可以运用到品牌社群运作模型分析当中去。

二、形成机理

品牌社群形成机理模型是一个逻辑型流程模型，描述了品牌社群的形成与发展过程。该模型以上述的三个营销理论为逻辑主线，由相关变量及其相互关系构造而成。以下对该模型三个关键节点进行解释（如图 11-4 所示）。

（一）品牌社群中的顾客参与度

顾客之所以愿意参加品牌社群成为会员，是因为他们期待品牌社群能为他们带来一定的让渡价值。这些让渡价值是非会员无法享受到的，因此是品牌社群的吸引力之所在。关于品牌社群所带来的价值，有两个重要的问题需要进一步分析。

1. 让渡价值构成

通过分析万科万客会、羽西贵宾会等品牌社群的案例，以及与一些顾客的交谈，发现品牌社群带来的总利益包括财务利益、社交利益、服务利益、形象利益，总成本包括财务成本、时间成本、约束成本、精神成本。其中，财务利益指会员获得的折扣、返利等优惠；社交利益指从与公司及其他会员沟通中获得的满足感和归属感；服务利益指及时获得最新产品和促销信息以及企业提供的其他个性化附加服务；形象利益指会员身份提高了顾客的品位和地位。财务成本指为获得会员资格而交纳的会费或消费定额；时间成本指会员为参加品牌社群活动而花费的时间；约束成本指积分奖励规则对会员消费其他公司品牌的限制；精神成本指会员由于提供了私人信息而受到的骚扰。

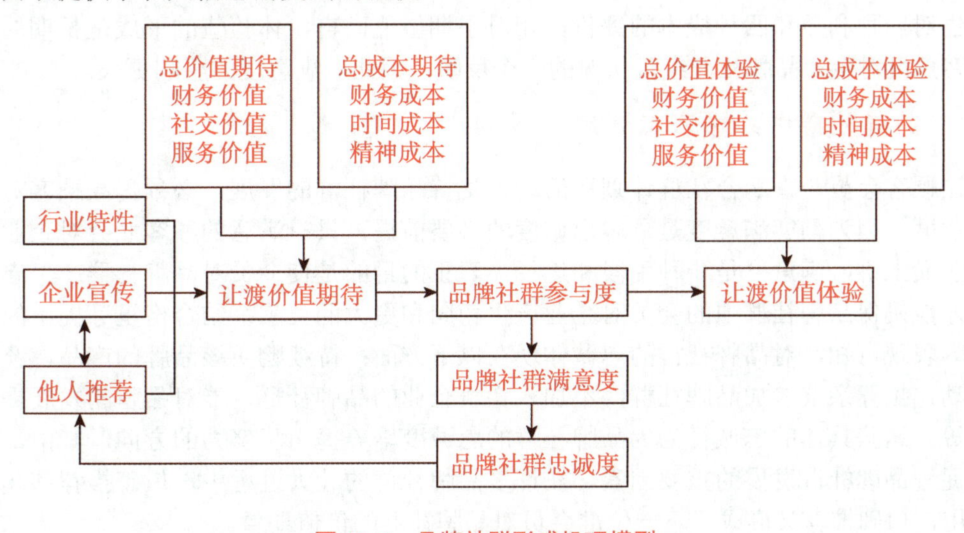

图 11-4 品牌社群形成机理模型

实证研究表明，确实存在四种品牌社群利益，而四种品牌社群成本还需进一步验证。品牌社群是否有吸引力就取决于品牌社群总利益与总成本的对比，每位顾客在加入品牌社群之前都或多或少会在心里对此进行衡量。需要指出的是，此处的总利益和总成本只是顾客参与品牌社群之前的心理认知和期望，不是参与之后的实际感受。

2. 让渡价值途径

至少有三个途径影响了顾客对品牌社群让渡价值的期望值。

（1）行业特性。顾客会对不同行业的品牌社群产生不同的利益期待和成本估计。例如，高尔夫球会的会员希望能有一个与社会精英阶层交流的平台，当然这需要支付一大笔费用；零售店的会员希望能享受更多的折扣和及时获得新产品信息，但同时也可能受到很多垃圾邮件的干扰；书友会的会员希望书城能提供更多的新书信息和开设更多知识讲座，但价值不大的讲座又会耽误许多时间；等等。

（2）企业宣传。企业常常印制一些精美的小册子、宣传单或者制作一个精美的网站，介绍会员权利和义务，如积分规则、交流活动等。这些宣传是影响顾客价值期望形成的关键来源。

（3）他人推荐。这是一些偶然性的非商业来源，例如，顾客可能会受到朋友或媒体对某品牌的评价的影响，之后对该品牌社群形成一种先入为主的看法。这些看法与企业宣传一致，将极大巩固顾客对价值的期望；与企业宣传不一致，则大大降低顾客对价值的期望，甚至决定不参加该品牌社群。所以在顾客看来，企业宣传与他人推荐之间有一个对比过程。

（二）品牌社群中的顾客满意度

吸引顾客加入只是品牌社群经营的开始，使其规模不断扩大且长期经营下去才是企业运作品牌社群的目的，而必要前提是让这些已成为会员的顾客感到满意。根据 Oliver 的理论，会员对品牌社群的满意度由价值的体验值与期望值的对比程度决定，所对比的具体内容包括决定品牌社群让渡价值的四种利益和四种成本。显然，顾客满意的条件是体验值高于期望值。体验值的形成来源于顾客在日常购买、消费和会员活动中对品牌社群这种形式的体验，从而产生对四种利益和四种成本的评价。相对于期望值而言，体验值的形成是长期的结果，是从顾客角度对企业品牌社群经营状况的一个反映，因此对满意度的影响更大。

（三）品牌社群中的顾客忠诚度

要让顾客会员一直配合社群计划和活动，支持品牌社群的发展，必须提高顾客对品牌社群的满意度。因为顾客满意度是顾客忠诚度的必要前提，只有满意的顾客才会对企业忠诚。从一定意义上讲，满意度是一种手段和途径，真正的目的是使会员对品牌社群产生忠诚度。忠诚度才能确保品牌社群中的会员对企业产生稳固和更大的贡献。结合格里芬提出的顾客忠诚的行为表现可知，对品牌社群的忠诚体现在以下方面：持续购买该品牌的产品，经常参加会员活动，推荐亲友参加品牌社群，不加入竞争企业的品牌社群，能对品牌的发展提出合理化建议等。这些具体的忠诚行为为品牌社群的忠诚度培养提出了努力的方向。其中，向亲友推荐是促进品牌社群发展的重要因素。在许多品牌社群的壮大过程中，口碑推荐都起到了积极的作用，口碑推荐又形成了下一位准会员对品牌社群的价值期望。

三、影响因素

（一）品牌体验

消费者通过参与品牌社群的活动和感受品牌本身的独特魅力，能够获得某种品牌体验，这种体验能够促进品牌社群的发展。一些文献研究了参与式体验对品牌社群的影响。如通过对 Jeep 和 Harley Davison 这两个品牌社群的研究发现，消费者在参加品牌社群聚会后会形成与品牌、品牌营销者及其他的品牌拥有者之间更正面的关系，并且会促进品牌社群整体质量的提高。可见参与度的提高可以改善品牌社群质量。通过研究消费者在品牌社群中的独特体验对其品牌态度的影响发现，当消费者的独特体验使期望的高价值得到满足时，其对品牌营销活动往往会采取积极态度，并会加强与品牌社群的联系。另一些文献则主要探讨了心理感受对品牌社群的影响。

（二）社会认同

品牌社群有利于消费者表达自我，以强化或改变形象识别。消费者可以向两类对象表达自我：一是社群成员，另一是非社群成员或社会。有些文献着力研究消费者向社群成员表达自我的问题。如发现论坛中“灌水员”的行为动机和结果与“潜水员”不同，灌水员通过积极发言来获得心理满足，赢得其他成员的认同。在对食品品牌 Nutella 的网上虚拟品牌社群展开的研究表明，消费者为了满足自我表达需要，会在其他消费者面前进行与品牌相关的仪式或标志等方面的展示。

消费者形象的社会认同度会影响其对品牌社群的偏爱度，同时社会对品牌社群认同度高也会导致社群成员对品牌个性中的能力和热情维度呈现更高程度的偏爱，此类偏爱的形成会增强消费者对竞争品牌的抵制，因而能够提高消费者的品牌忠诚度。有人提出了一个基于消费者行为计划、社交意图与社会认同三方面（包括成员自我认同、情感承诺和成员重要性）的品牌社群模型，并且认为消费者的社会认同度越高，参与社群的意图就越明显。

尽管品牌个性强的社群能彰显成员的形象，但过强的品牌个性对品牌社群而言未必是好事。有人通过对具有强烈独特性的品牌 Hummer 的研究认为，品牌独特性过强有可能引发社会对该品牌的责备，从而导致对社群基础有效性和社会接受程度的质疑。

（三）信息价值

信息价值是指消费者通过成为品牌社群成员能够获得非成员无法获得的信息。一些文献探讨了品牌社群带给成员的信息价值。有学者通过对 Ford Bronco、Saab 和 Apple Macintosh 三个品牌社群数十位成员进行的深度访谈，发现品牌社群作为一种消费者代理形式，可以使消费者的意见得到重视，为消费者提供信息，并为社群成员提供广泛的社交利益。也有学者通过对专业健康护理品牌 Coloplast 的网上调查发现，品牌社群为公司和用户建立联系提供了可能，再加上专业用户对与产品相关的信息交换有强烈的兴趣，因此，在 B2B 关系下可以利用网上品牌社群来促进品牌建设。

上述两项研究成果表明，品牌社群在企业与顾客之间充当了互动沟通的桥梁。有些文献则着力研究消费者与消费者之间的信息沟通。例如，有人通过分析苹果电脑品牌社群成员在网上论坛中的行为发现，论坛中“潜水员”进入论坛的主要目的是获取产品功能、性能等方面的信息，这些信息更多是由积极的消费者“灌水员”提供的。一般来说，品牌社群的存在对品牌有支持作用，但也会存在因对品牌反感而形成的消费者群体（如 1985 年抵制新可口可乐上市的美国民众团体），也有人将其命名为“反品牌社群”。对一些反对麦当劳、沃尔玛等品牌的消费者的调查表明，消费者之所以会结成反品牌社群，是为了对品牌形成共同的道德约束，并在网上为社群成员提供信息和支持，帮助他们实现共同的目标、处理消费难题和采取一定的行动。

（四）种族或文化差异

消费者由于受不同国家或种族文化的影响，对品牌社群的态度也会有所不同。有人研究了民族中心主义对品牌社群的影响，以居住在美国的印度人为研究对象，得到的结论是：消费者的种族主义感觉越强烈，就越忠诚于尊重他们种族意识的品牌，同时消费者对种族传统的自豪程度、自我评价和阶层认同都会影响其对品牌社群的态度和参与度。有人比较了全球性品牌 Warhammer 在法国和美国所形成的品牌社群，结果发现，同一品牌在不同地理区域有可能形成不同的品牌社群，因为品牌存在跨文化差异。

四、品牌社群的建设

（一）提高品牌社群顾客的让渡价值

让渡价值是吸引和保留顾客会员的决定性因素，任何一个品牌社群都应当把让渡价值的承诺和履行放在首位。从构成来看，要提高品牌社群的让渡价值必须从两个大的方面来抓：一是提高四种品牌社群利益，具体包括为会员提供诱人的折扣优惠，提供条件和平台让会员与其他会员交流，及时传递最新的产品和促销信息，为会员提供一些个性化的附加服务，提高品牌的知名度和档次以使会员感受到身份殊荣等。二是降低四种品牌社群成本，具体包括会费及其他名目收费的合理化，举办有趣的活动让会员觉得值得投入时间，放宽积分消费的规则给会员更多的消费选择自由，以会员许可的方式来联系会员等。笔者对羽西贵宾会、万科万客会等网站内容进行了分析，发现国内品牌社群所宣传的几乎都是各种利益，成本方面很少涉及，这是一个很大的纰漏，因为影响会员参与和支持品牌社群的关键因素是顾客让渡价值，即利益与成本之差。

（二）充分利用口碑效应来发展品牌社群

行业特性不同，顾客会对该行业中的品牌社群的利益和成本产生不同先验认知。如果企业宣传没有达到顾客的行业认知水平，那么顾客不会对品牌社群产生很大的兴趣。因此，深刻研究行业特性是企业管理者在创建品牌社群之前需要完成的首要任务。对于品牌社群的认识，顾客往往是从亲朋好友那里获得相关信息的。这些口碑宣传的作用胜过广告。企业应当充分做好口碑营销，利用口碑效应来吸引普通顾客入会。最常见的方式是老会员介绍新会员入会，二人都可获得一定的优惠和奖励。当然，企业必须修炼内功，为口碑传播创造有价值的素材，如社群活动丰富多彩、社群服务体贴入微等。

（三）企业应当履行甚至超越对会员的承诺

从模型来看，顾客满意度是通向顾客忠诚度的桥梁，出现品牌社群会员流失或不配合现象的本质原因是顾客对品牌社群不满意。企业每年都应当定期或不定期地安排顾客满意度调查活动，倾听会员对品牌社群的意见，及时发现问题以便调整。体验值越高于期望值，顾客对品牌社群的满意度就越大。因此，要想提高顾客满意度，就应当加大体验值与期望值之间的差距。具体来说可从两个方面来实施：尽量增加体验值，努力在品牌社群经营模式上创新，以增加四种利益和降低四种成本，使顾客感知到的让渡价值提高；适当降低期望值，在做品牌社群宣传时，不要只考虑到如何吸引更多顾客成为会员，还要确保这些承诺能够实现。浮夸型的宣传会使企业陷入困境，而保守型的宣传会使得承诺更容易履行，甚至给会员带来惊喜。

（四）应当挑选会员成为品牌社群的忠诚者

研究发现，仅仅将顾客维系率提高 5%，公司就能够将平均顾客终身价值增加 25%～85%（取决于不同行业）。因此，品牌社群的最终目的应当是培养一群品牌忠诚者，以此保证企业拥有稳定和大量的现金流。对于企业而言，品牌社群的经营需要付出较大的成本，如折扣损失、活动费用、办刊费用、广告费用等，只有提高会员服务的针对性，才能提高这些成本的贡献率。企业必须意识到，一定的会员流失率不可避免甚至是必要的，但重要的会员必须尽量挽留。管理重要会员的准则是帕累托的“80/20 法则”。对于这些为企业带来高额贡献的会员，企业应当给予更多的回报以稳固他们的忠诚，而贡献率不高的会员可以不必支付太多的成本去维系。例如，万科万客会就根据会员对企业的贡献设立了会员等级，其中贡献最大者为五星级会员，他们享受了许多低等级会员没有的待遇，如参加文化游、风情节等。

【本章小结】

品牌社群指建立在使用某一品牌的消费者间的一整套社会关系基础上的，一种专门化的、非地理意义上的社群。品牌社群已突破了传统社群意义上的地理区域界限，是以消费者对品牌的情感利益为联系纽带。尽管社群概念随社会的发展而不断发展，但其主要特征还是由共享的群体意识、仪式和传统、道德责任感三方面组成。

品牌社群三角关系模型强调的是以品牌为中心的消费者之间的关系。焦点消费者的概念认为品牌社群是以消费者为中心形成的四对主体之间的关系，即消费者与品牌、消费者与产品、消费者与营销者、消费者与消费者。利益相关者关系模型指所有与品牌有关的利益相关者（包括雇员、消费者、股东、供应商、战略伙伴等）与品牌的关系共同组成了品牌社群。

对参与成员来说，品牌社群降低了成员的购买成本，为成员提供了信息，给成员归属感，提高了成员的社会地位，赋予成员一种个性。对企业来说，品牌社群是自然形成的细分群体，品牌社群帮助传播正面的品牌形象，反品牌社群是顾客意见反馈通道。

要研究品牌社群是如何形成的，首先需要回答三个本质问题：顾客为什么要加入品牌社群？顾客对品牌社群的态度是如何形成的？顾客如何促进品牌社群的长期发展？第一个问题与顾客让渡价值理论有关，第二个问题与顾客满意度理论有关，第三个问题与顾客忠诚度理论有关。将三个理论综合在一起，就可以解释品牌社群的形成与发展。

影响品牌社群形成及稳定的因素包括品牌体验、社会认同、信息价值、种族或文化差异。根据品牌社群的理论基础和形成机理，企业应当提高品牌社群顾客的让渡价值，应当充分利用口碑效应来发展品牌社群，应当履行甚至超越对会员的承诺，应当挑选会员成为品牌社群的忠诚者。

【课程案例】

为“5 毛”犯众怒，丰巢被“封巢”始末

2020 年 5 月，丰巢科技启动会员制服务的做法引发各方热议。而丰巢一边“刚”社区，一边被舆论“群殴”。至 5 月 13 日，公开信息显示，业委会参与者平台“众蚁社区”上参与“对丰巢说不”的上海小区已有 116 个。5 月 15 日晚，丰巢对于“超时收费”事件发出调整说明，将免费保管时长由 12 小时延长至 18 小时，超时后每 12 小时收费 0.5 元，3 元封顶，节假日不计费，写字楼周六日（休息日）不计费。此外，赠送已付费用户一个月的会员权益。同日，作为全国第一个抵制丰巢快递柜“超时收费”的杭州东新园小区开始恢复使用丰巢快递柜，而经过与上海中环花苑业委会协商，丰巢将先在此试点赠送一个月的会员使用期限。同时，阿里旗下的菜鸟驿站宣布持续为消费者提供免费寄存包裹的服务。夹击之下的丰巢仍然没有放弃收费。

截至 5 月 9 日，上海抵制丰巢快递柜超时收费的小区数量已经达到 78 个。快递企业未经同意就将快件放入快递柜的行为，侵犯了消费者的知情权和选择权。《智能快件箱寄递服务管理办法》第 22 条还规定，收件人不同意使用智能快件箱投递快件的，智能快件箱使用企业应当按照快递服务合同约定的名址提供投递服务。寄件人交寄物品时指定智能快件箱作为投递地址的除外。

专业人士认为，一、快递柜类似电网道路等民生必需品的基础设施，应该考虑政府投资和干预，以确保大众能享有收寄快递的自由权；二、这种民生行业必须严格遵循反垄断法，丰巢不得滥用市场支配地位，擅自提价；三、快递柜不是传统普通经验行为，应当视同为添附在小区的设施，没有取得独立经营决策权，除非原有合同已经明确约定未来要收费并列明合理收费标准。

（资料来源：新浪财经，http://finance.sina.com.cn/coverstory/2020-06-02/iirck487.shtml）

【本章测试】

一、单选题

1. （　　）是建立在使用某一品牌的消费者间的一整套社会关系基础上的，一种专门化的、非地理意义上的社群。

A．品牌社群　　B．用户社群　　C．公司社群　　D．产品社群

2. 以下（　　）不属于品牌社群对成员的价值。

A．降低购买成本　　B．赋予成员个性　　C．减弱成员关系　　D．提高成员地位

3．以下（ ）不属于品牌社群形成的理论基础。

A．顾客让渡价值理论 B．顾客满意度理论

C．顾客忠诚度理论 D．顾客匹配度理论

4．以下（ ）不属于品牌社群形成的影响因素。

A．品牌体验 B．品牌规模 C．社会认同 D．信息价值

5．以下不属于品牌社群建设方法的有（ ）。

A．提高顾客的让渡价值 B．充分利用口碑效应

C．加大品牌广告的推广 D．挑选会员的忠诚者

二、多选题

1．社群的主要特征由（ ）组成。

A．共享的群体意识 B．仪式和传统

C．道德责任感 D．社会关系

2．品牌社群的结构模型包括有（ ）。

A．金字塔模型 B．三角关系模型

C．焦点消费者模型 D．利益相关者关系模型

3．以下（ ）影响顾客对品牌社群让渡价值的期望值。

A．行业特性 B．产品质量 C．企业宣传 D．他人推荐

三、简答题

1．什么是品牌社群？请举例说明。

2．简述品牌社群的不同结构模型及特征。

3．品牌社群对参与成员和企业的价值分别是什么？

4．试述品牌社群形成的理论基础及过程机制。

【案例分析】

粉丝的经济能量影响到多个“圈”

“粉丝”一词伴随着偶像产生已风行多年，又因互联网的快速发展有了新内涵：今天，即使不追明星名人，只要关注一个微博、一个微信公众号或者一家网店，你就成了它们的粉丝。

粉丝群体的出现不仅是社会现象，更是经济现象。自媒体、“网红”以及 IP（知识财产）都有极强的“吸粉”能力，在互联网上被追捧。粉丝的经济能量影响到多个行业。目前，粉丝经济在很多领域都备受追捧：

娱乐圈：偶像粉丝经济花样更多

提起偶像粉丝经济，很多人会回忆起 2005 年的“超女”，李宇春、周笔畅和张靓颖有各自的粉丝团：“玉米”“笔迷”和“凉粉”。粉丝们每花 0.5 元或 1 元钱就可以通过手机短信给偶像投一票。如今，新偶像粉丝经济变现的方式更是五花八门。比如，“90 后”粉丝喜爱的偶像团体 SNH48，其粉丝不仅可以购买演唱会门票，以及写真、文具、应援物等周边产品，还可以购买握手券和投票券。粉丝每购买一张新专辑，可获得一张握手券，在线下活动

时可与心爱的偶像握手 10 秒。购买 268 元的专辑还可获得 3 张投票券，购买 1680 元的专辑则有 48 张投票券，以此刺激粉丝购买更贵的专辑。

内容圈：自媒体粉丝经济异军突起

除了俊男靓女的偶像派，网上还出现了另类自媒体吸粉达人，比如“罗胖”——罗振宇。他创立了自媒体“罗辑思维”，自称“每天甩脑浆，讲哲理故事，三年多吸引六百多万粉丝”。罗胖虽不是偶像明星，但其粉丝变现能力也不容小觑，罗辑思维第一次 5 小时售卖会员费收入 160 万元，第二次 24 小时收入 800 万元。此外，一大批自媒体也借助互联网媒介迅速兴起，依靠独特的内容聚拢了大量粉丝，部分靠广告等方式达到了粉丝变现。

商业圈：商业实体依靠粉丝经济抢滩

啤酒是快速消费品，消费者通常看哪个牌子促销就买哪个。而在“天猫 6·18 粉丝狂欢节”，没有价格促销的“青岛啤酒魔兽款”销量超过 3 万升，贡献了青岛啤酒网上店铺总销售额的 45%。《魔兽》电影热播，限量版啤酒点燃了粉丝热情，青岛啤酒搭上了电影的快车。

服务业：粉丝经济为用户需求精准画像

微信公众号“餐饮老板内参”聚集了 87 万粉丝，其中七成以上是做餐饮的老板。公众号创始人、首席执行官秦朝说：“通过公众号发布特定内容聚集特定群体，我就能为粉丝用户精准画像，研究他们的实际需求，推出有针对性的教育培训、融资贷款、商业推广等服务。”（见图 11-5）正是有了对服务对象的精准覆盖，“餐饮老板内参”已获得两轮千万级别的融资，估值过亿元。

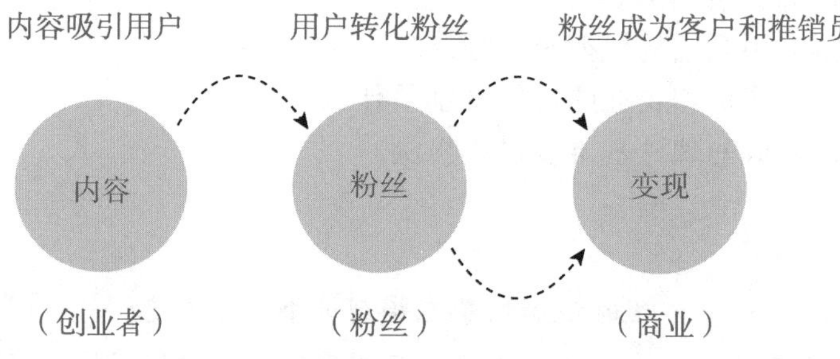

图 11-5　粉丝经济示意图

根据对天猫四亿多活跃用户的消费大数据分析，消费趋势正在改变。以低价竞争和流量红利获得增长的“电商 1.0”时代早已过去，以品质消费为代表的“电商 2.0”时代仍在继续，但“实物+虚拟”消费体验升级的粉丝经济，揭开了“电商 3.0”时代的序幕，并从商品实物消费向娱乐、文化等虚拟消费延伸，呈现出一些新的发展动向。

（1）互动化。小米联合创始人黎万强曾表示，“与粉丝互动”是小米成功的秘诀：“小米让粉丝参与产品研发、市场运营。这种深度介入，满足了粉丝全新的参与式消费心态。”

（2）IP 化。魔兽啤酒、愤怒的小鸟、“哲学粽子”、冰雪奇缘公主裙……在 2018 年的“天猫粉丝狂欢节”上，一大批新型“IP 化”产品吸引无数粉丝。在粉丝经济中，消费者升级为粉丝，商品消费升级为 IP 内容消费，这就形成了“IP—粉丝—品牌—消费者”互动的新生态产业链条。据估算，仅T恤单一品类，目前整个IP衍生品的市场规模就有上百亿元。

（3）人格化。提起罗辑思维，粉丝会想到有趣、有料的“罗胖”；提起六神磊磊，粉丝会想到读金庸、读唐诗，行侠仗义的“磊磊”；提起胡辛束，粉丝会想到贩卖少女心的“辣辣”……不仅内容在人格化，商品和服务也在人格化，乔布斯的苹果、埃隆·马斯克的特斯拉、罗永浩的锤子手机、雕爷的牛腩、西少爷的肉夹馍……都深深打上了创始人的人格标签。

马斯洛需要层次理论将人类需求从低到高分为五级：生理需要、安全需要、社交需要、尊重需要和自我实现需要。消费也因满足人类不同层次的需要而呈现升级态势，当前消费方式正从传统实用型消费向粉丝型消费升级，让粉丝掏钱的不仅是商品和服务本身，更重要的是心理需求得到了满足。

（资料来源：http://www.sohu.com/a/198539499_211762）

思考题：

1．“圈粉”以后该如何对粉丝进行筛选？

2．如何将粉丝流量转化为实际的销售业绩？

第十二章　品牌国际化

【学习目标】

1. 掌握品牌国际化的定义，了解品牌国际化的优势及风险。
2. 熟悉品牌国际化的影响因素，掌握国际市场的类型及其特征。
3. 掌握品牌国际化的不同战略选择模式。
4. 深刻认识中国品牌国际化所存在的问题及品牌国际化的前提。
5. 掌握中国品牌国际化不同的成功模式。

【素质目标】

1. 学习中国品牌国际化历程，激发民族自豪感和爱国热情。
2. 理解“以质为本”的出口战略，树立坚定、踏实、精益求精的“匠人”精神。
3. 学习中国品牌国际化“结伴行走”模式，培养团结互助的职业精神。

【开篇实例】

成功不是神话：华为国际化的坎坷历程

在国际经济环境相当不景气的一段时期，华为销售收入却逆向增长 30%，其中海外业务收入占比 2/3。亮丽数据的背后，饱含着太多的艰辛曲折。近 20 年的国际化之路，华为屡战屡败、屡败屡战，才成就了今天的全球化格局。

内外交困下的奋力突围：时针拨回到 2002 年，互联网泡沫破灭不久，全球电信市场一片凋零。华为主流产品的国内市场份额均已超过 30%，急于突破的 2G 无线通信市场则被强大的国际巨头爱立信、诺基亚等牢牢把持，华为遭遇增长的天花板。当年华为最大的国内竞争对手 UT 和中兴，大举进行 3G 攻关和推进海外市场，与华为的差距逐渐缩小。与此同时，更危险的港湾网络也步入竞争者的行列。雪上加霜的是国际对手思科也在控告华为侵犯其知识产权。内忧外患之下，任正非眉头紧锁，苦心思考着如何才能走出困境。

成功，偶然之中的必然：至今，很多中国公司都在重复华为当年“摸着石头过河”的故事，殊不知，华为当年“扬帆出海”诸事不顺、历尽艰险。1997 年是华为国际化的起步阶段。听闻中国的“国际倒爷”在俄罗斯大发其财，华为凭着感觉也奔着“老大哥”而去。经过一年的努力，通过代理商，终于实现了第一单 38 美元的国际贸易。为了建立与地方政府的关系，华为还在当地建厂。但“政热经冷”，俄罗斯市场一直起色不大。一招不行，华为又将主力转移到南非，继续寻找机会。而放眼一望，所有良田沃土，早已被西方公司抢占一空，直到 2012 年，华为仍然在为进入南非核心城市和主流运营商而努力。巴西市场的高关税，使华为直到 2014 年才实现盈利。印度市场看似很大，但超低成本的要求、政府的低效率和政治因素，使大多数公司一直在赔本赚吆喝。

因此，如何选择最适合自身情况的国际化路径以及区域市场，是中国公司国际化首先要过的一道坎。非洲、东南亚等地区成为华为的主要“产粮区”。经过四年多的闯荡，海外市场分析能力、营销方式和一线“铁三角”组织逐渐成形，完成了第一阶段“抢占滩头阵地”的任务，基本实现了营销体系的国际化。华为开始进入国际化的第二阶段：主动在全球布局，特别是针对发达市场和战略客户吹响了“冲锋号”。

全球化视野与格局：任正非不喜欢“国际化”的叫法，因为国际化始终是站在中国向外窥视，他说：“在这样的时代，一个企业需要有全球性的战略眼光才能发愤图强；一个民族需要汲取全球性的精髓才能繁荣昌盛；一个公司需要建立全球性的商业生态系统才能生生不息。走向全球化以后才能有效地提高资源利用率。”

为了有效利用全球资源，华为在美国、法国和英国等商业领袖聚集区建立了行政中心，提高了全球运营效率；在新加坡、中国香港等地建立了财务中心，降低了财务成本，防范了财务风险；在俄罗斯、瑞典等地建立了研发中心，有效利用了全球智力资源；在匈牙利、巴西等地建立了供应链中心，提高了全球交付和服务水平。经过二十年的筹划布局，华为在全球建立了多个运营中心和资源中心。华为的商业实践将“全球化公司”和“本地化公司”这两个过去常被分离的概念结合在一起，整合全球最优资源，打造全球价值链，并帮助本地创造发挥出全球价值。

华为，正继续朝着中国企业的世界级梦想扎实前进。

（资料来源：华为逆势增长：2020 年上半年营收 4540 亿，同比增长 13.1%. 凤凰网. https://tech.ifeng.com/c/7y5BQOperlm）

第一节　品牌国际化概述

中国企业进入 21 世纪之后，与所有国际品牌一样，面临的是同一个更加国际化的市场。它们在 21 世纪必须要具备良好的成长条件，利用科技成果的共同分享、资本的国际化，摒弃原有的、滞后的经营模式和公司体制，使企业在创造品牌资源组合和成果利用上实现国际化，方能在短时间内赶上国外品牌或与其保持同步发展。

一、品牌国际化定义

迄今为止，理论界关于品牌国际化的定义尚无定论。当一个企业用相同的品牌名称和图案标识，进入一个对本企业来说全新的国家，开展品牌营销，就是品牌国际化。通常品牌国际化的目的是在异国他乡建立起本品牌的强势地位。因此，品牌国际化简单地说就是品牌的跨国营销。品牌国际化概念本身是针对地域问题而提出来的。当一个企业用相同的品牌进入一个对本企业来说全新的市场，创建企业的用户资源，让品牌在全球范围内与不同区域市场消费者发生良性的互动关系，就是品牌国际化。因此，品牌国际化的目的就是要在本土以外的市场建立品牌的强势地位。

复旦大学教授苏勇等人对品牌国际化的内涵做了进一步的研究，从六个方面诠释了品牌国际化。他们认为，品牌国际化是一个隐含时间与空间的动态营销和品牌输出的过程，该过程将企业的品牌推向国际市场并期望达到广泛认可和企业特定的利益，并对品牌国际化的时间、空间、动态营销、品牌输出、广泛认可、特定的利益等六个方面进行了详细的阐述。上述概念的描述虽然不尽相同，但是没有本质上的差别。以相同的品牌进入国际市场为前提，并不包含企业采用不同的品牌进行国际化，如 TCL 采用多品牌国际化的战略成功实践经验。因此，现有的概念并不能很好地概括品牌国际化的含义。

笔者认为，品牌国际化是企业在进行跨国生产经营的活动中推出国际化的品牌，并占领世界市场的过程，即企业在全球性的营销活动中，树立自己定位的品牌形象，达到一个全球化的目标。不仅要利用本国的资源条件和市场，还必须利用国外的资源和市场，进行跨国经营，即在国外投资、生产、组织和策划国际市场营销活动。本概念的最大特点是品牌国际化不仅包括单一品牌国际化，而且扩展到多品牌国际化的范围。

二、品牌国际化的优势

世界著名品牌专家凯勒对品牌国际化的问题做过卓有成效的研究。他认为，品牌国际化可以具备六个方面的优势。

（一）实现规模经济

从供应方面看，品牌国际化能继续产生大量生产和大量流通的规模效应，降低成本，提高生产效率。经验曲线告诉人们，随着累计产量的增加，生产制造成本会有所下降。品牌的全球化能促进产品的生产和销售，能带来生产和流通的规模经济，促进企业持续稳定地发展。

（二）有效降低成本

实现品牌国际化，可以在包装、广告等方面进行统一活动。如果在各国实施统一的品牌化行动，其经营成本降低的潜力更大。实施全球品牌战略是分散成本最有效的手段，如可口可乐、麦当劳、索尼等企业在全球各地采取了统一的广告宣传。可口可乐通过全球化的广告宣传，二十多年里节省了 9000 万美元的成本。

（三）扩大影响范围

全球性品牌向世界各地传达一种信息：它们的产品或服务是信得过的。品牌产品在全球范围内有忠诚的顾客群。品牌产品能在全球范围内畅销，这本身说明该品牌具有强大的技术能力或专业能力，其产品受到广大用户的欢迎。在世界各地都能选购这样的品牌，说明该品牌具有很高的质量，能给顾客带来便利。

（四）保持品牌形象

由于顾客流动性的增加，顾客能在其他国家看到该品牌的形象。各种不同媒体进行同一

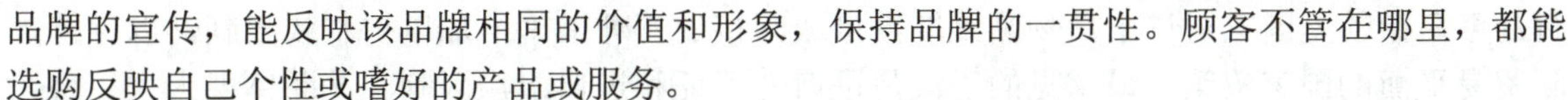

品牌的宣传，能反映该品牌相同的价值和形象，保持品牌的一贯性。顾客不管在哪里，都能选购反映自己个性或嗜好的产品或服务。

（五）统一品牌活动

由于营销者对产品属性、生产方法、原材料、供应商、市场调查、价格定位等都非常熟悉，并且对该品牌的促销方式也有详细记录，因此，在品牌国际化过程中，就能最大限度地利用公司的资源，迅速在全球展开品牌活动。

（六）迅速传播知识

品牌全球化能增强组织的竞争力。在一个国家产生一个好的构想或建议，能迅速广泛地被各国分部吸取或利用。无论是在企业的研发、生产制造方面，还是在全球范围内汲取新知识，并不断改进，都有助于提高企业的整体竞争力。

三、品牌国际化的风险

一般来说，不是企业自己要选择国际化，而是市场竞争的驱使。实施品牌国际化，往往取决于是否存在对企业至关重要的战略机会。这些机会包括：新市场规模和吸引力，原产地市场的日趋饱和，可以取代的竞争对手，获得规模经济效应，保持现有的利润，赢得知名度以及推动创新等。Interbrand 公司注意到，许多公司热衷于地域性市场的扩张。但是这种扩张往往是基于财务预测的前提，而将市场、文化、买方行为，以及品牌忠诚度和其他一些因素都置之不顾，这必然会给品牌向外部市场的扩张带来很多风险。

这些风险包括：错误地假定不同市场品牌所传递的含义是一样的，造成了信息的混乱；对品牌及其管理过度标准化、简单化，忽视了不同市场间的差异；运用了错误的传播渠道，造成不必要的开销和无效传播；低估了在市场从认识、尝试到使用品牌所需要的投资和时间；没有投资建立内部的品牌阵线，以确保本地的员工理解品牌价值和利益，使他们愿意而且能够对外进行始终如一的传播与分享这些价值和利益；未能根据当地市场的特点及时调整执行策略；等等。

四、品牌国际化的影响因素

品牌国际化会受到各种因素的影响与制约，因此分析品牌国际化的影响因素，利用对品牌国际化发展有利的因素，规避不利因素，有助于品牌更好地实现国际化发展（如图 12-1 所示）。品牌国际化的影响因素主要有四个：政治法律因素、经济因素、文化因素和人口环境因素。

（一）政治法律因素

东道国政府对企业、竞争、利润的态度，对企业活动的限制和鼓励，政府办事的效率等都会对国际化经营产生直接或间接的影响。法律环境是政治环境的子环境，企业想要顺利实施国际化战略就必须熟悉目标市场的法律环境，其中需要注意的是贸易壁垒和反垄断政策。

贸易壁垒指的是国家对进出口物品采取直接或间接的管理措施，加以控制或限制，以保持国际贸易平衡的国家政策，最常见的手段是进口许可证和进口配额限制。垄断体现为大型公司占据市场主要份额并控制市场的行为，这会带来一定的社会问题，各个国家都出台了相应的措施来反对垄断与不公平竞争。

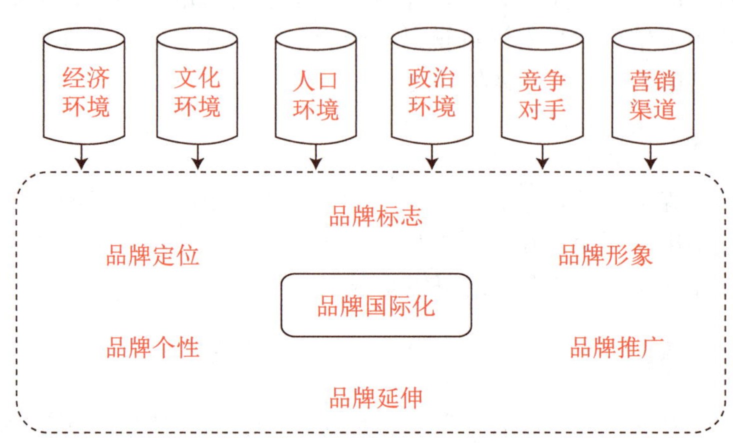

图 12-1 品牌国际化影响因素

（二）经济因素

国际品牌的运营，首先必须了解目标国的经济发展状况、所处的经济发展阶段以及市场的需求供给情况，研究和把握目标国的经济发展水平。经济运行制度、经济基础等。其中最重要的是经济发展水平。按经济发展水平大体可以把世界各国分为原始农业型、原料输出型、工业发展型、工业发达型，这四种类型的国家分别有不同的需求特点。品牌国际化的基础应该是明确进入国的经济发展状况。其次是经济特征，主要指的是收入因素，收入会直接影响购买力和市场容量。

（三）文化因素

目标国家的国民素质、受教育水平、宗教信仰、风俗传统在很大程度上决定了品牌能否成功扎根目标国。不同的地区、国家、民族有不同的文化信仰，在进行品牌国际化之前要对文化因素给予足够的重视。

（四）人口环境因素

人口数量作为市场规模的标志之一，最准确地反映在大众消费品市场方面。人口的性别和年龄是市场细分的主要影响因素，这些最终也对品牌走向国际化产生了影响。例如，随着发达国家人口出生率的下降和社会老龄化的扩大，母婴用品、儿童用品等行业必然面临着严峻的考验，但是对于社会福利、保险、保健行业、娱乐业等行业却有增长的潜力。因此，企业在进入目标国的时候，就要充分考虑相关的人口影响因素，趋利避害。

【阅读材料】

全球本地化&品牌国际化

得益于信息技术和数字营销技术的进步，国际市场变得比以往任何时候都更小且联系更紧密。企业可以轻松开展全球业务，利用其网络形象，即数字“橱窗”，与消费者和 B2B 客户建立联系。消费者都已习惯于在全球各地的城镇中寻找自己喜欢的品牌。但这是否意味着无论消费者走到哪里，都希望拥有相同的品牌体验呢？也许并不是。

全球本地化（全球化和本地化的结合），即根据地方和全球考量开展业务的实践，是管理者考虑是否增加国际业务的重要策略。许多大型跨国公司和中小企业都不幸地发生过国际市场营销失误，这些公司所使用的广告语、品牌名称或市场宣传资料在某一个国家是非常合规的，但在其他国家，通过有争议的翻译或不适当的文化理解之后，会导致令人尴尬甚至无礼的错误。

麦当劳，一个随处可见的全球品牌的例子，通过其标志性的金色拱门，在印度提供鸡肉巨无霸，在沙特阿拉伯提供阿拉伯麦香三明治，在意大利提供潘妮朵尼圣诞糕点。显然，并非每个企业都有预算或需要像这样调整其产品或服务范围，但若希望在全球范围内生存下去，那么保持对当地市场的敏感性是非常必要的！

（资料来源：https://mp.weixin.qq.eom/s/RG_NggmlJ7M_igUsNdkFlg）

第二节　品牌国际化战略模式选择

中国品牌国际化首先要考虑的问题是进入什么国家和地区。为了做出正确的选择，必须对当前世界经济的格局有一个基本认识。本书认为目前世界市场可以分为三个层次：第一层次是以欧、美、日为代表的发达国家市场；第二个层次是以东欧、南非、印尼等为代表的中等发达国家市场；第三个层次是以印度、越南等为代表的不发达国家市场。三个不同层次的国家和地区市场各有特点（如表 12-1 所示）。

表 12-1　国际市场类型及其特征

市场类型	有利因素	不利因素
发达国家市场	1. 游戏规则明确	1. 国际强势品牌多，历史悠久
	2. 市场规模大	2. 质量要求高
	3. 消费成熟	3. 顾客忠诚度高
中等发达国家市场	1. 市场规模大	1. 国际强势品牌已经进入，有相当地位
	2. 顾客忠诚度不高	2. 有社会、政治、经济风险
	3. 质量要求中等	
不发达国家市场	1. 质量要求低	1. 游戏规则不够明朗
	2. 市场竞争度较低	2. 市场规模有限
	3. 品牌投资不大	3. 政治、社会、经济风险较高

一、国际市场的类型分析

发达国家的市场进入门槛最高，主要表现为：一是国际性品牌和全球性品牌多，实力强，而且已占有很稳固的地位；一些当地的知名跨国公司经营了几十年乃至上百年，地位十分稳固。如家用电器行业，欧洲有西门子、伊莱克斯、飞利浦等；日本有松下、索尼、日立、东芝等；美国有 GE、惠普等。二是消费者需求和消费心态比较成熟，大都已有偏爱的品牌，需求也得到了较好地满足。三是无论消费者还是政府管理部门，对产品质量的要求也是最高的。因此，中国品牌要想在发达国家占有一席之地，难度自然极大，所幸它们的市场容量也很大。

中等发达国家和地区的市场基本上没有本土的跨国公司和国际性品牌，跨国公司品牌大都也是外来品牌。就这一点而言，这种市场消费者的忠诚度不如发达国家高。中等发达国家的消费者和政府对产品要求不如发达国家高，消费者更加关注品牌产品的性价比。但这些国家就目前状况看，都或多或少存在一些社会的、经济的或政治方面的问题。因此，中国品牌进入这些国家和地区难度虽非最大，但长期发展有一定的隐患。当然其中的一些国家如巴西、印尼、南非等国，总体上看还是不错的，市场规模也较大。

对不发达国家市场而言，中国品牌的进入门槛是最低的，但也有一些问题。这个市场的特点如下：一是消费者的消费能力和需求水平与我国相似，在技术能力上不成问题，产品质量完全能够达到他们的要求；二是在有潜力的市场，国际跨国公司可能早已进入，这一点与中等发达国家相似，比如在越南市场，日本品牌深入人心，极受偏爱，给中国品牌的进入形成了一定的障碍；三是本土品牌的竞争和政府政策对民族工业的保护，对中国品牌的进入带来不利的影响；四是不发达国家必然有不发达的内在根源，如文化、宗教、政治等诸多原因，这对中国品牌适应当地需要也带来一定的问题，而且由于经济不发达，市场规模有限。

综上所述，中国品牌进入发达国家市场难度最大，但成功后的收益也是最大的。进入不发达国家最容易，成本最低，但未来收益也是最有限的，而且存在一些不确定的其他风险。

二、战略模式选择

换言之，品牌国际化要求建立国际性信誉。这比产品进入某个市场销售更为艰难、复杂，是一项更加长期性的工作。当然第一步必须要用自己的品牌去闯国际市场。问题是建立品牌的国际性信誉，应该率先从哪一个（类）市场开始。目前，海尔走了先难后易的创国际性品牌之路，TCL 选了先易后难的策略，海信则介于两者之间，选择了中间路线，先进入了中等发达国家的市场。三者都取得了相当的成功，但最成功的当推海尔。海尔已真正建立起了国际性的信誉。这是否足以证明先难后易更可取呢？下面我们就这三种不同模式做深入分析。

（一）先易后难的模式

先易后难创国际性品牌的方式是逐级上移：先进入不发达国家，然后进入中等发达国家，最后才进入发达国家，是大目标小步走。这种模式的优点是市场容易进入，甚至还有一些优惠政策：不发达国家大都比较小，经济水平较低，因此，建立品牌形象和品牌信誉的投资比较少，时间也要短一些。先易后难可以为公司在国际市场上建立品牌信誉和品牌形象提供直接而丰富的操作经验，同时需要付出的代价较低，因而亦能承受，更加可行。先易后难可以在较短时间内见效（如 TCL 在越南），有助于增强企业创国际性品牌的信心和决心。总之，先易后难的模式在公司财力有限、经验不足、信心不强时，不失为一种可取之策。

但先易后难模式也存在固有的不足。最大的不足是在不发达国家市场建立的信誉和形象，基本上无法扩散到其他国家。例如，TCL 在越南的成功，并不能使“新、马、泰”等国市场的消费者认可和接受 TCL，要想进入这些国家的市场并建立起信誉，还得从头做起。换言之，越南市场上的品牌信誉不能有效传播到其他国家，就像中国国内的知名品牌信誉无法有效传播到越南、印度一样。因此，先易后难模式需要拾级而上，必须至少经过三级跳，且每次都得从零开始做起。从建立品牌信誉和形象角度讲，唯一的好处是有了成功经验，在操作时更加从容、熟悉和熟练，从而可以提高进入更发达国家市场的成功率。从建立国际性品牌的高标准看，至少需要经过三个从品牌不认识到认识，从认识到熟悉，从熟悉到信任的过程。因而，必将是十分耗时费力，最终能否成功也未可知。

（二）先难后易模式

先难后易模式是先集中力量主攻发达国家市场，然后再转向相对容易的其他国家和地区市场。这种模式的优点非常显著，只要攻下发达国家，在它们那里树立起品牌信誉和形象，那就意味着品牌经受了世界上最严格的考验，它就是国际性品牌。此时再挥师转向中等发达国家或不发达国家市场，就势如破竹，很快就会被全球市场所接受。在主攻发达国家市场时，尤以美国市场特别重要，美国市场的成功对在欧洲、日本市场的成功极有帮助。先难后易模式，实质上就是占领市场竞争制高点的品牌国际化策略，一旦成功即成为强势品牌，此时品牌就可以借势把产品推向世界各地。海尔在近两年产品迅速覆盖全球，是先难后易模式的最好写照。

先难后易模式是日本人创造国际性品牌的拿手好戏，索尼、松下、丰田等都采用了这一模式。但这种模式的见效时间是比较漫长的，有点类似铁杵磨成针或水滴石穿。每次攻一点，每次都看不出有什么效果，但经年累月后，效果越来越显著，让人忽然意识到时，品牌的信誉和地位已经确立。海尔在美国花了整整十年时间，从产品出口做起，方有今日地位。因此，先难后易建品牌，一要有耐心，二要有韧心，三要有信心。先难后易需要大投入。毕竟不是发展中国家，广告费用多，人力成本高，经营费用大。因此，要在发达国家树一个品牌，少则千万美元，多则上亿美元甚至更多。这也是我国品牌国际化过程中轻易不敢选择先难后易策略的重要原因。

（三）中间路线模式

中间路线模式试图取先易后难和先难后易两种模式各自的优点，同时想避开它们的缺点。中间路线模式确实有其内在的优越性：一是先进入中等发达国家市场，积累在异国他乡建立品牌信誉和形象的经验；二是积累由中等发达国家市场向周边不发达国家扩散品牌信誉和形象的经验；三是积累更多的资本实力和营销经验；四是可以增强信心。因此，对有实力但又不够强大的企业，这确实是一条可取之路。第一步目标实现后，再走第二步，转向发达国家市场。由于积累了丰富的市场运作经验，因而在发达国家树立起品牌的时间会短一些，需要投入的资源也会有所节省，不会像直接攻发达国家市场那样需要很长的时间，不大会对信心带来严峻的考验。因为企业已有了成功运作的经验，已有了足够的自信。这一步成功以后，第三步再向其他国家和地区市场扩散就是十分自然的事情了。

笔者认为，中间道路不失为中国品牌国际化可借鉴之路。海信的国际化到目前为止只走了第一步，还未走出第二步、第三步。我们期待海信能为中国品牌创国际性品牌走出一条新的路子。我国企业品牌的国际化之路是不平坦的，前有发达国家跨国公司阻挡，后有这些跨国公司在我们国内的竞争。任何一条道路、一种模式，都有其独特的优点和明显的问题，每个企业应根据自身情况选择最适合自己的模式，不可盲目照搬。

三、国际化进入策略

品牌国际化的进入策略主要分为三种：地理拓展、品牌兼并和品牌联合。

（一）地理拓展

地理拓展指的是企业在目标市场建立新企业或新工厂，形成新的经营单位，重构新的生产能力。以新建企业的方式进行对外直接投资的成本通常比品牌兼并低，因为可以实时控制新建企业的规模，生产设施也能够根据市场的渗透能力进行有效的扩张。同时，东道国出于扩大就业规模的考虑，往往积极鼓励企业采取新建企业的方式进入本国市场。中小企业由于缺乏足够的资金，在品牌国际化时多选择以地理拓展的方式进入市场；大型企业在缺乏合适的并购对象时，也可以采取此种方式进入市场。

（二）品牌兼并

并购是指企业通过购买其他企业的股权，取得该企业的所有权和经营管理权，把该企业直接纳入自己的经营组织系统的行为。并购企业为品牌进行国际化提供了一条现成的进入途径，不仅有实体机构的支持，还有供应商、分销商、消费者等利益相关者的资源可以利用。随着经济全球化的不断发展，品牌兼并已经成为全球国外投资最主要的方式。

持续的并购战略能够形成企业在某一行业或市场上的主导地位。例如，迪士尼以 713 亿美元正式完成对 21 世纪福克斯的收购。如今的迪士尼，就像是拥有了所有宝石的“灭霸”，打个响指就让好莱坞的制片厂思考会儿人生。纵观迪士尼发展史，在它从单一的动画公司发展至如今娱乐业巨头的过程中，收购扮演了功不可没的角色。收购美国商业广播电视网 ABC，使它拥有了传播渠道，有助于优质内容得到更广的传播；收购福克斯家庭频道，令其在传媒业的地位得到了进一步的巩固；收购皮克斯动画，增加了顶级 IP 如玩具总动员、海底总动员、超人总动员。不断的并购战略使得迪士尼成了全球传媒巨头。

（三）品牌联合

品牌联合主要指在维持两个或更多原有品牌特性的条件下，将这些品牌的优势结合而创造一个新的产品或服务。品牌联合战略是指两个或更多品牌相互联合，相互借势，使品牌本身的各种资源因素达到有效的整合，从而创造双赢的营销局面的战略。品牌联合可以提高企业投入产出效益，降低进入新市场的风险，借合作方品牌的知名度增加新的消费群，促进技术的共同进步。品牌联合的风险在于合作对象选择得不合适，会影响企业利益、联合的动机及利益的冲突，合作一方丧失了其品牌特征的独有性等。

在实施品牌国际化的过程中，采取品牌联合的方式是近来常见的一个现象，主要形式包括合资经营和特许经营。合资经营是指两个以上不同国籍的企业共同投资设立企业展开经营，这种方式可以加强现有业务，将现有产品投放新的市场，导入外国产品，开发新的业务，以及通过这种方式迅速传播企业品牌形象，加快品牌国际化的步伐。特许经营是指当事人一方将品牌、技术秘诀或其他无形资产转让给另一方，由后者按合同规定利用这一品牌或技术秘诀生产和销售相关产品。当事人通过这种方式进入目标市场国，以实现企业的品牌国际化。特许经营有以下三个优点：扩大企业品牌的影响力、降低成本、提高品牌的抗风险能力。

第三节　中国品牌国际化

在国际化战略中，品牌的国际化是国内企业绕不过去的坎儿。在日益全球化的今天，“Made in China”不应该是价格低廉和质量粗糙的代名词，也不应该是低成本劳动力聚集的“代工厂”的象征。国际化品牌是什么呢？对于中国企业，无非就是寻找一个在国际市场上增加自身产品价值的形象，产品还是那个产品，换个品牌就极有可能使价值翻番。实际上我们正在被各种各样的国际化品牌包围着，它们代表着统一的品质、全球化的服务和不断的技术创新。某种意义上讲，品牌就是对商品价值的一种承诺。在国内企业日益全球化的今天，国际化品牌的塑造已迫在眉睫。目前不少企业正在摸索尝试，希望能够找到一条对自己企业来说更为有效的路径。

一、存在的问题

（一）难以满足高成熟度的市场环境对品牌差异化的要求

目前中国品牌国际化的目标市场大都是以欧美的发达国家市场为目标。与中国高速发展的市场不同，欧美国家的绝大多数市场已经进入成熟期，总体增长要比中国缓慢。在这样的市场中，要求新进入的品牌具备为消费者提供真正差异化的价值，而有差异化的产品或者服务则是构成品牌价值的来源，也是企业获取消费者的根本所在。提供差异化和创新的产品不仅要求企业敏锐地发现客户的潜在需求，还要求在产品开发和创新方面进行相应的投入。但是，长期以来处于“重市场、轻研发”的状态，中国企业更多的是技术追随者，而非行业标准制定者。有限的技术和产品创新也是集中在非核心环节，对市场和行业发展的影响力非常有限。在这种状况下，中国企业要想在理性价值方面进行差异化，在技术和产品的差异化等方面超过现有对手必然是困难重重。

（二）在中国形成的品牌价值难以复制到发达国家市场

在我们思考中国品牌的国际化道路的时候，或许对中国品牌在中国的生存现状进行一个剖析会很有意义。我们经常能够从新闻报道中看到，中国品牌在许多市场中打败了外国品牌，取代外国品牌成了市场的主导。由此看来，一个合乎逻辑的推论是：如果在中国市场能够打败外国品牌，我们应该也有机会在外国市场打败外国品牌。但真的这么简单吗？罗兰·贝格公司进行的一项调查中发现，中国年轻消费者以及相对高收入的消费者仍然更加钟情于国际品牌。绝大多数消费者认为，如果在全部条件相近似的情况下（如相同价格、质量、款式、技术等），他们会选择国际品牌的产品。同时，国际品牌更加让消费者感觉到品质优良、性能卓越，也更加有身份感。由此可见，中国品牌虽然已经具备了很高的知名度，形成了市场份额方面的主导地位，但并非真正意义上的强势品牌，尚未形成清晰的、可持续的品牌价值定位。换言之，其未来发展的可持续性令人忧虑。

出现这一结果的主要原因，首先，众多国内企业尽管在品牌方面进行了大量的投资，但往往是形成了响亮的品牌口号或精美的广告宣传，品牌的形象仍然较为模糊，没有形成鲜明的品牌个性。究其原因，还是在于品牌的塑造缺乏来自消费者体验层面的支撑，品牌口号与消费者的实际体验没有太多关联，最终导致品牌价值流于空泛。其次，在国内的众多行业中，中国企业大多是凭借价格、渠道和服务等优势占据较强的市场地位。但在已经非常成熟的主流产品市场，在需求挖掘或引导消费需求的前沿领域则处于劣势。在竞争更加激烈的国际市场上，是否可以挖掘消费者的潜在需求，从而开发出新的产品或者开拓新的细分市场更是生存的关键。在这一点上，以中国企业目前的状态无疑将处于非常不利的地位。再次，过分追求价格战、企图以价格获取市场份额的做法又把中国企业拖入一个恶性循环：低价格和低利润导致企业缺乏研发投入，研发投入的匮乏又导致产品缺乏竞争力，从而更加依赖于价格战。最后，价格是品牌塑造的撒手锏，对价格战的依赖将带来品牌的大幅度贬值，价格战与高端品牌永远无法共存。因此，在这样的恶性循环下，中国企业更加无从谈起强势品牌的树立。

中国企业在品牌塑造的时候，其核心诉求点仍然集中于较为基础的元素，突出产品优良的品质、可靠的质量或高水平的服务。而欧美发达市场由于长期的发展和充分的竞争，已经超越了简单地以品质或服务取胜的阶段，可靠的品质保证早已经成为企业参与竞争的前提。对品质的追求不过是使中国企业与国际竞争对手站在同样的起跑线上，却无法成为差异化的成功因素。服务也由于价值链的不断细分早已经成为独立的领域，不再简单依附于产品的销售。服务在欧美发达国家市场中普遍是有偿的，像海尔在国内所采取的高品质无偿服务的方式在国外市场将会面临很高的成本压力，尤其在中国产品缺乏足够利润空间支撑的情况下更是难以为继，因此差异化的服务优势也是难以简单复制的。渠道等优势更加无从谈起。还有，像海尔这样的国内高端品牌，尽管在国内市场取得成功的差异化优势，在技术、创新等方面得到了国内消费者的认可，形成了自身品牌的价值，但如果进入国外市场，由于缺乏形成同样价值的条件，将使这些价值根本无法复制或者移植到其他市场中去。

（三）缺乏有效的战略性品牌管理

哈佛教授泰德·列维特（Ted Levitt）在其著名文章《营销的短视》中指出，营销不能局限于传播和沟通本身，公司必须基于市场，只有市场营销能制造和增长需求。而这也正是中国企业目前所缺乏的。从消费者感知品牌价值的过程来看，我们相信品牌塑造的工作开始于产品设计的环节并贯穿企业各项管理活动。品牌建设不再是孤立的市场营销手段，而是多部

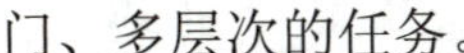

门、多层次的任务。

著名的品牌管理大师、加州大学伯克利分校的市场营销教授戴维·阿克认为，当首席执行官不想聘用品牌官的时候，CEO 就应当负起责任。品牌必须成为商业战略的核心，阿克认为："CEO 必须明白他的品牌是战略资源；他必须不断地开发品牌。"对比中国的情况，虽然中国企业的领导者口头上都很重视品牌，但罗兰·贝格公司对 15 家中外电子及高科技企业的调查表明，外国企业对品牌资产的重视程度明显高于国内企业。国内外由于在这些方面存在差距，中国企业在国际化方面势必遭遇很大的困难。

二、中国品牌国际化的前提

目前中国的名牌企业，在国内市场已具备在规模、效益和品牌上的竞争力，它们在国内市场的不断发展壮大，借着其品牌的吸引力，为其进行跨国经营提供了一个良好的经济基础。因为，国内市场国际化，使得一批像海尔、长虹和康佳这样的企业集团迅速成长，它们都已制定了下一步的发展目标，开拓国际市场，创立世界名牌。中国的企业要真正成为世界上的强者，产品生产的经营活动走向世界市场已是必然趋势。而产品走向世界的关键在于产品形象的提升，品牌知名度的提高，培养顾客对其品牌的忠诚度和提高其美誉度。因此，实现品牌全球化的前提应包括以下内容。

（一）确定跨国经营目标

例如，长虹的理想是做中国人，创世界品牌；长虹的战略思想是，领先中国电子行业，赶超世界一流系统；以创世界品牌为战略目标，通过技术开发、市场开拓、科学管理、股份制改造，使资本运营和工业的主营指标每年以 50%的速度递增；科龙集团的发展战略是在跨国经营中成为"世界级制冷企业"。

（二）拥有大公司的经济实力

公司的经济实力应包括有形资产和无形资产。现在评价一个具有竞争力的企业不仅在于其有形的资金能力，更应分析其无形资产的价值，其中品牌价值的多少是企业实施品牌全球化的有效保证。国际性跨国公司其品牌价值有的超过了其有形资产的部分。在全球品牌价值的排行榜上，可口可乐公司以 446 亿美元名列榜首，以多元化经营著称的通用电气公司（GE）以 335 亿美元名列第四。

（三）产品品牌在国内外已有一定的信誉基础

无论在国内市场还是在国际市场销售产品，质量和服务的好坏是其品牌成功营销的保证。所以企业要继续巩固和发展自己的品牌形象，不断提高产品质量和服务水平。当然，在全球市场营销应有一定的适应性，并且海外投资初具规模。中国彩电业为绕过高关税壁垒和降低运输成本，选择在当地设立工厂及分销网络。如康佳在印度和墨西哥设立了合资公司生产和销售彩电；创维在土耳其、马来西亚和墨西哥开设了生产基地；长虹在俄罗斯建立了工厂；海尔集团在美国建立海尔工业园。它们在海外市场的投资生产，加快了我国生产性行业的跨国经营步伐。

（四）有众多的营销网络渠道或设立一定的分销机构

随着企业海外经营活动的步伐加快，扩大营销网络的建设是必不可少的重要环节。如何在当地设立销售服务渠道，提供满意的服务是品牌形象完善的桥梁。

三、品牌国际化成功的模式

华为自 1996 年正式实施国际化品牌战略，在这 20 多年中一路摸着石头过河，留下了很多可以借鉴的宝贵经验。“以国际社会普遍认可的价值观和方式，用全球的资源做全球的生意”——20 多年的持续化国际化品牌战略。2020 年，华为入选 Interbrand“2020 全球最佳品牌”排行榜第 80 位，成为连续 7 年进入全球品牌 100 强上的唯一一个中国品牌；2019 年、2020 年，华为在中国品牌节“中国品牌 500 强”连续两年位列第一。

（一）华为品牌国际化的历程

品牌的国际化分为三个层次：第一个层次是做到产品和市场国际化，即成功地把产品销往海外市场；第二个层次是做到资源配置国际化，即利用全球的资源做全球的生意；第三个层次是做到文化输出国际化，即在文化传播上保持民族特性的同时，形成普遍的文化包容性和文化认同，从“走出去”转变为“走进去”。

华为的品牌国际化历程，正是将这三个层次分为四个阶段：艰难求生，奠定品牌发展基础；市场扩张，成功销往海外市场；步步为营，整合布局全球资源；因地制宜，开始输出品牌文化。

第一阶段，1987 年，华为成立伊始，当时的中国电信设备市场因为自主产品和品牌的空缺，几乎被跨国公司瓜分殆尽，华为只能在这些跨国公司的夹缝中艰难求生。此时的华为只是香港一家企业的模拟交换机的代理商，没有自己的产品、技术，更谈不上品牌。但其已经开始将微薄的利润投入产品研发当中，为以后的品牌国际化战略模式打下了坚实的基础。

第二阶段，1995 年，华为开始了拓展海外市场的艰苦旅程，起点就是非洲和亚洲的一些第三世界国家。经历了 6 年的拼搏，华为在海外市场才真正有了起色。2001 年，华为的产品已经进入了非洲和亚洲的十几个国家，年销售额超过 3 亿美元，华为的品牌也开始在这些国家地区逐步叫响。

第三阶段，进入欧美，华为也采取了相同的战略“农村包围城市”。1998 年，华为进入莫斯科，开始了俄罗斯市场的开拓。但 1998 年到 2000 年，华为几乎一无所获，但锲而不舍的坚持让华为最终有了收获。虽然第一单合同只有 38 美金，但到 2001 年，华为与俄罗斯国家电信部门签署了上千万美元的 GSM 设备供应合同。2002 年底，华为又取得了 3797 公里的超长距离国家光传输干线的订单。到 2003 年，华为在独联体国家的销售额超过 3 亿美元，位居独联体市场国际大型设备供应商的前列。东欧和南欧相继打开市场后，华为开始向西欧、北美挺进，并逐渐在全球市场站稳了脚跟。

第四阶段，2015 年 1 月 4 日，华为推出一则名为“芭蕾脚”的平面广告：画面中一只脚穿着优雅的芭蕾舞鞋，显得光鲜亮丽;另一只脚却赤裸地立着，满是伤痕。优雅与丑陋形成了强烈的对比，给人强烈的视觉冲击。在这则平面广告中，没有展示华为的任何产品，只在左上角加上了华为 Logo，并显示了广告语：我们的人生，痛，并快乐着。这体现的是华为的价值观，华为品牌背后的精神支撑;同时，也是华为与受众关于人生价值观的一次对话。“我们的人生，痛，并快乐着”也引发了在这个世界中辛劳奔波的人们的共鸣。

2020 年，华为推出的系列宣传短片《如果世界没有路？》《如果世界没有联接？》《如果世界没有算力？》也引起了不俗的反响。从短片中，我们能很直观地感受到华为开山劈岭也要踏出道路的决心，已经不再止于企业本身的气魄和态度，而是上升到了一个更加高远的行业领导者、标准制定者的层面。短片由道路、联接、算力三个方面层层递进，不但清晰地把华为如何迎难而上的品牌发展历程呈现在世人眼前，也让 IT 从业者、科技从业者、通信从业者的艰辛付出得以直观展现，唤起了无数如你我一般身怀梦想与奋斗热情的大众，在情感共鸣的触动上可谓强烈。

（二）华为品牌国际化战略的主要举措

第一，建立切实有效的沟通机制，获得海外受众的认知和信任。中国品牌要获得海外合作商和消费者的认知是非常困难的。大部分外国人带着“中国只能生产廉价商品”的刻板印象，对中国能生产高科技产品的品牌闻所未闻。当年，华为参加戛纳电信展时，法国电视台的报道题目竟然是：“中国居然也有 3G 技术？”，显然充满了怀疑和不屑。

为此，华为早期采取了“请进来、走出去”的方式。“请进来”就是尽可能地邀请海外合作商访问中国，组织海外合作商先参观北京上海深圳，后参观深圳坂田基地，向客户展示中国改革开放后的巨大变化，展示华为的规模和实力。正所谓耳听为虚，眼见为实，通过切实的人际交往方式让合作伙伴逐步对于中国和中国品牌建立积极地了解和认知，对中国和华为产生了从陌生到熟悉，从拒绝到接受的心理转变。“走出去”就是要把品牌主动带出去，让大家看到。华为采取了与海外合作商联合举办行业高层峰会的形式，将品牌对受众进行精准传播。在峰会上，与海外合作商交流各自的战略发展规划，借此加深对彼此品牌及产品的认知，通过密切的沟通与交往确认双方未来几年的合作走向。同时，也借助海外合作商的行业影响力，提升了自身品牌的知名度。

华为每年都要参加 20 余个大型国际展览，在国际舞台上充分展示自己的品牌。在这些大型国际展览会上，华为的展台和很多国际品牌巨头的展台连在一起，而且比它们的规模更大，设计、布置更精致。同时，展会上展出的都是华为最先进的技术和产品，供海外合作商参观、了解。2003 年，华为参加 ITU 展会时，租下了一个 500 余平方米的展台，是那届展会面积最大的厂商展厅之一，目的就是从视觉观感上，快速吸引海外参展商的好奇心，同时展示自己的品牌、产品实力。通过这些展览，让更多参展的运营商开始关注华为的产品和技术。这就是后来为人称道的“新丝绸之路”品牌行动的核心理念。

第二，携手品牌咨询机构，从开展国际化经营到打造国际化品牌。在国内大部分企业对于国际化经营都做得非常完善，但是在国际化品牌的建立与运营上，并没有做到与业务相匹配的均衡发展。华为在品牌国际化的艰难进程中，深刻感受到了品牌建设的重要性。2004 年，华为便启动了“东方快车”品牌计划，在做好国际化经营的同时，兼顾国际化品牌的打造。华为与品牌咨询公司进行深度合作，对自身的资源进行了一次全面的梳理，对品牌进行了全面的评估与定位，制订了“打造一个国际主流的电信制造商品牌”的战略目标。在这个理念的指导下，华为经过长时间的探索与成长，改变了国外认为中国企业只能生产低端、廉价产品的刻板印象，打开了中国品牌在全球的知名度。

“东方快车”品牌计划的第十年，即 2014 年，华为作为第一家进入“Interbrand 全球最佳品牌 100 强”（Best Global Brands Rankings）的中国企业，位居 94 位（品牌价值 43.13 亿美元）；2015 年，华为二度蝉联榜单，位居 88 位（品牌价值 49.52 亿美元）；2016 年升到 72 位（品牌价值 58.35 亿美元）；2017 年升到 70 位（品牌价值 65.36 亿美元）；2018 年升到 68 位（品牌价值 76 亿美元）；即使在被美国政府和企业联合围剿加上新冠肺炎肆虐的 2019 年和 2020 年，华为也保持在 100 名以内，分别位居 74 位、80 位。全球知名的市场调研机构 IPSOS 报告显示，华为品牌认知度增幅位列全球第一。

第三，积极开展合作主动融入全球产业链，结成利益共同体。华为通过加深与业务伙伴的合作，构建了自己的“合作伙伴联盟”，主动融入全球产业链。例如，2009 年与沃达丰签署的“加深双方战略合作伙伴”协议；参与西班牙、希腊、匈牙利及罗马尼亚无线网络的建设；与沃达丰携手开发 LTE（第四代网络技术）。到 2015 年，华为与欧洲各国企业签署了超过 15 项合作协议。

华为还与当地运营商合资成立公司，结成利益共同体。华为将国内合作成立“莫贝克公司”的模式，复制到了国际市场的开拓中。2004 年，3Com 和华为公司合资成立的华为 3Com 公司正式运营。在这家合资公司内部的跨文化团队，主要依靠华为提供技术和人力支持，3Com 公司提供资金。此类合作，有助于华为更快速、更大规模地进入国际市场，并降低市场的开拓成本。

（三）华为品牌的国际化传播策略

在品牌国际化传播过程中，多数品牌都会面临和当时华为一样的问题：如何把品牌价值观传递给海外受众?如何从产品、服务、企业文化等方面把品牌理念植入当地受众的心目中?华为探索出一条通过把握公众普遍心理，从而与全球公众展开对话的路径。

“公众的普世价值观通常能涵盖公众的大多数共性诉求”，在传播实践中，通常赋予品牌以人的特征，为品牌注入个性，通过品牌拟人化方式吸引受众。华为在国际化传播中，将品牌理念进行了拟人化的表达，将其与能够把握公众共性的普世价值观结合起来，在获得海外受众共鸣的同时，传递华为的品牌理念。例如前文提到的“芭蕾脚”广告，就是很好的品牌拟人化的设计范例。

品牌文化不仅能表现出品牌在经营活动中的一切文化现象，还能展现品牌在发展中所形成的特有文化体系。通过恰当的传播策略，将品牌文化传递给受众的过程，也是为来自不同文化背景的受众提供不同的价值观念和思想体系的过程，这个过程使得品牌更具亲和力和感染力。

在国际化传播中，品牌文化可选择以母体文化为依托，在传播过程中借助母体文化特性，从而彰显品牌独一无二的文化。正因如此，华为在为其产品取名时借助母体文化的独特视角，发挥母体文化的文化渗透力，以增强影响力实现自身传播诉求。

华为几乎注册了整本《山海经》中的神兽名称，将其用于研发产品的命名上。将操作系统取名“鸿蒙”、手机芯片取名“麒麟”、服务器芯片取名“鲲鹏”……作为一种高语境文化，华为产品中的每个名字都有其寓意。如鸿蒙这个词意为盘古开天辟地，天地混沌初开，而鸿蒙之于华为就有这样的意义，这样的开始代表着华为要走上一条新道路的决心，切合此刻华为的境遇。这也体现出华为作为中国品牌的文化自信，也是华为讲好品牌故事的具体表现。

为从文化融合走向文化选择，以多元化的视角选择讯息，华为致力于构建“开放、协作、共赢”的生态系统，以维持品牌在全球范围内输出品牌价值观的重要渠道。在与全球合作伙伴的合作过程当中，华为也坚持携手合作伙伴以客户为中心，持续为客户创造长期价值，进而成就客户。

为维持品牌国际影响力。华为积极开展全球影响力项目的合作，旨在建立与核心受众的联系，让对方了解自己的新举措，不只是新产品，也包括研发成果、拓展服务以至公司的整体运营情况。华为向全世界传输的不再局限于某一产品，而是能够服务于所有部门、产品、地区和市场的品牌。

（四）化危机为机遇的硬实力

如今谈起特朗普，人们总会想到他在“抗击疫情”方面的拙劣表现以及不太符合逻辑的言论，有点儿幽默、滑稽，还夹杂着一些落选后的落寞情绪。但在 2019 年，彼时的美国总统意气风发，人生正在春风得意时：发动与中国的贸易战、修防护墙、清理移民等，还特别针对华为，联合欧洲组成了抵制小组，试图依靠政治力量来遏制中国品牌的发展。

联合抵制是一把“双刃剑”。从目前的情况来看，特朗普举着这把“双刃剑”，一方面杀伤了华为的海外扩张策略，一方面又把自己的盟友以及国内电信公司砍得血肉模糊。而面对来势汹汹的政治打压，华为采取了正确乃至英明的处理策略，才能从这场浩劫中转危为安，甚至声名大噪。正如任正非所言：因为禁令事件，全球的媒体和消费者都在关注着华为，知道了华为的 5G 芯片、5G 专利、通信设备，也知道了华为的 5G 手机，这个广告比我们自己做广告的说服力可是强多了。

当然，华为能在“反抵制”中取得胜利，或者说没有被打垮，也得益于企业的前瞻性。华为有浓郁的狼性文化，在制定策略时，通常会考虑“生存的极限”，比如美国先进的芯片和技术不可获得的状况。基于此，华为敢于投入大量的资本进行研发。最新数据显示，华为在 SDG9 技术创新方面处于领先阵营，近十年华为累计投入的研发费用超过 8450 亿元，2021 年华为研发费用支出高达 1427 亿元，占全年收入的 22%，可见华为在科学技术上的重视程度。于是，当特朗普签署禁令，要求美国企业停止向华为销售芯片时，任正非立即摆出一个“备胎计划”，惊艳了所有人。

此外，华为还针对 Android 系统的不确定性，开发了自己的操作系统，而 5G 设备的生产基地更是早有准备，完全不受联合抵制的影响。总的来说，面对种种超越科技、企业层面的压力，华为因其周密的前瞻规划，把危势转化为胜势，现如今，全世界的人都知道：美国都搞不定华为，足以证明他们的实力。任正非在接受采访时说：美国的刁难，不仅没有打垮华为，倒是激励起我们无限的斗志，特朗普更是在一定程度上给华为做了免费的广告。其实，任老的话虽是调侃之言，但也无限接近事实。2021 年 6 月 2 日晚，华为“鸿蒙操作系统”正式发布，意味着源于美国的苹果系统、安卓系统之外，中国自主研发的手机操作系统成功突围。

（五）中国品牌新常态下的国际化之路

华为 20 多年的国际化之路，可以为有志于走向世界的中国品牌提供借鉴。以下几点尤其值得新常态下的中国品牌重视。

练好内功，培养核心竞争力。中国品牌要走向世界，必须先树立决心，并为此长期坚定地投入人力、财力和物力。中国品牌经过多年发展，已经积累了足够的实力。那些善于把握机遇的品牌，终将在国际市场上一展拳脚。从走向国际到立足国际，品牌还需要打造极具竞争力的产品。越来越多的中国品牌已经意识到培养核心竞争力的重要性，并在这一方面不断缩小与国际品牌的差距，部分品牌的产品已经名列世界前茅。

中国品牌的国际化能力在增强，海外的发明专利申请量、专利国际授权量持续上升；服务外包产业（包括信息技术外包、知识流程外包、业务流程外包、电子电路设计外包、医药和生物技术研发外包）等业务快速发展；数字贸易的国际竞争力增强；跨国公司对海外人才的需求逐年增长……这些都是中国品牌国际化的积极信号。

把握时局，抓住历史性机遇。即使是在不确定的全球经济形势下，中国全球化品牌也没有停止增长的脚步。2020 年 7 月推出的《2020 BrandZ 中国全球化品牌 50 强》报告数据显示，继 2019 年实现了 15%的品牌力增长后，中国全球化品牌 50 强今年的品牌力增长仍旧达到了 8%，考虑到 2020 年的特殊情况，这一成绩殊为难得。

麦肯锡 2020 年 7 月的研究显示，60%以上的全球消费者在过去这段特殊的时期改变了自己的消费行为，他们有的开始尝试新的品牌，有的改变了购物渠道或者支付方式。这个数字提示我们：一切已趋于常态，一切也已悄然变化。

期待越来越多的中国品牌像华为、联想、海尔、阿里巴巴、腾讯、吉利等优秀的国际化品牌一样，在国际化征程中直挂云帆，乘风破浪。

（资料来源：https://www.sohu.com/a/470855348_537342）

【本章小结】

品牌国际化是企业在进行跨国生产经营中推出国际化的品牌，并占领世界市场的过程，即企业在全球性的营销活动中，树立自己定位的品牌形象，达到一个全球化的目标。不仅要利用本国的资源条件和市场，还必须利用国外的资源和市场，进行跨国经营，即在国外投资、生产、组织和策划国际市场营销活动。

品牌国际化须具备六个方面的优势：实现规模经济，有效降低成本，扩大影响范围，保持品牌形象，统一品牌活动，迅速传播知识。品牌国际化的风险包括：错误地假定不同市场品牌所传递的含义是一样的，造成了信息的混乱；对品牌及其管理过度标准化、简单化，忽视了不同市场间的差异等。品牌国际化的影响因素主要有四个：政治法律因素、经济因素、文化因素和人口环境因素。

国际市场类型分为三个层次：以欧、美、日为代表的发达国家市场；以东欧、南非、印尼等为代表的中等发达国家市场；以印度、越南等为代表的不发达国家市场。建立品牌的国际性信誉，应该率先从哪一个（类）市场开始？海尔走了先难后易的创国际性品牌之路，TCL 选了先易后难的策略，海信则介于两者之间，选择了中间路线，先进入了中等发达国家的市场。

中国品牌国际化存在以下几个问题：难以满足高成熟度的市场环境对品牌差异化的要求，在中国形成的品牌价值难以复制到发达国家市场，缺乏有效的战略性品牌管理。品牌国际化成功的模式有：单一自主品牌国际化的海尔模式，购并国际知名品牌、强化本民族品牌的联想模式，“独自行走”与“结伴行走”，多品牌进入国际市场的TCL模式。

【本章测试】

一、单选题

1．品牌（　　）是企业在全球性的营销活动中，树立自己定位的品牌形象，达到一个全球化的目标。

A．大众化　B．国际化　C．唯一性　D．独特性

2．以下不属于目前世界市场层次分类的是（　　）。

A．发达国家市场　B．中等发达国家市场

C．不发达国家市场　D．非洲国家市场

3．以下不属于建立国际性信誉的品牌国际化模式是（　　）。

A．先易后难的模式　B．先难后易的模式

C．开放模式　D．中间模式

4．以下不属于品牌国际化具备的优势有（　　）。

A．增加营销金额　B．实现规模经济

C．有效降低成本　D．扩大影响范围

5．以下不属于品牌国际化的风险有（　　）。

A．造成信息混乱　B．忽视市场差异

C．低估品牌投资　D．减少品牌用户

二、多选题

1．品牌国际化的影响因素主要有（　　）。

A．经济因素　B．文化因素

C．国家政党因素　D．人口环境因素

2．品牌国际化的进入策略主要分为（　　）。

A．品牌拆分　B．地理拓展　C．品牌兼并　D．品牌联合

3．公司的经济实力包括有（　　）。

A．有形资产　B．董事资产　C．无形资产　D．员工资产

三、简答题

1．简述品牌国际化的定义及优势、风险。

2．简述国际市场不同类型的特征。

3．试述品牌国际化的不同战略选择模式及适用条件。

4．试述中国品牌国际化所存在的问题及成功模式。

【案例分析】

麦当劳和肯德基品牌背后的秘密

多年前看了一本书，名叫《永不言败：我挑战了麦当劳》，作者乔赢，原红高粱品牌的创始人。这本书让我对麦当劳和肯德基这样的“洋快餐”品牌产生了浓厚的兴趣，心中留下疑惑：为何这么多年，中餐不能走向世界，做成国际化品牌？虽然，今天的海底捞火锅已经开始了国际化之路，但那是标准化的产品，并非我内心的中餐（传统的炒菜，而非快餐和火锅等标准化的产品）。有个朋友曾跟我说，20 世纪初 80 年代，他去美国留学时，第一站是旧金山，吃饭的时候，见到一家麦当劳，旁边是一家中餐馆。30 年过去了，麦当劳已经遍布全球，而那家中餐馆已经不在了。听到这些，我心中多年的疑惑有增无减。最近几年，有幸与餐饮行业结缘，慢慢认识到中餐经营的复杂性和多样性，难度超出想象。

为何麦当劳和肯德基可以成功呢？首先是产品和服务的标准化。就这一点，足以让门店经营的一切尽在掌握。标准化背后隐藏的是可计划，正是因为标准化，洋快餐从原材料的采购、库存，产品的生产制作，到门店面积的选择和设计，以及销售的预测等，都变得可以计划。标准化的产品可以采用机器来完成生产，这样就大大降低了人为不稳定的因素和人工的管理成本。如此看来，“洋快餐”要比中餐的经营简单清楚很多。它们的产品很少，主打汉堡和可乐，再就是鸡肉卷、鸡翅、鸡腿等，但是它们的产品组合有很多，可以给你搭配好不同的组合。反观中餐，因为产品差异化，无法机器操作完成，由人工制作，大大增加了产品和服务质量的不稳定性，同时也增加了人员的管理成本。中餐的产品非常多，每个单品都有可能需要很多食材，造成物流采购、生产制作每个环节都存在复杂性和多样性，严重阻碍了品牌的成长与扩张。在外就餐时，我喜欢看人家的菜谱，去研究门店的产品结构，发现不少中餐馆，鸡鸭鱼羊牛等都做，包罗万象，有的甚至“东”“西”都有。

其次是顾客参与。在肯德基和麦当劳，点餐、传菜、结账、打印发票都是顾客自己来做，而在中餐馆，这些几乎都要服务员来做。一个是通过顾客参与，增加了顾客体验，大大减少了人工成本和管理成本；另一个是通过服务顾客，增加顾客体验，大大增加了人工成本和管理成本。顾客的参与让我们看到洋快餐的服务员非常少，除了保洁的，没有像中餐厅的服务员和传菜员。而且后台的“厨师”也不多，机器操作让老板不再对大厨“心有余悸”。在洋快餐门店，顾客可通过自助终端机和手机 App 点餐，这样就会降低很多不必要的管理成本。比如在中餐馆，点餐时经常会出现点错或上错菜等问题，而自己点餐，点错了算顾客的，因为事先结账。之后可以通过单据取餐，可以堂食，也可以带走。如果带走，洋品牌快餐就节省了更多营业面积的成本，或因顾客等待而造成的时间成本。如果客人需要发票，可以扫二维码，回去自己打印发票，这样肯德基和麦当劳就节省了很多打印发票的相关设备、耗材、时间、管理方面的成本。再如果，您忘记打印发票了，那它们就要少缴税了。

再次是单个座位毛收入。我曾经在多个课堂，对比中餐馆和洋品牌快餐的单位座位毛利率，结果让大家惊叹不已。中餐馆一天两顿饭，每顿饭 3 个小时，一般真正营业 6 个小时，按人均 80 元来算（大众消费），每顿饭翻两次台位，每个座位一天也就是 320 元的收入。而肯德基和麦当劳呢，一天 24 小时营业（火车站），有的是营业到晚上 10 点钟。按人均消费

35 元来算，半个小时翻一次台位，每天按 8 个小时的真正营业时间来算，每个座位一天就是 560 元的收入。这还不算它们的外卖，还不算肯德基和麦当劳的成本要比中餐低很多。由此可见，中餐馆的设备和人员利用率太低太低了。可这一切能改变吗？不那么容易改变，因为消费者头脑里面的刻板印象是中餐就是中午和晚上去吃，其他时间不会去。而肯德基和麦当劳不一样，它们是快餐，什么时候都可以去吃。这也是为何有的中餐开始往休闲餐厅的方向经营的重要原因之一。因为休闲餐厅可以延长营业时间，提高设备的利用率，但同时增加了人员的成本。

最后是规模经济和品牌效应。麦当劳和肯德基通过不断地扩张门店，不断地壮大自己，增加自己在整个供产销链条中的话语权，通过信息化和科技手段，尽可能地减少人的因素，由此会减少很多管理上的问题，让门店管理变得更为简单易操作，这样有利于增加对众多门店运营管理控制的稳定性。如此就不会像中餐那样，依赖人的因素过多，很难扩张开店。另外，门店多了之后，可以全世界、全国范围内打广告，增加品牌效应，而中餐在没有众多门店的情况下，没办法打广告，只能靠口传，现在有了手机，比以前好多了，但依然不能跟肯德基和麦当劳全国范围内打广告相提并论。企业一旦具备了规模经济和品牌效应，竞争对手往往很难追赶。

大家可以试想，肯德基和麦当劳进入中国很多年，中国物价一直不停地在涨，中餐馆很多门店利润越来越低，已经步履维艰，但麦当劳和肯德基依然存在较大的盈利空间，值得国人深思。由此可见，中餐馆要想走向国际化，走向世界，前面的路还很长。

（资料来源：王新刚．品牌管理［M］．北京：机械工业出版社，2022．）

思考题：

麦当劳和肯德基国际化背后本质的文化思维是什么？

第十三章　虚拟品牌

【学习目标】

1. 了解网络品牌产生的背景，掌握网络品牌的定义。
2. 理解网络品牌的层次，熟悉网络品牌的特征。
3. 掌握网络品牌建设的途径和推广，了解网络品牌建设的误区。
4. 掌握网络品牌资产的构成要素和网络品牌资产的管理。

【素质目标】

1. 学习网络品牌建设，提升网络文明素养。
2. 学习自媒体案例，培养“万众创新，大众创业”的创新、创业意识。

【开篇实例】

聊聊阿里电商的平台战略

所谓平台战略，就是搭建一个平台，为两方或者多方提供一个可以迅速建立关联的渠道或者桥梁。而一个好的平台，不单纯是可以快速建立沟通与联系，撮合交易，在很多时候它必须提供一个更全方位的服务，以支撑其平台的属性。为了达到这个目的，平台的衍生产物就会越来越多，平台也会越来越大，其承载的功能以及能够满足多方的需求也会越来越丰富，最终形成一个稳固而多样的生态。阿里的生态目前很大，下面以阿里的电商为核心，来分析一下其中的平台思维。

如图 13-1 所示，围绕电商这个核心事件，可以发现目前阿里电商这个平台的生态已经极其丰富了。在早期，阿里电商就是一个很单纯的 B2B 或者 B2C 电商交易平台，其连接的两方为店家与用户。而后，围绕这个核心关系，不断地衍生出新的附属在平台上的关系，以及保证核心事件运作的功能，让这个平台生态越来越丰富。从 B2B 到 B2C，甚至到 C2C，它们是核心的交易双方，为了保证资金的安全性，提升平台的公信力与信任感，引入中间保障金的机制，这也是支付宝的前身吧。

而支付宝逐渐从单纯的中间保障的功能，衍生出支付、信用评级，在信用评级的基础上，又可以引入诸如“花呗”等类似借贷分期等功能，进一步刺激用户的电商行为。阿里旺旺提供了内置的店家与用户的沟通渠道，其中一切的功能都是围绕电商交易进行的，而不单纯是一款社交聊天工具。1688 则解决了很多小店铺进货的问题，让更多的中小店家也可以参与到阿里电商的游戏中来，并且很多廉价的商品对于用户来说也是有吸引力的，这个举动进一步丰富了电商的生态。而阿里妈妈和直通车这种产品，则解决了店家店铺曝光引流的问题，加大店铺的曝光量，从而增加了商品的转化。

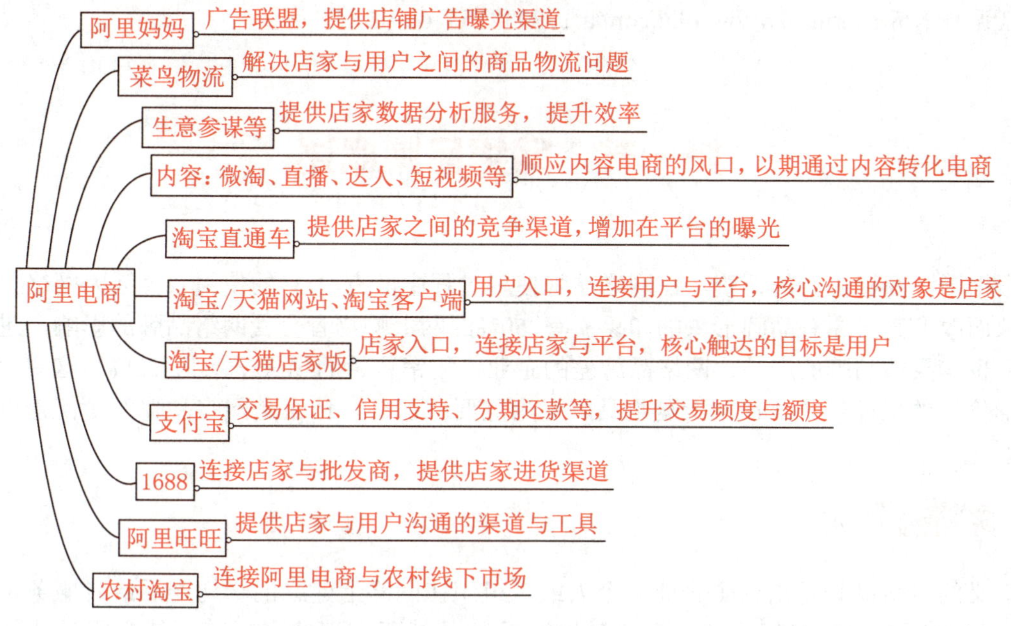

图 13-1 阿里电商平台思维

菜鸟物流则是近几年阿里一直在补全的一块，那就是商品触达用户，这是一个“大蛋糕”，之前一直都是用第三方物流，直到菜鸟崛起，成为行业一霸。从平台生态的角度来看，菜鸟的崛起是一个必然，因为它对于阿里来说是可控的，数据的可控、调度的可控，这就意味着更高的效率和更低的成本。而诸如生意参谋等纯数据化的工具，则会大大提升店铺的运营效率和效果。数据的价值在规模越大的时候将会越明显，显然，阿里的生态足够大，体量也足够大，这个时候，数据的作用就会无限放大。

最后两块，一个是农村淘宝，这是阿里想打通线上与线下的场景，那就是农村的市场，这是一个巨大的市场，并且一直以来都是阿里电商所覆盖不到的地方，也是几大电商平台这两年跑马圈地的目标，意图吃下这块蛋糕。另一个是淘宝内容生态，它顺应内容电商的风口，意图从内容生态导流到电商，这也是阿里一直警惕的方向，因为它的“大冤家”腾讯一直想打通内容或者社交到电商的路径，并且在 2017 年还真的有这个趋势，阿里不可能不警醒。

综合来看，阿里整个平台生态都是围绕电商来服务的，提供更加丰富的服务来刺激交易的发生，提供更多便捷的工具来保证交易的高效、准确、高可靠的进行，触达的场景以及市场越来越丰富。当这个平台越来越好用，越来越省事的时候，连接在其中的多方就越难离开，其实核心就是用户与店家。用户在上面能够满足自己的各种购物场景，而对于店家来说很简单，有流量就有流水。对于阿里电商这个大平台来说，提供各种丰富的场景，提供各种好用的工具、服务都只是方式，其核心就是要把流量留在平台生态中，并且越来越多，只要有流量，它就不愁收益。比如，上面列的各种服务，大部分都可以“抽佣”，只需要一种最简单的商业模式，只要有流量，就可以有大量的收益存在。

（资料来源：https://www.sohu.com/a/197038153_609198）

第一节　网络品牌概述

根据国际商标协会的调查，在网络品牌使用过程中，有 1/3 的使用者会因为网络上的品牌形象而改变其对原有品牌形象的印象；有 50%的网上购物者会受网络品牌的影响，进而在离线后也购买该品牌的产品；网络品牌差的企业，年销售量的损失平均为 22%。这说明品牌是无形价值的保证形式，在网上购物品牌更为重要。那么，什么是网络品牌？如何建设网络品牌？

一、网络品牌定义

广义的网络品牌是指一个企业、个人或者组织在网络上建立的一切产品或者服务，在消费者心目中所树立的美好形象。狭义的网络品牌是指所有消费者对某一特定网站认知的总和，是网站提供并由网络受众受用的节目（栏目）、服务以及感受的总和。它包括两个方面的含义：一是通过互联网手段建立起来的品牌，二是互联网对网下既有品牌的影响。两者对品牌建设及推广方式的侧重点有所不同，但目标是一致的，都是为了企业整体形象的建设和提升。

从组成要素来看，网络品牌主要包括：①网络域名，例如.com、.cn、.net 等网站实名；②企业具体的网站，例如天猫、百度、京东等；③网页级别，它是 Google 对网页重要性的评估，是 Google 用来衡量一个网站好坏的唯一标准，网页级别值越高说明该网页越受欢迎，例如 Google 把自己网站的网页级别值定到 10，这说明它的网站是非常受欢迎的，也可以说这个网站非常重要；④关于企业软文和相关信息，例如，企业简介、广告语的宣传、新闻等。

二、网络品牌建设

（一）企业网站

建立自己的企业网站，这是现在企业普遍采取的手段。企业网站的建设对于网络品牌的塑造起着其他途径不可替代的作用。

1．树立企业在科技信息时代的完美形象

传统及移动互联网的特点就是可以跨越时空，正常情况下，网站无时无刻不在工作。通过企业的网站，用户可以跨越时空了解企业，利用多媒体技术，企业可以向用户展示产品、技术、经营理念、企业文化、企业形象，树立现代企业形象，增值企业无形资产。

2. 丰富营销手段，扩大销售渠道

企业网站可以满足一部分客户网上查询与采购的需要，抓住网络商机。企业可以通过网站开展电子营销，将其作为传统营销的补充；并可拓展新的空间，增加销售渠道，接触更大的消费群体，获得更多新的顾客，扩大市场；还可以减少环节和人员，节约费用，降低成本，有利于提高营销效率。

3. 加强客户沟通，宣传企业产品

企业可以通过网站建立与客户沟通的便捷渠道，全面展示企业的所有产品。网络科技足以令产品与品牌形象更加立体地呈现在用户面前，就算企业仅仅把网站当成电子宣传册来使用，也较传统的宣传模式更加多姿多彩，更加易于发布与传播，更加经济与环保。

4. 利于改善服务，提高服务质量

利用企业网站，通过电子沟通方式，开展在线服务是传统沟通方式所无法比拟的，在线服务能够更加及时准确地掌握用户的需求，通过网站的交互式服务，使得被动提供和主动获得统一起来，从而实现售前、售中、售后的全过程和全方位的服务。

（二）网络社区

网络社区是指包括论坛、贴吧、群组讨论、在线聊天、交友、个人空间、无线增值服务等形式在内的网上交流空间，同一主题的网络社区集中了具有共同兴趣的访问者。网络社区之所以可以作为品牌塑造的基地，首先，它可以与访问者直接沟通，容易得到访问者的信任，可以了解客户对产品或服务的意见。访问者很可能通过交流而成为真正的客户，因为人们更愿意从了解的商店或公司购买产品。其次，它是一种实时的、参与性的沟通方式，为参加讨论或聊天，人们愿意重复访问你的网站，因为那里是与志趣相投者聚会的场所，除了相互介绍各自的观点之外，一些有争议的问题也可以在此进行讨论。

另外，网络社区还有助于进行在线调查。无论是进行市场调研，还是对某些热点问题进行调查，在线调查都是一种高效廉价的手段。在主页或相关网页设置一个在线调查表是通常的做法，然而对多数访问者来说，由于占用额外的时间，大都不愿参与调查，即使提供某种奖励措施，参与的人数可能仍然不多。如果充分利用论坛和聊天室的功能，主动、热情地邀请访问者或会员参与调查，参与者的比例一定会大幅增加。同时，通过收集顾客的留言也可以了解到一些关于产品和服务的反馈意见。

（三）网络广告

一般来说，网络广告就是运用专业的广告横幅、文本链接、多媒体的方法，在移动互联网上刊登或发布广告，通过各种媒介平台传递到用户的一种高科技广告运作方式。严格来说，网络广告是指广告主利用一些受众密集或有特征的网站摆放商业信息，并设置链接到某目的网页的过程。网民在浏览网页时所看到的有各种各样静态的图标或者动态的文字和图片，设计精美，色彩绚丽，具有强烈的视觉冲击力，很能吸引浏览者去点击观看，从而达到设计者宣传网页或广告信息的目的，这样的内容可以说就是网络广告。

按展示计费，每千次印象计费（Cost per Thousand Impressions，CPM），即广告条每显示 1000 次（印象）的费用，是最常用的网络广告定价模式之一。经过定位的用户的千次印象费用（Cost per Targeted Thousand Impressions，CPTM），如根据人口统计信息定位。CPTM 与 CPM 的区别在于，CPM 是所有用户的印象数，而 CPTM 则是经过定位的用户的印象数。按销售计费，CPO 广告（Cost per Order，又称为 Cost per Transaction），即根据每个订单/每次交易来收费的方式。另外，还有 CPS 广告（Cost for Per Sale）：营销效果是指销售额；PPS 广告（Pay per Sale）：根据网络广告所产生的直接销售数量而付费的一种定价模式。

（四）搜索引擎

作为常用的网络营销工具之一，搜索引擎常被作为网站推广和产品促销的主要手段。主要指让用户在多个主要搜索引擎利用相关关键词进行检索时，可以方便地获得企业的信息。其基本方法包括：尽可能增加网页被搜索引擎收录的数量；通过网站优化设计提高网页在搜索引擎检索结果中的效果（包括重要关键词检索的排名位置和标题、摘要信息对用户的吸引力等），获得比竞争者更有利的地位；利用关键词竞价广告提高网站搜索引擎可见度；利用搜索引擎固定位置排名方式进行品牌宣传；多品牌、多产品系列的分散化网络品牌策略；等等。这些方法实质上都是为了增加网站在搜索引擎的可见度，因此，如何提高网站搜索引擎可见度成为搜索引擎提升网络品牌的必由之路。

除了上述几种建立和传播网络品牌的途径之外，还有多种对网络品牌传播有效的方法，如发布企业新闻，以企业为背景的成功案例，建设微博平台和微信公众号等。与网下的企业品牌建设一样，网络品牌不是一蹴而就的事情，重要的是充分认识网络品牌的价值，并在各种有效的网络营销活动中兼顾网络品牌的推广。

三、网络品牌推广

由于互联网自身的一些特征，如即时性、互动性、潮流性等特点，导致一些企业在进行网络营销推广时，忽略了市场推广的基本策略。常有企业在市场推广中表现出很强的投机、炒作动机，甚至一些企业沉湎于此。急功近利、不求长远发展，正是投机、炒作式推广的通病。很多企业由于没有把网络当作战略性的营销平台，导致市场推广上的策略失误。互联网已经是常规式的传播工具，成为市场推广基本策略的一部分，不能再把网络营销当作游击主义，而需要持续有力的品牌推广运动。具体来看，网络品牌的推广运动具备以下几个方面的特点。

（一）运动战中网络品牌的推广速度更快，更有效率

企业在互联网上做推广，不是投机主义，而是要把互联网当作战略性的企业营销平台，通过机动式、长期化的品牌推广行为实施下去。网络炒作等手段都是辅助行为，关键在于通过长期一致性的品牌行动，梳理出清晰的品牌形象。这是一个信息爆炸的时代，每个人每天都会接触到大量的信息，网络已经有几十亿的页面，每天仍在增加上百万个网页。在信息快速传播的时代，取得瞩目的传播效应，需要对互联网本身的人群分类特征有深刻了解，实施以速度冲击规模的传播策略。

网络虽然信息庞大，人群繁杂，但其实以兴趣、行业为基础识别的消费圈子已经形成，针对性的分类人群传播，会使传播更有效率。圈子属地是动态发展的，品牌运动战的发展与网络发展进程相匹配，或者高于网络发展速度与规模，能使传播效率更加明显。网络前期推广的时间越长，病毒式传播效应越明显，后期推广的人均成本就越低。持续的领先，最终加速形成品牌占领网络目标人群心智的胜利。

（二）通过持续的品牌运动，实现网络口碑的集体性认同

电子商务时代，消费者更注重第三方的客观购物评价，广告也许会引发购物兴趣，而口碑则直接决定最终的购买决策。“王婆卖瓜，自卖自夸”已失去营销作用，企业不得不借助第三方“张婆”去做说客，“张婆效应”已经成为网络营销的法则。品牌的形成就是最终对消费者一种对应性情感的侵占。品牌以独特情感力量，侵占到消费者人性中的柔软方寸之处，满足消费者的某项特殊情感需求，实施对消费者长期、持续的情感催眠。

可以预见，当消费者上网时，经常感受到某个品牌的问候与关怀，以至于产生情感满足与心理安全感，这种心理刺激是最直接的，使品牌逐渐深入人心。企业建立起网络品牌口碑评价体系，可以想象，当一轮轮的品牌运动在网络传播开来，口碑效果在网络不断放大，影响到更多的消费人群。尤其是线上与线下互动的市场推广活动，更能深刻影响品牌的口碑。互联网集体口碑性的产生，令品牌运动对品牌的保护作用更强。

（三）在持续的品牌运动中，整合资源提供各方支持

1. 创意策划方面

创意策划能力直接决定网络品牌推广的效果，经验丰富的专业品牌管理、策划及创意团队很重要（如盘石互联网广告、好耶等），能够协助企业塑造品牌形象，提高品牌知名度、美誉度，建立品牌差异化，强化品牌的网络影响力。

2. 网络公关方面

在传统公共理论和实践基础上，依托互联网的数字化、交互式传播媒介和社会化媒介平台的特性，建立和完成信息传播、关系协调以及形象管理等公共关系互动行为。

3. 微博推广方面

微博作为企业信息分享、品牌传播、获取和影响消费意见的快速综合平台，帮助企业与客户进行实时沟通、深度交流，让企业的目标客户在互动中了解、接受和信任品牌服务及产品信息。

4. 舆情监控方面

企业基于互联网特性研发的互联网舆情监控软件，比如盘石研发的网赢口碑，具有先进的智能分析与自动判定功能。通过对全网信息进行广泛、迅速的监测分析，帮助企业及时掌握相关的网络热点，了解消费者的意见反馈，为品牌企业的市场决策和产品升级，提供最真实的市场分析数据及报告。

5．数据分析方面

品牌企业网盟推广拥有全球领先的数据跟踪分析系统，24 小时全程监控，处理海量数据，为客户提供详尽的数据支持和分析。

只有在不断的传播运动中，企业才能不断整合各类网络营销的手段与工具，把诸如数据库营销、口碑营销、病毒式营销的手段应用进去，通过人际传播、在线沟通、论坛博客互动、视频沟通等资源整合，融合为企业的传播推广动力。持续的品牌推广运动，使企业网络传播体系得以高速运转，进入稳步的螺旋式上升进程，传播工具、网络媒体、意见领袖等资源迅速集中整合，网络营销平台自然会越来越壮大。

第二节　平台品牌概述

互联网平台改变了世界，颠覆了巨头。BAT（百度、腾讯、阿里）是公认的我国互联网三巨头，而随着互联网的发展，又有三家企业进入了人们的视野，它们就是公认的互联网新三巨头 TMD（今日头条、美团、滴滴）。2022 年，在全球十大市值公司排名榜中，前五名分别是苹果、微软、沙特阿美、谷歌母公司、亚马逊这五家平台公司，而传统的石油、金融、零售公司已经完全被平台公司取代。2022 年全球共有 6 家上市公司的股票市值超过万亿美元，两家中国的基础性平台公司——腾讯、阿里巴巴 2 家公司排名跌出前 10。可见，平台的时代已经全面到来，科技全面颠覆了我们的世界，然而很少有人能完全解释其中的奥妙。这是个互联网是时代，是一个发展与变化急速的时代，是一个创新与挑战的时代。

一、平台品牌经营模式

平台模式能够“赢者通吃”。Interbrand 每年都会评选“全球最佳品牌”，而苹果、谷歌和亚马逊的品牌价值是近几年增长最快的。在最好的 31 家公司中，有 13 家是平台企业，都有自己的生态系统，而另一些互联网企业则受平台企业的严格制约。这只是商业趋势的一隅。放眼世界，不管是中国、俄罗斯还是拉丁美洲，平台企业都是占优的。这种形式的企业的优势在十年里的发展是平稳上升的，而且越来越显著，挤占了诸如能源、金融等传统企业的领先位置。

英国品牌评估咨询公司“品牌金融”（Brand Finance）发布“2022 年全球品牌价值 500 强”榜单，苹果以 3550 亿美元的创纪录品牌估值蝉联全球最具价值品牌称号。中国最具价值品牌是中国工商银行，品牌价值 751 亿美元。TikTok/抖音成为全球“价值增长最快的品牌”，增速达 215%，品牌价值已从 2021 年的 187 亿美元增加到今年的 590 亿美元。美国和中国继续在 500 强品牌榜上占据主导地位，科技行业再次成为 500 强中最具价值的行业，榜单中共有 50 个科技品牌上榜，累计品牌价值接近 1.3 万亿美元。在 2022 全球市值 100 强上市公司排行榜中，100 家上市公司涵盖了 10 个领域，所属领域为科技的公司最多，共 20 家，其中 6 家的市值排名进入前 100。

为什么会发生这样的现象？最重要的就是网络效应，即大家都比较熟悉麦特卡夫定律（Metcalfe's Law，网络价值同网络用户数量的平方成正比，即 N 个连接能创造 N 的平方量级的效益）。例如，Uber 就连接了大量的司机和搭车者，形成了一个正反馈循环：想要打车的人越多，就会吸引越多的司机加入 Uber；司机越多，打车的人就越多。传统的经济理论是讲供需平衡，而当用户效用随着其他用户的加入而增加时，网络效应就会凸显。当然，这也可能形成垄断型企业，因为所有的用户都加入其中，造成“赢者通吃”的局面。

我们可以通过字节跳动的成长案例，看看平台是如何通过网络效应，快速撬动传统市场并改写产业规则的。字节跳动成立于 2012 年 3 月，是最早把人工智能技术大规模应用于信息分发的公司之一，公司核心产品包括今日头条、抖音、西瓜视频、火山小视频、悟空问答、Faceu、图虫、懂车帝等多款产品，此外还拓展了 AI 教育系统、AI 技术服务和企业 SAAS 等新业务板块。如今，字节跳动正在加速国际化，主要聚焦中国、日本、韩国、巴西、美国、欧洲、东南亚和印度等主要市场。TikTok、TopBuzz、News Republic 等产品已经遍布 150 多个国家和地区，覆盖 75 个语种，在 40 多个国家和地区位居应用商店榜单前列，是一家面向全球的互联网平台型公司。

字节跳动已经隐隐成了中国互联网巨头。在线上人口红利衰退的背景下，其凭借着资讯分发和短视频领域两条腿蹚出了一条前无古人后难有来者的新路，其依赖的正是强大的组织结构和算法优势快速搭建了媒体双边平台，先发优势一旦形成，加上头条“大力出奇迹”式的高强度投放，领先优势往往会越来越大。从目前来看，头条已经凭借产品矩阵赢得了移动互联网超过 10%的时长。

网络零售业巨头阿里巴巴，仅旗下一个入口“淘宝网”就管理着超过 10 亿种不同的商品，被《经济学人》称作“全世界最大的集市”，却没有一件商品库存是自己的。有着超过 15 亿活跃用户查看新闻、照片、听歌和看视频，Facebook 在 2022 年创造了 113.6 亿美元的广告收入，成为世界最大的传媒公司，却从来没有任何一篇自己撰写的内容。

一个传统行业在短短的几个月里是如何被一个市场入侵者颠覆的？这些异军突起的公司不曾拥有传统定义的企业生存的必要资源，更不用说市场支配力。为什么一个又一个行业的变革在今天发生？答案是平台品牌的力量。一个新兴商业模式利用科技链接起生态系统中互动的人、机构和资源，创造意想不到的价值并进行价值交换。爱彼迎、Uber、阿里巴巴和 Facebook 只是变革性平台的四个例子，还有一长串的例子，包括亚马逊、YouTube、eBay、苹果、Upwork、推特、KAYAK、Instagram、Pinterest 等。每个都专注于某一个独特的行业和市场，并且每个都利用平台的力量改变了全球经济的一部分。许多类似的变革已经在如火如荼地进行着。

平台是一个听起来简单，但是具有变革性的概念，它彻底地、大范围地改变了商业、经济和社会。实际上，只要任意一个行业中，信息是重要的组成部分，那么这个行业就是平台革命的候选者。这里就包括一些产品本身是信息（比如教育和媒体）的企业，也包括任何能获得顾客需求、价格变动、供需情况和市场趋势的企业，这些几乎涉及各行各业。

二、平台品牌边际收益递增

在当下的经济环境中，传统企业是边际收益递减的，而网络企业是边际收益递增的。这是一个非常重要的趋势，这也是现在的互联网企业都发展得非常快的原因。任何市场只要存在网络效应，那么其注意力聚焦点就必须得从内部转移到公司外部，因为外面的世界更大，外边的用户更多，人力资源、创新体系、研发中心以及战略部门等都必须要将自己的关注点从企业内部转移到企业外部。评价网络效应，比起在企业内部进行评价，不如由企业外部来评价更加客观有效。因此，要有 API 的战略，要使第三方可以加入进来，使用一部分资源，同时也创造价值。例如，亚马逊制定了很多的规则，确保亚马逊的团队和业务单元，与其他团队共享数据和信息。

小的网络如果不形成生态，在具有更大的网络效应的平台面前是非常脆弱的，会被大的生态吸纳。经济中的新驱动力和变革的含义，可以追溯到产品的选择本身。过去是用户独自识别产品的用户价值，并与自己的需求、偏好进行匹配，自己到零售店中去发现、比较不同产品，然后敲定自己喜欢或想要的产品，没有形成网络效应。比如，苹果 iTunes 偶然地成为内容出售方和内容使用方交易的中介，于是就出现了现金流和数据流的冲击，那么平台要做的就是做好双方数据的匹配。在做匹配的过程中，平台就能够复制功能并吸纳邻近的市场。让人极其惊讶的一个案例是，庞大的电子产品制造商索尼其各个单元内部不能共享信息和交流，而其中一些业务单元却可以和苹果合作，并和“自家人”竞争。

结果是，诸如索尼、微软等在和具有更大网络效应的平台——苹果、安卓竞争时就处于下风。索尼都前景黯淡，走在下行通道里，不容乐观，微软也有些积重难返。平台本身是需要开放的，如果不开放，就产生不了比较好的网络效应。但是开放的同时也要非常谨慎，对平台进行一些相关的监管，两者需要达到一种非常微妙的平衡，否则，这个生态系统就变得不可预测。设计产品和生态圈的一个差异是，你要让用户为其他用户创造价值，这才会为平台创造价值。如果你在百度或谷歌上搜索信息，为其他用户的搜索有效性、体验作出贡献，就会形成一个正反馈循环。如果海尔的互联网平台上一些用户表达的家电体验数据能改善其他家庭的体验时，就具有了网络效应，海尔就有其他可能的机会。

三、平台品牌创造用户价值

如果没有用户参与，不管是渐进式创新还是颠覆式创新，可能都没有太大的意义。如果你只关注用户需要什么产品特性，只能进行渐进式创新和产品内的迭代。站在渐进式创新基础上能实现突破式创新吗？平台是极具创新性的商业模式，这种模式属于“颠覆式创新之父”克里斯坦森所说的颠覆式创新。渐进式创新有一个非常大的问题是，它只从技术角度出发，而不是从和用户交互、迭代的角度出发。本质上，它还是一个封闭式的、关起门来自己研发技术的模式。

平台模式是一种开放式创新，在和用户交互的过程当中，不断地迭代，并把各种资源都整合进来。迭代过程是一个试错的过程，重要的是用户要参与，如果没有用户参与，不管是渐进式还是突破性的创新，可能都没有太大的意义。在开放与创新之间实现平衡，是一个比较难把握的艺术。乔布斯喜欢把“开放与封闭的窘境”看作一种“分散”与“整合”的选择，这巧妙地暗示了他对封闭、控制性强的系统的偏爱。这是有一定道理的：系统越开放也就越碎片化。一个开放的系统也使创造者更难获得盈利，其知识产权更难得到控制。但是，开放却更有利于创新。

开放与封闭之间的平衡是很难把握的。选择错误的开放程度，后果会很严重。苹果的系统是半开放性质的，一直维持高增长的势头；安卓过于开放，被外边很多资源侵占自己的份额。过于开放，就非常难以管理，所以现在谷歌试图适度收敛，以抵御外界其他资源的侵蚀，保住自己的市场份额。比如，它要求用户必须在谷歌上建立个人账户，否则，一些重要功能就没有办法运行。

四、平台品牌战略

平台生态系统中成员承担的角色既可以是积累式的，也能是消耗式的。举例来说，消费者和生产者可以通过互换角色，为平台带来价值。旅行者可以用 Airbnb 预订住宿一晚，下一晚还可以当平台上的房东。如果平台的提供者能够控制所提供内容与消费者之间的互动，就可以在依赖平台拥有者基础设施的同时，从拥有者身上获取价值。因此，平台公司必须在自己的生态系统内，不停鼓励积累式的活动，同时监控那些可能成为消耗式的活动。

平台的关键战略目标是，用好的前端设计吸引理想的参与者，激发正确的互动，也就是所谓的核心互动，引起越来越大的网络效应。有的管理者经常处理不好这一点，他们把太多注意力放在错的互动类型上，总是着重强调网络效应的重要性，直觉上似乎是先把网络效应做大，但平台的底线是，先确保参与者的互动有价值，然后再关注体量。

平台需要决定对消费者和生产者的开放度。开放的结构允许参与者使用平台的资源（比如应用程序开发人员的工具），并创造新的价值来源。开放式治理允许拥有者以外的人改变交易规则，并奖励在平台上的分享行为。不管谁制定了规则，公平的奖励体系才是关键。运行良好的平台追踪能增强网络效应的生态系统成员的活动，例如内容分享和重复访问。Facebook 通过观察每日用户对每月用户的比值，判断提升参与度工作的效果。用户和生产者的需求不匹配会削弱网络效应。谷歌一直都在监控用户的点击和阅读活动，并调整搜索结果满足用户需求的方式。

网络效应是平台获得高速用户增长的关键，积极的溢出效应有助于平台快速增加互动的体量。工业经济的引擎一直是供给侧的规模效应。传统企业的高固定成本和低边际成本意味着，销售量高于竞争对手的公司，其运营平均成本会低于对手。运营成本低，公司就可以降低价格，推动销量上涨，使得价格更低，从而形成了成就垄断企业的良性反馈回路。

互联网经济背后的驱动力与之相反，是需求侧的规模效应，又被称为“网络效应”。在互联网经济中，“体量”高于对手的公司在每次交易中都提供平均高于对手的价值。这是因为网络越大，供应和需求越匹配，用于寻找匹配的数据也越充足。规模越大，产生的价值越高，而价值高能吸引到更多参与者，从而创造更多价值，即形成另一个成就垄断企业的良性反馈回路。网络效应成就了阿里巴巴，其电子商务交易量占中国总量的 75%；谷歌在移动操作系统中所占市场份额为 82%，移动搜索占 94%；Facebook 是在全球占主导地位的社交平台。今天，传统企业已经处于发展的两难境地，突破已是迫在眉睫，传统企业只有学习平台世界中的战略新规则，转换平台思维模式，才能成为平台时代的赢家。

第三节　数字化品牌概述

在今天的智能商业时代，数字化这个词，大多数人对此并不陌生，但实际上，许多人对它的概念表现出的更多是困惑，不明白到底什么是数字化。总会听到业界大佬们说数字化转型，但你真正理解什么是数字化吗？人们所说的数字化品牌又是什么？

一、数字化

关于数字化的定义有几种描述：第一种，“数字化指将任何连续变化的输入如图画的线条或声音信号转化为一串分离的单元，在计算机中用 0 和 1 表示”；第二种，“数字化就是将许多复杂多变的信息转变为可以度量的数字、数据，再以这些数字、数据建立起适当的数字化模型，把它们转变为一系列二进制代码，引入计算机内部，进行统一处理，这就是数字化的基本过程”；第三种，“指使用 0 和 1 两位数字编码来表达和传输一切信息的一种综合性技术，即将电话、电报、数据、图像等各种信息都变成数字信号，在同一种综合业务中进行传输，再通过接收器使其复原，可以无限地复原，而质量不会受到任何损害”。

看完这些解释，也许我们还是不明白。举个通俗点儿的例子：我们经营一个小面馆生意很好，好到什么程度呢？“好，很好”只是形容，但不够直观精准。如果用某些指标来描述呢？每天有 500 个客人，收入 5000 元，月流水 15 万元……这就是数字化。这些数值数据可以存储在计算机中，形成报表查看和分析，这就是小面馆的数字化。如果再把每天进店的消费者姓名、年龄、爱好、频率、消费金额等也记录下来，输入存储在计算机中，这就是客户信息的数字化。什么是数字化，其实就是以计算机为代表的数字技术，涉及统计、计算、存储、传输、交互等。

二、数字化品牌

我们已从上文理解了数字化的含义。品牌是指公司的名称、产品或服务的商标，以及其他可以有别于竞争对手的标识、广告等构成公司独特市场形象的无形资产。企业转型必然离不开品牌形象的转变，而这种通过数字化转变，让品牌与消费者的沟通方式发生改变的结果即是数字化品牌的形成。数字化品牌（Digital Brands）是通过数字媒体进行品牌表达的形式，也包括通过数字媒体进行品牌建立、维护和扩大的过程。简单地说，就是品牌的数字媒体表现形式。数字化品牌所做的承诺并不局限于互联网，而媒体的互动能力，使数字化品牌更容易递送它们的承诺。

数字化品牌的建设，可以让企业更能呼应情景环境，具有相当大的帮助品牌获得成功的能力。大家熟知的可口可乐品牌，相比于产品创新，可口可乐更热衷于通过数字化多媒体方式，以年轻群体为目标，将自己融入主流文化之中。肯德基入驻天猫，邀请《奇葩说》辩手直播，都是品牌数字化的重要决策。当实体企业面临越来越多的竞争，品牌建设从传统直线式广告向沉浸式数字多媒体转变，通过当下时代人们所喜爱的沟通和消费方式，增加了消费者的体验和忠诚度。我们正生活在数字体验经济时代里。品牌不再是一个静止的符号，或者一成不变的宣传，而需要整体的、沉浸式的体验。当社会环境向在线化、数字化、智能化发展，企业数字化转型变成唯一的生存道路，建立合适的数字化品牌，是新形势下企业必须也一定要做的战略规划。

三、数字化品牌要素

（一）数字化品牌是一种忠诚，网站“黏性”比点击率更重要

当网站吹嘘自己惊人增长的用户、订户、点击率和页面浏览量时，互联网的发展看起来越来越像一场竞赛。但在当前拥挤的互联网市场上，仅吸引上网者的眼球是不够的，重要的是要让尽量多的眼球尽量长时间地“黏”在自己的网上。

网络的黏性是未来保证品牌最重要的条件。当某位 CEO 向你吹嘘他的网页浏览量时，你应该追问一个广告商人、风险投资者和投资银行家都会关心的问题：该网站的黏性是多少？网络忠诚意味着你让用户有足够的理由回访你的网站。这种忠诚首先要从信任开始，一旦你得到这种信任，你就赢得了开拓市场的无限商机。在网上，你可以同客户建立一对一的个性化联系，甚至得到他们的允许开展直销。

（二）数字化品牌是一种形象，重要的是公司名称，而不是“.com”

公司在所有与消费者进行沟通的过程中所体现出来的形象，构成了网络品牌的重要内容。据 ActivMedia Research 的一项报告，有 25%的成年美国人对于圣诞节期间到处充斥“.com”广告，在没有特殊刺激的情况下记忆率仅有 1%。可见，大笔的媒体广告费白花了。

为什么会这样？其实是一个品牌问题。确实，那些广告都设计得很有趣，让人们觉得很有创意，但是，它们体现了你要表达品牌的本质内容了吗？大多数情况是：没有。而更糟的是，几乎所有人只记得名字中的“.com”的部分，而不是品牌本身的名字。疯狂的所谓“.com”广告对树立“互联网”这个品牌卓有成效，而对树立公司的品牌成效甚微。因此，希望人们不要再把什么都和网络扯到一起以示自己的前卫。InfoSpace 毫不犹豫地将其官方名称 InfoSpace.com 中的“.com”去掉了，为什么？正如一位分析家指出的，该公司的品牌是 InfoSpace，而“.com”只是一个后缀。去掉“.com”看上去是件小事，但它意义重大。这不仅是把“.com”从名字中去掉，更主要的是把注意力转移到公司实际的品牌上来。

（三）数字化品牌是一种承诺，服务比产品更重要

网络企业应如何来建立、管理数字化品牌？网站第一个目标应该是：选择一个与众不同的价值观作为自己的核心承诺来吸引目标顾客。公司与顾客的任何接触点——站点的外观，服务人员接电话的态度，包裹寄送的速度，回馈的便捷性，站点的易浏览性，技术故障的排除，高附加值的服务，对用户的友善度……所有这些都是品牌的表现形式。就像企业门口漂亮小姐的问候一样，它和公司的标识都是“品牌”的重要部分。因此，一个站点提供的产品和服务，以及公司在整个沟通过程中所体现的特色与品质，决定了一个品牌的真正价值，而

这不是广告所能敲定的。

（四）数字化品牌是消费者导向的，个性化比大众化更重要

企业界如何对待消费者，也许是一个永远无法完成的概念，永远有更好的对待消费者的态度。以前没有这样做的原因，也许是技术条件不成熟，一旦技术条件成熟，先行者自然就得到一种全新的力量，这种力量很快就会变成一种品牌，落后者就会面临被淘汰的命运。

（五）数字化品牌是一种沟通，互动比单向更重要

研究证明，与顾客建立互动性的沟通关系是企业成功的关键。互联网对于企业营销有巨大价值，其原因之一就在于，如果正确地运用互联网的互动特性，就可以使企业与顾客在沟通过程中建立起更紧密的关系。

（六）数字化品牌依附着的是网络企业，虚拟比实体更重要

虚拟网络企业拥有无限的可能性：用户无限、创造性无限、国界无限。以 eBay 这家经营网络购物的公司为例，没有任何库存，一切作业外包，也不花任何营销费用，成本如此精简，甚至一切商品均以成本价出售，立志成为全球最便宜的网上商店。这种经营模式以及背后所隐藏的竞争实力，是传统实体企业无法想象的。

四、数字化品牌要求

（一）看企业是否拥有充足的资源

资源包括人员、设备、技术或现金等有形资产，还有程序设计、网页设计、资讯、商誉等无形资产。拥有取之不竭、用之不尽的资源，是网络企业永续经营的最基本条件，但若只靠资源，要在如此诡谲多变的环境中脱颖而出，是绝对不够的。

（二）看企业是否能够满足消费者的需要

现在是一个以消费者为导向的时代，不再是卖方提供什么，买方就买什么；而是买方要什么，卖方就提供什么。因此企业经营的发力点，就需从消费者需求的角度出发，才能吸引顾客上网，从而在网站上产生消费行为。

（三）是否善用网络特性

电脑及网络的主要特性是指：电脑可以储存大量的资料；而网络可以让资讯快速地流通，网络上的信息可跨越国界，使用者可以在网络上化身为任何他想成为的人物。网络的想象力可以说是前所未有的冲击，挑战着我们的视听及想法。若商业网站要经营得与众不同，势必要好好研究网络的特性。根据自己的定位，将其特性发挥至极大化。商业网站无法提供给消费者无可取代的商品，就无法立足于社会。

（四）应注意核心能力

根据哈默尔和普拉哈拉德的定义，所谓核心能力是指不论是否经过事先处理、组织，企业

所拥有的特殊才能。这种能力无法轻易被模仿，而企业也因拥有这项能力所包含的专业与知识而卓然出众，并掌握一定的竞争力，在市场上占有独特的优势。而核心能力的重点，在于能够决定一个企业能做什么，不能做什么，因为知道不做什么，才能免去浪费。

（五）看企业是否不断创新

在网络的世界中，没有一套放诸四海而皆准的法则，也没有参考范例，很多想法及观点，在以前或许不可能，但在今日或未来并不代表不可能，而且很有可能会是企业成功的关键。值得注意的是，今日成功的经验并不意味着未来将会适用；反之亦然。因此，企业绝不能因眼前的成功而沾沾自喜，必须随时创新和翻新，挑战自己。最好的企业经常是颠覆者，愿意义无反顾、毫无眷恋地把自己一手建立起来的东西，彻底摧毁重建。

（六）是否制定了良好的营销策略

当有一个好产品，而无良好的营销策略加以支援，也是枉然，因此，举凡网站的名称、网址、促销活动等，都是营销策略中不可或缺的一环。在营销的世界中，品质好的产品不一定畅销，但是一旦产品先被客户认定是好的，通常都会有较高的市场占有率，因此，如何让消费者认定你是好的，也是一件不得不去注意的课题。

（七）是否找到了正确的获利模式

美国企业家安迪·格鲁夫（Andy Grove）说，网络正如同哥伦布发现新大陆，一切都充满着新奇、刺激及无限可能性。虽然现今大部分的商业网站在经营上仍处于亏损状态，但从长远的眼光来看，它仍是一块大金矿，故如何在经营上找到正确的获利模式，可说是一门大学问。

只有考察网络企业是否符合上述七项要求，才能在对品牌要素和营销模式进行有效整合的过程中，决定是否可以形成强势的数字化品牌。

【本章小结】

广义的网络品牌是指一个企业、个人或者组织在网络上建立的一切产品或者服务，在消费者心目中所树立的美好形象。狭义的网络品牌是指所有消费者对某一特定网站认知的总和，是网站提供并由网络受众受用的节目（栏目）、服务以及感受的总和。网络品牌建设涵盖企业网站、网络社区、网络广告、搜索引擎。网络品牌推广包括：运动战中网络品牌的推广速度更快，更有效率；通过持续的品牌运动，实现网络口碑的集体性认同；在持续的品牌运动中，整合资源提供各方的支持。

平台是一个听起来简单，却具有变革性的概念，它彻底地大范围地改变了商业、经济和社会。平台品牌经营模式能够通过网络效应实现赢者通吃。在当下的经济环境中，传统企业是边际收益递减的，而网络企业是边际收益递增的。小的网络如果不形成生态，在具有更大的网络效应的平台面前是非常脆弱的，会被大的生态吸纳。平台模式都是一种开放式创新，在和用户交互的过程当中，不断地迭代，并把各种资源都整合进来。迭代过程是一个试错的过程，重要的是用户要参与。

数字化品牌是通过数字媒体进行品牌表达的形式，也包括通过数字媒体进行品牌建立、维护和扩大的过程。简略地说，就是品牌的数字媒体表现形式。数字化品牌所做的承诺并不局限于互联网，而媒体的互动能力，使数字化品牌更容易递送它们的承诺。数字化品牌是一种忠诚，所以网站黏性比点击率更重要。数字化品牌是一种形象，重要的是公司名称，而不是“.com”。数字化品牌是一种承诺，所以服务比产品更重要。数字化品牌是消费者导向的，所以个性化比大众化更重要。数字化品牌是一种沟通，所以互动比单向更重要。数字化品牌依附着的是网络企业，所以虚拟比实体更重要。

【课程案例】

花点时间，鲜花“黑马”不断向前

“同样是一束玫瑰花，你在花点时间买到的体验不同，开放的时间更长，在你拆箱的一瞬间获得的幸福感会更强烈。”这是花点时间希望传达给消费者的感受，为了提升鲜切花的品质，花点时间不断更新供应链体系，凭借着良好的品质认同，迅速成为行业中的一匹黑马。

花点时间的成功并非一蹴而就，近年来，随着鲜花+互联网的日渐成熟，鲜花行业也在发生着微妙的变化。以品质和服务奠定坚实地位的花点时间团队认为，从消费渠道上来讲，五年前大家更多在强调线上化消费，但是今天，线上跟线下的界限越来越模糊，也越来越融合。消费者在线上面对海量产品可以有无数选择，为此花点时间近两年着力铺就新零售业务，目前已经完成全国 200 多家连锁花店落地。线下门店的诞生，不仅让花点时间扩张出新的销售渠道，也为消费者带来极大便利。它可以满足用户对鲜花需求的临时起意，即买即得，此外线下门店的多业务模式还能满足消费者对花束、花艺、鲜花布景等多方面的需要。

品牌就先后推出了以国风鲜花水仙和芍药为主题的淡香水产品，将中国传统鲜花的底蕴以年轻人喜爱的香氛形式展现出来，把鲜花的风雅与现代人的生活方式“无缝衔接”，造就了属于中国女生的“淡淡香”。

互联网时代下，年轻消费者对新事物的接受能力更强，消费意愿更旺盛。花点时间深谙国潮魅力与国潮消费流行趋势，通过创意的产品与用户建立黏性，提升品牌影响力。未来，花点时间必将会成为更多年轻人首选的鲜花品牌。

（资料来源：对话花点时间创始人兼 CEO 朱月怡：深耕鲜花行业，值得花点时间. 百度百家号. https://baijiahao.baidu.com/s?id=1721741570927402735&wfr=spider&for=pc）

【本章测试】

一、单选题

1. （　　）的建设对于网络品牌的塑造起着其他途径不可替代的作用。

A. 企业历史　　B. 企业形象　　C. 企业网站　　D. 企业文化

2. （　　）常被作为网站推广和产品促销的主要手段。

A. 发布广告　　B. 搜索引擎　　C. 宣传网页　　D. 网络营销

3. （　　）是平台获得高速用户增长的关键，积极的溢出效应有助于平台快速增加互动的体量。

A．网络效应　　B．互动体量　　C．开放程度　　D．用户数量

4．网络的（　　）是未来保证品牌最重要的条件。

A．点击率　　B．传播速度　　C．用户量　　D．黏性

5．（　）是指一个企业、个人或者组织在网络上建立的一切产品或者服务，在消费者心目中所树立的美好形象。

A．狭义的网络品牌　B．大众的网络品牌　C．广义的网络品牌　D．特殊的网络品牌

二、多选题

1．以下属于网络品牌建设的有（　　）。

A．网络风格　　B．网络社区　　C．网络广告　　D．网络区域

2．网络品牌的组成要素主要包括（　　）。

A．网络域名　　B．网络地址　　C．网络新闻　　D．网页级别

3．网络品牌推广的资源支持方面包括（　　）。

A．创意策划　　B．网络公关　　C．微博推广　　D．舆情监控

三、简答题

1．简述网络品牌的定义及建设途径。

2．试述平台品牌经营模式及其价值共创的逻辑。

3．简述数字化及数字化品牌的定义。

4．试述数字化品牌要素和要求。

【案例分析】

DBRank 发布 2021 年数字化品牌榜

数字品牌榜（Digital Brand Rank，DBRank）是社交媒体时代关于品牌价值的用户口碑评价排行榜，运用大数据分析+自然语言处理的技术，覆盖微博、微信、今日头条、知乎四大国内主流社交媒体平台，每日定向追踪与超过 1200 个品牌相关的用户口碑评价，从而计算出品牌的数字价值以及心智占有率。

指标说明：基于数字化品牌榜的独到洞察和研究，我们以品牌的数字价值（DB）为计量单位测算和衡量品牌在社交媒体上的用户口碑评价状况，计算品牌在社交媒体时代数字价值的 FEAT 模型。

好感度（Favorability）：衡量受众情感倾向的指标；

参与度（Engagement）：衡量受众卷入程度的指标；

传播度（Activeness）：衡量信息扩散效率的指标；

时效度（Timeline）：衡量影响力衰减程度的指标。

以 DB 值为基础，我们对不同品牌在不同定义维度下进行比较，从而得到品牌在用户头脑中的心智占有率，让企业的传播效果可衡量、让用户的口碑反映更真实。

自 2018 年起，“数字品牌榜”持续发布 DBRank100 年度榜单及研究报告，在刚发布的第五届 DBRank100 强榜单（2021 年度）上，依然看到 DBRank100 品牌的总体心智资本在增

长，达到 966.6 亿 DB；上榜门槛为 2018 年的 1.6 倍，达到 3.27 亿 DB；27 个品牌换了新面孔，41 个品牌连续 5 年稳居百强。

以截至 2021 年 12 月 31 日的数据积累为基础，全面观测 2021 年全年的数字品牌价值波动状况，推出“DBRank100：2021 数字品牌价值 100 强”年度榜单（部分如表 13-1 所示），以求客观反映过去一年品牌在社交媒体平台上品牌传播的整体面貌和变化趋势。

表 13-1 2021 年 DBRank10 强榜单

排名	品牌名称	行业	DB 总值	日涨跌幅	传播度	参与度	好感度（行业内）	心智占有率
1	天猫	互联网	8148628408	-0.41%	54.35%	34.44%	72.78%	20.83%
2	腾讯	互联网	4436072270	-0.12%	66.49%	79.22%	57.52%	11.34%
3	淘宝	互联网	3930265324	-0.04%	53.21%	44.9%	41.88%	10.05%
4	华为	消费电子/手机/电脑	3172655406	0.63%	69.62%	69.01%	56%	27.95%
5	京东	互联网/零售	3165327977	0.09%	32.37%	42.36%	59.35%	72.27%
6	小米	消费电子/手机/电脑	2426057491	0.46%	50.98%	51.29%	64.11%	16.41%
7	腾讯视频	互联网	2337187724	-0.12%	19.65%	24.2%	70.16%	5.97%
8	迪奥	化妆品	2301621548	-0.19%	19.14%	16.14%	84.36%	9.65%
9	Apple	消费电子/手机/电脑	2275975803	-0.38%	49.54%	64.09%	55.24%	50.31%
10	优酷	互联网	2049351794	-0.23%	17.59%	15.62%	68.81%	5.24%

数据说明：本报告基于社交媒体大数据并运用机器学习算法统计生成，覆盖微博、微信、今日头条、知乎四大国内主流社交媒体平台，挖掘用户行为信息和 UGC 内容从而计算品牌的用户口碑评价状况。本报告数据监测窗口为 2021 年 01 月 01 日—2021 年 12 月 31 日。

2017—2021 年，DBRank100 品牌的 DB 值总和逐年提高，尤其是 2018 年和 2019 年，呈跨越式提升，而后趋于平缓上升。近五年，DBRank100 品牌的上榜门槛屡创新高，已由 2017 年的 39922921 DB 上升到 327199443 DB，约为 8.2 倍，提升明显。从时间上看，100 强品牌的数字品牌价值大体上呈逐年上升趋势。其中，2019—2021 这三年的数字品牌价值明显高于 2018 年和 2017 年，尤其是头部品牌差距明显。

2017—2021 年，第 1 名的 DB 总值分别是第 100 名 DB 总值的 16.30 倍、18.70 倍、19.65 倍、19.43 倍、24.90 倍，差距不断扩大。对比 100 强品牌，可以得出结论：头部品牌和腰部品牌之间 DB 值仍有悬殊差距，且这一差距逐年扩大。这说明在数字时代，品牌已经进入到强者更强的增长新阶段，把握先机、抢占头部位置具有更重大的战略意义。

2021 年百强中，排名提升明显的 TOP5 品牌依次为龙湖、融创、万科、海尔、高通；排名下滑明显的 TOP5 品牌分别是苏宁、舒肤佳、海底捞、美的、珀莱雅。2021 年，随着房地产调控持续收紧，市场出现拐点，战胜周期的多家房地产企业迎来“春天”。

上榜的新面孔有华润置地、丁香园、安踏、特步、戴森、原神、一加手机、百事可乐、上汽通用五菱等。其中，安踏、特步等服装品牌，在新疆棉的热浪中涌起，并掀起新一轮国潮风。上汽通用五菱凭借可甜可盐的潮流 MINIEV，脱颖而出，收获“国民神车”称号，深受年轻消费者喜爱。

落榜品牌主要集中在食品饮料方面，包括味全、金典、蒙牛、纯甄、星巴克、喜茶、香飘飘、农夫山泉等，由此可见，与人们联系紧密的衣食住行方面，受疫情冲击最大。汽车业中的梅德赛斯奔驰、雷克萨斯、保时捷的落榜，也揭示了汽车行业格局生变，传统豪华车品牌正在被蚕食，新一代具有“电动化、智能化、年轻化”潮流的新能源智能汽车正在扩大用户的心智占有份额和市场份额。

TOP10 品牌 DB 值总和较去年上涨 7.44%，尤其是 TOP4 品牌增幅明显；第 5-42 名品牌的 DB 值均呈现不同程度的负增长；腰部和尾部品牌较 2020 年整体有所提升，但增幅较缓。

（资料来源：https://dbrank.net/）

思考题：

1. 如何利用大数据或数据挖掘来建设品牌？

2. 如何利用不同自媒体平台来传播品牌？举例说明。

参考文献

[1] 刘北林，白世贞．商品学［M］．2 版．北京：中国物资出版社，2010.

[2] 万融．商品学概论［M］．4 版．北京：中国人民大学出版社，2010.

[3] 李凤燕，高文华，李为民．商品学概论［M］．北京：清华大学出版社，2009.

[4] 张铎，王新培．电子商务物流管理案例评析［M］．北京：高等教育出版社，2006.

[5] 苏勇，史健勇，何智美．品牌管理［M］．北京：机械工业出版社，2017.

[6] 余可发．品牌管理［M］．上海：复旦大学出版社，2016.

[7] 庞守林．品牌管理［M］．北京：高等教育出版社，2017.

[8] 张平淡．通用管理系列教材市场营销：品牌管理［M］．北京：中国人民大学出版社，2012.

[9] 王海忠．品牌管理［M］．北京：清华大学出版社，2014.

[10] ［英］彻纳东尼．品牌制胜：从品牌展望到品牌评估［M］．蔡晓煦，译．北京：中信出版社，2002.

[11] ［美］戴维·阿克，王宁子．品牌大师：品牌崛起并经久不衰的 20 条法则［M］．陈倩，译．2 版．北京：中信出版社，2019.

[12] ［美］戴维·阿克，［美］埃里克·乔基姆塞勒．品牌领导［M］．耿帅，译．北京：机械工业出版社，2019.

[13] ［美］菲利普·科特勒（Philip，Kotler）．市场营销管理［M］．洪瑞云，译．北京：中国人民大学出版社，1997.

[14] ［美］凯文·莱恩·凯勒（Kevin Lane Keller）．战略品牌管理［M］．吴水龙，何云，译．北京：中国人民大学出版社，2014.

[15] ［加］亨利·明茨伯格．战略历程：穿越战略管理旷野的指南［M］．2 版．北京：机械工业出版社，2012.

[16] 张新丽．浅议我国企业的品牌战略管理．改革与开放［J］．2009（12）.

[17] 余明阳，舒咏平．论“品牌传播”［J］．国际新闻界，2002（03）：63-68.

[18] Carlotti S，Coe E M，Perrey J．注重实施品牌组合管理［J］．IT 时代周刊，2006（02）：70.

[19] Farquhar. P. H. Managing Brand Equity［J］．Marketing Research，1989（30）：24-33.

[20] Shocker. D. A，Rajendra. K. S，Robert.W. R. Challenges and opportunities Facing Brand Management AnIntroduction to the Special Issue［J］．Journal of Marketing Research，1994（31）：149-158.

[21] Richard. G. Netemeyer，Krishnan Baliji，Pulling Chreis．Developing and validating measures of facets of facets of customerbased brand equity［J］．Journal of Business Research，2004（57）：209-224.